アセアン共同体の
市民性教育

平田利文 編著

東信堂

まえがき

　本書は、日本学術振興会科学研究費補助金による研究「ASEAN 諸国における市民性教育とアセアンネスのための教育に関する国際比較研究」（平成 22 − 25 年度、基盤研究 A、研究代表者：平田利文、JSPS 科研費 22252007）の研究成果報告書であり、平成 28 年度科学研究費助成事業（研究成果公開促進費）により出版するものである。

　本研究は、日本側から 19 名、アセアン側からの共同研究者 18 名、総勢 37 名によって行われた。研究目的は、第 1 に、アセアン 10 カ国における市民性教育の現状・課題・展望を解明すること、第 2 に、アセアンネス（ASEANness）のための教育を解明すること、そして第 3 には、アセアン 10 カ国における市民性教育・アセアンネスのための教育に対する提言を行うことであった。

　欧米諸国では、1990 年代以降、市民性教育・シティズンシップ教育に関する図書が相次いで出版されている。しかし、わが国では、「市民性教育」を真正面から取り上げた学術図書は欧米に比べるとはるかに少ない。このテーマに関する研究はわが国では立ち遅れているのが実情である。広義には、この領域の学術図書を教育界・学会に問い、この領域の学術研究を進展・活性化させるのが第 1 の目的である。第 2 には、市民性教育が 21 世紀を生き抜いていくために必要不可欠であることを広く社会と学校現場に訴え、特に教育実践現場において市民性教育を浸透させることにある。

　具体的な本書の目的は、アセアン諸国における（1）市民性教育の政策・カリキュラム・教科書などの現状、（2）児童生徒を対象として実施した市民性に関する意識調査結果、（3）そして市民性教育に関する有識者を対象とし

たデルファイ調査（未来予測調査）^(注)の結果、について検討することである。特に、デルファイ調査によって、10年後のアセアン各国において、達成すべき市民性資質を未来予測することをねらいとした。つまり、ミクロな調査研究というより、マクロな視点から今後何をすべきかを明らかにすることに主眼を置いた。そのため、理論的考察が物足りなかったり、精緻で緻密な分析が十分でなかったりしているように見えるかもしれないが、主目標が未来予測の研究であったということをご理解いただければ幸いである。

　さて、本書の大きな特色は、児童生徒に対し市民性教育に関する意識調査を実施するとともに、市民性教育に係わる有識者を対象にデルファイ調査（未来予測調査）を実施している点である。特に、デルファイ調査法によって、当該分野の専門家に対しておよそ10年後の市民性教育の姿を予測してもらっていることである。つまり、今後10年間で当該国はどのような市民性教育を実施すべきか、児童生徒が具体的にどのような市民性を身につけるべきかを予測することを主なねらいとしている。

　あと一つの特色は、本書は、比較教育学において当該国の教育研究の第一戦に立つ研究者によって執筆されているということである。すなわちアセアン諸国の教育研究者が一堂に会して、相手国の市民性教育の専門家と共同研究を推進したということであり、このような試みは、はじめてのことであり画期的なことといってよい。

　2015年11月には、アセアン共同体の3本柱であるアセアン政治安全保障共同体（ASEAN Political and Security Community: APSC）、アセアン経済共同体（ASEAN Economic Community: AEC）、アセアン社会・文化共同体（ASEAN Social Cultural Community: ASCC）のうち、AECが先行スタートした。今後はこれら3つの柱の元で教育改革が推進され、市民性教育が行われることになっている。われわれの研究成果は、共同研究者を通して、それぞれの教育界・政府に対して、発信・提言されることになる。本研究の成果がアセアン各国の教育発展に寄与貢献できることを大いに期待するところである。

　なお、本研究ではアセアン10カ国を調査対象としたが、ミャンマーでは児童生徒の意識調査は実施できたが、有識者を対象とするデルファイ調査は

実施できなかった。さらにシンガポールでは、児童生徒の意識調査とデルファイ調査がともに実施できなかった。ミャンマーの場合、軍事政権下にあるため、外国人の教育調査は難しい状況であった。シンガポールでは、国を挙げてのPISA対応のなかで、子どもたちに今以上のストレスを与えないとの理由から、外国人の教育調査は許可されていない。しかし、ミャンマー、シンガポール両国ともに、最低限の政策文書等のデータは入手できたので、それらの資料を用いて可能な範囲で調査研究を進めた。

本書の構成は、3部構成、全13章から構成されている。まず、第Ⅰ部：研究の概要（第1章）では、本科研の研究目的・方法、研究枠組み、各国の報告要旨について説明している。

第Ⅱ部：アセアン10カ国の市民性教育（第2章～第11章）では、10カ国それぞれの担当者が市民性教育について分析考察している。市民性教育に関する政策・カリキュラム・教科書等の分析をもとに、児童生徒を対象とした市民性に関する意識調査結果、また、本プロジェクトの大きな特色である、市民性教育に関する有識者を対象としたデルファイ調査結果について分析・検討している。デルファイ調査結果からは、それぞれ10年後の市民性教育がどうあるべきか、10年間でどのような市民性を身につけるべきかを明らかにしている。

第Ⅲ部（総括）では、児童生徒への質問紙調査結果とデルファイ調査によって得られたデータを元に、各国間の比較考察を試みている（第12章）。そして、第13章では、アセアン共同体の市民性教育について総括している。

ところで、現在、わが国においては次期学習指導要領の改訂作業において、道徳の教科化や18歳選挙権をめぐる主権者教育が注目されている。その中で注目すべき点は、市民性教育・シティズンシップ教育がクローズアップされていることである。

中教審は、2016年12月、次期学習指導要領に関する答申において、高校の公民科の科目再編を示している。これまでの現代社会を廃止して、必修科目「公共」を新設することになった。この科目の内容は、模擬選挙や模擬裁判などを学習する主権者教育である。これは、本書の主要テーマである市

民性教育そのものである。このことは、わが国でも市民性教育が正式に必修科目として設置されることになる。ようやくわが国の公教育の中に市民性教育が位置づけられたということを意味している。

　本書は、こうした議論に大きな示唆を与えることが期待される。市民性教育に関する研究は、日本比較教育学会や社会科教育学会でも既に課題研究やシンポジウムで繰り返し取り上げられている。しかし著作物はまだ僅少であるので、本書の公刊は、学術研究の覚醒をはかる意味でも大きな意義を持っており、大きな一歩であるといえる。

　なお、本書では、「ASEAN」でなく「アセアン」と表記することを原則とした。より多くの一般読者と教育関係者に普及拡大を図るため、本書のタイトルをよりなじみやすいように「アセアン共同体の市民性教育」とした。ただし、個々の内容部分においては、文脈上または資料の原点に触れなければならない場合は、ASEANという言語を使用している。また、市民性教育という用語の使用を原則としているが、「シティズンシップ教育」という用語を使用している箇所もある。われわれの研究チームでは、両者を同義と捉え、研究を進めたことを付言しておく。

　本研究の限界あるいは課題としては、まず、広く包括的な考察・分析になったという点であろう。調査対象国として、10カ国を取りあげ比較研究した関係上、1カ国の内容分析に集中できなかったことによる。特に、児童生徒への意識調査結果、デルファイ調査結果に関しては、児童生徒の場合、学校段階別、年齢別の比較分析やクロス分析、デルファイ調査結果の属性別・職種別分析など、各種分析を十分行うことができなかった。児童生徒のデータは小学校から高校までの平均値としてみていただきたい。次に、未来予測を主目的としたため、各国間の比較考察も十分に行えなかった。こうした点については、機会をあらため考察できればと期待しているところである。そして、市民性教育自身の理論・方法論研究はここでは行わなかった。この点については、以下のKerryの著作（2016年）、及び拙著『市民性教育の研究－日本とタイの比較』において考察しているので、参照願えればと思う。

　本科研に関連する研究成果としては、本書以外に以下のものが既に刊行さ

れている。本書と併せて参照いただければ幸いである。

■　平田利文編著『市民性教育の研究－日本とタイの比較』東信堂、2007年。
■　日本比較教育学会編『比較教育学研究』第46号、東信堂、2013年。
特集（課題研究Ⅰ）「地域統合をめざすASEAN諸国における市民性教育」
・平田利文「地域統合をめざすASEAN諸国における市民性教育」pp.104-117。
・森下稔「ASEAN諸国における市民性に関する児童生徒へのアンケート調査」pp.118-133。
・手嶋將博「地域統合をめざすASEAN諸国における市民性教育－「ナショナル」を超える市民性育成にむけたマレーシアの挑戦－」pp.134-148。
・鴨川明子「ブルネイ初等学校の社会科とMIBに見る市民性教育－SPN21カリキュラムと教科書の分析－」pp.149-163。
・羽谷沙織「カンボジア前期中等教育における市民性を育む教育－国家への帰属意識とASEANをめぐるパラドクス－」pp.164-179。
・乾美紀「ラオスの初等教育における市民性教育の変容－社会主義とグローバル化の狭間で－」pp.180-193。
■　Kerry J. Kennedy and Andreas Brunold, *Regional Contexts and Citizenship Education in Asia and Europe*, Routledge, 2016.

Part II Introduction
・TOSHIFUMI HIRATA, *Citizenship education in member countries of the Association of South East Asian Nations*, pp.81-88.

Chapter 7
・TOSHIFUMI HIRATA, *Citizenship education and education for "ASEANness" in ASEAN countries*, pp. 89-106.

Chapter 8
・MEGUMI SHIBUYA, *Rethinking a conceptual framework for citizenship education in ASEAN countries*, pp.107-114.

Chapter 9

・SUNATE KAMPEERAPARB AND KORO SUZUKI, *Education for ASEANness: A tool to build an ASEAN Community*, pp.115-122.

Chapter 10

・MINORU MORISHITA, *Analysis of a student questionnaire on citizenship education and education for ASEANness*, pp.123-147.

Chapter 11

・CHANTANA CHANBANCHONG, SUMLEE THONGTHEW, SUMONTIP BOONSOMBUTI AND WARAIPORN SANGNAPABOWORN, *"Citizenship Education and Education for ASEANness in Thailand": A case study*, pp.148-166.

(注)デルファイ調査とは、多数の人（当該領域の有識者）に同一のアンケート調査を繰り返し、回答者の意見を収れんさせる方法で、デルファイの名はアポロ神殿のあった古代ギリシアの地名に由来している。多くの神々が未来を予測したとされることから命名されたものである。この手法はアメリカのランドコーポレーションによって開発された。わが国では、1971年以降、科学技術庁が技術予測調査において用いられ、2004年度には文部科学省『科学技術の中長期発展に係る俯瞰的予測調査・デルファイ調査』が行われている。本研究では、市民性教育に係わる教育有識者として、学校現場の教員、学校長、指導主事、大学の研究者、PTA会長を調査対象者とした。

編者　平田利文

アセアン共同体の市民性教育／目次

まえがき ………………………………………………………………………… i

第Ⅰ部　研究の概要　　3

第1章　研究目的・方法、研究枠組み、各国報告要旨　　4
平田利文

1　研究目的・方法 ………………………………………………………… 4
2　市民性教育の研究枠組み ……………………………………………… 9
3　各国の考察要旨 ………………………………………………………… 15

第Ⅱ部　アセアン10カ国の市民性教育　　27

第2章　ブルネイの市民性教育
―アセアンネスを意識した市民性教育に向けて　　28
鴨川明子、サリマ M.・サラー、ロスマウィジャ・ジャワウィ

はじめに …………………………………………………………………… 28
1　21世紀に向けた国家教育システム(SPN21)(2009)と市民性教育 …… 28
2　市民性の資質を育むマレー・イスラーム・王権(MIB)の変遷と特徴 …… 29
3　児童生徒アンケートに見る市民性の資質 …………………………… 34
4　教育の専門家を対象とするデルファイ調査の結果と考察 ………… 40
おわりに―アセアンネスを意識した市民性教育に向けて― ………… 48

第3章 カンボジアの市民性教育
―大人と若者のアセアン意識の世代間相違　51

羽谷沙織

はじめに ……………………………………………………………………… 51
1　市民を包摂する枠組みとしての市民性教育 …………………………… 53
2　カンボジアにおける市民性教育と社会背景 …………………………… 55
3　カンボジアとアセアン …………………………………………………… 57
4　大人世代のアセアン意識 ………………………………………………… 59
5　若者世代のアセアン・メンバーであることへの期待 ………………… 66
おわりに―アセアンをめぐる大人世代と若者世代の意識 ……………… 74

第4章 インドネシアの市民性教育
―アセアン共同体メンバーをめざして　82

中田有紀、アンディ・スウィルタ、服部美奈

はじめに ……………………………………………………………………… 82
1　導　入 ……………………………………………………………………… 83
2　方　法 ……………………………………………………………………… 84
3　論　点 ……………………………………………………………………… 84
4　公民教育の内容 …………………………………………………………… 86
5　アンケート調査の結果 …………………………………………………… 94
6　第2回デルファイ調査（未来予測調査）の結果分析から …………… 97
おわりに ……………………………………………………………………… 105

第5章　ラオスの市民性教育
―可能性と課題　　108

乾美紀、スパーニー・ファンケオ

はじめに ……………………………………………………………… 108
1　教育政策と政治的構想 …………………………………………… 108
2　近年の教育カリキュラムと教科書 ……………………………… 109
3　「児童生徒へのアンケート調査」に見る市民性の資質 ……… 113
4　デルファイ調査の分析 …………………………………………… 115
おわりに―今後の市民性教育の課題 ……………………………… 125

第6章　マレーシアの市民性教育
―アセアンネス意識の涵養　　127

手嶋將博

はじめに ……………………………………………………………… 127
1　マレーシアにおける「市民」および「市民権」の概念 ……… 128
2　マレーシアの市民性教育の歴史 ………………………………… 129
3　マレーシアの市民性教育の概要 ………………………………… 131
4　マレーシアの「児童生徒へのアンケート調査」に見る市民性の資質 … 138
5　デルファイ調査の目的と方法および調査結果 ………………… 141
おわりに―「ナショナル」を超えた市民性の獲得にむけて …… 151

第7章 ミャンマーの市民性教育
―よき市民となる道徳　154

平田利文、森下稔

はじめに……154
1　教育制度の概要……155
2　市民性教育の概要……159
3　児童生徒への市民性に関する意識調査……160

第8章 フィリピンの市民性教育
―アセアンネスのための教育　173

長濱博文、ジェリック・フェラー、アーサー・アブレンシア

はじめに……173
1　フィリピンにおける市民性教育と教育改革……173
2　児童生徒の市民性教育の動向……178
3　フィリピンにおけるデルファイ市民性調査の分析……183
4　デルファイ調査の結果とフィリピンにおけるアセアンネス……194
おわりに－アセアンネス(ASEANness)のための教育－……197

第9章 シンガポールの市民性教育
―道徳教育と市民性教育　203

池田充裕

1　シンガポールの歴史的・社会的背景と道徳教育……203
2　1979年の2つの教育省の報告書と1984年からの宗教教育の開始……204
3　「国家イデオロギー」論争と「共有価値」プロジェクト……207

4　「シンガポール21」のビジョンと「国民教育」の実施 208
　5　「人格・市民性教育」の導入 210

第10章　タイの市民性教育
　　　―有識者のアセアン市民性資質の現状とその課題　　213

チャンタナー・チャンバンチョン、サムリー・トーンティウ、
スモンティップ・ブーンソムバッティ、スネート・カンピラパーブ、
鈴木康郎、ワライポーン・サンナパボウォーン

はじめに：タイ社会の変化と教育 213
　1　研究の背景 215
　2　研究の方法 216
　3　第1フェーズ・アンケート調査結果の分析 217
　4　第2フェーズ・デルファイ調査結果の分析 222
おわりに 238

第11章　ベトナムの市民性教育
　　　―アセアンネス意識の涵養　　242

石村雅雄

はじめに 242
　1　アセアンネスのための教育に係るベトナムの教育政策の現状 243
　2　アセアンネスのための教育の現状 246
　3　生徒に対する調査の概要 247
　4　市民性に関する調査結果 247
　5　アセアンの知識に関する質問 252
　6　有識者調査の概要 254
　7　調査結果 254
　8　まとめにかえて 258

9　残された課題 …………………………………………………………… 262
10　十年後に達成すべき資質 …………………………………………… 264

第Ⅲ部　総　括　　　　　　　　　　　　　　　　　　　269

第12章　アセアン諸国における市民性教育調査の比較分析　270
森下稔

はじめに ……………………………………………………………………… 270
1　児童生徒対象の質問紙調査結果の比較分析 ………………………… 270
2　デルファイ調査結果の比較分析 ……………………………………… 286
おわりに ……………………………………………………………………… 306
付表　アセアンにおける市民性教育に関する調査
　〜アセアン10カ国の比較研究〜国別、回答別集計表 ………………… 308

第13章　アセアン共同体の市民性教育　325
平田利文

1　アセアンネスのための教育に関する最終結論 ……………………… 325
2　カリキュラム・ソースブック（Curriculum Sourcebook）について …… 326
3　アセアン共同体（ASEAN Community）のゆくえ …………………… 327
4　10年後の市民性教育：デルファイ調査による未来予測 …………… 328
おわりに：わが国における市民性教育の現状と課題 …………………… 329

あとがき ……………………………………………………………………… 331
事項・人名索引 ……………………………………………………………… 332
執筆者一覧 …………………………………………………………………… 336

アセアン共同体の市民性教育

第Ⅰ部　研究の概要

第1章
研究目的・方法、研究枠組み、各国報告要旨

平田利文

　まず、最初に、本書の元になった、「まえがき」で紹介した平成22－25年度科研の研究構想について説明しておこう。

1　研究目的・方法

(1) 問題の所在及び研究目的

　研究代表者は、既に平成14-16年度科研基盤研究B「日本・タイ両国における「市民性」の育成に関する実証的比較研究」（課題番号14310129）、及び平成17-19年科研基盤研究B「日本・タイ両国における市民性教育のカリキュラム開発に関する実証的比較研究」（課題番号17330196）によって、日本とタイの市民性教育の比較研究に従事した。

　以上の研究では、「ローカル」「ナショナル」「グローバル」という座標軸を設定し、今後5～10年後に必要とされる市民性としての資質を予測した。このわれわれの研究に対して、「リージョナル」なレベルの市民性教育の解明が課題ではないかとの指摘を受け（日本教育学会編『教育学研究』第75巻第1号、2008年、pp.124-125）、本研究が企画された。

　2009年3月に開催されたアセアンサミットにおいて、2015年までにアセアン共同体を実現するための行動計画などを盛り込んだ「チャアム・フアヒン宣言」が採択された。「経済」「政治・安全保障」「社会・文化」の3分野を柱に、欧州連合（EU）のような地域共同体の実現がめざされた。これら

のうち、特に「社会・文化」分野において、アセアンネスのための教育（Education for ASEANness）が提唱され、アセアン共通の教育普及が検討された。アセアン諸国における市民性教育を考える場合、共同体としてのアセアンネスのための教育の検討は避けて通れなかった。

アセアン諸国においては、各国が固有の市民性教育を構想していることが想定され、ローカル、ナショナルなレベルでは多様な教育形態がみられることが予測された。各国における市民性教育の現状と動向、課題、そして展望を比較研究し、「リージョナル」なレベルのアセアンにおける市民性教育の比較研究が必要と考えた。他方、アセアン共同体としてのアセアンネスのための共通の教育をどのように構築しようとしているのか、これらローカル・ナショナルなものとリージョナルなものとのせめぎ合いをどのように調整しようとしているかを検討することが研究課題となった。

今回の科研の目的は、①アセアン 10 カ国における市民性教育の現状・課題・展望について、政策・計画・カリキュラム・教科書などの分析、児童生徒への市民性に関する意識調査、及び有識者を対象にしたデルファイ調査（未来予測調査）により解明すること、② 2015 年までにアセアン共同体の創設のために構想されているアセアンネスのための教育を解明すること、そして③アセアン各国に対し市民性教育モデルとアセアンネスのための教育モデルを提言すること、であった。アセアンというリージョナルなレベルにおける市民性教育の比較研究は、初めての試みであり、EU など他のリージョンとの世界比較にとっても重要な知見を提供するものと考えられた。

（2）調査研究の具体的目的
① アセアン 10 カ国における市民性教育の現状・課題・展望の解明

平成 14 年度から 19 年度までの科研では、日本とタイの市民性教育にスポットを当て、ローカル、ナショナル、グローバルなレベルの研究調査を実施した。そのあとの本科研（平成 22 − 25 年度）では、リージョンとしてのアセアン諸国すべての加盟国において市民性教育に関する調査を行った。まず、1）市民性教育に関する政策・計画・カリキュラム・教科書などを分析

した。次いで 2) 小・中・高校生を対象に市民性教育に関する意識調査を実施した。1) と 2) の作業を通して市民性教育の現状と課題を明らかにした。そして、3) 有識者を対象としたデルファイ調査により、市民性教育の展望を明らかにした。

② アセアンネスのための教育（Education for ASEANness）の解明
　アセアンサミットに先立ち、2009 年 2 月には第 1 回リージョナル教育セミナーが開催され、アセアンネス のための教育が提唱された。本会議はその後も開催され、現在もアセアン各国共通の教育の構築に向け議論が続けられている。

③ アセアン 10 カ国における市民性教育・アセアンネスのための教育に関する提言
　アセアン 10 カ国における市民性教育の現状・動向、課題、展望、及びアセアンネスのための教育を比較研究することにより、市民性教育とアセアンネスのための教育に関する研究成果をアセアン諸国に対して提言を試みた。

(3) 国内・外の研究動向

　本研テーマに関する国内外の研究動向はどうであろうか。簡単に概観しておこう。
　日本国内における研究としては、単行本が約 160 件（1997 〜 2015 年）ほど確認できた。学会活動としては日本比較教育学会（JCES）では、2008 年当時、市民性教育（シティズンシップ教育）に関するシンポジウムが、2013 年にはアセアン諸国における市民性教育に関する課題研究がそれぞれ企画された。このように市民性教育・シティズンシップ教育が注目されるようになり、市民性教育（シティズンシップ教育）に関する研究が活発に行われるようになっている。ちなみに CiNii により市民性教育・シティズンシップ教育に関連した研究論文数（日本語）を検索したところ、2016 年現在、1998 年から 2015 年までの間に 283 件が確認された。しかし、欧米で出版されている単行本の件数に比べると、まだまだ少ない件数である。

われわれの市民性教育の研究調査が始まった 2000 年当時、海外では 1990 年頃から、グローバリゼーションの余波を受け、研究調査が活発に行われ、多数の業績（単行本）が蓄積されていた。Amazon の文献検索を行ったところ、1990 年から 2015 年までの間に、市民性教育関係の図書は約 1 万 8,000 冊を数えた。このように欧米で活発に行われている背景としては、グローバル化や情報化の挑戦、価値観の多様化などが考えられている。わが国では、2000 年頃から市民性教育の研究調査がようやく始まったばかりで、研究成果は数件という状況であった。
　リージョンレベルの市民性教育に関する研究としては、国内では、比較教育学分野では平田、二宮、嶺井（平田利文編著『市民性教育の研究－日本とタイの比較』東信堂、2007 年、二宮晧編著『市民性形成論』放送大学教育振興会、2007 年、嶺井明子編著『世界のシティズンシップ教育』東信堂、2007 年）の研究業績があるが、リージョナルなレベルの研究としては、クリスティーヌ・ロランらの『欧州統合とシティズンシップ教育』（明石書店、2006 年）や日本社会科教育学会編『東アジアにおけるシティズンシップ教育』（明治図書、2008 年）がある。国外では W.O.Lee や D.L.Grossman らの "Citizenship Education in Asia and the Pacific: Concepts and Issues (2004)" や "Citizenship Curriculum in Asia and the Pacific (2008)" などがリージョナルなレベルの市民性教育に関する研究である。アセアンにおける市民性教育に関するリージョナルな調査研究はまだ行われておらず、本研究が初めてとなっている。

（4）これまでの研究成果と着想の経緯

　これまでの科研の調査研究により（平成 14 － 16 年度、平成 17 － 19 年度）、日本とタイにおける市民性教育に関して、政策、カリキュラム分析とカリキュラム開発、児童生徒の意識調査、今後、教育すべき市民性の解明を行ってきた。タイでは実験授業を実施しその効果も検証することができた。そこでの研究課題として、タイを含めたアセアンというリージョナルなレベルでの市民性教育の調査研究が必要であると指摘を受け、タイを含めたアセアンというリージョナルなレベルでの市民性教育の比較研究を構想するに至った。

2015年のアセアン共同体の創設において、アセアンネスための教育も構想され、本研究は時機を得た研究であった。

(5) 学術的な特色・独創性
本書の学術的特色・独創性は、次の通りである。

① アセアン10カ国の教育を比較研究する試みは初めてであり、課題となっているリージョナルなレベルの市民性教育を解明しようとしている点
② アセアン共同体構築のためのアセアンネスのための教育を初めて解明しようとしている点
③ デルファイ調査によりおよそ10年後の市民性教育を未来予測しようとしている点
④ アセアン教育研究者が一堂に会した海外調査の企画は初めてであり、このことはアセアン教育研究者の層の厚さを意味し、我が国の比較教育学の発展にとって大きな意義を持つ点。

(6) 予想される結果と意義
予想される結果及び意義としては、次の通りである。

① 市民性教育の現状と課題の分析だけでなく、未来予測調査による研究成果は、日本の市民性教育に対し大きな示唆を与える。
② アセアンのリージョナルなレベルのデータは、ローカル、ナショナル、グローバルなデータの空白部分のデータを補填し、比較教育学研究における貴重な学問的成果・情報を提供する。
③ 現在、ミャンマーの教育データは皆無に近い。ミャンマーでは外国人が学校調査をすることは許可されないが、ミャンマー人の研究協力者による調査は可能である。本研究による調査結果は、教育の比較研究にとって極めて貴重なデータを提供してくれる。

(7) 研究計画・方法

① 10カ国における市民性教育の現状・課題・展望を解明するために、各国政府の市民性教育に関する政策・計画・カリキュラム・教科書などを分析し、児童生徒に対する市民性に関する意識調査、及び有識者を対象としたデルファイ調査による未来予測調査を実施することであった。

② 2015年までにアセアン共同体の創設のために構想されているアセアンネスのための教育を解明するために、インタビュー調査やセミナーにおいて収集した政策文書や関連資料を分析することであった。

③ 各国の市民性教育及びアセアンネスのための教育に関する研究成果について、海外共同研究者とのシンポジウム開催により、成果発信を行うとともに各国政府に対し市民性教育モデル及びアセアンネスのための教育モデルを提言することであった。

2　市民性教育の研究枠組み

　市民性教育の理論・方法論研究については、既に研究メンバーの渋谷恵が、Dr. Kerry の前掲書において、これまでの研究動向及び現時点での諸説について考察しているので、ここでは割愛させていただく。

　本章では、われわれのプロジェクトチームで検討し、これまでメンバー間で共有してきた研究枠組みについて説明しておく。

　本書の研究は、平成22年度－25年度科研に基づいているが、さらに遡れば、平成14年度からスタートしている。それ以来、研究メンバーの間で以下説明する諸点について、共通理解しながらプロジェクトを推進してきた。

(1) 市民、市民性、市民性教育の概念

　平成14年度からの科研では、市民、市民性の概念について、以下のような見解を共有することとした。

すなわち、「市民」とは、「社会（市民社会）の一員であり、急速な変化を遂げる社会を生き、人権、平和、環境、開発などの諸問題を平和的・民主的に解決できる人間」であるととらえることとした。現代のようにグローバル化が急速に進行する中にあっては、このような市民はグローバルな観点から地球的規模の諸問題を解決することができるグローバル市民ととらえることができる。そして「市民性」とは「市民がもっている資質のことであり、社会に関する知識、平和的・民主的な社会を実現するために積極的に社会参画するための技能や態度、さらには異文化理解や共生ができ、自ら意思決定して行動できる資質」であるとした。従って、市民性教育とは、このような市民、市民性を育てる教育であるという暫定的結論を得た。

(2) 市民性教育の定義：21世紀のための教育枠組み設定

　現在、グローバル化、情報化、少子・高齢化、価値観の多様化などの社会の変化というのは、国境を越えたところで急速に進行している。なかでも、インターネット、IT革命などによるグローバル化や情報化の進展などは、進展することあっても後退することはない様相を呈している。グローバルという視点を含めないことには、問題の本質を正確にとらえきれない事態になってきているのである。すなわち、21世紀の教育とは、グローバルな課題と立ち向かい、困難な問題を把握・分析し、意思決定を行い、行動できる能力と態度を備えた人間を育成することであろう。本共同研究では、21世紀を生き抜いていくための教育として市民性教育というものに注目し、次のような枠組みを設定した。

> 「異文化を理解・尊重し、共生できるための知識・理解、能力・技能、価値観・態度をもち、人権、平和、環境、開発などの地球的規模で考えなければならない課題に対して、グローバルな視点から考え続け、ローカル、ナショナル、リージョナル、グローバルなレベルで意思決定でき、行動できる人間を育成する教育」

表1-1 市民性としての資質のフレームワーク

	知識・理解	能力・技能	価値観・態度
ローカル			
ナショナル			
リージョナル			
グローバル			
ユニバーサル			

　すなわちこのような教育は、まず異文化理解、多文化理解ができること、つまり文化の相互理解ができることをめざす。どのような文化であれ、文化の多様性・固有性、及び文化の普遍性が理解できることが必要である。また、一つの社会集団の中で仲良く生きることができる、社会集団同士が共生できることである。そして、ローカル、ナショナル、リージョナル、グローバルなレベルで物事を考え、意思決定し、行動できることが最終目標であると捉えた。

　このような教育の最も重要であり、継続的、意識的に行うべき過程は、「意思決定」して、「行動」する部分であろう。いわゆる「価値判断能力」「意思決定能力」「行動力」とされる能力である。

(3) 市民性の資質：基本枠組み

　意思決定し、行動できる市民性育成において、それではどのような資質（知識・理解、能力・技能、価値観・態度）が育成されなければならないのであろうか。既に触れた先行研究、政策などをもとに作成したフレームワークが**表1-1**である。横軸として知識・理解、能力・技能、価値観・態度の三つの要素からとらえ、縦軸として、ローカル、ナショナル、リージョナル、グローバル、ユニバーサルの5つのレベルからとらえることにした。われわれが作成した資質表は**表1-2**である。これらの資質をもとに、児童生徒の調査が進められた。

　この資質表には、欧米で普遍的と考えられている資質と、アジア／アセ

表 1-2 市民性の資質表

	知識・理解	能力・技能	価値観・態度
ローカル	①地域史 ②地域の知恵 ③地域の伝統、文化 ④地域の実情 ⑤地域のライフスタイル ⑥地域での共存共栄 ⑦持続的開発	①地域レベルでの政治参加 ②地域における問題の解決 ③お互いに協力し合う ④地域における意思決定 ⑤社会参画 ⑥異文化との共生	①共同体を愛する ②中庸、倹約を確信する ③信仰の教えを信念とする ④伝統を確信する ⑤地域住民としての誇りを持つ ⑥地域社会で平和に暮らす ⑦地域における民主主義 ⑧地域のアイデンティティ ⑨地域の伝統文化の中で振舞う ⑩地域の共同体に誇りを持つ ⑪開発への関心 ⑫命の尊重 ⑬ボランティア・助け合いの精神 ⑭社会参画 ⑮人権尊重
ナショナル	①国の歴史 ②伝統、文化 ③文化の多様性 ④法律 ⑤中庸と倹約 ⑥政治行政の仕組み ⑦社会問題 ⑧共存共栄・共生 ⑨持続的開発	①国レベルでの政治参加 ②国レベルの問題の解決 ③国レベルでの相互協力 ④国レベルでの意思決定 ⑤社会参画 ⑥異文化との共生	①自国の伝統と文化の中で振舞う ②国を愛する ③自国に誇りを持つ ④平和な生活 ⑤民主主義 ⑥自国の道徳、自国らしさ ⑦国のアイデンティティ ⑧中庸と倹約 ⑨環境と開発を気にかける ⑩新しいことに挑戦しようとする ⑪国民として人権尊重に取り組む ⑫ボランティア・助け合いの精神 ⑬社会参画
リージョナル	①民主主義 ②人権 ③平和 ④異文化理解 ⑤相互協力 ⑥外国語、アセアン言語 ⑦環境問題 ⑧生活の質的向上 ⑨持続的開発 ⑩人的開発（ICT、科学技術などに関する） ⑪社会福祉（貧困の軽減、グローバル化の弊害の回避、食糧安全問題、健康、病気の回避、薬物回避、災害教育など） ⑫社会正義や権利 ⑬環境の持続性 ⑭共生	①民主主義を守る ②人権を守る ③平和の実現と維持 ④異文化理解 ⑤相互協力 ⑥外国語能力 ⑦環境問題解決 ⑧生活の質的向上 ⑨持続的開発 ⑩人的開発力 ⑪社会福祉の実現 ⑫社会正義や権利を守る ⑬環境を持続する ⑭社会参画 ⑮共生	①アセアンアイデンティティ（規範、価値観、信念など） ②アセアンアウエアネス（帰属意識、文化・歴史・文明についての相互理解する意識） ③民主主義的態度 ④人権尊重の態度 ⑤平和の志向 ⑥異文化、異なる習慣の認識 ⑦リージョナル間での相互協力精神 ⑧リージョンの環境問題の認識 ⑨生活の質的向上への意識 ⑩持続的開発への態度、意識、関心 ⑪人的開発への態度、意識、関心 ⑫社会福祉に関する態度、意識、関心 ⑬社会正義や権利に対する態度、意識、関心 ⑭環境の持続性への態度 ⑮社会参画 ⑯共生

	知識・理解	能力・技能	価値観・態度
グローバル	①社会正義と公正 ②相互依存 ③文化の多様性 ④持続的開発 ⑤環境 ⑥世界の歴史 ⑦共存共栄・共生 ⑧異文化理解 ⑨国際社会 ⑩グローバリゼーション ⑪外交儀礼通り行動すること ⑫科学技術	①グローバルな問題の解決 ②国際レベルでの政治参加 ③協力 ④平和的解決 ⑤グローバルに批判的に思考する力 ⑥効果的に議論する ⑦不当、不正への挑戦 ⑧生活の質の向上 ⑨外国語の能力 ⑩グローバルな社会で平和に生きる ⑪異文化との共存共栄・共生 ⑫情報社会に対応する ⑬国内外の異文化理解 ⑭グローバルな意思決定 ⑮社会参画	①民主的に生活する ②科学的思考、科学的技術 ③グローバル経済 ④アイデンティティ、自尊感情、自己信頼　共感 ⑤社会と文化の多様性を尊重する ⑥社会的不正と公正に対する態度 ⑦自然環境の管理、環境と持続的開発と資源の管理への関心 ⑧新しいことに挑戦しようとする ⑨グローバルな問題を認識し、解決する ⑩国際的な協力 ⑪異文化理解と共生 ⑫国際社会を愛する ⑬外交儀礼通りに行動する ⑭国際社会の一員として、誇りを持つ ⑮国際社会の平和 ⑯国際社会の民主主義 ⑰地球市民としてのアイデンティティ ⑱社会参画 ⑲人権尊重
ユニバーサル	①文化の多様性 ②人権 ③平和 ④環境 ⑤開発 ⑥民主主義	①論理的に考える ②判断力 ③自己を表現し、意見表明する ④他人とともに働く ⑤人権を守る ⑥意思決定	①責任感 ②幸福な生活 ③自制 ④法を尊重すること ⑤道義、倫理、社会のルール、基本的モラル ⑥正直、誠実 ⑦平和な心 ⑧信用 ⑨時間を守る ⑩友好、親切 ⑪自己実現 ⑫感謝 ⑬つつましさ ⑭民主的な心 ⑮真理を追究する ⑯証拠に従う ⑰権利と義務 ⑱人権を尊重する ⑲意思決定し、行動する ⑳ボランティア・助け合い・奉仕の精神 ㉑寛容 ㉒努力 ㉓目標達成 ㉔強固な意志

アンで望ましいとされる資質（アジア的価値観？）が混在している。特に、今回、アセアンから提案されている資質の「価値観・態度」の欄に、アセアン・アイデンティティやアセアンネスなど、アセアン固有の価値観が含まれている。

　従って、市民性教育というのは、その国・社会・地域のスタンスや事情、社会的・文化的背景によって異なるということである。この資質表は、それぞれの国・社会・地域にとって、もっともふさわしい、うまくバランスのとれた市民性教育を組み立てるときの枠組み・視点を提供しているといえよう。また、この表をみれば、当該の国・社会・地域の教育が今どこに位置しているのかがわかる。また、どのレベル、どの要素が、さらにどの資質が改善されるべきかあるいは強調されるべきか、又は後退させるべきかを知らせてくれる。理想的なパターンを提案することができるのである。この市民性の枠組みは非常に緩やかな縛りであるといえよう。すべての資質が備わっていないといけないというものではなく、力点の置き方に強弱があるということである。

　また、これらの資質から、デルファイ調査においては、「**知識・理解**」は、(1) 環境 (2) 共生 (3) 異文化理解 (4) 社会正義と公正 (5) 民主主義 (6) 持続的開発・発展 (7) 相互依存関係 (8) 外国語 (9) 社会福祉 (10) 人権 (11) アセアンの歴史と文化 (12) アセアン諸国共通の社会問題、「**能力・技能**」は、(1) 意見表明できる (2) 冷静に判断、自分をコントロールできる (3) 問題解決 (4) 意思決定 (5) 情報社会に対応できる (6) 平和的解決 (7) 批判的思考 (8) 生活の質を高める (9) 相互協力 (10) 持続的開発・発展 (11) 社会に貢献できる (12) 外国語を操る (13) アセアン諸国に共通の規範・価値観を持つ (14) アセアン諸国に共通の社会問題を他者とともに解決できる、そして、「**価値観・態度**」は、(1) 正義をもって不正に立ち向かう (2) 環境・資源を守りその開発に興味をもつ (3) 自立心をもつ (4) 文化の多様性を大切にする (5) 法律を大切にする (6) 国際協力を推進する (7) 地球規模の問題に関心をもつ (8) 伝統・文化を尊重する (9) 国民としての道徳を守り、誇りをもつ (10) 民主主義を尊重する (11) 人権を尊重する (12) 科学的な

思考をもち、科学技術に乗り遅れない（13）アセアンの一員としての道徳を守り、誇りをもつ、を調査対象の市民性資質として設定した。

3　各国の考察要旨

◎ブルネイ（第2章）

　ブルネイの市民性教育の現状、課題と展望を明らかにしている。まず、市民性教育に関わる政策、カリキュラムと先行研究の分析を通じて、マレー・イスラーム・王権（MIB）という教科の特徴を紹介している。次に、児童生徒の市民性教育とアセアンに対する意識に関する調査結果について考察している。さらに、未来予測調査であるデルファイ調査の結果について考察している。最後に、アセアンネスを意識した市民性教育に向けた課題を示した。ブルネイにおいては、MIB が市民性の資質を育成する可能性を持つ教科である。しかし市民性教育は、国家と自己の形成を重んじるが、アセアンネスの形成やグローバルな市民の涵養を重んじるアプローチは乏しいようである。教科書分析からも、ローカル、ナショナル、ユニバーサルなアプローチは見られるが、グローバル、リージョナルな内容は非常に少ないようである。

　カリキュラムの基準や基礎的コンピテンシー、教科書の内容は、ブルネイの児童生徒の知識や理解にも少なからず影響を及ぼしていた。児童生徒に対するアンケート結果から、知識・理解面から見たブルネイの児童生徒はナショナルな伝統や文化の学びを重要視していた。MIB の教科書でもナショナルな内容が多いことから、教科書で扱われる内容に応じて児童生徒の知識・理解に一定の影響を及ぼしていると推測されている。

　児童生徒は社会問題に対する知識・理解はある一方、社会問題に何らかの行動を起こした経験はほとんどないという特徴がみられた。これはアセアン諸国の児童生徒の特徴と同様である。しかし、現実の問題に対応する能力の育成も教育目標とされるブルネイにおいて、単なる知識・理解から価値観や態度の育成にまで展開することが期待されている。加えて、価値観・態度から見たとき、世界平和を大切に思っているものの、自国の環境や開発の問題

に関心がない。今後、グローバルな文脈の中で、自国の環境や開発のあり方を考えさせるような内容が待たれる。

さらに、アセアンへの関心、知識や理解に乏しかった。特に、ブルネイから遠い国々に関する知識があまりなかった。また、アセアン共同体の構築に向け共通のアイデンティティを構築する可能性にはやや懐疑的であった。MIB や社会科などの市民性の資質を育成する教科科目の教科書においてアセアンの扱いが少ないことから、アセアン諸国を意識する内容に児童生徒の関心が低いのは当然と思われる。

したがって、アセアンネスを意識した市民性教育を発展するためには、MIB や市民性の資質を育成する教育の内容をアセアン各国と関連付けるとともに、コミュニティや国家に対する責任を維持しつつ、より包括的にアセアン（地域）各国に関わる内容を盛り込むことが求められている。同様に、グローバルな内容を教科書により多くかつ具体的に盛り込んでいくことで、バランスのとれた市民性の資質を育成する契機になると考えられている。

◎カンボジア（第3章）

市民を包摂する社会統合の枠組みとしての市民性教育に着目し、アセアン統合下カンボジアにおける市民性教育のなかで、若者のアセアンに対する意識がどの程度、深化しているのかについて検討した。市民性教育の概念整理、カンボジアとアセアンのかかわりについて概観したあとで、①20代〜70代の教育関係者・有識者（以下、有識者）を対象としたデルファイ調査結果をもとに、大人世代が若者にどのような市民性を身に着けてほしいと期待しているのかを検討し、②12歳〜18歳の若者を対象としたアンケート調査の結果もとに、若者のアセアン意識を考察している。

カンボジアにおける市民性教育は、近年の市民社会の芽生えのなかで、ひとりひとりがエンパワーメントされ、社会と「積極的・活動的にかかわる市民」(active citizen) を育成しようというポストモダンの価値観に影響を受けるものであり、大きな価値の変容を示唆する難しい取り組みであると言える。大人世代が重要と考える市民性コンピテンシー、たとえば環境、人権、民主主

義などは、カンボジアにおいては比較的新しい価値・規範であり、それらの咀嚼や内面化には一定程度の時間が必要となるようである。大人世代が若者世代に託すのは、アセアンに関する知識の獲得や語学スキルだけでなく、このような価値観の転換を含む意識改革である。

　アセアンという共同体の構築もまた、国民国家の枠を超えた文化の多様性や異文化に対する理解・イマジネーション、国際協力、相互協力、協調性が欠かせないポスト近代型の試みと言え、それゆえ若者に期待される役割と責任は小さくない。若者自身は、ソーシャル・メディアを駆使したデジタルな世界のなかで、国境にとらわれることなくアセアンを想像するようになっており、自身をすでにアセアン市民と認識し、アセアン・アイデンティティを保持していると回答した割合は想像以上に高かった。アセアン統合下において、モノ・カネ・サービス・投資の動きはこれまで以上に活発になっていき、内需、貿易、投資を拡大しながら経済発展を進めるなかで企業に乗り出すなど、若者は今よりも多くのビジネス・チャンスを得ることになるであろう。このような現実的なメリットを背景に、アセアン統合に対する期待度は祖父母世代、親世代よりもずっと高い。とはいえ、現在のところ、カンボジアからアセアン諸国に移動する労働力の多くは出稼ぎ労働者が占めており、越境に暮らす労働者の現実は希望に満ちた明るいものとは言い切れない。さらに、アセアン統合に希望を抱く若者世代には、アセアン諸国に関する基礎知識の獲得と英語運用能力の向上という現実的な課題も残されている。

◎インドネシア（第4章）

　インドネシアの公民教育は、小学校から高校の児童生徒が学ぶ教科の一つとして非常に重要となっている。1960年以降、高等教育段階として10校の教員養成機関において、公民教育専攻が設立されている。そして、1970年代初頭以降、公民教育は、教科としてカリキュラムのなかに正式かつ体系的に導入されてきた。

　市民性教育の主要な目的は、児童生徒がよき市民になり、市民としての権利と義務を理解し、法を遵守し、民主的な態度を身につけ、国家の統一と統

合を支持し、多様性と自由、そして人権を尊重するための手助けをすることにある。現行カリキュラムにおける公民教育の目的は、学習者に、市民性に関する知識や市民性に対する態度、市民性のスキル、市民性の持続、市民性へのコミットメント、全体的な市民性教育のコンピテンシーを身につけさせることを明確にしている。

市民性教育は国民性の4つの柱に関連づけられている。それは、標準コンピテンシーや基礎コンピテンシーをもつことを通して、またパンチャシラの道徳と原理、1945年憲法の価値と規範、「多様性のなかの統一」という価値と精神、インドネシア共和国という統一国家に対する見識やコミットメントを強化することによって、発展していくものとされている。しかし、人格教育に関連する知識と態度、そして能力は、公民教育という科目のみによって占有されるものではない。小学校と中学校においては、東南アジア諸国に関する知識が含まれる社会科教育や宗教教育、インドネシア語教育のような、人格教育に関連する科目があり、高校生においては歴史、地理、経済、社会学を含む科目がある。

市民性教育は、1970年代初頭に最初に導入されて以来、国家建設と人格形成に方向づけられてきた。そのため国家主義的になり、地域主義（アセアン）的なものではなかった。そうした状況は、本研究におけるアンケートやデルファイ調査の結果にも反映されていた。インドネシアのコンテクストでアセアンネス教育を向上させるために、東南アジア諸国に関連した内容を学校のカリキュラムにもっと盛り込まれなければならないと考えている。人格教育を担う教師も含め、市民性教育の教師たちは、どのようにすればアセアン共同体のメンバーであることを誇りに思い、互いに尊重し合えるかについて、他のアセアン諸国の教員とともに知識と経験を共有し、協働すべきである。

◎ラオス（第5章）

これまで初等教育段階で市民性教育を担う教育がどのように変容を遂げてきたか、そして市民性教育の今後の方向性と発展に向けてどのような課題を持つかについて追究することを目的とした。本章では、(1)ラオスにおける

市民性教育を概観するとともに、近年の教科書を分析することにより市民性教育の傾向を明らかにしている。(2)「アセアン諸国における市民性に関する児童生徒へのアンケート調査」から、ラオスの調査結果を取り上げ、その結果の特徴や背景について考察することを試みている。(3)将来必要とされる市民性教育の特質について推測するために行った「デルファイ調査」の結果について考察している。

　市民性教育を担う教育について教科書分析を進めたり、児童生徒へのアンケート調査や専門家へのデルファイ調査を精査したりしてみると、教育を通じてどのような人間を作り上げたいのか、について全体像が浮かび上がった。

　現在、海外からの過度な影響を憂慮し「社会主義の方向で教育」を行うと、明言していながら、同時にグローバル化に対応した人材を育成することも避けられない状況にある。今後の課題は、このような二つの相反する概念を抱えながら、アセアン統合において避けては通れないグローバル化をどう実現していくかであろう。教科書分析から明らかになった通り、現在のカリキュラムでは普遍的（ユニバーサル）な内容が大半を占めており、グローバル化に対応できていない状況である。国際的な内容が盛り込まれ始めているものの、まだ限定的な内容であることも確かである。アジアでは市民性教育において国際性や多様性が重要なキーワードとなってくると考えられる。以上のことを考慮に入れると、ラオスの市民性教育の将来の課題は、今後は市民性教育について対内的・対外的なバランスを取った教育カリキュラムを作り上げていくこと、生徒が高い国際感覚を育てることと考えられている。この課題を達成するために、教授法や教員養成にさらに予算を投じ、質の高い教員を確保する方策が取られることが必要となっている。

◎マレーシア（第6章）

　多民族・多文化の複合国家であるマレーシアにとって、国民統合政策は独立以来の大きな課題となっている。そのため、教育においては、かつての「公民」や「地域科」、「歴史」、そして現行の「公民および市民性の教育」を核として、「市民」＝「国民」、「市民性」＝「国民としての義務と権利」と

いった文脈から、最終的には「マレーシアという国家の一員になる」ことが目標とされ、さまざまな場面で「ナショナル」につながる市民性の涵養、換言すれば「国民」意識の向上を強調した形で配置されている。そこで求められている市民（＝国民）像は、①各コミュニティの一員＝市民（＝国民）としての責任や道徳的価値などを理解し、②各民族の習俗の特徴や文化・宗教の多様性を理解・尊重し、③「マレーシア国民」として政治・社会への参加や与えられるべき権利、果たすべき義務などを、責任を持って全うできる人材、といった要素が優先されている。そして、ここから発展させて、「グローバリゼーションへの挑戦と勝利」や「世界が認めるような国家・マレーシアの永続と発展」など、「ナショナル」を強調しながらも、それを超えた「リージョナル」、「グローバル」、「ユニバーサル」といった重層的な市民性の獲得につなげていくことが求められている。

　しかし、実際にどの程度「ナショナル」を超えた市民性が獲得できているのか、アンケート結果を併せて考えると、「グローバル」や「ユニバーサル」が比較的獲得できているのに対して、アセアンに関連する「リージョナル」に関わる知識や意識が弱いことが浮き彫りになった。アセアン・アウエアネスや、アセアン・アイデンティティの涵養という点からみて、この結果はいささか心もとない状況も散見されるが、アセアンとのつながりがマレーシアや自分自身にとって重要である等の意識は高いことから、座学的な知識・理解の詰め込みで終わらせず、現実社会と学校で学ぶ知識とを結びつけられるような、体験的・実践的な学習アプローチの開発・充実が必要とされている。

　また、「市民性」に関する知識の獲得のみならず、自分が「市民」として、家庭、学校、地域、国、アセアン、そして世界等の各レベルにおいて、一体何ができるのか考え、積極的に社会に関わっていけるような「アクティブ・シティズンシップ」をいかに育成していくのかも、今後の大きな課題となっている。

◎ミャンマー（第7章）
　ミャンマーの場合、調査研究に関する制約が多く、本格的な現地調査が難

しかった。しかし、主として既存の調査報告資料などから、市民性教育に関する制度、教育内容を考察し、次いで、共同研究者の協力により、児童生徒を対象とした市民性教育に関する意識調査を実施することができ、その結果について分析考察できた。

　知識・理解に関する市民性については、他のアセアン諸国と同様の傾向が見られた。すなわち、歴史学習や伝統文化の学習に関しては、ナショナルレベルが最も重要と考えられていた。また、市民性概念に関する見聞経験に関しては、「民主主義」「環境」「平和」「開発」などがよく選ばれた。課題としては、他のアセアン諸国と比較して「環境」「平和」の数値が低く、また他国と同様に「異文化理解」「持続的発展」「相互依存関係」などのように見聞経験が少ない概念について、学習の機会を提供される必要があった。

　能力・技能面では、社会問題について調べたり学んだりする経験、自分で意見を持ち、それを表明する経験がいずれもアセアン諸国の中では下位に位置し、社会をよりよくしようとする能力の開発が課題であった。また、アセアン共同体およびグローバル社会におけるコミュニケーションに必須である英語の重要性は認識されているが、その能力に関する自己評価は著しく低かった。実践的な英語学習が課題である。さらに、将来の生き方暮らし方に関しては、「今より豊かな生活」「自己決定」については自信を持っている様子がうかがえた。逆に、「異文化・異民族との共生」については、国内で民族紛争問題を抱えている背景のためか、その改善がミャンマー特有の課題となっている。

　価値観・態度面では、仏教が回答者の大多数で信仰されているところであるが、その宗教実践にはアセアン諸国の中でも最も熱心であった。しかし、国民道徳や国民としての誇りの面ではアセアン諸国の中では最下位グループに位置し、課題がある。レベル別の市民性資質に関する価値観の面では、ローカルからグローバルに至るまで一貫して「平和」が最も大切と考えられている点が特色である。ユニバーサルな価値観に関しては、「自分の考えをしっかり持ち、自分を信じること」と「正しいことを正しいといえること」の2つが重要視されており、後者については他のアセアン諸国ではあまり選ばれ

ておらず、異なる傾向が示された。

　アセアンに関する知識・理解の面では、ブルネイ、カンボジア、ベトナムに関する知識が不十分である様子がうかがえる。また、アセアンの旗の意味や設立年などの知識にも課題が見いだされた。それらの情報源として、他国で多く活用されているインターネットがミャンマーではほとんど活用されていない。今後の情報化による改善が課題である。アセアンに関する意識の面では、多くの設問においてアセアン諸国の中で中位であった。ただし、選択肢の回答率でみると、最も積極的な「とてもそう思う」ではなく、2番目の「思う」が多く選択される傾向が強いことには注意が必要であろう。いずれにせよ、現状ではアセアンに関する知識を学習する機会が課題となっている。

◎フィリピン（第8章）

　フィリピンの場合、アセアン統合の流れの中で、どのように学校教育を推進しようとしているかについて考察している。最近の教育改革の概要について概観し、児童生徒への市民性に関する意識調査、教育専門家を対象にしたデルファイ調査の結果を考察し、最後に、課題についてまとめている。

　現在、2012-13年度に開始されたKto12〔K-12〕といわれる制度の導入により、各学校に基礎を置く学校経営、公私立学校間の連携などの様々な教育改革を通して、フィリピン政府は教育の質の向上に努めている。

　この結果、幼稚園教育及び、公立及び私立学校において新たに開始されるフィリピンの基礎教育における高等学校教育となる11年生と12年生の導入が制度化している。児童生徒の調査結果からは、他のアセアン諸国に関する知識や理解は十分に得られているとは言い難い学習状況にあった。しかし、アセアン市民としての自覚、愛着、誇り、そして、アセアン市民としてのアイデンティティに関しても高い選択がなされているということは、知識（学習）についてはこれからであるが、フィリピンの児童生徒はアセアンとの繋がりを意識していると言える。アセアン共同体の成立を受けて、これからの学校教育においては、地域社会、国家にとっての良き市民であると同時に、アセアン市民としてのアイデンティティも教授されていくものと考えられて

いる。島嶼部、大陸部東南アジアの歴史的・文化的相違、そしてイスラームや仏教など多様な宗教を国是とする国々との関係は、キリスト教国フィリピンの市民意識にさらなる多様性を与えると想定される。

◎シンガポール（第 9 章）

　シンガポールの場合、調査期間中、学校調査の可能性を探ったが、結局、実施できなかった。2016 年 12 月公表の PISA 調査では、「数学的リテラシー」「読解力」「科学的リテラシー」3 部門すべてにおいてトップの座を獲得した。これまで PISA のトップを獲得するため邁進してきた結果なのである。今後もトップを維持するため、努力を続けることになるであろう。そのような状況なので、今回、シンガポールでは、すべて PISA のための体制のため、学校現場での研究調査は、子どもに負担をかけないという理由から、すべての調査が許可されなかった。そのため、シンガポールの担当者は、既存の諸資料から、現段階での市民性教育の現状・課題・展望について考察した。

　市民性教育に関しては、2014 年に新しい教科として、「人格・市民性教育」（Character and Citizenship Education: CCE）が小学校と中学校に導入された。その目的は、激しく変化しグローバル化する社会において、「良き個人と有用な市民となるために、生徒に価値を教え、コンピテンシーを形成する」ことにある。CCE はシンガポール社会を形作る価値の理解を通して、生徒が自分の住む世界に関心を持ち、他者との関係において共感や寛容心を育むことを目指している。生徒は、個人から始まって、家族、学校、コミュニティ、国家、世界という 6 つの領域において、アイデンティティ、連携、選択という 3 つの包括的な概念を通して価値を学ぶことになっている。

　CCE カリキュラムは、授業のほか、担任が指導する生徒指導時間、学校単位での CCE、CCE 指導モジュールによって構成され、小学校では民族母語を用いて教えられている。学校単位での CCE では、各校が掲げる学校目標に焦点を当てて、集団活動プログラムなどの諸活動を柔軟に立案し実施している。そして、CCE 指導モジュールでは、子どもの発育や青少年の心理発達に応じてセクシャリティ教育なども取り扱っている

なお、CCEのシラバスや教科書の中では、アセアンに関する事項は特に取り上げられていない。むしろ目立つのは、"地球的課題"や"地球的認識"といった事項や「グローバル化する世界での行動する市民に向けて」といった価値項目である。またこれまでと同様に、"文化的多様性"や"文化横断技能"といった多民族国家で求められる知識・技能も取り上げられており、「コミュニティの理解とインクルーシブ社会の実現に向けて」という価値項目が重視されている。シンガポールではアセアンに関する知識理解や志向性は、地理や歴史といった教科においては積極的に展開されているものの、CCEなどの価値教育の領域では地球市民意識や異文化理解教育の中に包摂されているといえるだろう。

◎**タイ（第10章）**

　まず、タイにおける市民性教育の現状、課題に関して政府による政策や計画、カリキュラムを分析したうえで、児童生徒を対象に調査を行った。さらに、児童生徒のアセアンリテラシーに関する研究も実施した。

　次に、教育専門家（大学教員、学校教員、学校長）の認識するアセアン市民性に関する現状と10年後に期待する資質を明らかにしている。専門家による現段階で取得している市民性の資質と、10年後に達成されることが期待される資質に対する認識を解明することに重点が置かれた。さらに、市民性の資質の重要性、授業や研究において関わっている資質、それらの資質を養うべき児童生徒の年齢段階に関しても分析の対象とした。最後に、アセアンリテラシーの現時点の達成度と10年後に達成することが期待される資質を予測することを目指した。

　タイの場合のみ、デルファイ調査は3つのパートにより構成された。パート1とパート2は、他のアセアン諸国と同じであったが、さらにパート3として、アセアンリテラシーに関する資質に注目し、独自に調査項目を開発し、その専門能力開発のために用いられる研修方法について検討した。

　その結果、パート1では、ローカル・レベルでの知識・理解と能力・技能の2側面における資質について、高い割合で、ほとんどの回答者が既に身

につけていることが明らかとなった。価値観・態度に関する資質については、ほとんどの回答者が、現時点ではナショナル・レベルにおいて既に身につけていることが判明した。10年後は、これら3つの側面に関して、リージョナル、グローバル、ユニバーサルレベルにおいてさらに身につくと認識している一方、ローカル、ナショナル・レベルにおいては達成期待が低くなることが示された。

　パート2については、これら3つの側面において、ほとんどの回答者は、ほぼすべての資質を身につけており、全資質について非常に重要と認識していることが明らかとなった。現時点において、回答者はほとんどすべての資質を身につけており、10年後も達成していることが期待されている。また、これらの資質は、年齢段階でいえば8歳までに身につけることが適切であると考えられている

　パート3では、現時点において、教育専門家は子どもたちがアセアンリテラシーの資質を身につけたと認識しており、10年後にも「経済、政治、文化的なシステムを含む各国の全体像に関する知識」と「アセアン共同体の発展に貢献できるタイおよびタイ人の役割に関する知識・理解」以外の資質のすべてを達成することが期待されている。研修リソースについては、ほとんどの回答者は、現時点で自主研修を用いており、10年後もこの方法を用いると予想している。しかしながら、研修リソースとして、政府機関、国家機関、民間機関を活用して研修を受けられるようになることも期待している。

◎ベトナム（第11章）

　本章では、ベトナムにおける市民性教育とアセアンネス意識の涵養について、その現状と課題を整理しており、①教育の民営化への規制強化、ベトナムの「枠」の重視ということと、②教育の民営化促進、国を超えた世界・アジアの「枠」の重視、「普遍的な科学技術に基づく産業的精神」の重視ということ、の対立軸の中で、問題を掌握し、その象徴的問題として、アセアンネスのための教育を取り上げている。そのため、まず、アセアンネスのため

の教育に係るベトナムの教育政策の現状を整理した上で、次に、アセアンネスのための教育の現状を紹介し、そして生徒に対して行ったアセアンネス教育調査の概要をまとめ、最後に同様の有識者調査の概要をまとめ、最後にベトナムにおける今後のアセアンネスのための教育展開にむけての課題を提言している。

　児童生徒への意識調査の結果では、いくつかの質問項目で他のアセアン諸国に比べ低い数値を示していた。また、デルファイ調査結果からは、第1に、リージョナルやグローバルな市民性に繋がるアセアンに関する意識が他の国に比べ低かった。第2に、アクティブ・シティズンシップについては、他の諸国に比べて高く、国家的もしくは伝統的な支配からの意識的脱却が必要と思われている。第3に、アセアンについての「知識」の高さが指摘されている。アセアン設立年やアセアン加盟各国の位置などの知識は高く、位置については、他の諸国に比べて偏りがなかった。こうした知識を如何に教えていくかが課題となっている。残された課題としては、インドシナという構造、ベトナムのシティズンシップの再定義と再構成、アセアンネスのための教育をはじめとして、市民性教育をいかに教室の中で扱うのか、といったことなどが指摘されている。

第Ⅱ部　アセアン 10 カ国の市民性教育

第2章
ブルネイの市民性教育
―アセアンネスを意識した市民性教育に向けて

鴨川明子、サリマM.・サラー、ロスマウィジャ・ジャワウィ

はじめに

　本章の目的は、ブルネイの市民性教育の現状、課題と展望を明らかにすることにある。まず、市民性教育に関わる政策、カリキュラムと先行研究の分析を通じて、マレー・イスラーム・王権（MIB）という教科の特徴を紹介する。次に、初等学校の児童と中等学校の生徒の市民性教育とアセアンに対する意識と知識に関する調査結果を説明する。さらに、本章では初等学校と中等学校の教員と校長、大学の教員と親を対象とする未来予測調査であるデルファイ調査の結果を論じる。最後に、アセアンネスを意識した市民性教育に向けた課題を示すこととする。

1　21世紀に向けた国家教育システム（SPN21）（2009）と市民性教育

　1912年に公教育が始まってからおよそ100年、ブルネイ王国（ブルネイダルサラーム、以下ブルネイと略す）は教育改革のさなかにある。ブルネイ教育省は、2009年1月に「21世紀に向けた国家教育システム（Sistem Pendidikan Negara Abad Ke-21: National Education System for 21st Century, 以下 SPN21 と略す）」を打ち出した。SPN21 は国家ヴィジョンであるワワサンブルネイ 2035 (*Wawasan Brunei 2035*) を盛り込む新しい教育制度であり、この教育制度に基づき新しい SPN21 カリキュラムが編成された。

SPN21 カリキュラム以前には、公民科（Pendidikan Civic/Civic Education）と歴史、地理などが市民性を育成する主要な教科科目であった。SPN21 カリキュラム以降、歴史と地理は社会科に統合されるとともに、ブルネイ国是である「マレー・イスラーム・王権（Melayu Islam Beraja/Malay Islamic Monarchy、以下 MIB と略す）」がより体系化された。現在、MIB と社会科が現在のブルネイにおいて市民性教育に関わる主要教科の役割を果たしている。

　本章では市民性の資質を育成する主要教科である MIB に着目し、その変遷をたどり特徴を紹介する。補足的に、市民性教育に関わる政策、カリキュラムと先行研究を分析する[1]。次に、市民性教育の概念とアセアンに関する知識について、ブルネイにおける児童生徒の考えと知識に関する調査結果から、市民性教育の輪郭を描く。さらに、デルファイ調査の結果をもとに、ブルネイの教育の専門家たちが現在持っている考えと 10 年後に持つと期待される考えを説明することにある。最後に、ブルネイの市民性教育の現状を踏まえ、アセアンネスを意識した市民性教育に向けた課題と展望を示すこととする。

2　市民性の資質を育むマレー・イスラーム・王権（MIB）の変遷と特徴

(1) MIB の変遷と特徴

　マレー・イスラーム・王権を意味する MIB はブルネイ王国の「国是」であり、国是がそのまま教科名に採用されている。MIB は 1986 年に初等学校において初めて導入された公民教育である。1986 年当時の MIB の目的は、児童にブルネイのアイデンティティを持ちながら、自分自身や家族、コミュニティや国家に対する自分自身の役割や責任に対する知識を付与することにあった（MOE 1985）。1991 年に公民教育は MIB 教育に名前を変え、1992 年には初等学校と中等学校で必修科目になった。

　ブルネイ教育省は、2003 年教育法以降、MIB によるローカルで社会的な価値の育成と、科学技術や ICT の発展などのグローバリゼーションに対応できる普遍的な価値の育成との調和を図ろうとしてきた（JPK2010b, p.4, p.13）。

さらに、SPN カリキュラムの下で、MIB は初等学校 1 年生から中等学校までの必修科目に位置付けられ、2009 年から初等学校 4 年生、2010 年に 5 年生、2011 年に 6 年生に順次導入されてきた。MIB は初等学校の 1-3 年生に週 1 単位時間、4-6 年生には 2 単位時間割り当てられ、マレー語を教授言語とする（JPK2010a, pp.23-24）。

MIB はイスラーム教教育を実践するとともに、国家教育（pendidikan kenegaraan）を担う教科である。国家教育としての MIB は、人間性、価値観と倫理観を高め、宗教、国民、王と国家を愛し慕い責任を持つことを目的とする。加えて、コミュニティの進歩に積極的に貢献し自然を保護することなども目的に掲げている（JPK2010a, pp.13-14）。

また、MIB 教育は、経済的で知的な発展のための必要条件である、完全に機能的な社会の構成員になるために、基礎的な知識や態度、価値や技能を高めることを目的としている（JPK 2010c）。MIB は、国家哲学としてのコンセプトにそうよう、自己の価値観を教え込むこと、宗教、人種、君主と国家を愛すること、イスラームの価値と文化と伝統を維持し実践すること、前向きな考えや思いやりある確実な社会に発展させることを学習の成果として期待している。

MIB のカリキュラムにおけるトピックは、（ⅰ）自分自身と家族に対する責任、（ⅱ）友人、隣人とコミュニティに対する責任、（ⅲ）国家と環境に対する責任、（ⅳ）学校における責任に分けられる（資料）。

(2) MIB カリキュラム、基礎的コンピテンシーと教科書における市民性の資質

市民性教育は、異なった文化を理解し尊重する心を養い、共存するものへの知識・理解、能力・技能、価値観・態度を身に付け、平和、人権、環境と開発などのグローバルな問題について考え続け、そして、ローカル、ナショナル、リージョナル、グローバル、ユニバーサルなレベルで意思決定し行動に移すことを目的とする（平田 2007）。この定義に従い、初等学校と中等学校のシラバスにおける MIB カリキュラムの基準と基礎的なコンピテンシー

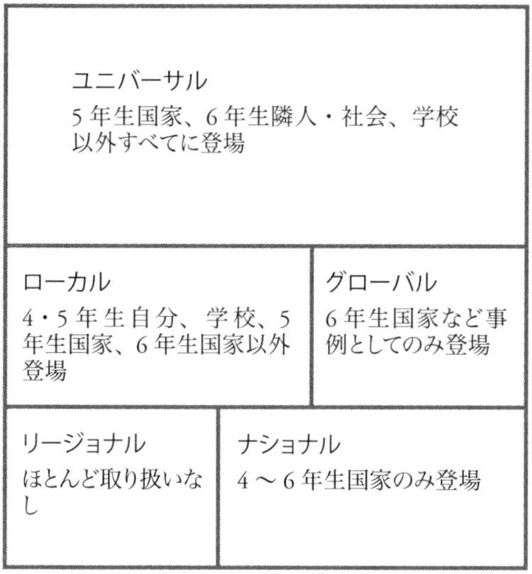

```
┌─────────────────────────────────────┐
│  ユニバーサル                         │
│  5年生国家、6年生隣人・社会、学校      │
│  以外すべてに登場                     │
│                                     │
├──────────────────┬──────────────────┤
│ ローカル          │ グローバル        │
│ 4・5年生自分、学校、5│ 6年生国家など事   │
│ 年生国家、6年生国家以外│ 例としてのみ登場 │
│ 登場              │                  │
├──────────────────┼──────────────────┤
│ リージョナル      │ ナショナル        │
│ ほとんど取り扱いな │ 4～6年生国家のみ登場│
│ し                │                  │
└──────────────────┴──────────────────┘
```

図 2-1　初等学校の MIB において育成される市民性の資質　概念図

出所：鴨川（2013）の教科書分析をもとに、各資質の登場頻度に応じて筆者作成。

を、ユニバーサル、グローバル、リージョナル、ナショナルとローカルという市民性の資質の分類に合わせて分析する。その結果、初等学校のカリキュラムの 45％はユニバーサル、続いて 35％はローカル、23％はナショナル、そして最後に 3％はリージョナル、約 1％はグローバルに焦点を当てていることが明らかになった（図2-1）[2]。一方、中等学校のカリキュラムの 42.5％はナショナル、30％はユニバーサル、25％はローカル、そして 2.5％はグローバルに焦点化している。（中学校のカリキュラムには）リージョナルな内容はまったくない。

　つまり、ブルネイにおいて MIB を通じた市民性教育のカリキュラムの基準と基礎的なコンピテンシーはグローバル、リージョナルなアプローチは非常に少ないと言える。

【資料】マレー・イスラーム・王権（MIB）教育

初等学校における公民教育のシラバスの内容は、1年生から3年生までの初等学校の低学年段階と、4年生から6年生までの高学年段階という2つのセクションに分けられる。

初等学校の低学年段階は、4つの主要なテーマから構成される。
1. 家族生活
2. 持つべきよい価値と行い
3. 私たちの学校
4. ブルネイダルサラーム国

一方、初等学校の高学年段階は3つの主要なテーマから構成される。
1. 社会
2. ブルネイダルサラーム国
3. 慣習

1991年の国家教育制度の導入以来、より広いテーマに展開し発展してきた。MIB教育において5つのテーマが含まれる。
1. テーマ1　自己に対する責任
2. テーマ2　家族に対する責任
3. テーマ3　隣人とコミュニティに対する責任
4. テーマ4　学校に対する責任
5. テーマ5　国に対する責任

5つのテーマは、初等学校と中等学校の両方で統合されている。しかしながら、初等学校の低学年（1年生から3年生）では、上記のテーマは3つのカテゴリーのサブテーマに分かれている。
1. テーマ1　自己に対する責任と家族に対する責任
2. テーマ2　友人、隣人とコミュニティに対する責任
3. テーマ3　国家と環境に対する責任

MIB教育の目的（MOE, 2010）は次の通りである。
1. 知識と理解
   生徒は以下の項目ができるようになる：
   a. 家族、隣人、コミュニティ、国家と環境における役割と責任を理解し気づく
   b. 実践を通じて、文化遺産や言語を守り広めることの重要性を理解し価値を認める
   c. MIBの哲学に従う高い価値に気づき、認識し、価値を認めて実践する
   d. 経済的、社会的、政治的な活動を通じて、MIBの概念において互いに必要な価値を描く
   e. 自分自身、家族、コミュニティと国に対する、それぞれの任務と影響の正と負の効果を挙げて説明する

2. スキルの応用
   生徒は以下の項目をできるようになる
   a. 気高いアイデンティティを達成するために、現実の状況において MIB の優先される知識を結集し応用する。
   b. 気高い精神に感謝の意を表し実践し、社会的な結合、安全性と福祉国家を不朽のものとするために私たちの国に感謝し愛する。
   c. 国家哲学につながる、文化、コミュニティ、市民性（citizenship）と宗教的な側面を結びつけて考え、積極的に貢献する。
   d. 隣人との生活、社会と国との調和を達成するために、生徒の生活において道徳的な価値を実践する。
   e. 質的・量的な面において、MIB を形づくるデータを収集・比較・分析し提出する。

3. 思考の応用
   生徒は以下の項目をできるようになる。
   a. MIB の哲学と対照的に社会的な問題を論じるために様々なスキルと思考の戦略を用いる。
   b. 自分自身、コミュニティと国に対して担う任務の良い面と悪い面を区別する。
   c. 批判的な思考を用いることによって、妥当性、挑戦、障害に関するそれぞれの役割を評価する。
   d. コミュニケーションと態度を通じてシラバスへの理解を示そうとする。
   e. 関連する事実をサポートするように、迅速に、正確にかつ定期的に問題を解決する。

4. 道徳的価値の応用
   生徒は以下の項目をできるようになる。
   a. マレー・イスラーム・王権の哲学を守る上で、道徳的価値を養い、自らを称賛しコミュニティ生活の統一と調和を達成する。
   b. MIB 教育を通して、尊敬、正直、同情と自己改善の道徳的価値を養う。
   c. MIB の価値を応用し、価値を認め、実践において能力を示す。
   d. たとえどのような仕事を任せられても、責任感と思いやりを持つことによって、相互理解と相互協力を育み強化する。
   e. 信頼を強化し、自らを信じ、あらゆる困難に直面しても謙虚かつ大胆、柔軟で我慢強く強い。

3 児童生徒アンケートに見る市民性の資質

(1) 調査の概要

本研究の目的の一つは、アセアン 10 カ国における市民性教育の現状、課題と展望を明らかにすることである。ブルネイにおける児童生徒に対する質問紙調査（以下、児童生徒アンケート）はブルネイの 600 人の生徒に対して実施した。その内訳は、300 人の初等学校の児童と 300 人の中等学校の生徒であり、男子（47.5%）と女子（50.6%）からなる。また、初等学校の高学年である 12 歳の児童（33.3%）と中等学校の 15 歳の生徒（34.3%）、中等学校の高学年である 18 歳の生徒（32.5%）から構成される。以下、児童生徒アンケートの構成により、市民性に関する質問群（第 1 部）とアセアンの国々に関する知識を問う質問群（第 2 部）の結果を紹介する（本書第 12 章付表参照）。

(2) 市民性教育に関する児童生徒アンケートの結果（第 1 部）

本項では、児童生徒へのアンケート調査にブルネイの児童生徒が回答した結果を示す。

第 1 の質問は、「あなたは、歴史について学習する場合、それぞれの場所の歴史はどれくらい重要だと思いますか」である。ブルネイの児童生徒の多数派は、彼・彼女らの村・町（重要 48.4%、とても重要 22.7%）、国（重要 24.5%、とても重要 71.6%）、アセアンの国々（重要 51.1%、とても重要 31.4%）、そして世界（重要 33.7%、とても重要 51.4%）と、重要あるいはとても重要という見解を示した。

第 2 の質問は、「あなたは、伝統・文化の学習では、次の場所での伝統・文化はどれくらい重要だと思いますか」である。ブルネイの児童生徒の多くは、あなたの村・町での伝統・文化の学習（重要 53.7%、とても重要 30.9%）、国（重要 27.6%、重要 68.0%）、アセアンの国々（重要 47.8%、とても重要 16.6%）、そして世界（重要 41.4%、とても重要 20.5%）という見解を示した。

第 3 の質問は、「あなたは、以下の言葉を見たり、聞いたりしたことがありますか」である。ブルネイ児童生徒の多くは、以下の言葉をとてもよく見

たり聞いたりしたことがあるようである。すなわち、国際社会（ある 61.7%、とてもよく 18.6%）、社会正義や公正（ある 52.4、よくある 15.1%）、平和（ある 32.3%、よくある 63.1%）、相互依存関係（ある 42.4%、よくある 38.1%）、持続的発展（ある 42.2%、よくある 18.9%）、環境（ある 22.2%、よくある 75.5%）、人権（ある 37.4%、よくある 23.3%）、開発（ある 38.9%、よくある 47.9%）、異文化理解（ある 44.5%、よくある 18.2%）、そして民主主義（ある 38.4%）、しかしながら、ブルネイの児童生徒の多くは、共生という言葉を見たり聞いたりしたことは、まったくない（47.6%）か、あまりない（21.2%）と回答した。

　第4の質問は、社会問題（例　政治、環境、人権、紛争）に関する質問への児童生徒の考えを問う4つの小問からなる。以下の段落ではブルネイの児童生徒が4つの小問のそれぞれに対して出した回答を記している。

　「社会問題に関して自分で調べたり、学んだりしたことがありますか？」という質問に対して、ブルネイの児童生徒は自分で調べたり学んだりしたことが全くない（35.1%）とあまりない（29.3%）と答えている。それに対して 32.2%のみが「ある」と答えた。

　「社会問題について、自分の意見を持ったことがありますか？」という質問に対して、ブルネイの児童生徒は、自分の意見を持ったことがある（46.3%）あるいはよくある（14.4%）と回答した。

　「社会問題について、世の中に対して、自分の意見を表明したことがありますか？」という質問に対して、ブルネイの児童生徒は、社会問題について世の中に対して自分の意見を表明したことが全くない（51.2%）あるいはあまりない（25.8%）と回答した。

　「社会問題の解決に向けて、自分から行動したことがありますか？」という質問に対して、ブルネイ児童生徒は、社会問題の解決に向けて自分から行動したことが全くない（62.9%）あるいはあまりない（25.9%）と回答した。

　第5の質問は、「あなたは、次のような人に対して、正しいことは正しい、間違いは間違いだと意見を述べることができますか」という質問である。ブルネイの児童生徒が、正しいことは正しい間違いは間違いだと意見を述べることができる割合は、友人（67.6%）、親（84.2%）、学校の先生（61.2%）、大

人や年上の人（48.9％）、そして宗教指導者（63.2％）である。しかしながら、ブルネイの児童生徒は、政治家に対しては 50.7％がわからないと答えた。

　次の質問は、英語学習の重要性と英語能力について尋ねたものであるが、ブルネイ児童生徒の多く（75.5％）は英語は「まったく重要ではない」と答えた。しかしながら、ブルネイ児童生徒（できる 47.5％、十分にできる 32％）は、英語で外国の人と会話ができると答えた。彼らはまた、英語で手紙やメールのやりとりをする（できる 48.6％、十分にできる 34.5％）。多くのブルネイの児童生徒は、英語の雑誌・新聞・ウェブサイトを見ることができ（できる 39.7％、十分にできる 51.15％）。そして、テレビ・ラジオで英語のニュースや番組を視聴することができる（できる 39.7％、十分にできる 49.4％）。

　次の 2 つの質問は、彼らの将来と務めに対する児童生徒の意見を聞いている。これらの質問群に対して、ブルネイ児童生徒は将来自分で何かをするとき、人に頼らず一人で決めることができる（できる 53.2％、十分にできる 22.2％）、今よりも心身ともに豊かな生活を送ることができる（できる 62.2％、十分にできる 27.1％）、自国や外国の文化が理解できる（できる 64.7％、十分にできる 19.9％）、文化や民族が違う人たちといっしょに生活できる（できる 46.3％、十分にできる 20.5％）、正しくないことや平等でないこと、差別に堂々と立ち向かっていける（できる 53.0％、十分にできる 30.7％）と回答した。村や町、国、アセアン、世界のいろんな問題を、協力しあって解決したり、行動したりできる（できる 42.7％、十分にできる 11.8％）、ICT 社会に対応できる（できる 53.2％、十分にできる 23.6）、世界の平和のために役立つことができる（できる 48.1％、十分にできる 14.6％）とそれぞれ回答した。

　第 9 の質問は、「あなたは、毎日の生活の中で自らの宗教／信仰の教えを、どれくらい守り、実行していますか」という質問である。ブルネイ児童生徒の大多数は、毎日の生活の中で自らの宗教／信仰の教えを、十分守り実行している（25.3％）、あるいは、守り、実行している（54.8％）。

　第 10 の質問は、あなたは、○○（国名）人としての道徳や誇りをもっていますか」という質問である。ブルネイの児童生徒のわずか 13.5％が、ブルネイ人としての道徳やほこりを持っていると答えた。

第 11 の質問について、児童生徒は、様々な観点の重要性について尋ねた。彼らの回答は以下の通りである。すなわち、最も多くのブルネイ児童生徒（36.0%）は、自分が住む村や町が平和であることを選び、次に、彼らはブルネイが好きで、伝統や文化を守ること（17.9%）が最も重要であると答えた。ブルネイ児童生徒の多くは、アセアン地域が平和であること（25.0%）、世界が平和であること（50.9%）を重要であると答えた。

第 12 の質問は、「現代社会では、どのようなことが必要だと思いますか」という質問である。ブルネイ児童生徒（57.6%）は、お互いの気持ちを大切にし人と仲良く暮らすことが、現代社会で最も必要であると考えている。

（3）アセアン諸国に関する児童生徒アンケートの結果（第 2 部）

本節では、アセアンに対する児童生徒の知識を問うアンケート第 2 部の結果を示す。

Q1. アセアンのそれぞれの国は地図の 1 から 15 のうちどれですか。

ブルネイの児童生徒の多くは、次のアセアン各国の名前を地図上で選ぶことができた。ブルネイの児童生徒の多くが地図上で選ぶことができた国々は、ブルネイ（95.2%）、インドネシア（87.7%）、マレーシア（89.5%）、フィリピン（72.7%）、シンガポール（85.2%）である。一方、ブルネイの児童生徒があまり地図上で場所を示すことができなかったのは、カンボジア（30.4%）、ラオス（30.0%）、ミャンマー（29.6）とヴェトナム（29.4%）である。

逆に、ブルネイの位置を地図上で示すことができた（上位の）国は、インドネシア（75.7%）、マレーシア（88.6%）、ラオス（57.8%）、タイ（55.2%）とヴェトナム（65.6%）の児童生徒である。フィリピンの児童生徒の 38% とカンボジアの児童生徒の 4.2% しか、ブルネイの位置を地図上で示すことができない。

Q2. アセアンの旗は何を意味していますか。

ブルネイ児童生徒の 55% が、アセアンの旗の意味を、「安定した、平和で、統合されたダイナミックなアセアン」と正しく選択した。彼・彼女らの知識は、

マレーシア、フィリピンとヴェトナムの児童生徒（の知識）に相当する。インドネシアの児童生徒（71.6%）が最も高い割合で正しく回答し、タイ（61.1%）がそれに続く。もっとも正答率が低かったのがカンボジアの生徒（41.1%）である。

Q3. アセアンはいつ設立されましたか。

　アセアンの児童生徒の多くは、アセアンの設立年を正しく回答することができなかった。ブルネイ児童生徒のわずか 16.4% だけが、アセアン設立年を 1967 年と正しく答えることができる。ヴェトナムの児童生徒（62.5%）とラオスの児童生徒（59.1%）だけがそれぞれの過半数が正しい年号を選ぶことができる。

Q4. アセアン統合はいつ予定されていますか。

　ブルネイ児童生徒の大半（68.1%）はアセアン統合がいつ予定されているかを知らなかった。ブルネイ児童生徒の約 6% だけが、2015 年にアセアン統合が予定されていると正しい年号を回答した。

Q5. あなたはアセアン加盟国のことをどの程度知っていますか。

　ブルネイ児童生徒の多く（95.9%）は、ほとんどのアセアン諸国を指し示しすことができたが、最も高い割合で知っているという国は自国ブルネイである。ブルネイの児童生徒は他のアセアン諸国について、カンボジア（8.3%）、インドネシア（63.7%）、ラオス（9.7%）、マレーシア（75.7%）、ミャンマー（10.6%）、フィリピン（34.8%）、シンガポール（65.9%）、タイ（33.3%）とヴェトナム（13.3%）を知っていると回答した。

Q6. あなたはどのようにしてアセアンについての情報を知りましたか。
　　　（いくつでも）

　ブルネイ児童生徒の多くは、テレビ（62.6%）、新聞（50.7%）とインターネット（57.3%）から学んだ。ブルネイの児童生徒のわずか 36.3% がアセアンに

ついて学校で学んだことがあると回答した。

　Q7. アセアンの国々について、もっと知りたいと思いますか。
　ブルネイ児童生徒の 84.9% が、アセアンの国々ついてもっと知りたいという（意見に）賛成する。

　Q8. アセアンのメンバーであることは自分の国にとって有益である。
　ブルネイ児童生徒の大多数（95.4%）は、アセアンのメンバーであることは自分の国にとって有益であるという考えに賛成する。

　Q9. 自分の国がアセアンのメンバーであることは自分自身にとって有益である。
　ブルネイ児童生徒の多く（64.2%）は、自分の国がアセアンのメンバーであることは、自分自身にとって有益であるという考えに賛成する。

　Q10. あなたは、アセアンの市民であることを自覚し、アセアンに愛着を持ち、アセアン市民であることに誇りを感じていますか。
　ブルネイ児童生徒の過半数（54%）は、アセアンの市民であることを自覚し、アセアンに愛着を持ち、アセアン市民であることに誇りを感じるという考えに同意する。

　Q11. あなたは、アセアンの目指す目標を達成していくために、アセアン諸国の人たちと共通のアイデンティティ（アセアンとしての帰属意識や考え方）を持っていると思いますか。
　ブルネイ児童生徒の多く（61%）は、アセアン諸国の人たちと共通のアイデンティティ（アセアンとしての帰属意識や考え方）を持っていると考えている。

4 教育の専門家を対象とするデルファイ調査の結果と考察

(1) 調査の概要

デルファイ調査は、未来の状況を予測する目的のために実施された未来予測調査である。ブルネイダルサラームにおけるデルファイ調査は、第1回目は2012年に、第2回目は2013年に合計2度実施された。デルファイ調査には、初等学校と中等学校の教員と校長、大学の教員と親が参加した。第2回目のデルファイ調査では、参加者は第1回目の調査から得られた結果の評価に基づき、第1回目のデルファイ調査と同じ調査に回答した。

表2-1は、第1回目と第2回目のデルファイ調査に回答した専門家の内訳を示す。男女の回答者の割合は、第1回目（男性27.7%、女性69.2%）、第2回目（男性27.7%、女性70.3%）とおおよそ同じ割合であるが、回答者の総計は第1回目の374人から第2回目の101人へと減少した。

年代のカテゴリーは、第1回目と第2回目のデータで同じ割合が示された。専門家の参加者の多くは30代で、40代の専門家（第1回目33.4%、第2回目30.7%）が続く。回答者における小学校の教員の割合（第1回目36.5%、第2回目35.6%）、高校の教員の割合（第1回目13.0%、第2回目13.9%）とおおよそ同じ割合を示す。専門家の割合は、第1回目のデルファイ調査においては前期中等学校からの回答者が5.7%であり、第2回目のデルファイ調査では（前期中等学校の回答者は）12.9%に増加している。このような増加のパターンは高等教育の専門家にも見られ、第1回目7.3%から第2回目16.8%に増加した。専門家の多くは主に教育活動に従事している（第1回目77.7%、第2回目80.2%）。

(2) 市民性の資質への専門家の回答

表2-2は、現在達成している資質の特徴と、10年後に達成すると予測される資質について、有識者によって示された回答である。R1は第1回目の調査における回答のパーセンテージを、R2は第2回目の調査における回答のパーセンテージを示している。

表 2-1　第 1 回目と第 2 回目のデルファイ調査の回答者の内訳

変数	選択肢	第 1 回目 (計 =386) 数	割合 (%)	第 2 回目 (計 =101) 数	割合 (%)
性別	男	107	27.7	28	27.7
	女	267	69.2	71	70.3
年代	20 代	38	9.8	8	7.9
	30 代	141	36.5	45	44.6
	40 代	129	33.4	31	30.7
	50 代	64	16.6	15	14.9
	60 代	2	0.5	1	1.0
	70 代以上	1	0.3	0	0
職業	小学校教員	141	36.5	36	35.6
	中学校教員	22	5.7	13	12.9
	高校教員	50	13.0	14	13.9
	大学教員	28	7.3	17	16.8
	公的機関職員	70	18.1	11	10.9
	その他	59	15.3	7	6.9
職種	主として、教育活動に従事	300	77.7	81	80.2
	主として、研究活動に従事	7	1.8	4	4.0
	その他	56	14.5	5	5.0

表2-2 現在と10年後の達成度に関する専門家の回答の割合（デルファイ調査）

レベル／分野		項目	現在 R1	現在 R2	10年後 R1	10年後 R2
ローカルレベル	知識・理解	(1) 地域史、地方の知恵、地域の伝統・文化等に関する知識	92%	91%	8%	9%
ローカルレベル	能力・技能	(2) 地域レベルの政治参加、地域での相互協力、問題解決能力等	65%	61%	35%	39%
ローカルレベル	価値観・態度	(3) 地域共同体を愛する、中道・倹約の態度、地域の伝統文化に従い行動する等	95%	89%	5%	11%
ナショナルレベル	知識・理解	(4) 国の歴史、伝統、文化、法、社会問題、持続的開発等に関する知識	79%	79%	21%	21%
ナショナルレベル	能力・技能	(5) 国レベルでの政治参加、相互協力、中庸と倹約、問題解決能力等	49%	46%	51%	54%
ナショナルレベル	価値観・態度	(6) 自国の伝統・文化に則り振る舞う、国民としてのアイデンティティ、愛国心等	86%	87%	14%	13%
リージョナルレベル	知識・理解	(7) アセアンの歴史、伝統・文化、社会問題、開発、人権、平和、民主主義などに関する知識	63%	56%	37%	44%
リージョナルレベル	能力・技能	(8) 民主主義・人権尊重、環境問題解決、持続的開発、平和維持、外国語活用、異文化理解、社会参画、共生などができる能力	45%	43%	55%	57%
リージョナルレベル	価値観・態度	(9) アセアン・アイデンティティ、アセアン・アウエアネス、人権尊重の態度、民主主義的態度など	64%	58%	36%	42%
グローバルレベル	知識・理解	(10) 世界の歴史、社会正義、環境、持続的開発、異文化理解、相互依存等に関する知識	43%	41%	57%	59%
グローバルレベル	能力・技能	(11) 国際レベルでの政治参加、平和的解決、異文化理解能力等	33%	38%	67%	63%
グローバルレベル	価値観・態度	(12) 国際的な協力、地球市民としてのアイデンティティ、グローバルな問題の認識等	48%	43%	52%	57%
ユニバーサルレベル	知識・理解	(13) 文化の多様性、人権、平和、環境、開発、民主主義等に関する知識	52%	64%	48%	36%
ユニバーサルレベル	能力・技能	(14) 論理的思考・判断、人権遵守、意思決定能力等	40%	43%	60%	58%
ユニバーサルレベル	価値観・態度	(15) 責任感、幸福な生活、真理の探究、法の尊重、人類への貢献等	60%	71%	40%	29%

表 2-3　知識・理解に関する資質（デルファイ調査）

項目		Q3：現時点での達成度 (A)	Q4：10年後の達成度 (B)	Q2：資質の重要性 (C)	現在と未来の差 "(B)−(A)" (D)
知識・理解に関する資質	(1) 環境	3.33	3.79	3.54	0.47
	(2) 共生	3.33	3.69	3.47	0.36
	(3) 異文化理解	3.09	3.57	3.11	0.48
	(4) 社会正義と公正	3.03	3.52	3.12	0.49
	(5) 民主主義	2.79	3.41	2.86	0.61
	(6) 持続的開発・発展	2.98	3.62	3.12	0.64
	(7) 相互依存関係	3.02	3.64	3.05	0.62
	(8) 外国語	2.67	3.42	2.78	0.75
	(9) 社会福祉	3.17	3.65	3.10	0.49
	(10) 人権	3.02	3.56	3.11	0.54
	(11) アセアンの歴史と文化	2.88	3.38	3.02	0.50
	(12) アセアン諸国共通の社会問題	2.67	3.33	2.88	0.66

(3) 市民性教育の教育アジェンダで最優先すべき資質

① 知識・理解に関する資質

　表 2-3 は、知識・理解に関係する 12 の資質に焦点を当てた、現在の達成度と将来（10 年後）予測される達成度への教育の専門家の評価を表す。

　表 2-3 の A 欄から、現時点において資質のほとんどが達成されてきたことが示される。たとえば、環境（3.33）、共生（3.33）、社会福祉（3.17）、異文化理解（3.09）、社会正義と公正（3.03）、相互依存関係（3.02）と持続的開発・発展（2.98）などである。

　より達成度の低いトピックは、民主主義（2.79）、アセアンの歴史と文化（2.88）、アセアンの国々に共通する社会問題（2.67）と外国語（2.67）である。しかしながら、B 欄（10 年後の達成度）を参照すると、すべてのトピックがより多く 10 年後には達成していると予測される。

　D 欄を見ると、教育の専門家の意見では、12 のすべての資質に対して現

在と将来の達成度の間にギャップがあり、そして 12 の資質は 10 年後に達成されうることを示唆する。以下の資質は大きなギャップがあるため、カリキュラム開発や教材においてより注意が必要であると推論できる。その資質とは、外国語 (0.75)、アセアンの国々に共通する社会問題 (0.66)、持続的開発・発展 (0.64)、相互依存関係 (0.62)、民主主義 (0.61)、人権 (0.54)、アセアンの歴史と文化 (0.50)、社会正義と公正 (0.49)、異文化理解 (0.48)、環境 (0.47)と共生 (0.36) である。

それにもかかわらず、12 の資質の重要度に関する C 欄を参照すると、より大きな加重平均はより大きな重要性と今後より多くの教育リソースが求められることを示唆する。その資質とは、環境 (3.54)、共生 (3.47)、社会正義と公正 (3.12)、異文化理解と人権 (3.11)、社会福祉 (3.10)、相互依存関係 (3.05)、アセアンの歴史と文化 (3.02)、アセアン諸国共通の社会問題 (2.88)、民主主義 (2.86) と外国語 (2.78) である。

結論として、ブルネイにおける市民性教育の教育アジェンダのために、知識・理解に関する優先度の高いトピックは、外国語、アセアン諸国共通の社会問題、持続的開発・発展と民主主義である。

② 能力・技能に関する資質

表 2-4 は、能力・技能に関係する 14 の問題に焦点を当てた、現在の達成度と将来 (10 年後) 予測される達成度への教育の専門家の評価を表す。

表 2-4 の A 欄から、現時点で意思決定能力 (2.41)、アセアン諸国に共通の社会問題を他者とともに解決できる能力 (2.58)、外国語を操る能力 (2.76)、アセアン諸国に共通の社会問題を他者とともに解決できる能力 (2.76) など、低い加重平均によって示される能力・技能に関係する資質を除くほとんどの資質が達成されてきたことが示される。

現時点で高い達成度を示した資質は、相互協力 (3.52)、冷静に判断、自分をコントロールできる (3.46)、問題解決 (3.44)、情報社会に対応できる (3.39)、生活の質を高める (3.33)、批判的思考 (3.15)、意見表明できる (3.12)、平和的解決 (2.99)、持続的開発・発展 (2.92) である。しかしながら、B 欄

表 2-4　能力・技能に関する資質（デルファイ調査）

資質	Q3：現時点での達成度 (A)	Q4：10年後の達成度 (B)	Q2：資質の重要性 (C)	現在と未来の差 "(B)−(A)" (D)
(1) 意見表明できる	3.12	3.80	3.31	0.68
(2) 冷静に判断、自分をコントロールできる	3.46	3.88	3.55	0.43
(3) 問題解決	3.44	3.82	3.44	0.39
(4) 意思決定	2.41	3.88	3.47	1.47
(5) 情報社会に対応できる	3.39	3.98	3.39	0.59
(6) 平和的解決	2.99	3.59	3.13	0.60
(7) 批判的思考	3.15	3.64	3.32	0.50
(8) 生活の質を高める	3.33	3.91	3.59	0.58
(9) 相互協力	3.52	4.17	3.68	0.64
(10) 持続的開発・発展	2.92	3.50	3.01	0.58
(11) 社会に貢献できる	2.99	3.57	3.17	0.58
(12) 外国語を操る	2.76	3.41	2.75	0.65
(13) アセアン諸国に共通の規範・価値観をもつ	2.76	3.31	2.83	0.56
(14) アセアン諸国に共通の社会問題を他者とともに解決できる	2.58	3.25	2.79	0.67

から能力・技能に対するすべての資質の 10 年後に予測される達成度は大きい。

　D 欄を参照すると現時点と将来のすべての達成度にプラスの差があることから、10 年後に 14 の資質を達成しうるという意見を教育の専門家が持っている。大きな差があることから、以下の資質はカリキュラム開発や教材においてより注意が必要である。その資質とは、意思決定 (1.47)、意見表明できる (0.68)、アセアン諸国に共通の社会問題を他者とともに解決できる (0.67)、外国語を操る (0.65)、相互協力 (0.64)、平和的解決 (0.60) である。差が相対的に小さい資質は、情報社会に対応できる (0.59)、生活の質を高める (0.58)、持続的開発・発展 (0.58)、社会に貢献できる (0.58)、アセア

ン諸国に共通の社会問題を他者とともに解決できる (0.56)、批判的思考 (0.50) である。

それにもかかわらず、C欄から能力・技能に関する14の資質の重要性について、大きな加重平均があることはより大きな重要性を推論しより多くの教育資源を必要とすることを示唆する。その資質とは、相互協力 (3.68)、生活の質を高める (3.59)、冷静に判断、自分をコントロールできる (3.55)、意思決定 (3.47)、問題解決 (3.44)、情報社会に対応できる (3.39)、批判的思考 (3.32)、意見表明できる (3.31)、社会に貢献できる (3.17)、平和的解決 (3.13)、持続的開発・発展 (3.01)、アセアン諸国に共通の社会問題を他者とともに解決できる (2.83)、アセアン諸国に共通の社会問題を他者とともに解決できる (2.79)、外国語を操る (2.75) である。

結論として、ブルネイにおける市民性教育に関わる教育アジェンダを決める上で、優先順位が高い能力・技能に関する資質は、意思決定、意見表明できる、アセアン諸国に共通の社会問題を他者とともに解決できる、外国語を操る、相互協力であり、これらの資質を発展させるカリキュラムを開発することが重要である。

③ 価値観・態度に関する資質

表2-5は、価値観と態度に関係する13の問題に焦点を当てた、現時点での達成度と将来（10年後）予測される達成度への教育の専門家の評価を表す。

表2-5のA欄から、現時点で価値観・態度に関する多くの資質が達成されてきたと言える。すなわち、国民としての道徳を守り、誇りを持つ (3.30)、伝統・文化を尊重する (3.24)、自立心をもつ (3.15)、人権を尊重する (3.12)、法律を大切にする (3.09)、文化の多様性を大切にする (3.08)、環境・資源を守りその開発に興味をもつ (3.07)、科学的な思考力を持ち、科学技術に乗り遅れない (3.04)、地球規模の問題に関心をもつ (3.00) という資質である。

現時点で低い達成度を有する資質は、正義をもって不正に立ち向かう (2.92)、民主主義を尊重する (2.90)、アセアンの一員としての道徳を守り、誇りをもつ (2.88)、国際協力を推進する (2.68) という資質である。

表 2-5 価値観・態度に関する資質（デルファイ調査）

資質	設問	Q3：現時点での達成度 (A)	Q4：10年後の達成度 (B)	Q2：資質の重要性 (C)	現在と未来の差 "(B)−(A)" (D)
価値観・態度に関する資質	(1) 正義をもって不正に立ち向かう	2.92	3.58	3.09	0.66
	(2) 環境・資源を守りその開発に興味をもつ	3.07	3.71	3.34	0.64
	(3) 自立心をもつ	3.15	3.74	3.41	0.59
	(4) 文化の多様性を大切にする	3.08	3.72	3.24	0.64
	(5) 法律を大切にする	3.09	3.72	3.36	0.63
	(6) 国際協力を推進する	2.68	3.52	3.00	0.84
	(7) 地球規模の問題に関心をもつ	3.00	3.56	3.19	0.56
	(8) 伝統・文化を尊重する	3.24	3.71	3.33	0.47
	(9) 国民としての道徳を守り、誇りを持つ	3.30	3.86	3.48	0.56
	(10) 民主主義を尊重する	2.90	3.45	3.02	0.54
	(11) 人権を尊重する	3.12	3.59	3.33	0.48
	(12) 科学的な思考力を持ち、科学技術に乗り遅れない	3.04	3.58	3.14	0.54
	(13) アセアンの一員としての道徳を守り、誇りをもつ	2.88	3.49	3.04	0.60

　しかしながら、B欄を参照すると、価値観や態度に対するすべての資質について10年後の達成度への期待は大きい。

　D欄を参照すると、13すべての資質に対する現在と未来の達成度の隔たりはすべて正の値を示す。すなわち、国際協力を推進する（0.84）、正義をもって不正に立ち向かう態度（0.66）、環境・資源を守りその開発に興味をもつ（0.64）、文化の多様性を大切にする（0.64）、法律を大切にする態度（0.63）、アセアンの一員としての道徳を守り、誇りをもつ（0.60）、自立心をもつ（0.59）、地球規模の問題に関心をもつ（0.56）、国民としての道徳を守り、誇りを持つ（0.56）、民主主義を尊重する（0.54）、科学的な思考力を持ち、科学技術に乗り遅れない（0.54）、人権を尊重する（0.48）、伝統・文化を尊重する（0.47）

という数値から、13の資質は10年後には達成されうるという意見を教育の専門家は持っていると言える。

それにもかかわらず、C欄では価値観や態度に関する13の資質の重要性に関して、より有意差があると推定でき、またより多くの教育資源を必要とする。その資質とは、国民としての道徳を守り、誇りを持つ（3.48）、自立心をもつ（3.41）、法律を大切にする態度（3.36）、環境・資源を守りその開発に興味をもつ（3.34）、伝統・文化を尊重する（3.33）、人権を尊重する（3.33）、地球規模の問題に関心をもつ（3.19）、科学的な思考力を持ち、科学技術に乗り遅れない（3.14）、正義をもって不正に立ち向かう（3.09）、アセアンの一員としての道徳を守り、誇りをもつ（3.04）、民主主義を尊重する（3.02）、国際協力を推進する（3.00）という資質である。

結論として、ブルネイにおける市民性教育に関わる教育アジェンダを決める上で、優先順位が高い価値観・態度に関する資質は、国際協力を推進し、アセアンの一員としての道徳を守り、誇りをもつ資質であり、これらの資質を育成するようなカリキュラムの開発が重要である。

おわりに－アセアンネスを意識した市民性教育に向けて

ブルネイにおいてMIBが市民性の資質を育成する可能性を持つ教科であった。MIBの主たる目標は、児童生徒がブルネイ人としてのアイデンティティを持つよき市民になり、よい道徳的価値を持ち、多様性、自由や人権を尊重するようになることである。このような目標の下、ブルネイにおける市民性教育は、国家と自己の形成を重んじるが、アセアンネスの形成やグローバルな市民の涵養を重んじるアプローチは乏しかった。教科書分析からも、ローカル、ナショナル、ユニバーサルなアプローチは見られたが、グローバル、リージョナルな内容は非常に少なかった。

カリキュラムの基準や基礎的コンピテンシー、教科書の内容は、ブルネイの児童生徒の知識や理解にも少なからず影響を及ぼしている。ブルネイの児童生徒に対するアンケート結果から、知識・理解面から見たブルネイの児童

生徒はナショナルな伝統や文化の学びを重要視していた。MIBの教科書でもナショナルな内容が多いことから、教科書で扱われる内容に応じて児童生徒の知識・理解に一定の影響を及ぼしていると推測できる。

　ブルネイの児童生徒は社会問題に対する知識・理解はある一方、社会問題に何らかの行動を起こした経験はほとんどない。これはアセアン諸国の児童生徒の特徴と同様である。しかしながら、現実の問題に対応する能力の育成も教育目標とされるブルネイにおいて、単なる知識・理解から価値観や態度の育成にまで展開することが期待される。加えて、価値観・態度から見たブルネイの児童生徒の特徴は、あらゆる場所での平和に価値を置く中で、とりわけ世界平和を大切に思っている点が挙げられる。また、村や町、アセアンや地球の環境や開発の問題に興味を示している反面、自国の環境や開発の問題に関心がない。SPN21のカリキュラムに基づく新しい教科書では、自国の環境を守ることへの強いメッセージも含まれていることとは対照的であり興味深い。今後、グローバルな文脈の中で、自国の環境や開発のあり方を考えさせるような内容が待たれる。

　さらに、アセアンへの関心、知識や理解に乏しい。殊に、ブルネイから遠い国々に関する知識があまりない。また、アセアン共同体の構築に向け共通のアイデンティティを構築する可能性にはやや懐疑的である。MIBや社会科などの市民性の資質を育成する教科科目の教科書においてアセアンの扱いが少ないことから、アセアン諸国を意識する内容に児童生徒の関心が低いのは当然と思われる。

　したがって、ブルネイの文脈においてアセアンネスを意識した市民性教育を発展するためには、MIBや市民性の資質を育成する教育の内容をアセアン各国と関連付けるとともに、コミュニティや国家に対する責任を維持しつつ、より包括的にアセアン（地域）各国に関わる内容を盛り込むことが求められる。同様に、グローバルな内容を教科書により多くかつ具体的に盛り込んでいくことで、バランスのとれた市民性の資質を育成する契機になると考える。

注

1 本章の一部は、日本比較教育学会紀要『比較教育学研究』(第46号、2013年)に掲載された鴨川明子「ブルネイ初等学校の社会科とMIBに見る市民性教育―SPN21カリキュラムと教科書の分析―」を加筆・修正したものである。
2 鴨川 (2013) によるMIB教科書分析においても、おおよそ同様の結果が出ている。

参考文献

平田利文編 (2007)『市民性教育の研究―日本とタイの比較―』東信堂.
杉本均 (2000)「アジア諸国における教育の危機と価値教育：ブータンからブルネイまで」日本比較教育学会『比較教育学研究第26号』東信堂, pp.54-64.
杉本均 (2000)「ブルネイ王国の言語・価値教育政策―シンガポール・マレーシアとの比較の視点から―」『京都大学大学院教育学研究科紀要46』, pp.42-59.
Jabatan Perkembangan Kurikulum (JPK), Kementerian Pendidikan Negara Brunei Darussalam (2008), *Social Studies Subject Document for Years 4-6*.
Jabatan Perkembangan Kurikulum (JPK), Kementerian Pendidikan Negara Brunei Darussalam (2009), *Kerangka dan Panduan Bagi Kurikulum dan Penilaian Mata Pelajaran Melayu Islam Beraja*.
Jabatan Perkembangan Kurikulum (JPK), Kementerian Pendidikan Negara Brunei Darussalam (2010a), *Karangka dan Panduan Bagi Kurikulum and Penilaian Sistem Pendidikan Negara Abad Ke-21*.
Jabatan Perkembangan Kurikulum (JPK), Kementerian Pendidikan Negara Brunei Darussalam (2010b), *The National Education System for the 21st Century*.
Jabatan Perkembangan Kurikulum (JPK), Kementerian Pendidikan Negara Brunei Darussalam (2010c), *Pendidikan Kenegaraan Melayu Islam Beraja peringkat rendah dan menengah*.
Kalaian, S. & Kasim, R. (2012), *Terminating sequential Delphi Survey data collection. Practical assessment, research and evaluation*. 17 (5). Available online: http://pareonline.net/getvn.asp?v=17&n=5
Ministry of Education (1985), *Sukatan Pelajaran Sivik sekolah-sekolah rendah darjah 1-6*.
Sallimah Salleh, Rosmawijah Jawawi (2012), *The Implementation of Social Studies in Primary and Secondary Schools in Brunei Darussalam*, presented in CESA conference, Bangkok, June 2012.

第3章
カンボジアの市民性教育
―大人と若者のアセアン意識の世代間相違

羽谷沙織

はじめに

　2009年、タイのチャアム・フアヒンにおいて、アセアン域内の政治的安定、経済的発展、社会文化交流に向けて加盟国の協力を取り付け、共同体の設立に向けて足並みをそろえることを目的に、第14回アセアン首脳会議が開催された。そこでは、共同体を実現する行動計画案が採択され、社会・文化分野の発展とかかわって、アセアン共通の教育普及、すなわちアセアンネスのための教育（Education for ASEANness）が提唱[1]、地域に共通するアイデンティティ（common regional identity）の育成が強調された。

　この政策文書のロジックは、アセアン地域に根差した共同体意識を培い、互いの歴史に配慮し、共有する文化遺産に目を向けることを通して、アセアン統合が促進され、地域の発展が進められるのだというものである。アセアン地域に共通するアイデンティティとは、「東南アジア全体の地域的利益を重んじる集合的（collective）な人格、規範、価値観、信念、目標」であるとし、「域内に暮らす人々の連帯感を培い、言語や宗教的な多様性のなかに統一を見出し、相互理解につながる価値を育てる」ことで形成されると言う[ASEAN Secretariat 2009b:23]。しかしながら、実のところ南シナ海で中国が領有権の主張している問題とかかわって、これを否定した仲裁裁判所の判決を受け、フィリピン、ベトナム、インドネシア、シンガポール、マレーシアが中国に判決を受け入れるよう主張したが、カンボジアは中国批判を認めない

立場を取っている。意思決定に亀裂が生じ、アセアンの分断が問題化しているという側面も否めない[2]。とはいえ、2016年に作成された政策文書のなかでも、引き続きアセアン共同体を束ねるアイデンティティは重要視されている［ASEAN Secretariat 2016:4］。

　このように政策レベルにおいて、アセアン・アイデンティティの形成は推し進められているが、ここで問題となるのは、言語・宗教が異なる人々によって政治的に創られたコミュニティが、共通の価値を持つ市民を育成することは可能なのだろうかという問いである［Jones 2004, Jönsson 2010, Acharya &Layug 2012］。EU統合下のヨーロッパを例に取ると、2009年のリスボン条約におけるヨーロッパ市民の法的地位整備は、加盟国の国籍を有する者にヨーロッパ市民権を与えたが、実のところ、ヨーロッパ市民としての意識が深く共有されるにはいたっていないという指摘がある［坂本2011:3-4］。人権や民主主義というヨーロッパの共通価値の実現を進める欧州評議会（Council of Europe）は、国境を越えた民主的市民性教育を推進してきたが、それは各国のカリキュラムのなかで独自に営まれるにとどまっており［中山2010:120-121］、やはりヨーロッパに共通する地域アイデンティティの共有にはいたっていないというのが一般的な見方である。そもそも、ヨーロッパ各国は、それぞれの主権と寛容の精神の狭間で自国に暮らす多様な市民をどのように受容するのかに頭を悩ませている。たとえばイギリスにおいて、EUという枠組みのなかで急増した移民や難民は、国家内部の文化的多様性を深化させ、旧来のイギリス社会のあり方に変容を迫り、「イングランド人」や「白人性」により定義されてきた「ブリティシュネス＝イギリス人性（Britishness）」の意味転換を余儀なくさせたと言う［安達2013:2］。2016年6月イギリスは国民投票を行い、EUからの離脱を決めたことによって、共同体に居住している市民を包摂する社会統合について再考する局面を迎えることになるであろう。

　そこで、本章では、市民を包摂する社会統合の枠組みとしての市民性教育に着目し、アセアン統合下カンボジアにおける市民性教育のなかで、若者のアセアンに対する意識がどの程度、深化しているのかについて検討したい[3]。

本章では、市民性教育の概念整理、カンボジアとアセアンのかかわりについて概観したあとで、① 20 代～70 代の教育関係者・有識者（以下、有識者）を対象としたデルファイ調査結果をもとに、大人世代が若者にどのような市民性を身に着けてほしいと期待しているのかを検討し、② 12 歳～18 歳の若者を対象としたアンケート調査の結果もとに、若者のアセアン意識を考察する。

1　市民を包摂する枠組みとしての市民性教育

　本論に入る前に、本章で用いる市民という概念について整理しておきたい。Delanty（2000）によると、市民の概念は大きく 2 種類に分けることができ、ひとつは国民国家を基軸とした国民や国籍を意味するものであり、権利、義務、社会参加、アイデンティティと深くかかわるとする［Delanty 2000:11］。もうひとつは、国民国家の枠を超えた広義の市民社会の文脈における市民を意味するものである。EU 統合下のヨーロッパでは、国籍をもつ国民と他の EU 諸国出身者がともに暮らす光景は珍しいものではなく、国民に限らず移民や留学生など共同体に居住するさまざまな市民をどのように包摂するかは重要な問題である。この文脈における市民の概念は、国籍というよりは人権に近い意味を持つ［北山 2014:3］。本稿では、国籍にとらわれない広義の市民という点に着目しながら論を進める。

　ヨーロッパにおける市民性教育の開始時期や定義は、国によって差があり、異なる社会の位相を背景に、独自の展開を続けてきた。ドイツにおいては、政治教育という伝統的な科目を中心に展開されており、その開始は 17 世紀に遡るという［近藤 2007:114］。他方、フランスにおいて、今日に続く市民性教育への関心が始まったのは 1980 年代半ばとされ、イギリスでは 2002 年に citizenship が全国共通カリキュラムのなかに独立教科として導入され、必修化された。イギリスではこれ以降、人種、民族、宗教、性別、性的オリエンテーション、障害など多様な背景を持つ市民を取り込む社会統合の枠組みの探求として、市民性教育が進められてきており［北山 2014:7-8］、それは、

多様性の尊重つまり、従来の国民の枠組みではとらえきれない成員を排除しないという考え方に基づいている［橋崎 2015:189］。この点に鑑み、平田（2007）は、市民性教育を以下のように定義している。

異文化を理解・尊重し、共生できるための知識、能力、価値観・態度をもち、人権、平和、環境、開発などの地球的規模で考えなければならない課題に対して、グローバルな視点から考え続け、ローカル、ナショナル、グローバル、ユニバーサルなレベルで意思決定でき、行動できる人間を育成する教育［平田 2007:20］。

ただし、近藤（2007）は、市民性教育（あるいは政治教育）のなかで文化的な相互理解や寛容の精神を訴えるだけでは民族間・宗教間の複雑な関係を理解することは不十分であるとし、ホスト社会が植民地主義の歴史を批判的に振り返ること、つまり歴史政策を欠いて移民と共存することは不可能だと指摘する［近藤 2007:122］。

さて、市民性教育はヨーロッパに限らず、アジアでも広がりを見せ、タイは、2001 年から基礎教育カリキュラムにおいて「社会科・宗教・文化」を学習内容のひとつに据え、よき市民としての義務や社会道徳・倫理に関する教育に取り組んでいる［平田 2010:186-188、森下 2010:210］。マレーシアでも 2005 年から「公民および市民性の教育」という科目がスタートした［手嶋 2013:135-137］。マレー系、華人系、インド系といった民族からなる複合社会マレーシアでは、これらの異なるコミュニティの帰属意識を超える市民性の育成が鍵となっている。

他方、本章で取り上げるカンボジアでは、市民性教育を単独に扱う科目はない。ただし、1970 年代後半のポル・ポト率いるカンプチア共産党による処刑、強制労働、尋問、拷問、レイプなどの人権侵害の反省をふまえて、平和、民主主義へ向かって歩みを進めていくことは喫緊の課題であり、これについては近年、道徳公民、歴史、地理、ローカル・ライフ・スキル・プログラム（Local Life Skill Program、以下 LLSP）のなかで総合的に扱われている［羽谷 2013: 166-174, 貝塚 2014:9-11, 北村 2015:135］[4]。そもそも、カンボジアにおいて、どのような市民を育成するべきかという問いは新しく、これまでのとこ

ろ本格的に議論されているとは言えない。ただし、社会問題に対して自ら能動的に行動する若者の動きはみられ、たとえば、2013年の国民議会議員選挙が実施された際、集会や街頭宣伝活動に非常に多くの若者が積極的に参加した点について看過することはできない。この選挙の争点は土地紛争、人権侵害、移民、国家主権と領土保全、平和、社会の安定と秩序、貧困削減であり［チアン 2014, p.16］、多くの若者の関心を集めたことに特徴がある。それは、有権者数968万人のうち350万人以上が18歳から30歳の若者で占め(36%)、選挙人における若者の割合が過去最高となったことからも伺え、野党カンボジア救国党の集会において、選挙権のない高校生もキャンペーンに自発的に集まり、熱狂的に街頭宣伝活動に取り組む姿が見られた［山田 2014:6］。ソーシャル・メディアの追い風も受けて、アクティブな市民性を備えた若年層の台頭を今後、見過すことはできなくなるであろう。ただし、筆者が行った児童生徒に対するアンケート調査からは、政治、環境、人権、紛争などの社会問題について、自分で調べたり、意見を持ったり、自ら行動したりすることについては、4割程度が積極性を示すに留まった。社会に対して自分の意見を表明する態度については3割に落ち込み、親、教師、年上、友人など比較的自分に身近な人物には伝えることができるとはしながらも、政治家や宗教指導者と意見を交わすことについては消極的な態度を示し、行動する市民性（アクティブ・シティズンシップ）の定着が限定的な点が今後の課題と指摘できる。

2　カンボジアにおける市民性教育と社会背景

　ポスト・コンフリクト国カンボジアの政治文化社会コンテクストのなかで市民性教育を考えるにあたって、ポル・ポト率いるカンプチア共産党による大虐殺を無視することはできない。1975年4月から1979年の1月までのおよそ4年間、極端な共産主義にもとづくカンプチア共産党の下で170万人から200万もの人々が命を落とした。全国刑務所の拠点と位置付けられたトゥオル・スラエン刑務所はおよそ1万4,000人を収容し、その大多数は

勾留、尋問、拷問、レイプ、処刑の犠牲となった。これ以外の場所でも強制労働、餓死、病死は絶えず、カンボジア全土における人権侵害は甚だしかった。ポル・ポト政権ののちに樹立された社会主義ヘン・サムリン政権は、1980年にすぐさま教育制度改革に着手し、「道徳と政治教育」「芸術」「クメール語」といった科目を通してポル・ポト批判を展開した[5]。ただし、新政権にはポル・ポトによる虐殺を痛烈に批判することで、生き残った人々の怒りをポル・ポトに向かわせ、同政権の社会革命を正当化するねらいがあった［羽谷 2011: 138-139］。

　1993 年に制定された新憲法は、武力紛争および人権侵害の反省をふまえ、民主主義と人権を含む 4 つの基本原理（民主主義、人権、市場経済体制、君主制）を採用した。民主主義については、治者と被治者の間の対立を前提としながら、国民の意思に基づく政権の交代を認め、政党や個人の政治思想・信条の自由を尊重し、対立があった場合には武力ではなく、18 歳以上の市民が参加する選挙に判断を委ねるとした。選挙の公正な実施、裁判所による人権の司法的救済も定めた。人権については、世界人権宣言その他人権に関する国際文書に謳われた人権および自由を享有するとし、あらゆる個人は生命、身体的自由、安全に対する権利を有し、身体的虐待を受けないと規定した。人権とかかわって特徴的なのは、女性の権利をめぐる条項であり、人身売買、売春、女性の尊厳を傷つける猥褻行為による搾取の禁止、妊娠を理由とする女性の職場からの解雇の禁止、適切な社会的援護を持たない農村地域の女性に対して保護機会の提供も規定された。ジェンダーに配慮しながら女性の権利を盛り込んだ点は、そうでなければ、女性の権利が抑圧される傾向にあるからであろう。人権尊重や民主主義の実現を目指す市民性教育は、独裁政治から脱却し国家再建を試みるカンボジアの文脈において、決して周縁的な課題ではない。むしろ国家的命題の中心部に位置付けるべきであることから、単なる科目の 1 つとして教えられるだけでは足らず、近年では、道徳公民、歴史、地理、LLSP の科目において複合的に扱われている。

3 カンボジアとアセアン

(1) カンボジアにおける市民

2008年の国勢調査のデータによると、カンボジアの人口は 13,396000 人、1998年からの 10 年間に約 16.7% の伸びを示した[6]。宗教別人口の割合は仏教徒 96.93%、イスラム教徒 1.92%、キリスト教徒 0.37%、その他 0.78% となり、仏教徒が圧倒的な多数派を占めることが分かる。母語別人口の割合は、クメール語話者 96.31%、ベトナム語話者 0.54%、中国語話者 0.05%、ラオス語話者 0.14%、タイ語話者 0.02%、少数民族言語話者 2.86%（内訳 Chaaraay 6.87%、Chaam 53.24%、Kuoy 7.47%、Krueng 5.22%、Phnong 9.79%、Tumpoon 8.09%、その他の少数民族言語 9.32%）、その他 0.08% となった。出生地別に人口割合を見てみると、99.4% がカンボジア生まれであるのに対し、外国生まれは 0.06% であり、カンボジアに暮らす大多数が、カンボジア生まれのクメール語を話す仏教徒と要約できる。1998年の国勢調査データは、仏教徒 96.56%、イスラム教徒 2.15%、キリスト教徒 0.46%、その他 0.83% を記録し、イスラム教徒とキリスト教徒の割合に微増減はあるものの、仏教徒がマジョリティを占めるという宗教別人口構造について、1998年からの 10 年間に大きな変化は見られなかった。

2015年の国連経済社会情報・政策分析局人口部のデータから、カンボジア国内に暮らすマイノリティとしての外国人について見てみると、カンボジア国内に暮らす外国生まれの外国人は計約 7 万 4,000 人となり、全人口の 0.005% を占めるにとどまった。そのうちアセアン諸国出身者の内訳は、ベトナム 36,436 人、タイ 30,806 人、ラオス 260 人、マレーシア 172 人、フィリピン 152 人、シンガポール 123 人、インドネシア 105 人、ミャンマー 52 人であり、ブルネイからの移住者はなかった[7]。カンボジアにおける外国人労働者の就労に関しては、就労許可・査証の発行に数量規制を設けていない点において、他のアセアン諸国と比較して緩やかであるとされる。就業条件としては、労働・職業訓練省発行の就労許可証、有効なパスポート、居住許可、健康などを挙げている[8]。2001年に公

布された外国人労働者の就業に関する政令によると、外国人を雇用する際には、カンボジア人労働者の10％以下にすべきという規定を設けている。

(2) アセアンを移動するカンボジア人労働者

カンボジアからの労働者派遣が開始したのは、1998年にマレーシアへ家事労働者を送り出したのが最初とされ、イスラム系住民のチャム人コミュニティから積極的な送り出しがあったとされる［初鹿野 2012:2］。2000年からはマレーシアへ工場労働者も派遣しており、2011年に正規ルートでマレーシアへ出稼ぎに出た者は43,000人であった。

カンボジアからの派遣先は、おもにマレーシア、タイ、韓国であるが、タイへは非正規での経路により入国する場合が少なくなく、地理的に近いだけでなく、食事や文化がカンボジアと類似しており、馴染みやすい環境（文化的親和性）であることがその理由とされる［初鹿野 2012:3］。2012年にタイで働くカンボジア人労働者数の合計は推定41万とされ、そのうち国籍証明手続きを完了した者が約11万人、タイ―カンボジアの労働省が窓口となって、労働者雇用を行うことを取り決めた二国間覚書による労働者が約14万人、国籍証明手続き未了の者が約16万人となり、正式な手続きを経ずにタイで就労している人口が多い点に特徴がある［山田 2013:48］。タイ政府が公式に把握しているカンボジア、ラオス、ミャンマーからの労働者数は約200万人であるが、非公式にはその1.5倍から2倍の労働者が働いていると見込まれる［山田 2012:1］。タイでは、おもに建設業、農業、漁業、農産物加工に従事し、タイ人の労働者の確保が難しい産業が、カンボジア人労働者の主な受け皿となっている。タイにおけるカンボジア人出稼ぎ労働者の6割が男性、4割が女性であり、男性労働者数が女性を上回っている点が他国と異なる［山田 2012:4］。たとえばタイにおけるラオス人労働者に関しては、女性が男性よりも多く、家内使用人として働いているケースが少なくない。人身取引の被害に遭い、不衛生な環境で予期しない仕事に従事させられたり、家事労働に従事する女性が性暴力の被害に遭ったりするなど越境に生きる労働者を取り巻く状況は深刻である。

4　大人世代のアセアン意識

（1）有識者デルファイ調査の概要

アセアンに対する意識をめぐって、世代間に相違が見られることは容易に想像できる。では、カンボジアの20代から70代の大人世代は、具体的に若者にどのような市民性を身に着けてほしいと期待しているのだろうか。有識者を対象にした未来予測調査（デルファイ調査、Delphi Survey）は、アセアン統合下において、どのような市民性が求められているのかについて検討する手掛かりを与えてくれる。デルファイ調査は量的研究手法の一つであり、有識者に同一のアンケート調査を複数回にわたって繰り返す作業から成る。第1回目のデルファイ調査では、回答者は自分の意見を率直に述べ、そのデータにもとづき平均値を出す。第2回目以降のデルファイ調査では、初回データの平均値があらかじめ書き込まれた用紙が配布され、回答者はその平均値をみながら、再度同じ質問に答える。このような手続きを経て回答者の意見を収斂させ、5－10年後に期待される市民性教育の内容を予測するものである。

表3-1は、調査概要を示している。第1回目のデルファイ調査は、タイと国境に近いカンボジア北西の都市バンティアイ・ミアン・チェイ州において2013年2月10日から19日に実施した。回答者は、小学校、中学校、高校の校長（32人）、小学校、中学校、高校の社会科教諭（31人）、市民性教育または近隣分野を専門とする大学教員（30名）、教育省役人（34名）、PTA（33名）の合計160人であった[9]。第2回目のデルファイ調査は、バンティアイ・ミアン・チェイ州において2013年8月30日から9月5日まで行った。回答者は、小学校、中学校、高校の校長（13人）、小学校、中学校、高校の社会科教諭（20人）、大学教員（13名）、教育省役人（12名）、PTA（31名）の合計89名であった。第1回目の調査で回答にあたった160人の足取りを追ったが、第2回目の調査と夏期長期休暇と重なったため、回収できたサンプル数は初回から68人減少し、89人へ落ち込んだ。小学校から高校ま

表 3-1　デルファイ調査の概要

		第 1 回調査	第 2 回調査
時期		2013/2/10—2/19	2013/8/30—9/5
場所		バンティアイ・ミアン・チェイ	バンティアイ・ミアン・チェイ
回答者数		160（人）	89（人）
職業	小・中・高の校長	32	13
	小・中・高の社会科教諭	31	20
	大学教員	30	13
	教育省役人	34	12
	PTA	33	31
性別	女	57（35.6%）	35（39.3%）
	男	103（64.4%）	53（59.6%）
	不明	0	1
年代	20 代	22	19
	30 代	57	23
	40 代	56	25
	50 代	19	16
	60 代	3	3
	70 代以上	2	2
	不明	1	1

筆者作成

での校長および教員は夏休み中のため国内研修などの理由で留守にしている場合が少なくなかった[10]。大学教員と教育省役人についても国内、海外出張のため不在ということもあった[11]。収集されたデータは SPSS により分析された。

(2) 重要コンピテンシーとしての環境問題・人権・アセアン

[環境問題]

　大人世代は、新しい時代の荒波を生き抜くために若者が将来的に身に着けるべき資質として、どのようなコンピテンシーを重要だと考えているのだろうか。表 3-2 は、大人世代が重要と考える順にコンピテンシーを並べたものである。それぞれの項目について、回答者は 1 − 5 段階評価を行い、5 が最

表3-2　コンピテンシーの重要度ランキング

コンピテンシー	重要度の割合
1 環境	3.8
2 人権	3.75
3 人権を尊重する	3.74
4 国民としての道徳を守り、誇りを持つ	3.74
5 自立心をもつ	3.74
6 伝統・文化を尊重する	3.73
7 社会福祉	3.72
8 民主主義	3.71
9 冷静に判断、自分をコントロールできる	3.71
10 社会に貢献できる	3.69
11 環境・資源を守りその開発に興味をもつ	3.69
12 生活の質を高める	3.67
13 外国語を操る	3.66
14 社会正義と公正	3.65
15 外国語	3.64
16 意思決定	3.64
17 相互協力	3.64
18 平和的解決	3.64
19 法律を大切にする	3.63
20 民主主義を尊重する	3.63
21 意思表明できる	3.58
22 批判的思考	3.57
23 問題解決	3.57
24 持続的開発・発展	3.56
25 相互依存関係	3.56
26 共生	3.55
27 アセアンの一員として道徳を守り、誇りをもつ	3.5
28 科学的な思考力をもち、科学技術に乗り遅れない	3.49
29 持続的開発・発展	3.46
30 国際協力を推進する	3.42
31 文化的の多様性を大切にする	3.41
32 アセアン諸国に共通の規範・価値観をもつ	3.4
33 アセアンの歴史と文化	3.39
34 地球規模の問題に関心をもつ	3.36
35 アセアン諸国に共通の社会問題を他者とともに解決できる	3.33
36 アセアン諸国共通の社会問題	3.28
37 異文化理解	3.27
38 情報社会に対応できる	3.26
39 正義をもって不正に立ち向う	3.21

筆者作成
凡例　□白　　　：アセアンに関する知識・理解
　　　薄い灰色：アセアンに関する能力・技能
　　　■濃い灰色：アセアンに関する価値観・態度

も高く、1が最も低いことを示している。表中では、アセアンに関する知識・理解のカテゴリーを白色、能力・技能を薄い灰色、価値観・態度を濃い灰色で表しているが、このうちのどれか1つが突出して高い重要度を示す、たとえばアセアンに関する知識のみが偏重されていたり、アセアンに対する態度が軽視されていたりする傾向は見られなかった。重要度の値は3.8～3.21を記録し、極端に重要度が高いまたは低いコンピテンシーは見当たらなかった。「環境」がもっとも重要な資質として3.8であり、続いて2位に「人権」(3.75)、3位に「人権を尊重する」(3.74)、「国民としての道徳を守り、誇りを持つ」(3.74)、「自立心をもつ」(3.74)が同率で並んだ。反対に、もっとも重要でないと考えられているのは、39位「正義をもって不正に立ち向かう」(3.21)、38位「情報社会に対応できる」(3.26)、37位「異文化理解」(3.27)であった。

　2008年の国勢調査によると、第1次産業に従事する人口の割合は全体の72.29%を占め、カンボジアに暮らす人々の生活は農業、林業、漁業に大きく依存している。そのため、森林伐採や魚の乱獲といった環境問題は国民生活に直接的な影響を与えることから、本調査においても環境問題に対する意識が高いことがうかがえた。カンボジアにおける環境政策は1997年にさかのぼる。この年に採択された京都議定書に端を発する環境をめぐるグローバルな潮流は、多様な援助プロジェクトとして姿を現した。近年では、環境省は、アセアン環境教育行動計画に沿って啓発活動を進めており［日本貿易推進機構 2011:2］[12]、教育・青少年・スポーツ省もまた、学校教育のなかでグローバル環境問題、地球温暖化、エコ・フレンドリーな現代技術を用いた持続可能な開発などの問題を取り上げ、子供たちの環境意識の向上に着手している[13]。国際的なトレンドを背景に、カンボジア政府が展開してきた政策は、人々の環境管理意識に影響を与えていると考えられる。

[人権]

　重要なコンピテンシーの第2位と第3位に挙げられた「人権」(3.75)「人権を尊重する」(3.74)は、先述したように、ポスト・コンフリクト国

カンボジアにおける国家再建の重要なテーマとして人々の関心を集めてきた。1991年のパリ和平協定締結後は、市民社会の芽生えとともにADHOC（Cambodian Human Rights Development Association 1991年設立）、LICADHO（Cambodian League for the Promotion and Defense of Human Rights 1992年設立）、CCHR（Cambodian Center for Human Rights 2002年設立）を含む多くの人権NGOが設立され、カンボジアの人権状況を広く国内外へ伝える際の重要な情報源となってきたという報告がある[14]。これらの人権NGOは、国家による暴力や人権侵害を減らすうえで一定の成果を上げてきたが、2012年5月にクロチェ州で起きた、企業と地域住民の土地紛争に起因する14歳の少女銃撃死亡事件など暴力や人権侵害はいまも後を絶たず、国際社会からの批判を受けている［上村 2015:7-8］。CCHRはまた、これまで社会の周辺的な課題として見過ごされてきたセクシャル・マイノリティ（Lesbian, Gay, Bisexual and Transgender LGBT）の人権問題にも取り組んでいる。マイノリティへの差別や偏見がもたらす就学、就労、生活問題を議論する土壌がカンボジア社会に生まれつつある[15]。

　人権と深いかかわりをもつ「民主主義」（第8位）「民主主義を尊重する」（第20位）も重要な社会テーマとして注目を集め、これまで学校教育カリキュラムのなかでも扱われてきた［羽谷 2013:166-168, 貝塚 2014:9-10］。しかしながら、2011年に刷新された「歴史12年生」の国定教科書において、与党人民党の支配の正当性を論じるなかで、平和と繁栄をもたらした指導者というシハヌークの系譜に現首相フン・セン自らを位置づける政治的な操作が行われた［新谷 2015］。教科書のなかで、若者からの支持を得ようと一党支配体制を擁護する政治的なイメージの操作が図られたことは無視できず、教科書のなかで語られる民主主義の内容については、注意が必要である。

[アセアン]
　以下では、重要度の点から検討した39のコンピテンシー（表3-2）をさらに、別の観点から再検討したい。**表3-3**は、コンピテンシーの現在の達成度と10年後に期待される達成度の加重平均を示している。表3-3の左に付し

表3-3 コンピテンシーの現在―未来ギャップ

(A欄の値が高いほど、現在と10年度のコンピテンシーの達成度に差があることを示している)

コンピテンシー	現在と10年後の差（現在―未来ギャップ）A=C-B	現在達成している割合 B	10年後に達成すべき割合 C
33 アセアンの歴史と文化	0.79	3.06	3.84
36 アセアン諸国共通の社会問題	0.79	3.12	3.91
35 アセアン諸国に共通の社会問題を他者とともに解決できる	0.71	3.01	3.72
32 アセアン諸国に共通の規範・価値観をもつ	0.67	3.19	3.87
38 情報社会に対応できる	0.67	3.19	3.86
14 社会正義と公正	0.65	3.49	4.14
39 正義をもって不正に立ち向う	0.65	3.09	3.74
30 国際協力を推進する	0.61	3.28	3.9
15 外国語	0.57	3.27	3.84
13 外国語を操る	0.53	3.08	3.61
16 意思決定	0.53	3.7	4.24
8 民主主義	0.51	3.78	4.28
27 アセアンの一員として道徳を守り、誇りをもつ	0.51	3.58	4.09
11 環境・資源を守りその開発に興味をもつ	0.5	3.6	4.1
7 社会福祉	0.49	3.74	4.23
22 批判的思考	0.48	3.59	4.07
24 持続的開発・発展	0.48	3.58	4.07
34 地球規模の問題に関心をもつ	0.48	3.36	3.84
28 科学的な思考力をもち、科学技術に乗り遅れない	0.47	3.53	4
9 冷静に判断、自分をコントロールできる	0.46	3.71	4.17
26 共生	0.46	3.67	4.13
12 生活の質を高める	0.44	3.69	4.13
19 法律を大切にする	0.44	3.74	4.18
37 異文化理解	0.44	3.44	3.88
1 環境	0.43	3.66	4.09
2 人権	0.43	3.8	4.23
31 文化的な多様性を大切にする	0.43	3.64	4.07
21 意思表明できる	0.4	3.56	3.97
25 相互依存関係	0.38	3.73	4.11
10 社会に貢献できる	0.36	3.78	4.13
23 問題解決	0.36	3.65	4.01
5 自立心をもつ	0.35	3.91	4.26
20 民主主義を尊重する	0.31	3.94	4.25
17 相互協力	0.3	3.87	4.17
29 持続的開発・発展	0.3	3.69	3.99
18 平和的解決	0.26	3.82	4.08
4 国民としての道徳を守り、誇りを持つ	0.23	4.07	4.3
6 伝統・文化を尊重する	0.23	4.06	4.29
3 人権を尊重する	0.17	4.06	4.23

筆者作成

凡例　□白　　　：アセアンに関する知識・理解
　　　■薄い灰色：アセアンに関する能力・技能
　　　■濃い灰色：アセアンに関する価値観・態度

てある番号は表3-2と同じものであるが、現在と未来の達成度ギャップが高い順に並べ変えたので、コンピテンシーの順番が入れ替わっている。A欄は、現在と10年後の達成度のギャップを示したもので、A欄に示す数値が高いほど、ギャップが大きく、あるコンピテンシーの獲得必要性が高いことを示している。調査では、すべて正の値というデータが得られたことから、回答者はすべてのコンピテンシーの獲得が必要だと考えていることが分かった。B欄は「現時点において、若者がこのコンピテンシーをどの程度達成しているのか」の割合を示している。C欄は「10年後、若者がこのコンピテンシーをどの程度達成しているべきか」の割合を提示したものであり、すべてのトピックが10年後にはより確実に達成されるべきだととらえられていることが分かった。

表3-3が示しているように、現在と未来のギャップがもっとも大きい、つまりこれから達成すべき必要性が高いのは「アセアンの歴史・文化について知ること」(0.79)、「アセアン諸国共通の社会問題について知ること」(0.79)、「アセアンに共通の社会問題を他者と解決できること」(0.71)、「アセアンに共通の規範・価値観をもつこと」(0.67)「アセアンの一員として道徳を守り、誇りを持つ」(0.51) であった。実は、これらのアセアン共同体形成の軸となるコンピテンシーについては、前述した重要度リスト（表3-2）のなかで「アセアンの歴史・文化について知ること」（表3-2第33位）、「アセアン諸国共通の社会問題について知ること」（表3-2第36位）、「アセアンに共通の社会問題を他者と解決できること」（表3-2第35位）、「アセアンに共通の規範・価値観をもつこと」（表3-2第32位）「アセアンの一員として道徳を守り、誇りを持つ」（表3-2第27位）というように、おおよそ下位を占め、ほとんど重要視されていなかった。つまり、これまでアセアンの歴史や社会問題の重要度は低かったものの、今後は重点的に取り組むべきだというように優先度に変化が見られた。

アセアン域内において内需、貿易、投資を拡大しながら経済発展を進めるなかで、モノ・カネ・サービス・投資の動きはこれまで以上に活発になっていくであろう。大人世代は、若者世代を経済発展をけん引する主要アクター

として位置づけ、彼らにアセアンに関する知識や教養を身につけさせたいとしている。「情報社会に対応できる」(0.67)、「外国語」(0.57)、「外国語を操る」(0.53) などの各種スキル獲得にも期待を寄せていることが分かり（表3-3）、ICT活用能力や英語をはじめとする外国語運用能力の習得がアセアン統合下でのビジネスや経済活動に必須であることを物語っている。大人世代は若者世代にこのようなプラクティカルなスキルを身につけさせ、地域発展を推し進めてほしいと託していると読み取れる。折しも、カンボジア国家開発戦略計画 (2014-2018 National Strategic Development Plan, NSDP) では、カンボジアが2030年までに高中所得国、2050年までに先進国入りすることを具体的目標として設定しており［Royal Government of Cambodia 2014:4］、若者世代に見込まれる役割と責任は小さくない。若者の視点から考えると、アセアン統合が進むことによって高等教育機関間の留学交流、インターンシップ、学び合いセミナーなど国外での教育の機会は格段に増えると予想され、国境を越えて自己実現することの可能性は拡大していく一方である。現在、コムポン・トム州、コムポン・チュナン州、カンダール州に設置した職業訓練学校において若者の能力開発が積極的に行われ[16]、アセアン諸国間での労働力移動に備えての人材育成の機会が増加していることも、有識者世代の若者に対する期待を反映していると考えられる。

5　若者世代のアセアン・メンバーであることへの期待

(1) 若者が想像するアセアン

　政府主導で始まったアセアン統合という政治的企図は、デジタル・ネイティブと呼ばれる若者世代によってインターネット上でも広がりを見せている。2011年、東南アジアにおいてもっとも多くのフェイスブック利用者を抱えたのはインドネシア（3,520万人）であり、これはアメリカにつぐ多さであった［Lallana 2013:108-109］。ついで、フィリピン（2,240万人）、マレーシア（1,010万人）でもフェイスブック使用者は増加の一途をたどり、インターネットにアクセスできれば、誰でもフェイスブックを通じて自由に写真

や動画を公開することができ、隣国の若者が何を考えているのか想像することが容易になっている。カンボジアにおいては2015年、インターネット利用者数が300万人にのぼり、そのうちの88%はスマートフォンからインターネットにアクセスしている。また、同じ年のカンボジアにおけるフェイスブック利用者は300万人を超え、これは2014年と比較して66.5%の伸びであった［Phong&Solá 2015:22］。インドネシアのジャカルタに拠点を持つ国際NGO組織ASEAN Youth Organizationは、フェイスブックを通してアセアンに関する情報交換や相互理解を深める活動を積極的に行うなど[17]、ソーシャル・メディアを追い風に、若者は国境にとらわれることなくアセアンを想像するようになっている。

　ところが、アセアン統合という動きに対して、実際、若者が日常生活のなかでアセアン・アイデンティティをどのようにとらえているのかについて、その声を聞くことはめったにないように思われる。それに対して、近年行われたシンガポールとミャンマーを除くアセアン8カ国の約4,800名の児童生徒を対象とした大規模アンケート調査研究は、彼らがアセアンと自国のはざまで、自らをどのように位置づけようとしているのかについて考える手掛かりを与えてくれる（平田2013、森下2013）。以下では、上記のアンケート調査のなかで行ったカンボジアの調査結果をもとに、アセアン・アイデンティティ形成について考察する。

（2）若者アンケート調査概要

　アンケートは2部構成で、第1部では、アセアンに関する知識・理解、能力・技能、価値観・態度の3つの観点について質問した（全12問）。第2部は、アセアン加盟国に関する基礎的な知識、国際組織としてのアセアンについての知識、アセアンの一員としてのアイデンティティを問う内容（全11問）であった（本書第12章付表参照）。アンケート調査は、2012年1月26日―28日の3日間、プノンペン国立教育大学附属小学校、中学校、高校において実施した[18]。対象者は、12歳から18歳までとし、小学生185名、中学生155名、高校生226名の合計566名であり、49.2%が女子、50.3%が男子であった。

96.6%が仏教徒、2.0%がキリスト教徒（カトリック／プロテスタント）、1.1%が無宗教と回答した。儒教、ヒンドゥー教、イスラム教、シーク教、道教と回答した者はいなかった。本章第3節で示したように、2008年の国勢調査のデータによると仏教徒96.93%、イスラム教徒1.92%、キリスト教徒0.37%、その他0.78%を占め、仏教徒が圧倒的な多数派であった。本調査の回答者の96.6%が仏教徒であり、全国宗教人口構造とほぼ同じである。

　アンケート調査では、若者に身近な順番から、地域社会（町・村）、国家、アセアン、世界という4つの共同体枠組みを用意し、彼らがそれぞれの共同体をどのように自分と関わり合いをもったものとして理解しているのかについて尋ねた。たとえば、これまでの研究は、隣国ベトナムとは異なり、カンボジアでは歴史的に死体を埋葬する習慣がなく出生地に執着せず流動的に移動しながら生計を立てるため、親族以外の人々を含んだコミュニティという概念は持ちにくいということを指摘してきた［Thion 1993, Oversen et al.1996, Öjendal 2014］。以下のデータからは、たしかにコミュニティの一員のとしての確固たるアイデンティティが根付いているようには見受けられなかった。一方で、9割の回答者が、町や村の伝統文化や歴史を知ることの重要性に気づき、地域の環境問題に注目を払いながら平和的かつ民主的に暮らしていこうとする、コミュニティに対する責任や公共性意識が芽生えていることが示唆された。

　　　自分が暮らす町・村の歴史教育は重要である　88.5%（第1部Q1）
　　　自分が暮らす町・村の伝統文化学習は重要である　94.7%（第1部Q2）
　　　（地域社会においてもっとも重要だと考える要素とは何か？　第1部Q11）
　　　　・自分が住む町や村の伝統文化を守ること　51.2%
　　　　・平和であること　17.2%
　　　　・環境や開発に関心を持つこと　12.7%
　　　　・民主主義が保たれていること　8.0%
　　　　・町や村の一員であることに誇りを持つこと　4.4%
　　　　・人権問題に関心をもつこと　3.9%

・自分の住む町や村の一人としてのアイデンティティをもつこと　2.5％

(3) 若者の自国意識

では、国家という共同体に対してはどのような意識をもっているのだろうか。カンボジアは、東南アジアにおいて比較的経済開発の遅れた後発アセアン諸国CLMVの1つという貧困国としての顔を持つことは言うまでもない[19]。そのため、カンボジアが直面する政治経済問題を扱ったこれまでの研究は、開発援助とかかわる問題喚起型の調査研究が少なくなく、そのなかでカンボジアの援助を受ける貧しい国というイメージが強調される傾向にあるのは避けられない。このことから、日本の若者のなかにはカンボジアに対して「貧しい」「発展途上国」「暗い過去」というネガティブなイメージを持つ者も多いが［鈴木・田中・金塚・中和 2014:245］、カンボジアに暮らす若者は自国について実際のところ、どのような意識をもっているのだろうか。カンボジアの若者は必ずしもカンボジアに対して否定的な感情を抱いていない。ほぼ100％の回答者がカンボジア人としての道徳と誇りを表明し、自国の伝統文化と歴史教育の重要視を認め、むしろ強いナショナル・プライドを感じさせた。

　　カンボジア人としての道徳や誇りを持っている　98.4％（第2部Q10）
　　カンボジア国家の歴史教育は重要である　97.7％（第1部Q1）
　　カンボジア国家の伝統文化学習は重要である　96.6％（第1部Q2）
　　アセアンのメンバーであることはカンボジアの国益になる　96.1％
　　　（第2部Q8）

このようなカンボジア人の民族心理は、アンコール王朝時代から続く輝かしき文化的基盤をもったカンボジアという、植民地下のフランス人が創り出したアンコール観や歴史観と無関係ではないと考えられる［笹川 2003a、2003b、2005、2006］。このような言説は、たとえば、アンコール王朝時代から続くとされるカンボジア古典舞踊が教科書のなかで語られる際にも見ることができる。古典舞踊は「体育」ではなく、「社会」および「クメール語」

のなかで教えられるのだが、舞踊の身体化が学習の最終目標にはなっておらず、国家という枠組みにおいて舞踊の文化的重要性を理解することが課題になっている点に独自性がある［羽谷 2009］。2006 年改訂小学校 4 年生社会の教科書から第 24 課ライン・ダンス「ニアリー・チア・チュウオ」を例に取ると、該当頁には、古典舞踊の華やかな衣装を身にまとった 7 名の少女が列になって踊る大きな挿絵が掲載されており、「列になって踊る少女たちはみずみずしい。少女たちはとてもいい香りのする花環を人々に贈る。少女たちはクメールの古来より伝わる所作になぞらえて踊る。国の復興や病気からの回復を祝って踊る」という歌詞も掲載されている［羽谷 2009］。歌詞の後には、「これまでにニアリー・チア・チュウオの歌を聞いたことがありますか」、「踊り手の動作はそろっていますか」、「クメール古典舞踊は素晴らしいですか」という設問が準備され、古典舞踊がカンボジアの古来より継承されてきたものであり、その素晴らしい古典舞踊を好きになることを―いささか性急ではあるが―強く期待している。古典舞踊を社会の授業やクメール語の授業のなかで学習するということは、古典舞踊をうまく踊ることができるようになるという身体の習得が目指されているのではなく、あくまでも、自国の古典舞踊について知り、学び、理解するべきことが目標となっていることを示唆している。カンボジアの若者がナショナルな枠組みと自己とを重ね合わせ、国家に対して誇りを持ちやすいのは、国民意識を喚起するこのような自文化をめぐる教育に依るところが大きい。アンケート調査では、アセアン白地図上で 10 カ国の地理を尋ね、9 割を超える児童生徒がカンボジアの位置を正しく回答できたことからも、国家の枠組みを強く意識させる教育上の仕掛けがナショナル・アイデンティティの醸成に貢献していることを示唆している。

（アセアン各国の位置を尋ねる白地図問題　第 2 部 Q1）
・カンボジアの位置を正しく回答できた正解率　95.4%
・マレーシアの正解率　7.6%
・ブルネイの正解率　4.2%
・シンガポールの正解率　1.9%

表 3-4　アセアン加盟国の認識度（認知度が値が高い順）

第2部 Q5	認知度 (*1＋*2合計)	とてもよく知っている *1	知っている *2	あまり知らない	全く知らない
タイ	68.5	36.8	31.7	9.9	2.3
ベトナム	53.7	18.8	34.9	33.8	10.3
シンガポール	38.6	11.5	27.1	38.8	20.2
マレーシア	32.2	6.7	25.5	46.0	20.2
ラオス	32.1	5.0	27.1	44.8	21.8
インドネシア	24.8	3.4	21.4	50.3	22.8
フィリピン	22.3	2.7	19.6	44.6	31.0
ミャンマー	18.1	3.9	14.2	49.2	31.2
ブルネイ	14.5	1.8	12.7	49.7	34.9

筆者作成

・タイの正解率　1.8%
・インドネシアの正解率　1.4%
・ラオスの正解率　1.4%
・ミャンマーの正解率　1.4%
・ベトナムの正解率　1.1%
・フィリピンの正解率　0.2%

　ほぼ全員が問題なくカンボジアの位置を言い当てられたことに対し、白地図問題の結果からは、アセアン諸国の地理を極めてあいまいに記憶しているというアンバランスな地理認識が浮き彫りとなった。他のアセアン諸国で行った同様の調査から得た結果と比較すると、正解率の低さが際立つ点に特徴がある［森下 2013, pp.129-130、羽谷 2013, pp.176-177］。表 3-4 はアセアン加盟国の認知度を示しており、タイ（68.5%）、ベトナム（53.7%）、シンガポール（38.6%）、マレーシア（32.2%）、ラオス（32.1%）、インドネシア（24.8%）、フィリピン（22.3%）、ミャンマー（18.1%）、ブルネイ（14.5%）の順となった。隣国を知るツールとしては本（61.4%）、テレビ（55.4%）、インターネット

(52.2%) が主要メディアとして挙げられた。このほか、学校 (46.2%)、新聞 (34.7%)、ラジオ (29.7%)、広告 (22.7%)、家族 (20.5%)、映画 (17.5%)、旅行 (14%)、友達 (13.1%)、スポーツ (11%)、仕事関係 (8.8%)、音楽 (8%) などの方法を通して情報を得ている[20]。タイとベトナムについては半数を超える回答者が「よく知っている」と回答したが、前述したアセアン白地図問題においてタイとベトナムの地理を正確に認識していたのは全体の2%以下と極めて低く、この点に大きな矛盾が見られた。タイに関しては、プレアハ・ヴィヒア寺院の領有権をめぐる反タイ・ナショナリズム問題[21]、ベトナムに関しては、カンボジアにおけるマイノリティとしてのベトナム系住民問題を介し[22]、両国については回答者が日ごろから見聞きする機会が少なくなく、したがってこの2つの国についての認知度が高いことは驚くことではないと考える。むしろ、日常的な接点があるにもかかわらず、地理を正確に理解していない点は、地理科目の教育内容および教授法に問題があると考えられ、今後のカリキュラム開発に注意が必要である。

　教授法とかかわって荻巣 (2016) は、仏教寺院での暗唱に由来する教授法「パチェカテ」(paccekteeh) が発展的な学習を妨げている可能性を指摘する。パチェカテとは、全体を細分化して段階を設け、機械的にステップを踏むことで学習を積み上げる方法を指し、たとえば、クメール語の学習において、意味を考慮せずに単語や文を文字に分解し、文字の読み書きを繰り返し練習させる。悪しき伝統として批判の対象となってきたが、パチェカテの理論を内面化している教員も少なくなく［荻巣 2016:15-19］、地理の授業においても、カンボジアを他のアジア諸国から切り離して学習させている可能性が拭いきれない。荻巣の調査が教員ミーティング、算数、クメール語を対象としており、地理のなかでパチェカテに基づく教育実践がどのように行われているのか不明だが、少なくとも地図の教授法に大きな問題があることが指摘できる。白地図問題を通して明らかになった、アセアン近隣諸国の地理がほとんど分からないという状態は、カンボジアからの物理的距離、貿易相手国、先進国、後発開発途上国、宗教にかかわらず、自国以外の関心が非常に希薄であることを顕著に表しており、カンボジアの若者のアセアン意識は自国を

中心に、同心円的広がりの集合体であると指摘することができる。

(5) 若者のアセアン意識と期待

カンボジアの若者は隣国の地理について非常におぼろげな認識を持っているが、そもそも、アセアンについてどれくらい正しい知識を持っているのだろうか。

　　アセアンの旗が示す共同体理念についての正解率　44.1％（第 2 部 Q2）
　　最初にアセアンが設立された時期を問う問題の正解率　34.9％（第 2 部 Q3）
　　アセアン共同体の設立年を問う問題の正解率　37.9％（第 2 部 Q4）

アセアンの基礎知識については 3 割から 4 割に留まっており、アセアンに関する理解が表面的で、事実認識に乏しいということが言える。アセアンに暮らす人々とコミュニケーションを取るには、現実的に英語が一定程度必要になるが、「英語学習が大切である」96.6％ とする一方で、「英語で外国の人と会話ができる」44.4％、「英語で手紙やメールをやりとりできる」60.4％、「英語の雑誌、新聞、ウェブサイトを見ることができる」45.6％、「テレビ、ラジオで英語のニュースや番組を視聴することができる」45.6％ と実際の運用能力に関しては、自信がないという様子が伺えた。このように、アセアンに関する基礎知識や英語運用能力には限界があるものの、これに比して、アセアンについて知りたいという願望は非常に強く 9 割を超え、大きな矛盾を見せた。驚くことに、自分自身をアセアン市民と認識する割合は 9 割にのぼり、共同体への帰属意識を持つ割合も 8 割を超え、アセアンをめぐるパラドキシカルな態度が浮かび上がった。それはアセアンのメンバーであることが、彼らに何らかの実質的メリットをもたらすと考えられているからだろうか。

　　アセアンの歴史教育は重要である 80.5％（第 1 部 Q1）
　　アセアンの伝統文化学習は重要である　72.3％（第 1 部 Q2）

アセアンについて知りたい 96.3%（第 2 部 Q7）
アセアンのメンバーであることは自分自身にとって有益である 84.2%（第 2 部 Q9）
自分自身をアセアン市民と認識している　91%（第 2 部 Q10）
アセアン共同体に共通するアイデンティティを身に着けている 86.7%（第 2 部 Q11）

おわりに―アセアンをめぐる大人世代と若者世代の意識

　本章の課題は、経済、政治・安全保障、社会・文化の点から東南アジアを統合しようとする大掛かりな政治的実験のなかで、その実現を実質的にけん引することになるであろう若者が、アセアンに対してどのような意識を持っているのかを明らかにすることにあった。プノンペンに住む約 600 名の若者へのアンケート調査を通して、彼らがアセアンに抱く希望と課題を提示し、また、彼らの祖父母世代、親世代にあたる人々が、この理想郷の構築にあたって、彼らにどのような役割を担わせようとしているのかも検討した。

　ポル・ポト政権以降の学校教育において実践されてきた教育内容の特色の 1 つには、例えば本章第 5 節で紹介したような、国民国家の枠組みを基軸とした愛国心や忠誠心の養成が挙げられる。そこでは、国家を愛する「よい市民」（good citizen）の育成が目指されてきた。ところが、本章で取り上げた市民性教育は、近年の市民社会の芽生えのなかで、ひとりひとりがエンパワーメントされ、社会と「積極的・活動的にかかわる市民」（active citizen）を育成しようというポストモダンの価値観に影響を受けるものであり、カンボジアにとっては大きな価値の変容を示唆する難しい取り組みであると言える。表 2 と表 3 から明らかになった大人世代が重要と考えるコンピテンシー、たとえば環境、人権、民主主義などは、実のところ、カンボジアにおいては比較的新しい価値・規範であり、それらの咀嚼や内面化には一定程度の時間が必要となるであろう。大人世代が若者世代に託すのは、アセアンに関する知識の獲得や語学スキルだけでなく、このような価値観の転換を含む意識改革である。

アセアンという共同体の構築もまた、国民国家の枠を超えた文化の多様性や異文化に対する理解・イマジネーション、国際協力、相互協力、協調性が欠かせないポスト近代型の試みと言え、それゆえ若者に期待される役割と責任は小さくない。若者自身は、ソーシャル・メディアを駆使したデジタルな世界のなかで、国境にとらわれることなくアセアンを想像するようになっており、本稿で紹介した調査結果からも分かるように、自身をすでにアセアン市民と認識し、アセアン・アイデンティティを保持していると回答した割合は想像以上に高かった。アセアン統合下において、モノ・カネ・サービス・投資の動きはこれまで以上に活発になっていき、内需、貿易、投資を拡大しながら経済発展を進めるなかで企業に乗り出すなど、若者はいまよりも多くのビジネス・チャンスを得ることになるであろう。このような現実的なメリットを背景に、アセアン統合に対する期待度は祖父母世代、親世代よりもずっと高い。とはいえ、現在のところ、カンボジアからアセアン諸国に移動する労働力の多くは出稼ぎ労働者が占めており、越境に暮らす労働者の現実は希望に満ちた明るものとは言い切れない。さらに、アセアン統合に希望を抱く若者世代には、アセアン諸国に関する基礎知識の獲得と英語運用能力の向上という現実的な課題も残されている。

注

1　チャアム・フアヒン宣言は「経済」「政治・安全保障」「社会・文化」の3分野を柱に2015年までに欧州連合（EU）のような地域共同体の実現を目標とした。社会・文化の分野において Education for ASEANness が提唱された。アセアン統合とアセアンネスのための教育をめぐるに議論は Dang（2015）、Feuer&Hornidge（2015）、Feuer（2016）を参照。

2　日本経済新聞「ASEAN、亀裂深まる：外相会議南シナ海巡る対中姿勢」2016年7月29日。

3　本研究は、大分大学平田利文が研究代表者を務める科学研究費基盤研究（A）「ASEAN諸国における市民性教育とアセアンネスのための教育に関する国際比較研究」の成果の一部である。本科研費プロジェクトは2010年4月から2014年3月までの4年間に実施された。

4　2004年に「カリキュラム開発のための政策2005-2009」が策定され、国家カリキュラムを補完する新しい領域 Local Life Skills Program（LLSP）が選択科目として新設さ

れた。1 年生から 10 年生までを対象とする教科外科目である。保護者や地域コミュニティ、NGO と共同で実践し、週あたり 2 から 5 コマが与えられた。AIDS、性感染症、予防接種、排泄、家計、車やバイクの修理、インターネットの利用など一般的な生きる力を身につけたり、外国語を介したコミュニケーション、大工仕事、家畜、農作業、電気機器の修理など職業技術とかかわる技術を学んだりする。詳しくは羽谷 & 西野（2009）を参照。

5 1988 年からは「道徳」になり、政治教育の文字が削除された。

6 2008 年のカンボジア国勢調査確報結果報告書全国編統計表は以下で閲覧することができる。http://www.stat.go.jp/info/meetings/cambodia/final_tb.htm

7 詳しくは United Nations, Department of Economic and Social Affairs, Population Division のデータベース Total migrant stock at mid-year by origin and by major area, region, country or area of destination, 2015 を参照。http://www.un.org/en/development/desa/population/migration/data/estimates2/estimates15.shtml

8 カンボジアにおける外国人労働者の就労規定に関しては、日本貿易振興機構ジェトロのウェブサイトに詳しい。https://www.jetro.go.jp/biznews/2014/09/5417bb6028c58.html

9 全 2 回の調査は、ミアン・チェイ大学講師セン・サリと筆者が行った。

10 カンボジアの公立学校はセメスター制（2 学期制）を採用し、1 学期（10 月 1 日 -2 月中旬）、2 学期（2 月下旬 -7 月下旬）となる。公立学校では 7 月から 9 月までが長期休暇となる。

11 調査時期について、第 1 回目デルファイ調査（2 月 10 日―19 日）と 2 回目の調査（8 月 30 日―9 月 5 日）の間にカンボジア国民議会選挙が行われた（2013 年 7 月 28 日）ことを補足しておく。この選挙は、全 123 議席のうち、与党カンボジア人民党が過半数を上回る議席を獲得したとして勝利宣言をしたものの、前回の選挙で獲得した 90 議席から 68 議席へと大幅に減らす結果となった。その一方で、野党カンボジア救国党が 55 議席を獲得し、与党に迫る勢いであった［山田 2014:4］。このような政治的な動きが本デルファイ調査の結果に影響を与えた可能性を指摘しておく。

12 アセアン環境教育行動計画の詳細は以下を参照。http://environment.asean.org/?page=overview

13 カンボジアの環境教育については http://www.moeys.gov.kh/en/minister-page/consultation-workshop-on-establishing-a-new-seameo-center-in-cambodia.html#.WAXQrGp96Uk を参照。

14 カンボジアの平和構築と市民社会の役割については以下を参照。http://peacebuilding.asia/civil-society-peace-building-cambodia-ja/

15 現代カンボジアのセクシュアリティに関する研究はソケ（2013）に詳しい。CCHR の活動詳細は CCHR（2010）Coming Out of the Kingdom: Lesbian, Gay, Bisexual and Transgender people in Cambodia を参照。

16 2015 年に開かれた SEAMEO（東南アジア教育大臣機構）にけるカンボジア教育

青年スポーツ省長官イム・コッチのスピーチより。詳しくは以下を参照。http://www.moeys.gov.kh/en/minister-page/consultation-workshop-on-establishing-a-new-seameo-center-in-cambodia.html#.WAXQrGp96Uk

17　ASEAN Youth Organization の活動内容は以下を参照。 http://www.aseanyouth.net/about-aseanyouth/。彼らのフェイスブックは以下 https://www.facebook.com/ASEANCommunity。

18　調査は、The General Secretariat of the National Council for Sustainable Development, Cambodia のコロク・ヴィチェト・ラタと筆者が行った。

19　後発アセアン諸国は、カンボジア（Cambodia）、ラオス（Laos）、ミャンマー（Myanmar）、ベトナム（Vietnam）の4か国を指す。アセアン域内の経済格差解消が課題である。

20　カンボジアにおける全テレビ局と大半のラジオや新聞は与党カンボジア人民党の支配下にあり［山田 2014:6］、そこで報じられる情報は一定の政治的影響を受けているということを特記しておく。

21　カンボジアとタイは 2000 年代以降、しばしば関係が悪化している。なかでも 2003 年 1 月 18 日にレアスメイ・アンコール紙がタイの女優 Suvanant Kongying（Morning Star）が「アンコール・ワットがタイに返還されればカンボジアに行くことも辞さない。カンボジア人に生まれるくらいならば犬に生まれ変わった方がましだ」と発言したと報じ、それが発端となって、タイ大使館・タイ系企業に対する襲撃事件が起こった。詳しくは Ünaldi（2008）。

22　カンボジアにおけるベトナム系住民をめぐる問題は根深い。北川（2006）は、ポスト・アンコール時代からユオン（ベトナム）による侵略を受けてきたことが、カンボジアの歴史意識と無関係ではないと指摘する。1963 年の第 15 回国民会議では、カンボジアの伝統に敬意を払わず、カンボジア文化への同化が不可能という理由からベトナム系住民の帰化を拒否する勧告を可決した［松井 2009: 3］。1989 年の総選挙の開票結果をめぐっては、ベトナム系住民 4 名を撲殺する事件が起き［天川 2003:131］、現在でも彼らに対する排斥の動きは、地方における法的根拠のない恣意的な料金徴収に見ることができる［松井 2009:5］。チアン（2014）によると、野党救国党は、ベトナムからの移住者問題やベトナムとの国境紛争を対ベトナム・ナショナリズムを喚起する材料として利用していると指摘する［チアン 2014:16］。

参考文献

Acharya, A., & Layug, A.（2012）. Collective identity formation in Asian regionalism: ASEAN identity and the construction of the Asia-Pacific Regional Order. Presented at the World Congress of International Political Science Association（IPSA）, Madrid.

ASEAN Secretariat.（2009a）. *Blueprint for the ASEAN Socio-Cultural Community（2009-2015）*.

──（2009b）. *Cha-am Hua Hin Declaration on the Roadmap for the ASEAN Community*.

―― (2016). *ASEAN Socio-Cultural Community Blueprint 2025*.
CCHR (Cambodian Center for Human Rights). (2010). *Coming Out of the Kingdom: Lesbian, Gay, Bisexual and Transgender people in Cambodia*, Phnom Penh, Cambodia.
Dang, Q. A. (2015). The Bologna Process Goes East? from "Third Countries" to Prioritizing Inter-regional Cooperation Between the ASEAN and EU. In A. Curaj, L. Matei, R. Pricopie, J. Salmi, & P. Scott (Eds.), *The European Higher Education Area* (pp. 763-783). Basel, Switzerland: Springer.
Delanty, G. (2000). *Citizenship in a global age: Society, Culture, Politics*. Buckingham and Philadelphia: Open University Press.
Feuer, H. N. (2016). Recovering from runaway privatization in Cambodian higher education: The regulatory pressure of ASEAN integration. *SOJOURN: Journal of Social Issues in Southeast Asia, 31*, 648-683.
Feuer, H. N., & Hornidge, A.K. (2015). Higher education cooperation in ASEAN: building towards integration or manufacturing consent? *Comparative Education, 51*, 327-352.
Jones, M. E. (2004). Forging an ASEAN identity: The challenge to construct a shared destiny. *Contemporary Southeast Asia, 26*, 140-154.
Jönsson, K. (2010). Unity-in-diversity? Regional identity-building in Southeast Asia. *Journal of Current Southeast Asian Affairs, 29*, 41-72.
Lallana, E. C. (2013). ASEAN and ICT: A Tale of Two Cities. In S. Basu Das (Ed.), *Enhancing ASEAN's Connectivity* (pp. 108-120). Singapore: ISEAS.
Öjendal, J. (2014). In search of a civil society: re-negotiating state-society relations in Cambodia. In G. Waibel, J. Ehlert, & H. N. Feuer (Eds.), *Southeast Asia and the Civil Society Gaze: Scoping a contested concept in Cambodia and Vietnam* (pp. 21-38). Oxford: Routledge.
Ovesen, J., Trankell, I.-B., & Öjendal, J. (1996). When Every Household is an Island: Social Organization and Power Structures in Rural Cambodia. *Uppsala Research Reports in Cultural Anthropology*, 15.
Phong, K., & Solá, J. (2015). *Mobile Phones and Internet in Cambodia*. The Asia Foundation.
Royal Government of Cambodoia. (2014). *National Strategic Development Plan 2014-2018*. Phnom Penh, Cambodia.
Thion, S. (1993). *Watching Cambodia: ten paths to enter the Cambodian tangle*. Bangkok: White Lotus.
Ünaldi, S. (2008). *Reconstructing Angkor: Images of the Past and Their Impact on Thai-Cambodian Relations* (No. 33). Berlin: Institut für Asien- und Afrikawissenschaften.
安達智史 (2013)『リベラル・ナショナリズムと多文化主義：イギリスの社会統合とムスリム』勁草書房。

天川直子（2003）「カンボジアの人種主義：ベトナム人住民虐殺事件をめぐる一考察」竹内進一（編）『国家・暴力・政治：アジア・アフリカの紛争をめぐって』東京：アジア経済研究所、109-145頁。

荻巣崇世（2016）「教育実践を統べる学びの論理：カンボジアの児童中心の教授法改革への示唆」日本比較教育学会編『比較教育学研究』第52号、3-25頁。

貝塚乃梨子（2014）「カンボジアにおける国民意識の形成とその変容：1993年以降の初等社会科教育の分析から」上智大学大学院グローバル・スタディーズ研究科編『AGLOS: Journal of Area-Based Global Studies』第5号、1-25頁。

上村未来（2015）「カンボジア人民党による土地問題への「対応策」：2013年総選挙における支持調達戦略として」上智大学大学院グローバル・スタディーズ研究科編『AGLOS: Journal of Area-Based Global Studies』2014年特集号、1-23頁。

北川香子（2006）『カンボジア史再考』、連合出版。

北村友人（2015）『国際教育開発の研究射程：「持続可能な社会」のための比較教育学の最前線』、東信堂。

北山夕華（2014）「英国のシティズンシップ教育：社会的包摂の試み」、早稲田大学出版部。

近藤孝弘（2007）「ヨーロッパ統合のなかのドイツの政治教育」、南山大学ヨーロッパ研究センター報、第13号、113-124頁。

坂本昭（2011）「EUにおける『市民』と『シティズンシップ』の関連：『教育・訓練』の観点から」、福岡大学研究部論集B、社会科学編4号、1-12頁。

笹川秀夫（2003a）「近代カンボジアにおける『伝統』の創出：宮廷舞踊をめぐる植民地／後の言説」富士ゼロックス小林節太郎記念基金小林フェローシップ2000年度研究助成論文。

──（2003b）「アンコールの政治史：植民地カンボジアにおける文化政策とその影響」上智大学博士論文。

──（2005）「植民地期のカンボジアにおける他者認識の成立過程：タイ人の他者化を中心として」東南アジア史学会第73回研究大会。

──（2006）『アンコールの近代：植民地カンボジアにおける文化と政治』中央公論新社。

新谷春乃（2015）「現代カンボジアにおける政治指導者像構築の試み：国定教科書と2013年選挙キャンペーンの分析を中心として」上智大学大学院グローバル・スタディーズ研究科編『AGLOS: Journal of Area-Based Global Studies』2014特集号、1-21頁。

鈴木光男、田中真奈美、金塚基 & 中和渚（2014）「カンボジア・ボランティア・プログラムを通じた学士力の育成」東京未来大学研究紀要、第7号、241-250頁。

ソケ・ケムバンディット（2013）「カンボジアにおけるポストコロニアルな性の構造の考察」龍谷大学国際文化学博士号請求論文。

チアン・バナリット（2014）「2013年カンボジア総選挙と外部アクターの役割」アジア経済研究所『アジ研ワールド・トレンド』219号（特集 カンボジア国家建設の20年）、16-20頁。

手嶋將博（2013）「地域統合をめざすASEAN諸国における市民性教育：「ナショナル」

を超える市民性育成にむけたマレーシアの挑戦」日本比較教育学会編『比較教育学研究』第 46 号(特集地域統合をめざす ASEAN 諸国における市民性教育)、134-148 頁。

中山あおい(2010)「シティズンシップ教育をめぐるヨーロッパの動向：リスボン戦略と EU の取り組みについて」大阪教育大学紀要第Ⅳ部門、第 58 巻第 2 号、119-129 頁。

日本経済新聞(2016)「ASEAN、亀裂深まる：外相会議南シナ海巡る対中姿勢」7 月 29 日。

日本貿易振興機構(2011)「カンボジアの環境に対する市民意識と環境関連政策」日本貿易振興機構海外調査部、1-12 頁。

羽谷沙織 & 西野節男(2009)「カンボジアの教育制度」西野節男編『現代カンボジア教育の諸相』東洋大学アジア文化研究所・アジア地域研究センター、3-26 頁。

羽谷沙織(2009)「開発下カンボジアにおける古典舞踊と自文化をめぐる教育」西野節男編『現代カンボジア教育の諸相』東洋大学アジア文化研究所・アジア地域研究センター、143-174 頁。

——(2010)「ヘン・サムリン政権下カンボジアにおける教育改革と教科書にみる国家像」立命館大学国際関係学部紀要『立命館国際研究』137-158 頁。

——(2013)「カンボジア前期中等教育における市民性を育む教育：国家への帰属意識と ASEAN をめぐるパラドクス」日本比較教育学会編『比較教育学研究』第 46 号(特集 地域統合をめざす ASEAN 諸国における市民性教育)、164-179 頁。

橋崎頼子(2015)「『多様性の尊重』と『普遍性の担保』をめざすシティズンシップ教育の教授学習過程」奈良教育大学次世代教員養成センター研究紀要、第 1 号、189-197 頁。

初鹿野直美(2012)「カンボジアの移民労働者制度と現状」山田美和編『東アジアにおける人の移動と法制度』調査研究報告書、アジア経済研究所、1-14 頁。

平田利文編著(2007)『市民性教育の研究：日本とタイの比較』、東信堂。

平田利文(2010)「タイにおけるシティズンシップ教育」望田研吾編『21 世紀の教育改革と教育交流』、東信堂、185-199 頁。

——(2013)「地域統合をめざす ASEAN 諸国における市民性教育」日本比較教育学会編『比較教育学研究』第 46 号(特集地域統合をめざす ASEAN 諸国における市民性教育)、104-117 頁。

松井生子(2009)「カンボジア農村におけるベトナム人と地方行政の関わり：『不当な』料金徴収とその影響をめぐって」Cambodia Area Studies 3, Kyoto Working Papers on Area Studies No.71 (G-CEO Series 69) 1-21 頁。

森下稔(2010)「タイにおける 1999 年国家教育法による教育改革」望田研吾編『21 世紀の教育改革と教育交流』東信堂、200-215 頁。

——(2013)「ASEAN 諸国における市民性に関する児童生徒へのアンケート調査」日本比較教育学会編『比較教育学研究』第 46 号(特集 地域統合をめざす ASEAN 諸国における市民性教育)、118-133 頁。

山田裕史(2014)「変革を迫られる人民党一党支配体制」アジア経済研究所『アジ研ワールド・トレンド』219 号(特集 カンボジア国家建設の 20 年)、4-7 頁。

山田美和（2012）「タイにおける移民労働者の受け入れ政策の現状と課題」山田美和編『東アジアにおける人の移動と法制度』調査研究報告書、アジア経済研究所、1-17 頁。
――（2013）「タイにおける非熟練外国人労働者の受け入れ政策の現状と課題」（アジア諸国の非熟練外国人労働者問題）国際問題、No.626、47-60 頁。

第 4 章
インドネシアの市民性教育
―アセアン共同体メンバーをめざして

中田有紀、アンディ・スウィルタ、服部美奈

はじめに

　インドネシアの学校において教えられる市民性教育[1]の主要な目的は、生徒がインドネシアにおける良き市民になること、市民としての権利や義務を理解し、法を遵守し、民主的な態度を身につけ、国家との一体性や統合を支持し、多様性、自由、人権を大切にすることなどである。本稿においては、以下の3点に焦点をあてる。すなわち、(1) インドネシアにおける2006年カリキュラムにおける公民教育の内容分析、(2) インドネシアの市民性教育に関連する生徒へのアンケート調査の結果、(3) インドネシアの市民性教育に関する2回目のデルファイ調査の結果分析である。

　本稿の最後では、将来のインドネシアの市民性教育の可能性を考察する。アセアンネスの内容についての提案は、インドネシアの学校カリキュラムにおいて、拡大し、洗練されるべきである。また、公民教育の教師とその他の人格教育を担当する教師は、学校におけるカリキュラムの担い手として、自らの考えや経験を東南アジア諸国の教員らと協力および共有する必要がある。それにより、若い世代であり国家の将来の希望でもある、生徒たちを教育するうえで、彼らは自らの変化に誇りを持つことになるだろう。

1　導　入

　1970年代前半に、市民性教育は、公式にかつ体系的にインドネシアの初等および中等学校で導入された。以前から公民教育という科目があったが、その形態、内容、傾向、目的は不明瞭なままであった。一般的に、市民性教育の主要な目的とは、良き市民の育成である。インドネシアのコンテクストにおいては、インドネシアにおける良き市民の概念は、1968年および1975年のカリキュラムにおいて導入された。公民教育は、その内容および目的においてより構造が明確になっていった。

　政府の政策、特に教育文化省に従って、学校レベルのカリキュラムの改訂のなかで、公民教育の名称も改められた。1975年カリキュラムにおいて、たとえばこの科目は、パンチャシラ道徳教育（PMP: *Pendidian Moral Pancasila*）と名付けられ、1984年カリキュラムおよび1994年カリキュラムにおいては、パンチャシラ・公民教育（PPKn: *Pendidian Pancasila dan Kewarganegaraan*）と名付けられた。また、2004年カリキュラムおよび2006年カリキュラムにおいては、公民教育（PKn: Pendidikan Kewarganegaraan）となり、2013年には再び、パンチャシラ・公民教育（PPKn: *Pendidikan Pancasila dan Kewarganegaraan*）[2]となった。

　しかし、インドネシアの学校における市民性教育導入の主要な目的は、当初から現在に至るまで、以下のように要約され得る。すなわち、「生徒がインドネシアにおける良き市民になること、市民としての権利や義務、法の遵守と民主的な態度を理解すること、一体性や統合を支持すること、多様性、自由、人権を尊重すること」である[3]。

　ここで論じることは、どのように今日のインドネシアにおける市民性教育の全体像を2015年のアセアン共同体への統合問題と関連させるかということ、また、2006年カリキュラムおよび2013年カリキュラムの内容は、小学校・中学校・高校における公民教育をどのように特徴づけているのかということ、さらに、将来のインドネシアにおける市民性教育の発展のための課題は何か、ということである。

2　方　法

　上述した問題と関係するインドネシアの市民性教育について行った本研究は、小学校、中学校、高校の生徒やステーク・ホルダー（講師、教員、校長、学校スーパーヴァイザー、学校委員会）のアセアン諸国についての知識や考え、認識も明らかにしている。

　生徒の、良き市民となることに対する歴史意識や自己認識や考え方、アセアン諸国に対する見識を理解するため、我々は、「インドネシアにおける市民性教育についてのアンケート調査」を活用した[4]。これには、二つの主要なカテゴリーがある。すなわち、(1) 市民性教育についての質問と、(2) アセアン諸国についての質問である。合計600人の生徒がアンケートに回答した。これらは、ジャカルタにおける小学校、中学校、高校の300人の生徒および、バンドンにおける小学校、中学校、高校の300人の生徒から成っている。アンケートは、2011年9月に実施した。

　また、インドネシアおよび東南アジアの市民性教育についての「専門家」と位置付けられるステーク・ホルダーからの意見を得るため、デルファイ調査を活用した。この調査の目的は、アセアン地域における市民性教育に求められることを明確にするためである。アンケートは2回（第1ステージと第2ステージ）、同じ人物に行った。回答者は、教育分野（人格形成および市民性）の専門家である。彼らは、(1) 学校長、(2) 公民、社会科、歴史、宗教の教師、(3) 学校スーパーヴァイザー、(4) 公民、社会科、歴史、宗教の大学講師、(5) 学校委員会や教師及び親の組織の世話人代表らから成る。

　合計160人の回答者が、デルファイ調査アンケートに応じた。そのうちわけは、中部ジャワ（スマラン）で80人、西ジャワ（バンドン、スバン、カラワン）で80人である。この調査は、2012年10月および12月に実施した。

3　論　点

　本研究では、以下の3つのテーマについて検討する。すなわち、(1)

2006年カリキュラムの公民教育について、(2) 生徒へのアンケート調査結果の分析、(3) 2回の未来予測調査（デルファイ調査）結果の分析についてである。

2006年カリキュラムは、国民国家における教育カリキュラムは、改訂が重ねられ、つねに変化をしている。そのため、1968年カリキュラム、1975年カリキュラム、1984年カリキュラム、1994年カリキュラム、2004年カリキュラムなどの以前に適用されていたカリキュラムをさらに改訂したものである[5]。

2006年カリキュラムは、学校主体のカリキュラム（KTSP: *Kurikulum Tingkat SatuanPendidikan*）と称されることが多い。2004年、2006年および2013年カリキュラムは、改革が進められるなかで作成されたものであり、自由、民主主義、地方分権の要素が、インドネシアの人々の日常を彩るようになった。新しい2013年カリキュラムは、その活用については浸透の段階にある。2013年カリキュラムでは、公民教育について以下のように記されている。

1. 公民教育という科目名をパンチャシラ・公民教育（PPKn）とする。
2. パンチャシラ・公民教育（PPKn）を、国民意識の強化を図る科目群に統合された科目とする。
3. パンチャシラ・公民教育（PPKn）のコンピテンシー基準―基本コンピテンシー（SK-KD）および指標を、パンチャシラの価値と道徳、1945年憲法の価値と規範、多様性の統一の価値と精神、単一のインドネシア共和国のヴィジョンとコミットメントを強化して国家レベルで整備する。
4. さまざまな次元、すなわち市民性についての知識、市民性に対する態度、市民性のスキル、市民性の維持、市民性へのコミットメント、市民性のコンピテンシーなどの次元における学習者の発達を明確にする。
5. 良き市民としての生徒の人格形成をめざし、パンチャシラ・公民教育の性質に沿ったさまざまな教科モデルを開発し導入する。
6. パンチャシラ・公民教育（PPKn）の学習の過程や結果のさまざまな評価モデルの開発および導入を行う[6]。

しかし、2013年カリキュラムの実施が決定した後、全国規模では公式に活用されず、2006年カリキュラムにもどって各学校で対応してきた地域も多い。また本研究におけるアンケート調査やデルファイ調査実施時に活用されていたのは、2006年カリキュラムであるため、ここでは、2006年カリキュラムにおける小学校、中学校、高校レベルの公民教育の標準コンピテンシーおよび基本コンピテンシーについて整理する。

4　公民教育の内容

A. 小学校レベル

-小学校1年生〜3年生：

　表4-1によると、小学校1年生から3年生までの標準コンピテンシーおよび基本コンピテンシーは、おおむね「ユニバーサル」、「リージョナル」レベルの知識・理解、能力・技能、価値観・態度に相当する。

-小学校4年生〜6年生：

　小学校4年生から6年生までの標準コンピテンシーおよび基本コンピテンシーは、おおむね「ナショナル」および「ローカル」レベルの知識・理解、能力・技能、価値観・態度に相当する。

B. 中学校および高校レベル

　表4-2によると、中学1年〜中学3年の標準コンピテンシーおよび基本コンピテンシーの内容は、主として、「ナショナル」レベルの知識・理解、能力・技能、価値観・態度であるが、「グローバル」、「ユニバーサル」レベルの内容も学ぶ。人権、民主主義、公開性、透明性、正義、報道やマスメディアの役割などのキーワードが、1999年以降、インドネシアの社会・政治的な文脈において顕著となった。こうしたキーワードが、公民教育においても繰り返し用いられている。たとえば、中学校1年生では「人権」について学ぶ。2年生は、「民主主義」について学ぶ。さらに、**表4-3**によると、高校にお

いては、1年生において「人権」や「平等」、2年生では「民主主義」、「公開性」、「正義」、3年生では「民主的な社会における報道の役割」について学ぶ。

　また、小学校6年生では、「東南アジア諸国のなかのインドネシアの役割を理解する」ことを学ばなければならない。さらに、高校2年生は、「国際関係および国際機関を分析する」ことを学び、ここでは、アセアン諸国についての学習も含まれる。

　これらのコンピテンシーは、東南アジアおよび国際社会におけるインドネシアの政治的位置づけを生徒たちが理解するうえでは十分であるが、個々のアセアン加盟国についての理解や、アセアン諸国と団結する態度や価値観を持つためには十分とはいえない。

表4-1 小学校の公民教育(Pendidikan Kewarganegaraan)における標準コンピテンシーおよび基本コンピテンシー[7]

学年	標準コンピテンシーおよび基本コンピテンシー	カテゴリー[8]
1年	1. 差異のなかで仲良くすることを実践する 　1.1 性別、宗教、民族の違いを説明する。 　1.2 家庭や学校での活動を通して仲良くする事例を提示する。 　1.3 家庭や学校で仲良くすることを実践する。	ユニバーサル
	2. 家庭および学校において規律正しくあることを日常のものとする 　2.1 家庭および学校における規律正しさの重要性を説明する。 　2.2 家庭および学校において規律正しく行動する。	ユニバーサル
	3. 家庭および学校での子どもの権利を行使する。 　3.1 遊び、楽しく学ぶうえでの子どもの権利について説明し、他人の意見を聞く。 　3.2 家庭および学校で子どもの権利を行使する。	ユニバーサル
	4. 家庭および学校での子どもの義務を履行する。 　4.1 家庭および学校で規律に従う。 　4.2 社会で適用されている規則を遵守する。	ユニバーサル
2年	1. 助け合って生きること(ゴトン・ロヨン)を日常のものとする。 　1.1 仲良く、与えあい、助け合って生きることの大切さを理解する。 　1.2 家庭および学校において仲良く、与えあい、助け合うことを実践する。	ユニバーサル
	2. 環境を愛する態度を示す。 　2.1 植物や動物など自然環境の大切さを理解する。 　2.2 自然環境を保護する。	リージョン
	3. 民主主義的な態度を示す。 　3.1 話し合うこと(ムシャワラ)を理解する。 　3.2 多数派の意見を尊重する。 　3.3 敗北を受け入れる態度を示す。	リージョン
	4. パンチャシラの価値を示す 　4.1 日常生活において、正直さ、規律正しさ、快く仕事をすることの価値を理解する。 　4.2 日常生活において、正直であり、規律正しく、快く仕事をする。	ユニバーサル ナショナル
3年	1. 青年の誓いの意味を実践する 　1.1 単一の国家、単一の民族、単一の言語の意味を理解する。 　1.2 日常生活において青年の誓いの価値を実践する。	ナショナル
	2. 社会で適用されている規律を遵守する 　2.1 近隣社会で適用されているさまざまな規則を理解する。 　2.2 近隣社会で適用されているさまざまな規則の例を述べる。 　2.3 近隣社会で適用されているさまざまな規則を遵守する。	ユニバーサル
	3. 個人としての誇りをもつ。 　3.1 誇りを持つことの大切さを理解する。 　3.2 自分を大切にし、自分の長所と短所を認識するなど、自尊心を大切にする例を示す。 　3.3 誇りを大切にすることを反映した態度を示す。	ユニバーサル
	4. インドネシア国民としての誇りを持つ。 　4.1 多様性、自然の豊かさ、親しみやすさなどのインドネシア民族の特徴を理解する。 　4.2 インドネシアの子どもであることの誇りを示す。	ナショナル

4年	1. 村および郡レベルの地方政府システムを理解する
	  1.1 村および郡の地方政府システムの組織を理解する。
	  1.2 村および郡の組織構造を描く。
		ローカル

	2. 県、市、州政府のシステムを理解する。
	  2.1 県、市、州政府の組織を理解する。
	  2.2 県、市、州政府の組織構造を描く。
		ローカル

	3. 中央政府のシステムを理解する。
	  3.1 国民評議会、地方評議会、大統領、最高裁、憲法裁判所、金融監査会などの中央政府組織を理解する。
	  3.2 大統領、副大統領、各大臣のような中央レベルの政府組織について述べる。
		ナショナル

	4. 周囲のグローバリゼーションに対する態度を示す。
	  4.1 周囲のグローバリゼーションの影響に関する簡単な例を挙げる。
	  4.2 国際文化として提示されたことのあるインドネシア文化を明らかにする。
	  4.3 周囲で生じたグローバリゼーションの影響に対する態度を示す。
		グローバル

5年	1. インドネシア共和国の統一の大切さを理解する。
	  1.1 インドネシア共和国について記述する。
	  1.2 インドネシア共和国の統一の大切さについて説明する。
	  1.3 インドネシア共和国の統一を維持するための行為の事例をあげる。
		ナショナル

	2. 中央および地方におけるさまざま法律を理解する。
	  2.1 中央および地方の法令について理解したこととその大切さについて説明する。
	  2.2 税金や汚職の防止、交通、禁煙などの中央および地方レベルの法律の例を提示する。
		ナショナル

	3. 組織結成の自由について理解する。
	  3.1 組織について理解したことを説明する。
	  3.2 学校や社会の組織の例を述べる。
	  3.3 学校内の組織の選択への参加を示す。
		ローカル、ナショナル

	4. 共同決定を大切にする
	  4.1 共同決定のさまざまな形態を理解する。
	  4.2 共同決定に従う。
		グローバル

6年	1. 国家原則としてのパンチャシラの公式化過程における奮闘のさまざまな価値を尊重する。
	  1.1 国家原則としてのパンチャシラの公式化過程における奮闘のさまざまな価値を記述する。
	  1.2 国家原則としてのパンチャシラの公式化の過程における統一感について簡潔に述べる。
	  1.3 日常生活において、国家原則としてパンチャシラが公式化される過程で、役割を果たした指導者たちの奮闘を支えた価値観を模範とする。
		ナショナル

	2. インドネシア共和国の行政システムを理解する。
	  2.1 総選挙や地方選挙の過程を説明する。
	  2.2 改正された1945年憲法に基づく政府組織について記述する。
	  2.3 中央および地方政府の役割と機能について記述する。
		ナショナル、ローカル

	3. 東南アジア諸国のなかのインドネシアの役割を理解する。
	  3.1 東南アジア諸国との協力について理解したことを説明する。
	  3.2 東南アジア諸国との間でのインドネシアの役割の例を提示する。
		リージョナル

	4. グローバル化時代におけるインドネシアの外交の役割を理解する。
	  4.1 自由かつ積極的なインドネシアの外交について説明する。
	  4.2 国際会議におけるインドネシア外交の役割の事例を提示する。
		ナショナル、グローバル

表 4-2 中学校の公民教育における標準コンピテンシーおよび基本コンピテンシー[9]

中1	1. 社会、民族、国家の一員としての日常生活で適用されている諸規則に対し、肯定的な態度を示す。 1.1 社会で適用されているさまざまな規範や風習、慣習法、法律の真髄を述べる。 1.2 国民にとっての法の意義の真髄とその意味を説明する。 1.3 社会、民族、国家の一員としての日常生活で適用されている規範、風習、慣習法、法律を提示する。	ナショナル
	2. 独立宣言および最初の憲法の意味を記述する。 2.1 独立宣言の意味を説明する。 2.2 最初の憲法が有する神秘性について記述する。 2.3 独立宣言と1945年憲法の関係を分析する。 2.4 独立宣言の意味と最初の憲法が有する神秘性に対する肯定的な態度を示す。	ナショナル
	3. 人権を擁護し、人権に関する取り組みを強化することについての肯定的な態度を示す。 3.1 人権の真髄、法、組織の説明をする。 3.2 人権侵害の例や人権に関する取り組みを強化する方法を示す。 3.3 人権擁護の方法を尊重する。 3.4 人権に関する取り組みを強化する方法を尊重する。	グローバル
	4. 意思表明する自立した態度を示す。 4.1 意思表明する自立の真髄を説明する。 4.2 自由かつ責任をもって意思表明する自立の大切さを述べる。 4.3 自由かつ責任を持って意思表明する自立を実現する。	ユニバーサル
中2	1. パンチャシラのさまざまな価値に従った態度[10]を示す。 1.1 国家原則および国家イデオロギーとしてのパンチャシラについて説明する。 1.2 国家原則および国家イデオロギーとしてのパンチャシラの諸価値について説明する。 1.3 民族および国家の一員としての生活においてパンチャシラに対する肯定的な態度を示す。 1.4 社会の一員としての生活においてパンチャシラに対する肯定的な姿勢を表明する。	ナショナル
	2. これまでにインドネシアで適用された、さまざまな憲法を理解する。 2.1 これまでにインドネシアで適用されたさまざまな憲法について説明する。 2.2 インドネシアで適用されている憲法からの逸脱について分析する。 2.3 1945年憲法改正の成果を指摘する。 2.4 改正された1945年憲法の施行について肯定的な態度を示す。	ナショナル

中2	3. 法律を遵守する態度を示す。 3.1 法律の順序を明らかにする。 3.2 法律の作成過程について記述する。 3.3. 法律を遵守する。 3.4 インドネシアにおける汚職の例や汚職の撲滅手段を明らかにする。 3.5 汚職に抗うことの意味やインドネシアにおける汚職に抗う手段（法律や関連組織）について述べる。	ナショナル
	4. 日常生活のさまざまな面での民主主義的な取り組みを理解する。 4.1 民主主義の真髄を説明する。 4.2 社会、民族、国家の一員としての民主主義的な生活の大切さを説明する。 4.3 さまざまな生活の民主主義の実践について肯定的な態度を示す。	グローバル、ユニバーサル
	5. インドネシアの行政システムにおける国民主権を理解する。 5.1 国民主権の意味を説明する。 5.2 インドネシアの行政システムおよび国民主権を実践する国家組織の役割を説明する。 5.3 国民主権およびインドネシアの行政システムについて肯定的な態度を示す。	ナショナル
中3	1. 国家的自衛への参加を示す。 1.1 国家的自衛行為の大切さを説明する。 1.2 国家的自衛行為のさまざまな形態を明らかにする。 1.3 国家的自衛行為への参加を示す。	ナショナル
	2. 地方自治の実施について理解する。 2.1 地方自治について理解したことを説明する。 2.2 地方における公共政策の策定における社会参加の大切さを説明する。	ローカル
	3. 社会、民族、国家の一員としての生活におけるグローバリゼーションの影響を理解する。 3.1 インドネシアにとってのグローバリゼーションについて理解したことやその大切さを説明する。 3.2 グローバリゼーションの時代の国際関係における外交について述べる。 3.3 社会、民族、国家の一員としての生活に対するグローバリゼーションの影響を説明する。 3.4 グローバリゼーションの影響に対する態度を明らかにする。	グローバル、ナショナル
	4. 優秀な国民となるために、能力に応じた自己実現に取り組む。 4.1 優秀な国民となるための自己実現の大切さを説明する。 4.2 能力に応じて実現する個人の可能性を理解する。 4.3 優秀な国民となるために、能力に応じた自己実現のためのさまざまな活動への参加を示す。	グローバル、ナショナル

表 4-3　高校の公民教育における標準コンピテンシーおよび基本コンピテンシー[11]

高1	1. インドネシア共和国および国民の真髄を理解する。 1.1　国民の真髄および国家を形成するさまざまな要素について述べる。 1.2　国家の真髄および国家性のさまざまな要素について述べる。 1.3　インドネシア共和国について理解したこと、機能および目的を説明する。 1.4　社会、民族、国家の一員としての生活のなかでの国民性、ナショナリズム、愛国心の精神を示す。	グローバル、ナショナル
	2. 国家の法および裁判制度に対する肯定的態度を示す。 2.1　国家の法および裁判制度のさまざまな形態について理解したことを記述する。 2.2　司法関連の諸機関の役割を分析する。 2.3　施行されている法規定に従った態度を示す。 2.4　インドネシアにおける汚職撲滅の取り組みを分析する。 2.5　インドネシアにおける汚職撲滅の取り組みへの参加を示す。	グローバル、ナショナル
	3. 人権の改善、尊重、擁護の取り組みへの参加を示す。 3.1　人権の改善、尊重、擁護の取り組みを分析する。 3.2　インドネシアにおける人権の改善、尊重、擁護への取り組みへの参加を示す。 3.3　人権の法的措置および国際裁判について記述する。	グローバル、ナショナル
	4. 国家原則と憲法の関係を分析する。 4.1　国家原則と憲法の関係を記述する。 4.2　憲法の内容を分析する 4.3　インドネシア共和国1945年憲法の前文の位置づけを分析する 4.4　憲法に対する肯定的な態度を示す。	ナショナル
	5. 日常のさまざまな面で、国民の平等を尊重する。 5.1　インドネシアにおける国民の位置づけおよび国民性について記述する。 5.2　社会、民族、国家の一員としての生活における国民の平等について分析する。 5.3　人種、宗教、性別、階層、文化、民族の差別なく、国民の平等を尊重する。	ユニバーサル、グローバル、ナショナル
	6. インドネシアの政治システムを分析する。 6.1　インドネシアの政治の上層構造と基盤構造について記述する。 6.2　さまざまな国の政治システムの違いを記述する。 6.3　インドネシアの政治システムへの参加を示す。	ナショナル
高2	1. インドネシアの政治文化を分析する。 1.1　政治文化について理解したことを記述する。 1.2　インドネシア社会で発展した政治文化のさまざまな形態を分析する。 1.3　政治文化の発展を広く知らしめることの大切さを記述する。 1.4　政治参加の文化に参加することを示す。	グローバル、ナショナル
	2. 市民社会に向かう民主主義の文化を分析する。 2.1　民主主義の文化について理解したことやさまざまな原則を記述する。 2.2　市民社会の特徴を明らかにする。 2.3　旧秩序（オルデ・ラマ）[12]、新秩序（オルデ・バル）、改革（レフォルマシ）の時期のインドネシアにおける民主主義の実践を分析する。 2.4　日常生活における民主主義の文化の性質を示す。	リージョン、ナショナル

第 4 章　インドネシアの市民性教育　93

高2	3. 民族および国家の一員としての生活において公開性および正義をもった態度を表明する。 　3.1　民族および国家の一員としての生活における公開性や正義について理解したことやその大切さを記述する。 　3.2　透明性に欠けた政府による取り組みの影響を分析する。 　3.3　民族および国家の一員としての生活において公開性と正義をもった態度を示す。	ナショナル、
	4. 国際関係および国際機関を分析する。 　4.1　一国にとっての国際関係について理解したことや重要性、さまざまな方法について記述する。 　4.2　国際協定のさまざまな段階を説明する。 　4.3　外交の代表者の機能を分析する。 　4.4　国際関係を向上させるうえでの、国際機関（アセアン、アジア・アフリカ会議、国連）の役割を研究する。 　4.5　インドネシアにとって有益な国際協力や国際協定を尊重する。	グローバル、リージョン
	5. 国際的な法および裁判制度を分析する。 　5.1　国際的な法および裁判制度を記述する。 　5.2　国際紛争を引き起こす原因や国際法廷での解決方法を説明する。 　5.3　国際法廷による決定を尊重する。	グローバル
高3	1. 開かれたイデオロギーとしてのパンチャシラに対する肯定的態度を示す 　1.1　開かれたイデオロギーとしてのパンチャシラについて記述する。 　1.2　開発における価値とパラダイムの源としてのパンチャシラを分析する。 　1.3　開かれたイデオロギーとしてのパンチャシラに対する肯定的態度を示す。	ナショナル
	2. さまざまな行政システムを評価する。 　2.1　さまざまな国の行政システムを分析する。 　2.2　インドネシア国家の行政システムの施行について分析する。 　2.3　インドネシアと他国の行政システムの施行を比較する。	ナショナル、グローバル
	3. 民主的な社会における報道の役割を評価する。 　3.1　インドネシアにおける報道について理解したこと、機能、発展への参加について記述する。 　3.2　インドネシアの民主的な社会における、ジャーナリズムの倫理規定に沿った報道の自由と責任を分析する。 　3.3　インドネシアの民主的な社会における報道の自由やマスメディアの自由を誤用することの影響を評価する。	ナショナルリージョン
	4. グローバリゼーションの影響を評価する。 　4.1　民族および国家の一員としての生活におけるグローバリゼーションの過程、様相、影響を記述する。 　4.2　インドネシアの国民の生活および国家に対するグローバリゼーションの影響を評価する。 　4.3　インドネシア国民および国家に対するグローバリゼーションの影響や意味に対する態度を明確にする。 　4.4　インドネシアの国民および国家に対するグローバリゼーションの影響についての記述を発表する。	ナショナル、グローバル

5　アンケート調査の結果

　以下は、生徒に行ったアンケート調査（2011年9月）結果から明らかになったことである（本書第12章付表参照）。

A.　インドネシアの生徒は、「国際社会」よりも「社会正義・公正」「人権」「民主主義」という語をより多く見聞する。

　設問 Part1-Q3（市民性にとって重要な11の概念について、見たり聞いたりした経験があるかを尋ねた設問）の回答によると、生徒たちは、「国際社会」（よくある＝35.3％、ある＝47.9％）よりも、「社会正義・公正」（よくある＝61.4％、ある＝33.3％）、「人権」（よくある＝64.7％、ある＝27.2％）、「民主主義」（よくある＝71.3％、ある＝22.4％）という語を、より多く見聞する。

　「社会正義・公正」、「人権」、「民主主義」は、インドネシアにおいては、1998年以降のスハルト期（新秩序期）終焉後に顕著にみられるようになった用語である。さらに、2006年カリキュラムにおける公民教育における標準および基本コンピテンシーにおいても、これらのキーワードが、とくに中学および高校レベルにおいて含まれている。

B.　インドネシアの生徒の多くは、彼らの人生において英語が重要であると認識しつつも、英語の習熟度が低いと考えている。

　半数近くの生徒は自らの英語の能力が低いと考えている。設問 Part1-Q7は、グローバルな問題を理解し、考え、意見表明するために必要な英語能力について、スキル別にどのように自己評価しているか尋ねたものである。その結果、半数近くの生徒は自己評価が低いことがわかった。1. 英会話（あまりできない＝69.9％、全くできない＝10.7％）、2. 英作文（あまりできない＝41.9％、全くできない＝7.5％）、3. 英文読解（あまりできない＝43.5％、全くできない＝11.0％）、4. 英語の聞き取り能力（あまりできない＝42.5％、全くできない＝7.5％）という結果である。しかしながら、設問 Part1-Q6（英語学習の重要性についての意識を尋ねた質問）の結果によると、ほとんどの生徒が英語能力は重要（と

ても大切である＝74.4%、大切である＝22.3%）であると考えていることが明らかである。

C. インドネシアの生徒はアセアン諸国間の平和が重要であると考えている。

設問Part1-Q11は、市民性資質のうちローカルからグローバルまで（Q11-1：地域社会、Q11-2：国、Q11-3：アセアン諸国、Q11-4：世界）の各レベルに共通する資質（①それぞれのレベルが好きで、伝統や文化を守ること、②一員であることに誇りを持つこと、③平和であること、④民主主義が保たれていること、⑤環境や開発の問題に関心を持つこと、⑥人権問題に関心を持つこと、⑦その一人としてアイデンティティ（帰属意識）をもつこと）を抽出し、それぞれの中でどれが最も重要かについて尋ねたものである。Q-11-3において、アセアン諸国間の平和に対するインドネシアの生徒の認識が、他の国の生徒と比較すると、最も高い（42.7%）。

D. インドネシアの生徒は他のアセアン諸国への関心はあまり高くない。

設問Part2-Q1（アセアン加盟国の名と地図上の位置を対応させる設問）の結果から、7割以上の生徒はマレーシア、シンガポール、ブルネイ、フィリピンの地理的な位置を知っていることが明らかになった。そのうち、小学生は5割から6割だけがこれらの国々の地理的な位置を把握するにとどまった。しかし、中学生・高校生になると7割から8割の生徒がこれらの国々の地理的な位置を把握していた。

高校生は、64.2%がタイの地理的な位置を把握していたが、カンボジア、ラオス、ミャンマー、ベトナムについて、3割から4割程度しか正しい地理的位置を把握していなかった。小学生と中学生については、2割から4割程度のみが東南アジア大陸部、すなわちタイ、カンボジア、ラオス、ミャンマー、ベトナムの地理的な位置を把握するにとどまっていた。これは、小学校の教科書に掲載されている東南アジア諸国の地図が、上述の地域内の個々の国に言及していないことによる[13]。

設問Part2-Q4（アセアン統合の目標年を6つの選択肢の中から選ばせる設問）

の結果は、22.1％の生徒だけが正答を選択したことを示している。その内訳は、小学生の39.1％、中学生の7.1％、高校生の18.9％が正解を選択した。しかし、生徒全体の59.2％が「知らない」と回答している。このことは、インドネシアの生徒がまだ充分にアセアン共同体の設立を認識していないことを意味している。

設問 Part2-Q5（アセアン10か国について自国も含めてどの程度知っているかを尋ねた設問）の結果は、ブルネイ、カンボジア、ラオス、ミャンマー、フィリピン、ベトナムについては4割未満の生徒だけが、「知っている」「とても知っている」を選択した。

一方、マレーシアを「知っている」「とてもよく知っている」と回答した生徒の内訳は以下の通りである。57.6％の児童生徒（小学生51.6％、中学生61.1％、高校生60.7％）が「知っている」、15.7％の児童生徒（小学生23.1％、中学生10.0％、高校生13.4％）が「とてもよく知っている」と回答した。両方を合わせると、約70％の児童生徒がマレーシアを理解している国と認識していることがわかる[14]。

シンガポールについての結果は以下の通りである。50.5％の児童生徒（小学生41.3％、中学生55.5％、高校生55.7％）が、「知っている」、15.7％の児童生徒（小学生22.2％、中学生10.9％、高校生13.4％）が「とてもよく知っている」と回答した。両方を合わせると、インドネシアの6割以上の生徒がシンガポールを理解していると認識していることが明らかになった。

興味深い結果の一つは、フィリピンに関する生徒の理解である。設問 Part2-Q1において70％の生徒がフィリピンの地理的な位置を正しく選んでいるにもかかわらず、児童生徒の33.1％（小学生38.7％、中学生32.2％、高校生27.9％）だけが「知っている」、5.8％の児童生徒（小学生10.2％、中学生2.4％、高校生4.5％）だけが「とてもよく知っている」と回答するにとどまった。

このように、生徒はアセアン諸国の地理的な位置を知っていても、個々の国について充分な知識や理解をもっていないと感じている場合もあることがわかる。

E. アセアン諸国に関する生徒の理解に及ぼすメディア（インターネット、テレビ、書籍）と学校の重要なインパクト

　設問 Part2-Q6（アセアンの情報を知るメディアや手段について、回答数の制限なしで15項目から選択して回答させる設問）の結果から、7割を越えるインドネシアの生徒が、アセアン諸国を学んだ方法として、書籍（87.4%）、テレビ（71.3%）、インターネット（87.0%）、学校（80.2%）という情報源を選択している。

　学校段階別にみると、小学生は書籍（88.9%）、インターネット（83.1%）、学校（76.4%）を選んでいる。一方、中学生と高校生は、大半の生徒がアセアンについてインターネットから学んだとしている。つまり、中学生はインターネット（91%）、書籍（87.7%）、学校（82.5%）、高校生も同様に、インターネット（87.1%）、それに続いて書籍（85.6%）、テレビ（83.1%）、学校（82.1%）が80%を超えている。

6　第2回デルファイ調査（未来予測調査）の結果分析から

A. 設問 Part1 に関する結果

　約7割から9割の回答者が、現時点でローカルレベルの知識・理解、能力・技能、価値観・態度は目標を達成していると答えた。国家レベルの知識・理解、能力・技能、価値観・態度は以下の通りである。国家レベルの知識・理解は、回答者の73%が適切な水準にあると回答し、国家レベルの価値観・態度は83%の回答者がすでに達成されていると回答した。しかし、国家レベルの能力・技能については、回答者の53%だけが適切な水準に到達していると回答するにとどまった。

　ユニバーサルレベルに関しては、現時点で知識・理解、能力・技能および価値観・態度はすべて適切な水準を達成していると回答したのは回答者の6割だった。また、リージョナルレベルおよびグローバルレベルにおける知識・理解、能力・技能および価値観・態度については、適切な水準を達成しているとする回答は、全体の4割から5割にとどまっている。

B. 設問 Part 2-1（知識・理解に関する設問）の回答結果

　7割以上の回答者が、以下の資質、つまり、(1) 環境、(2) 共生、(3) 異文化理解、(4) 社会正義と公正、(5) 民主主義、(7) 相互依存関係、(9) 社会福祉、(10) 人権について、教育や研究において「大変頻繁に」／「頻繁に」関わっていると回答している（設問1）。しかし一方で、(8) 外国語、(11) アセアンの歴史と文化、(12) アセアン諸国共通の社会問題については、4割に満たない回答者だけが、「大変頻繁に」／「頻繁に」関わっていると回答するにとどまった。

　知識・理解に関する(1)から(12)の資質のうち、8割以上の回答者が、10年後には適切な水準で「完全に達成しているべき」「ある程度達成しているべき」「達成しているべき」と回答している（設問4）。しかし現時点の状況について、(8) 外国語、(11) アセアンの歴史と文化、(12) アセアン諸国共通の社会問題、に関しては、回答者の2割前後のみが「大変達成している」「ある程度達成している」と回答するにとどまった（設問3）。そして、4割から5割の回答者が、これら(8)、(11)、(12)の資質は「ほとんど達成していない」、「全く達成していない」と回答している（設問3）。

　学習すべき年齢について（設問5）は、5割以上の回答者は、(6) 持続的開発・発展、(11) アセアンの歴史と文化、(12) アセアン諸国で共通する社会問題以外の資質は、「9〜10歳」、「8歳までに」学習すべきと述べている。他方で、6) 持続的発展、(11) アセアンの歴史と文化、(12) アセアン諸国で共通する社会問題、に関しては、「11〜12歳」、「13〜14歳」、「15〜16歳」、「17歳以上」の子どもが学ぶべきという回答が70％以上である。そのうち、(6) 持続的開発・発展については、「17歳以上」という回答が最も多く23％であった。また、(11) アセアンの歴史と文化については、「11〜12歳」とする回答が30％であり、(12) アセアン諸国共通の社会問題についても、「11〜12歳」を選択した回答者が最も多く26％であった。

C. 設問 Part 2-2（能力・技能に関する設問）の回答結果

　70％以上の回答者が、以下の資質、つまり (1) 意見表明できる、(2) 冷

静に判断、自分をコントロールできる、(3) 問題解決、(4) 意思決定、(5) 情報社会に対応できる、(6) 平和的解決、(7) 批判的思考、(8) 生活の質を高める、(9) 相互協力、(11) 社会に貢献できる、については、「大変頻繁に」、「頻繁に」関わっていると回答した（設問1）。一方、60％以上の回答者が、(12) 外国語を操る、(13) アセアン諸国に共通の規範・価値観をもつ、(14) アセアン諸国に共通の社会問題を他者とともに解決できる、についての関わり度は、「ほとんどない」もしくは「全くない」と回答した。

　また、70％以上の回答者は、設問 Part2-2 の能力・技能に関する (1) から (14) のすべての資質が 10 年後には適切な水準で「完全に達成しているべき」「ある程度達成しているべき」「達成しているべき」と回答している（設問4）。

　しかし一方で、回答者は現時点における子どもの資質について（設問3）は、肯定的な意見をもっていなかった。たとえば、(5) 情報社会に対応できる、(6) 平和的解決、(10) 持続的開発・発展、(11) 社会に貢献できる、(12) 外国語を操る、(13) アセアン諸国に共通の規範・価値観をもつ、(14) アセアン諸国に共通の社会問題を他者とともに解決できる、についての現時点での状況は、35％未満の回答者だけが、「大変達成している」「ある程度達成している」と回答するにとどまっている。また、回答者の 40％ は (12) 外国語を操る、について、「ほとんど達成していない」と回答しており、(13) アセアン諸国に共通の規範・価値観をもつ、についても 41％ の回答者が「ほとんど達成していない」と回答している。さらに (14) アセアン諸国に共通の社会問題を他者とともに解決できる、に対しても、33％ の回答者が「ほとんど達成していない」と回答している。

　(1) から (14) の資質を学習すべき生徒の年齢（設問5）については、以下の (1) 意見表明できる、(2) 冷静に判断、自分をコントロールできる、(3) 問題解決、(4) 意思決定、(5) 情報社会に対応できる、(6) 平和的解決について、(7) 批判的思考、(9) 相互協力、(11) 社会に貢献できる、(12) 外国語を操る、については、回答者の半数以上が、「8 歳までに」、「9-10 歳」、「11-12 歳」の児童が、学習すべきであると回答した。

　一方、以下の 4 つの資質、すなわち 8) 生活の質を高める、(10) 持続的

開発・発展、(13) アセアン諸国に共通の規範・価値観をもつ、(14) アセアン諸国に共通の社会問題を他者とともに解決できる、については、17歳以上で学ぶべきとする回答が最も多かった。(8) 生活の質を高める、については回答者の24％、(10) 持続的開発・発展については36％、(13) アセアン諸国に共通の規範・価値観をもつ、については37％、(14) アセアン諸国に共通の社会問題を他者とともに解決できる、については46％の回答者が、「17歳以上」の生徒が学習すべきであると回答している。

D. 設問 Part 2-3（価値観・態度に関する設問）の回答結果

6割以上の回答者が、以下の資質、つまり (1) 正義を持って不正に立ち向かう、(2) 環境・資源を守りその開発に興味をもつ、(4) 文化の多様性を大切にする、(5) 法律を大切にする、(8) 伝統・文化を尊重する、(9) 国民としての道徳を守り、誇りをもつ、(10) 民主主義を尊重する、(11) 人権を尊重する、(12) 科学的な思考力をもち、科学技術に乗り遅れない、について「大変頻繁に」、「頻繁に」関わっていると回答した（設問1）。

一方、(3) 自立心をもつ、(6) 国際協力を推進する、(7) 地球規模の問題に関心をもつ、(13) アセアンの一員としての道徳を守り、誇りをもつ、については、「大変頻繁に」、「頻繁に」関わっていると回答した者は、60％未満にすぎなかった。

設問 Part2-3 の価値観・態度に関する (1) から (13) のすべての資質のうち、(3) 自立心をもつ、を除くすべての資質について、回答者の80％以上が「非常に重要」、「重要」であると考えている（設問2）。さらに回答者の80％以上は、(1) から (13) のすべての資質が10年後には適切な水準に「完全に達成しているべき」「ある程度達成しているべき」「達成しているべき」と回答した（設問4）。

一方、現時点における子どもの資質（設問3）については、回答者はすべての資質に対して積極的に肯定しているとは言い難い。(1) 正義をもって不正に立ち向かう、(3) 自立心をもつ、(6) 国際協力を推進する、(7) 地球規模の問題に関心をもつ、(13) アセアンの一員としての道徳を守り、誇りをもつ、

について、「大変達成している」もしくは「ある程度達成している」と回答したのは、35％以下にとどまった。

　（1）から（13）の資質を学習すべき生徒の年齢（設問5）については、(6)国際協力を推進する、(7)地球規模の問題に関心をもつ、(12)科学的な思考力をもち、科学技術に乗り遅れない、(13)アセアンの一員としての道徳を守り、誇りをもつ、については、50％以上の回答者が、「13～14歳」、「15歳～16歳」、「17歳以上」の生徒が学習すべきであると回答した。しかし、これら以外の資質については、「8歳までに」、「9～10歳」、「10～11歳」で学習すべきであるという回答が全体の60％を超えている。

E. 現時点で充分でないと考えられている資質

　ここでは、デルファイ調査に基づく加重平均の比較の結果として、「Q3：現時点でのこの資質の達成度」、「Q4：10年後に達成されるべき資質」、「Q2：この資質の重要性」、「現在と未来のギャップ」を示した、**表4-5**（知識・理解）、**表4-6**（能力・技能）、**表4-7**（価値観・態度）からわかることを述べる。

　表4-4は、表4-5、表4-6、表4-7のそれぞれの「Q3：現時点でのこの資質の達成度」の上位3資質と、下位3資質を示したものである。下位3資質における、知識・理解および能力・技能のカテゴリーには、外国語やアセアンに関する資質が並んでいる。また価値観・態度のカテゴリーには、グローバルな課題である、地球規模の問題や国際協力に関する資質が並ぶ。つまり、インドネシアの国外で必要とされる、知識・理解、能力・技能、価値観・態度についての資質は、改善の余地があることが認識されていることがわかる。

　また、「現在と未来のギャップ」についても、知識・理解（表4-5）に関しては（8）外国語が、また能力・技能（表4-6）に関しても（12）外国語を操る、がギャップが最も高い資質であるため、改善すべき点として認識の高さがうかがえる。

　デルファイ調査に基づくこれらの資質を学習すべき年齢（設問5）は、まず、「外国語（知識・理解）」は48％、「外国語を操る（能力・技能）」については37％の回答者が、他の年齢よりも「8歳までに」学ぶべきとしている。他方、

表4-4 現在における市民性資質の達成度

上位3資質	下位3資質
知識・理解	
・共生 ・民主主義 ・環境	・アセアンの歴史と文化 ・外国語 ・アセアン諸国共通の社会問題
能力・技能	
・意見表明できる ・冷静に判断、自分をコントロールできる ・相互協力	・アセアン諸国に共通の社会問題を他者とともに解決できる ・外国語を操る ・アセアン諸国に共通の規範・価値観をもつ
価値観・態度	
・民主主義を尊重する ・人権を尊重する ・文化の多様性を大切にする	・自立心をもつ ・地球規模の問題に関心をもつ ・国際協力を推進する

デルファイ調査の加重平均分析（インドネシア）結果をもとに作成。

表4-5 知識・理解に関する設問の加重平均の比較（インドネシア）

設問 資質		Q3： 現時点でのこの資質の達成度（A）	Q4： 10年後に達成されるべき資質(B)	Q2： この資質の重要性（C）	現在と未来のギャップ "(B)－(A)" (D)
知識・理解	(1) 環境	3.08	3.83	3.69	0.76
	(2) 共生	3.31	3.91	3.76	0.60
	(3) 異文化理解	3.08	3.70	3.34	0.63
	(4) 社会正義と公正	3.02	3.70	3.61	0.68
	(5) 民主主義	3.20	3.75	3.60	0.55
	(6) 持続的開発・発展	3.04	3.65	3.52	0.61
	(7) 相互依存関係	3.06	3.48	3.31	0.42
	(8) 外国語	2.63	3.44	3.24	0.81
	(9) 社会福祉	2.87	3.62	3.58	0.75
	(10) 人権	2.98	3.66	3.61	0.67
	(11) アセアンの歴史と文化	2.68	3.45	3.11	0.77
	(12) アセアン諸国共通の社会問題	2.62	3.38	3.07	0.76

表4-6　能力・技能に関する設問の加重平均の比較（インドネシア）

	設問　資質	Q3:現時点でのこの資質の達成度(A)	Q4:10年後に達成されるべき資質(B)	Q2:この資質の重要性(C)	現在と未来のギャップ"(B)-(A)"(D)
能力・技能	(1) 意見表明できる	3.32	3.78	3.43	0.46
	(2) 冷静に判断、自分をコントロールできる	3.32	3.85	3.65	0.53
	(3) 問題解決	3.23	3.86	3.58	0.63
	(4) 意思決定	3.16	3.84	3.54	0.68
	(5) 情報社会に対応できる	3.03	3.79	3.48	0.75
	(6) 平和的解決	3.01	3.68	3.39	0.66
	(7) 批判的思考	3.22	3.87	3.58	0.65
	(8) 生活の質を高める	3.13	3.90	3.59	0.76
	(9) 相互協力	3.24	3.81	3.58	0.57
	(10) 持続的開発・発展	2.97	3.65	3.24	0.68
	(11) 社会に貢献できる	3.02	3.70	3.30	0.68
	(12) 外国語を操る	2.73	3.56	3.20	0.83
	(13) アセアン諸国に共通の規範・価値観をもつ	2.68	3.32	3.04	0.64
	(14) アセアン諸国に共通の社会問題を他者とともに解決できる	2.82	3.32	2.97	0.50

表 4-7　価値観・態度に関する設問の加重平均の比較（インドネシア）

	設問　資質	Q3：現時点でのこの資質の達成度 (A)	Q4：10年後に達成されるべき資質(B)	Q2：この資質の重要性 (C)	現在と未来のギャップ"(B)−(A)" (D)
価値観・態度	(1) 正義をもって不正に立ち向かう	2.95	3.63	3.24	0.69
	(2) 環境・資源を守りその開発に興味をもつ	3.13	3.74	3.53	0.61
	(3) 自立心をもつ	2.91	3.51	2.83	0.60
	(4) 文化の多様性を大切にする	3.33	3.84	3.54	0.50
	(5) 法律を大切にする	3.18	3.79	3.51	0.61
	(6) 国際協力を推進する	2.80	3.46	3.13	0.66
	(7) 地球規模の問題に関心をもつ	2.84	3.52	3.21	0.68
	(8) 伝統・文化を尊重する	3.27	3.80	3.55	0.53
	(9) 国民としての道徳を守り、誇りをもつ	3.26	3.77	3.51	0.51
	(10) 民主主義を尊重する	3.39	3.86	3.47	0.46
	(11) 人権を尊重する	3.38	3.88	3.57	0.49
	(12) 科学的な思考力をもち、科学技術に乗り遅れない。	3.26	3.80	3.50	0.54
	(13) アセアンの一員としての道徳を守り、誇りをもつ	3.14	3.57	3.11	0.43

　アセアンに関する資質では、「アセアンの歴史と文化（知識・理解）」は「11〜12歳」とする回答が30％で最も多く、「アセアン諸国共通の社会問題（知識・理解）」は、「11〜12歳」が26％であった。また「アセアン諸国に共通の規範・価値観をもつ（能力・技能）」は「17歳以上」が37％、また「アセアン諸国に共通の社会問題を他者とともに解決できる（能力・技能）も「17歳以上」が46％であり、他の年齢よりも多く選択された。
　外国語およびアセアンに関する知識・理解については、中学生になる前に学ぶべきであり、他方で、能力・技能としての「アセアン諸国に共通の規範・価値観をもつ」ことや「アセアン諸国に共通の社会問題を他者とともに解決できる」ことは、高校生で学ぶべきとする考えが多いことが明らかとなった。

おわりに

　インドネシアの公民教育は、小学校から高校の児童生徒が学ぶ教科の一つとして非常に重要である。インドネシアでは 1960 年以降、高等教育段階として 10 校の教員養成機関において、公民教育専攻が設立されている。そして、1970 年代初頭以降、公民教育は、教科としてカリキュラムのなかに正式かつ体系的に導入されてきた（1975 年カリキュラム、1984 年カリキュラム、1994 年カリキュラム、2004 年カリキュラム、2006 年カリキュラム、2013 年カリキュラム）。

　インドネシアの市民性教育の主要な目的は、児童生徒がよき市民になり、市民としての権利と義務を理解し、法を遵守し、民主的な態度を身につけ、国家の統一と統合を支持し、多様性と自由、そして人権を尊重するための手助けをすることにある。現行の 2006 年および 2013 年カリキュラムにおける公民教育の目的は、学習者に、市民性に関する知識や市民性に対する態度、市民性のスキル、市民性の持続、市民性へのコミットメント、全体的な市民性教育のコンピテンシーを身につけさせることを明確にしている。

　インドネシアの市民性教育は国民性の 4 つの柱に関連づけられている。それは、標準コンピテンシーおよび基礎コンピテンシーをもつことを通して、またパンチャシラの道徳と原理、1945 年憲法の価値と規範、「多様性のなかの統一」という価値と精神、インドネシア共和国という統一国家に対する見識やコミットメントを強化することによって、発展していくものである。

　しかしながら、インドネシアにおいて人格教育に関連する知識と態度、そして能力は、公民教育という科目のみによって占有されるものではない。小学校と中学校においては、東南アジア諸国に関する知識が含まれる社会科教育や宗教教育、インドネシア語教育のような、人格教育に関連する科目があり、高校生においては歴史、地理、経済、社会学を含む科目がある。

　インドネシアにおける市民性教育は、1970 年代初頭に最初に導入されて以来、国家建設と人格形成に方向づけられてきた。そのため国家主義的になり、地域主義（アセアン）的なものではなかった。そうした状況は、本研究

におけるアンケートやデルファイ調査の結果にも反映されていた。インドネシアのコンテクストでアセアンネス教育を向上させるために、私たちは東南アジア諸国に関連した内容を学校のカリキュラムにもっと盛り込まれなければならないと考える。インドネシアにおいて人格教育を担う教師も含め、市民性教育の教師たちは、どのようにすればアセアン共同体のメンバーであることを誇りに思い、互いに尊重し合えるかについて、他の東南アジア諸国の教員とともに知識と経験を共有し、協働すべきである。

注
1 本稿では、科目として言及する場合は「公民教育」とし、それ以外には「市民性教育」と表記する。
2 例えば、Udin S. Winataputra, *Pendidikan Kewarganegaraan dalam Perspektif Pendidikan untuk Mencerdaskan Kehidupan Bangsa: Gagasan, Instrumentasi, dan Praksis*（Bandung: Widya Aksara Press, 2012）, pp.1–32 や、Samsuri, "Paradigma Pendidikan Kewarganegaraan dalam Kurikulum 2013," を参照のこと。また、http://eprints.uny.ac.id/10665/1/PARADIGMA%20PENDIDIKAN%20KEWARGANEGARAAN%20KURIKULUM%202013.pdf［2014 年 1 月 25 日インドネシア・バンドンにてアクセス］においても入手可能である。
3 これは Dika Meirista, *Pendidikan Kewarganegaraan*（Bandung: Rizqi Offset, 2013）の要約である。
4 本研究では、スリ・レジェキ・ロスディアンティ（Ms. Sri Redjeki Rosdianti）氏（インドネシア教育大学ラボスクール中学校（SMP Lab school UPI）およびバンドン第 9 職業高校（SMK9 Bandung）の社会科・公民教育の担当教師）に、調査協力及び名古屋大学で開催したセミナーへの参加協力をしていただいた。ここに謝意を表す。
5 Said Hamid Hasan, "Pandangan Dasar Mengenai Kurikulum Pendidikan Sejarah" in *HISTORIA: Jurnal Pendidikan Sejarah*, Vol. 5/1 [June 2004], pp.1–27.
6 例えば、以下を見よ。Idris Apandi, "Kurikulum PPKn 2013." http://www.lpmpjabar.go.id/?q=node/691［2014 年 8 月 18 日インドネシア・バンドンにてアクセス］において入手可能である。
7 Taufik Tardianto [ed], *Kerangka Dasar, Struktur Kulikulum Standar Kompetensi dan Kompetensi Dasar Tingkat SD/MI, SMP/MTs*（Jakarta: CV BP Panca Bhakti, 2006）, pp.131–143 および pp.366–374.
8 平田利文「地域統合をめざす ASEAN 諸国における市民性教育」『比較教育学研究第 46 号』日本比較教育学会編、2013 年における表 4（114-115 頁）を参照。
9 TaufikTardianto [ed]（2006: 366-374）.
10 パンチャシラ（*Pancasila*）は 5 つの原則からなる。すなわち、(1) 唯一神の信仰、(2)

公正であり礼節に富む人道主義、(3) インドネシアの統一、(4) 協議と代議制による叡智によって導かれた民主主義、(5) 全インドネシアのための社会正義。詳しくは、以下を参照せよ。Dasim Budimansyah & Prayoga Bestari [eds.], *Aktualisasi Nilai-nilai Pancasila dalam Membangun Karakter Warga Negara*（Bandung: Widya Aksara Press and Laboratorium PKn UPI, 2011）.
11　http://litbang.kemdikbud.go.id/index.php/2013-06-18-06-42-52（最終閲覧日 2013年4月20日）
12　インドネシアの政治的コンテクストにおける「旧秩序」および「新秩序」については、以下のことを参照のこと。1959年～ 1966年のスカルノ政権期は、1950年～ 1959年までの「自由民主主義」の時代に対して、「指導された民主主義」(*Demokrasi Terpimpin*) の時代と呼ばれる。1966年～ 1998年のスハルト政権期は、「パンチャシラ民主主義」や「開発の時代 (*Zaman Pembangunan*)」として知られている。スハルト大統領は、インドネシアの開発の父 (*Bapak Pembangunan*) と呼ばれた。さらに詳しい情報については M.C. Ricklefs, *Sejarah Indonesia Modern*（Yogyakarta: Gadjah Mada University Press, translation, 1990）および Andi Suwirta, Moch Eryk Kamsori, & Farida Sarimaya, *Sejarah Orde Baru dan Reformasi di Indonesia*（Bandung: Jurusan Pendidikan Sejarah FPIPS UPI, 2009）を参照せよ。
13　たとえば以下の文献を参照のこと。Dyah Sriwilujeng, *Pendidikan Kewarganegaraan untuk Sekolah Dasar Kelas VI*（Jakarta: ESIS Penerbit Erlangga, 2007）, pp.69–90.
14　この結果に対して考えられる答えの一つとして、マレーシアは多くのインドネシア人から起源を共にする兄弟 *saudara serumpun* とみなされてきたこと、そしてインドネシアとマレーシアは一つの「一つの民族、2つの国民国家」として知られていることを挙げられるであろう。さらに、ここで記しておきたい興味深いことは、インターネットを含むインドネシアのマスメディアでは、たとえばマレーシアに滞在するインドネシア人労働者、国境の島々についての論争、文化遺産の起源をめぐる主張など、マレーシアに関連する記事や意見が非常に馴染み深いことである。より詳しくは以下の文献を参照のこと。Andi Suwirta & Abdul Razaq Ahmad, *Sejarah dan Pendidikan Sejarah: Perspektif Malaysia dan Indonesia*（Bandung and Bangi: Historia Utama Press and Penerbit UKM, 2007）; and Linda Sunarti, "Menelusuri Akar Konflik Warisan Budaya antara Indonesia dengan Malaysia" in *SOSIOHUMANIKA: Jurnal Pendidikan Sains Sosial dan Kemanusaan*, Vol.6/1, May 2013, pp.77-88.

第5章
ラオスの市民性教育
—可能性と課題

乾美紀、スパーニー・ファンケオ

はじめに

　本章の目的は、これまでラオスの初等教育段階で市民性教育を担う教育がどのように変容を遂げてきたか、そして市民性教育の今後の方向性と発展に向けてどのような課題を持つかについて追究することを目的とする[1]。本章は、次の3部に分けて記述していく。1) ラオスにおける市民性教育を概観するとともに、近年の教科書を分析することにより市民性教育の傾向をつかむ。2)「アセアン諸国における市民性に関する児童生徒へのアンケート調査」から、ラオスの調査結果を取り上げ、その結果の特徴や背景について考察することを試みる。3) 将来必要とされる市民性教育の特質について推測するために行った「デルファイ調査」の結果を述べる。

1　教育政策と政治的構想

　平田（2007）によると市民性教育は、「異文化を理解・尊重し、共生できるための知識、能力、価値観・態度をもち、人権、平和、環境、開発などの地球的規模で考えなければならない課題に対して、グローバルな視点から考え続け、ローカル、ナショナル、グローバルなレベルで意思決定でき、行動できる人間を育成する教育」と定義されている[2]。ラオスの場合、政府の公文書には市民性教育という言葉は見当たらないが、政治的な構想を遡り、

2001年に政府が「マルクス・レーニン主義の掲示」をスローガンとして掲げたことに注目すべきである。これは、ラオスに海外の影響が過度に流入し、国家に社会主義の意識が薄れていることを危惧した上で、もう一度社会主義の思想を堅持するという考えである。この考えは第7回党大会（2001）で強調され、愛国心が強く社会主義の意識を持つ良きラオス国民を作り上げること、教育においても社会主義的理想を高めることが示された。

2　近年の教育カリキュラムと教科書

（1）「私たちの周りの世界」への移行

1994年に改訂されたカリキュラムでは、それまであった「道徳」が科目として姿を消し、それを引き継ぐ科目として、初等教育で「私たちの周りの世界」、前期・後期中等教育では「公民」が教えられるようになった。これは、国家の理想とする政治的に「正しい」児童の姿を提示していたこれまでの道徳とは性格が異なるものであり、以前の「道徳」にみられた社会主義的な労働の価値を説くような課は見られなくなった[3]。

当時の教科書の単元は、体、病気、植物、動物、土、環境、ラオスの歴史、文化、法律、市民教育（4年生）、体、植物、動物、気候、産物、物理、環境、ラオスの歴史（5年）を扱っている[4]。当時「時間を守る」「友達と仲良くする」などの基本的なモラルは、ラオス語の教科書に含まれていたり教員が児童に直接説明したりしていた。しかしながら、上述の通り、以上の方針は長く続かず2001年に政府は再び「マルクス・レーニン主義の掲示」をスローガンとして掲げた。良きラオス国民像として愛国心が強く社会主義の意識を持っていることが求められたのである。

2001年に施行された教育法では、教育の保障、平等な教育機会などが強調され、社会主義の言葉は見当たらない[5]。しかし2008年の改正教育法では「教育は社会主義の方向で行わなければならない。教育は国民的、大衆的、科学的、現代的特徴をもたなければならない。」という表現が見られるようになった[6]。

2008年の教科書改訂以来、「道徳」と「私たちの周りの世界」はひとつの教科書で構成されている。1年、2年生の教科書は「道徳教育 私たちの周りの世界」のように科目が併記されているが、3－5年生では「道徳と私たちの周りの世界」というように2部構成である。授業時間は、1、2年生が週に1時間（合計年間66時間）、3年生－5年生は、週に2時間（合計年間99時間）である。

「私たちの周りの世界」は、基本的に理科、社会、環境の合科教育であり、道徳、公民、歴史、地理、生物、保健体育、環境学習、エイズ防止教育を含んでいる。教科学習の目的としては、1) 観察や実験を通して、自然について研究する能力を身につける、2) 自然世界の現象を理解し、自然を尊敬する気持ちを育て、その中に住んでいるということを理解する、3) 自分の住む地域や世界に積極的に参加できるような知識、スキル、態度、価値を育てることが挙げられている[7]。

(2)「道徳」の教科書の分析

次に教科書に注目し、内容分析を試みることとする。本研究では特に市民性教育に注目するため、2年生までは教科書の全単元（道徳の内容）、3－5年生については、「道徳」と「私たちの周りの世界」の2部の中で、道徳の部分に絞って分析をしていく。初等教科書の「道徳」の教科書の単元は、1年 (10)、2年 (13)、3年 (13)、4年 (14)、5年 (14) 計64単元から成り立っている。

第一に、道徳は「ユニバーサル」、つまり普遍的な事項（基本的モラルや社会のルール）が単元の大半（64単元中49）を網羅しており、「あいさつの仕方」（1年生）から「先祖への感謝」、「平和を愛する」（5年生）まで、多彩な内容が取り上げられている。ラオスの場合、女性の尊敬、他国の人への協力、時間の順守、整理整頓、仕事の責任など人権や責任に関する部分が多いことが特徴である。

第二に、「ローカル」は、「地域の人を助ける」が主に5年生（最高学年）で取り上げられている。「ローカル」に関する単元（64中6単元）は、地域

図 5-1 「ナショナル」の例　　　図 5-2　グローバルの例

「道徳と私たちの周りの世界」小学 4 年、5 年をもとに筆者作成。

の人との共生、協働、協力、地域愛、地域の権利など地域で共生することを重んじている。

　第三に、「ナショナル」は、かつての社会主義思想が残る部分で、社会主義の揺り戻しと受け止められる。例えば、ラオス国旗の揚げ方、片づけ方（1年生）は、赤いスカーフをまとった児童が、整列する児童たちの代表として敬礼しながら旗を揚げ降ろしする姿が教科書の挿絵に描かれている（図 5-1 参照）。

　3 年生の「リーダーを尊敬する」では、歴史上の社会主義政権成立時の首相である（カイソーン大統領とフランス独立運動指導者のスパヌウォン議長）の功績を称え、5 年生の「ラオスを愛する」では、再び 2 人の英雄が登場して、国を愛し、働き、想像力を持つことの重要性を説いている。この部分は、社会主義国家成立時の「道徳」の教科書にも見られた単元である。1 年生の「目上の人への挨拶」では、僧侶や教員には顔の前で手を合わせる方法が正しい挨拶とされ、特に僧侶への丁寧なあいさつの挿絵には、仏教を重んじるナショナルな側面を伺うことができる。3 年生の「ラオスの文化を尊敬する」では少数民族の説明が簡潔になされ、ラオスが多民族国家であることを明確に教示する内容となっている。

第四に「リージョン」(アセアンへの意識など)は、道徳の教科書の全学年を通してその内容は見られない。このことは、むしろ社会科に通じる可能性があるので、「私たちの周りの世界」の学習内容で検討したい。

最後に、「グローバル」に関する内容は、2008年発行の教科書で初めて見られるようになった。3年生で学習する「外国人への礼儀」は、外国人観光者に道を尋ねられた時に道を教え、目的地まで連れていく児童が「模範的」だとされ、「自分ならどうするか？」と考えさせる課題も記載している。「国連について」では、様々な国際機関の役割やラオスへの支援を簡潔に記述している (図5-2)。これまで扱われなかった海外に関する内容が扱われていることを確認できるが、国連については各機関のロゴマークと名称を示すだけで、各機関の活動内容等については触れていない。

以上のように、教科書の内容を分析してみると、ラオスの場合、普遍的な内容 (ユニバーサル) が大半を占めている中で、社会主義教育の部分 (ナショナル) にも重きを置いている。そして特に社会主義の揺り戻しがなされている中で、グローバル化も意識していることが特色である。特に現在の教科書は、アセアン加盟 (1997年) 後に改訂された初めての教科書でもあるため、海外を意識する内容を盛り込むことは自然なことと考えられる。

(3) 「私たちの周りの世界」の分析

次に紹介する「私たちの周りの世界」という科目には「道徳」では見られなかった学習内容についても扱っている可能性がある。紙幅の関係で、全ての単元を紹介できないので、各単元をテーマに区切り、教科に分類したうえで、学習内容を取り上げる方法で単元を紹介する[8]。

表5-1の中で、市民性教育に関する部分を取り上げると、「ナショナル」と、「リージョナル」を確認できる。例えば、4年生でラオス文化、ラオスの歴史、ラオスの人々と多様性 (少数民族について) など「ナショナル」な意味を持つテーマを扱っている。少数民族を扱う単元では、多数派民族だけではなく、少数民族の文化や習慣 (正月の楽しみ方) についても描き、各民族の背景を尊重しながら協働する考えも示されている。かつての教科書には、少数民族

表 5-1 「私たちの周りの世界」が扱うテーマ

（　）の数字は単元

	理科	社会	その他 （保健体育・衛生・環境）
3年生 (33課)	植物・動物（7〜15） 食物とエネルギー（16〜17）	私たちの市・県、行政（18〜22）	食育・衛生（1〜6）、水と水資源（23〜28）、光・エネルギー（29〜33）
4年生 (45課)	植物・動物（6〜11）、食物連鎖と環境（12〜14）、空気・土・石（28〜35）、方角・光・火・熱・光（36〜45）	ラオスの文化・地理。歴史・民族（15〜27）	体と病気（1〜5）
5年生 (38課)	人の体と食物（1〜6）、植物（花）・動物（13〜22）、生き物・環境（23〜25）	ラオスの人口・農業、森林・通信（31〜34）、アセアン諸国（35）、ラオスの遺産・歴史（36〜38）	病気とその予防（7〜12）

「道徳と私たちの周りの世界」小学4年、5年をもとに筆者作成。

に関する単元はなかったため、この単元は3年生の「道徳」で民族の多様性を紹介したこととともに、新しい試みであり、民族間の共生と協働を初等教育の段階で教示していると捉えられる。

5年生では、ラオスの農業、文化遺産、など「ナショナル」を意識した内容を確認できるが、35課のアセアンの国々についての学習は「リージョン」に該当する部分と言える。教科書にはアセアンの基礎知識（加盟国、加盟年）とアセアンの国々の特色、そしてアセアン諸国の協力の必要性についての内容が盛り込まれていることから、アセアンへの意識が高まっていることが推察できた。

3　「児童生徒へのアンケート調査」に見る市民性の資質

次に、2011年に実施した「市民性教育に関する児童生徒アンケート調査」について、述べていきたい。ラオスにおける回答者は合計628名（小学生195名、中学生200名、高校生233名）であった。このアンケートは、市民性教育に関する質問群とアセアン諸国に関する質問の2部に分かれている（本書第12章

付表参照)。

(1) 市民性に関する質問群（第1部）

　ラオスの児童生徒の回答の特色は、自国の「歴史」や「伝統文化」の学習を重要と思うが、世界やアセアン諸国のそれについては重要と認識していないことだろう。自国の「歴史」や「伝統文化」の学習については、それぞれ77.9％、83.0％が「とても重要」と回答しているが、アセアンについては28.7％、25.5％であり、自国への認識とかなりの開きが見られる。世界の「伝統・文化」の学習をとても重要と認識する比率も低い（35.7％）。つまり、諸外国、多文化に関心を持つ傾向が低いと考えられる。

　次に、見聞きしたことがある言葉を尋ねる質問では、環境（73.1％）、民主主義（73.1％）、を「よくある」と答えた比率が高く、国際理解（16.2％）国際社会（8.5％）などが極めて低いことが特徴である。これらの原因は教科書分析を行うことで見つけることができるだろう。教科書にはラオスの外の世界を扱った「グローバル」な内容はまだ少なく、普遍的なモラルを扱った「ユニバーサル」な内容が多かったことが影響している。また、「共生」について、58.3％と数値は低いが、調査9カ国中で一番高い数値を示していることも特色である。これは、「人々の共生」、「民族との共生」に関する学習が強調されてきた成果であるともいえる。

　一方で「自分自身で何かをする時、一人で決めることができるか」や「不正、不平等、差別に立ち向かえるか」など将来の行動について、「十分できる」と答えた比率はそれぞれ9.7％、11.6％と9カ国中極めて低い。これはラオス人特有の穏やかな性格の他に、教師が教科書の内容を一方的に伝える教え方や現状のカリキュラムが生活や生き方に結びつきにくいことが影響していると考えられる。

(2) アセアン諸国に関する質問群（第2部）

　第1部では、国外への認識が低い結果が表れたが、第2部のアセアン諸国に対する質問の正解率は高かったことが特色である。例えば「アセアンの

旗の意味」、「アセアンの創立年」、「アセアン統合の予定年」を問う答えの正答率が、それぞれ65.3％、59.1％、32.3％と、8カ国中一番高い数値を示したのである。つまりアセアンや世界の勉強を重要だとは認識していないが、内容は記憶しているのである。

この理由も教科書分析から説明できるだろう。アセアン諸国の学習が初等教育や教員養成課程で導入されていることに効果があったと考えられるし、ビエンチャンでのアセアンサミット開催（2004）以来、アセアン関連の報道が頻繁になされている背景も影響しているだろう。国民がアセアン諸国への知識を高め、アセアン諸国に遅れずについて行くという意識が生じている[9]。ただし、アンケートでアセアンの国の位置を尋ねる質問では、ブルネイ、シンガポール、マレーシア、などインドシナ半島から距離が離れた国への認識は低かったため、地理も含めた包括的な内容を検討する必要があるだろう。同時に、ラオスもアセアン共同体を意識した共通の教育を構築しようとしている動きに参画していかなければならない。

4　デルファイ調査の分析

（1）調査の方法

調査の目的は、どのような市民性がアセアン諸国の生徒に要求されているかを明確にすることである。ラオスでは、学校長、社会科教員、PTA（保護者会）会長など299人を対象とし、第1回目は2012年9月に、第2回目は2013年3月に行った。収集されたデータは、SPSSにより分析された。

調査項目は、大まかに、1）現時点で達成されている市民性の資質と10年後に達成が期待される市民性に関する専門家の評価の把握、2）知識・理解、能力・技能および価値観・態度における重要な市民性およびそれらの市民性の学習に適した児童生徒の年齢、の2つに分かれる。

（2）回答者の背景

回答者のうち137名が男性（45.8％）で151名が（50.5％）女性であった（回

答なし11名）。回答者の年齢は50代が最も多く（32.1%）次に40代（25.1%）が占めた。続いて、20代（9.7%）、60代（13.0%）70代（0.7%）という内訳である。

　回答者のうち76名（25.4%）が小学校の教員で、64名（21.4%）が高等教育機関の教員、62名（20.7%）が公務員であった。中学校の教員は14名（4.7%）であった。また回答者のほとんど（72.9%）が教育活動に従事しており、研究従事者は3.7%であった。次に調査結果を簡潔に述べていきたい。

（3）調査結果—第1部

　第1部の質問は、現時点で達成されている市民性の資質と10年後に達成が期待される市民性に関する回答者の評価の把握である。紙幅の関係で、具体的な数字を掲載した回答結果は省くが、ラオスの場合「ローカル」、「ナショナル」、「リージョナル」、「グローバル」、「ユニバーサル」レベルの中で、最も「ローカル」に関する市民性の資質が高いことが明らかになった。その他のレベルについては、ローカルレベルほど高くないが、10年後には達成したいと考えている。最も顕著だったローカルレベルに関する市民性の資質については、「知識・理解」「能力・技能」「価値観・態度」に分かれるが、その中でも知識・理解と、価値観・態度は非常に高い（各75%、80%）。しかしながら、能力・技能に関しての達成が低い（59%）ことが明らかになった。周知のとおり、ラオスの教育レベルは他のアセアン諸国と比較して高くなく、教授法に関しても、児童生徒を主体とした実践的な学習方法が確立されていない。この結果から、学校やメディアを通して知識を学び、理解することについては長けていることが分かったが、今後アセアン統合に向けて能力・技能を向上させていくことが期待される。また前述の市民性教育に関する質問紙調査の結果に表れたように、ラオスの教育は知識を提供することだけではなく、実際にどのような実践能力を身に着けるかが課題である。このことにより、多彩な分野でスキルを持った人材を生み出すことが可能となる。

表 5-2　自分の専門分野に関する知識・理解とそれらの重要性

	Q1 この資質についてのあなたのかかわり度（%）					Q2 この資質の重要度（%）				
	N（人）	非常に頻繁	頻繁	ほとんどない	全くない	N（人）	大変重要である	重要である	ほとんど重要でない	全く重要ではない
(1) 環境	299	64	31	5	1	293	72	27	1	0
(2) 共生	289	63	33	3	1	291	63	30	6	0
(3) 異文化理解	295	33	57	11	0	297	41	51	7	1
(4) 社会正義と公正	297	56	34	10	0	291	57	37	3	2
(5) 民主主義	299	69	25	5	1	293	72	26	3	0
(6) 持続的開発・発展	295	44	40	14	2	296	55	40	4	1
(7) 相互依存関係	294	57	33	10	0	292	63	32	5	0
(8) 外国語	296	24	38	33	5	289	51	43	6	0
(9) 社会福祉	299	42	38	18	2	291	52	43	3	1
(10) 人権	299	56	36	8	1	297	55	41	3	0
(11) アセアンの歴史と文化	294	44	38	14	4	289	51	46	2	1
(12) アセアン諸国共通の社会問題	240	48	38	12	3	235	53	42	4	1

(4) 調査結果―第 2 部

① 知識・理解に関する質問

知識・理解に関しては、**表 5-2** に示すように、回答者は環境、共生、民主主義、相互依存関係、社会的な正義と公正、人権について頻繁にかかわっていると答えた。

表 5-2 に示す通り、回答者はアセアン諸国の歴史・文化や共通の社会問題について扱っている比率は低かったが、アセアンの歴史や文化について学ぶことを重要と考えている。また異文化理解や外国語については、授業で扱うことは重要と考えているものの、実際に取り扱っている頻度は低かった。教科書分析の部分に示した通り、ラオスの教育では、環境、共生、民主主義

表 5-3　知識・理解面における現在の達成度と 10 年後に達成すべき程度

	Q3 現時点において、子どもがこの資質をどの程度身につけているか（%）						Q4 10 年後、子どもがこの資質をどの程度達成しているべきか（%）					
	N (人)	大変達成している	ある程度達成している	達成している	ほとんど達成していない	全く達成していない	N (人)	完全に達成しているべき	ある程度達成しているべき	達成しているべき	十分達成していなくてよい	全く達成しなくてよい
(1) 環境	299	25	50	20	5	0	291	47	37	16	0	0
(2) 共生	295	30	43	24	3	0	291	38	45	16	1	0
(3) 異文化理解	297	19	44	27	10	0	292	38	33	25	4	0
(4) 社会正義と公正	299	23	45	22	10	0	297	42	36	19	3	0
(5) 民主主義	297	35	42	19	3	0	295	48	36	14	2	0
(6) 持続的開発・発展	296	23	43	20	13	1	293	37	36	25	2	0
(7) 相互依存関係	297	29	38	27	6	0	295	38	38	23	1	0
(8) 外国語	298	17	38	21	22	1	292	30	40	26	4	0
(9) 社会福祉	298	22	39	25	11	3	286	36	36	22	5	1
(10) 人権	298	38	30	19	11	2	296	40	41	17	2	0
(11) アセアンの歴史と文化	296	26	39	22	11	2	291	38	40	21	1	0
(12) アセアン諸国共通の社会問題	237	29	40	20	10	1	237	37	43	19	1	0

について教えることに重点を置いているが、アセアン諸国の情報そして諸国内での協力については、5 年生で簡潔に教えているのみである。実際、ラオスの児童生徒が諸外国や異文化について学ぶ機会は少ないため、今後はアセアン統合に向けて教育内容を変えていく必要があると考えられる。

　次に、表中に挙げた項目について、現在の達成の程度と 10 年後に達成すべき程度について質問した回答結果を示す。

表 5-3 で示すように、環境や民主主義について 10 年後に達成したいと思

表 5-4　知識・理解面における各項目について学習すべき年齢

	Q5 この資質を学習すべき年齢（%）						
	N（人）	8歳までに	9〜10歳	11〜12歳	13〜14歳	15〜16歳	17歳以上
(1) 環境	289	35	30	11	11	5	8
(2) 共生	289	38	29	18	3	5	7
(3) 異文化理解	291	26	28	17	12	7	9
(4) 社会正義と公正	290	20	29	12	10	16	14
(5) 民主主義	293	33	19	11	6	13	18
(6) 持続的開発・発展	287	16	27	10	11	8	27
(7) 相互依存関係	290	33	23	14	9	10	11
(8) 外国語	286	47	23	10	4	7	9
(9) 社会福祉	288	22	22	13	7	14	23
(10) 人権	291	29	20	12	10	13	16
(11) アセアンの歴史と文化	286	16	24	19	12	14	14
(12) アセアン諸国共通の社会問題	235	14	28	21	11	14	12

う度合いは高い（それぞれ47%、48%）。また回答者は、異文化理解や外国語に関する現在の達成の度合いが非常に低いと感じており、これらを10年後に達成したいという願望も低い。この理由は、環境や民主主義については頻繁に授業で扱っているため、10年後にもたやすく達成できると感じているからだろう。異文化理解や外国語に関して10年後に達成すべきと期待する度合いが低い理由は、ラオスのメディアでは外国の文化を放送しない傾向があるために達成を期待できないと考えていること、ラオスの生徒は中学校で外国語を学習し始めるが、将来十分な英語能力を身に付けることほどまでは期待できないと考えていることが影響しているだろう。今後はアセアン統合に向けて、異文化理解や外国語に対しても高い意識や目標を持つことが必要となる。

次に、それぞれの項目について学習すべき年齢を尋ねた質問の回答を表示する。**表 5-4** に示す通り、9－10歳で環境、共生、社会正義と公正、異文

化理解、アセアン諸国に共通の社会問題について学ぶべきと考える回答者が多かった。しかしながら、特にアセアン諸国に共通の社会問題については教科書にほとんど触れられていないため、アセアン統合に向けてさらにアセアン諸国に関する知識を掲載し、生徒が学ぶ環境をつくることが急務となる。

外国語に関しては、ほとんどの回答者が重要と感じながらも授業や研究で扱っていなかったという回答が得られている。しかしながら外国語に関しては8歳から習得すべきという回答が48％と高かったので、外国語に関しても初等教育の段階から習得できる環境づくりを進めていくことが求められる。なお、調査後の2015年以降、初等3年から英語教育が行われるようになった。

② 能力・技能に関する質問

次に、能力・技能に関して、回答者は、冷静に判断、自分をコントロールできる、相互協力、意思決定、生活の質を高める、平和的解決、問題解決について頻繁に授業や研究分野で扱っていると答えた。一方で、回答者のほとんどがアセアン諸国に共通の規範や価値観を持つについては授業で扱うことができていないが、重要だと考えていることが分かった。このことから、回答者はアセアン共同体のメンバーとなることを意識していることが理解できる。

また現在のところ、回答者は外国語を操るについて能力・技能を持ち合わせていないが、その意義については重要と考えている。アセアン諸国のメンバーとなるためには、他国の人々とのコミュニケーションのために外国語を使うことが重要となる。生徒への質問紙調査の結果にも表れたとおり、英語の習得は非常に重要だと考えられていることから、外国語の習得はアセアン統合のキーポイントとなると考えられる。

能力・技能については、ICT（情報通信技術）や批判的思考に関する現在のスキルが極めて低いことが特徴であった。市民性教育に関する質問紙の調査結果に表れたように、ラオス人は自分自身の意見を表現することが得意ではない。またICTの環境を整備するための予算はいまだ整っていない。従って、回答者の将来的な願望として、批判的思考を高めたり、ICT教育を整

表 5-5　自分の専門分野における能力・技能とそれらの重要性

	Q1 この資質についてのあなたのかかわり度（%）					Q2 この資質の重要度（%）				
	N (人)	非常に頻繁	頻繁	ほとんどない	全くない	N (人)	大変重要である	重要である	ほとんど重要でない	全く重要ではない
(1) 意見表明できる	295	42	50	8	0	288	64	35	1	0
(2) 冷静に判断、自分をコントロールできる	293	64	33	3	0	281	68	30	3	0
(3) 問題解決	293	52	35	12	1	281	65	31	4	0
(4) 意思決定	288	57	39	4	1	280	54	42	4	0
(5) 情報社会に対応できる	293	33	36	26	5	282	50	40	9	0
(6) 平和的解決	289	53	33	15	0	279	62	32	6	0
(7) 批判的思考	292	28	47	23	1	286	38	53	9	0
(8) 生活の質を高める	295	53	39	7	1	284	63	35	2	0
(9) 相互協力	295	67	28	4	1	284	69	27	4	0
(10) 持続的開発・発展	294	40	45	14	2	283	60	36	3	1
(11) 社会に貢献できる	292	43	39	16	1	280	52	42	5	1
(12) 外国語を操る	292	31	33	31	5	280	61	34	5	0
(13) アセアン諸国に共通の規範・価値観を持つ	295	35	49	13	2	282	47	49	4	1
(14) アセアン諸国に共通の社会問題を他者とともに解決できる	293	27	45	23	5	267	48	45	5	2

備したりすることが期待されたと考えられる。

　次に、「能力・技能について学習すべき年齢」に関しては、回答の結果、外国語を操る（35%）や冷静に判断、自分をコントロールできる（27%）について早い段階の年齢（8歳かそれ以下）で学習すべきと考えていた。情報社会に対応できるは、9－10歳で学習すべきと考えられているのも特徴である。しかしながら回答を全体的にみると、学習すべきスキルは17歳かそれ以上に偏っている。たとえば、批判的思考、生活の質を高める、持続的開発・発

表 5-6　能力・技能面における現在の達成度と10年後に達成すべき程度

	Q3 現時点において、子どもがこの資質をどの程度身につけているか（%）					Q4 10年後、子どもがこの資質をどの程度達成しているべきか（%）					
	N（人）	完全に達成しているべき	ある程度達成しているべき	達成しているべき	十分達成していなくてよい	全く達成していなくてよい	N（人）	完全に達成しているべき	ある程度達成しているべき	達成しているべき	十分達成していなくてよい	全く達成しなくてよい
(1) 意見表明できる	294	23	39	32	5	1	294	28	46	24	2	1
(2) 冷静に判断、自分をコントロールできる	293	27	46	24	3	1	288	37	42	20	2	0
(3) 問題解決	291	25	38	32	4	1	289	35	38	25	1	0
(4) 意思決定	287	22	44	28	5	1	287	34	41	22	3	0
(5) 情報社会に対応できる	290	15	32	29	21	3	291	34	39	19	8	0
(6) 平和的解決	289	22	44	29	4	1	286	33	43	21	3	0
(7) 批判的思考	293	17	37	31	11	4	292	34	37	24	5	0
(8) 生活の質を高める	292	26	43	24	5	2	292	33	47	18	2	0
(9) 相互協力	293	36	31	28	4	1	292	46	35	17	1	0
(10) 持続的開発・発展	293	28	38	24	7	3	291	32	42	23	2	0
(11) 社会に貢献できる	290	26	31	33	10	1	290	35	39	23	2	0
(12) 外国語を操る	291	18	29	33	16	3	291	29	42	26	1	1
(13) アセアン諸国に共通の規範・価値観を持つ	292	23	35	33	8	1	291	31	40	25	3	1
(14) アセアン諸国に共通の社会問題を他者とともに解決できる	291	21	36	32	7	3	286	30	41	27	1	1

展、アセアン諸国に共通の問題を他者とともに解決できるなどの項目である。
　批判的思考、生活の質、持続的発展などの問題は、高校生に求められる資質と言えるが、アセアン共同体についても意識の高まりが見られる。

③　価値観・態度に関する質問
　次に、詳細な数字は省略するが、回答者は価値観・態度については授業で扱っている比率が高い。特に道徳心や国民としてのプライド、民主主義の尊重、文化や伝統の尊重に関しては頻繁に扱っているという回答が70％以上にのぼっていたことが特徴である。教科書分析では、道徳心、他者の尊重、人権の尊重について取り上げる単元が多かったが、実際はアセアンメンバーとしてのプライドについて教え始めていることが推察できる。アセアン諸国について教えることの意義も重要と捉えていることから、今後の教育政策の変化に注目したい。
　これらの項目の10年後の達成については、**表5-7**に示す通り、全ての項目について積極的な達成が望まれており、特に民主主義を尊重する、アセアンの一員としての道徳を守り、誇りをもつことを10年以内に完全に達成すべきと考えていた。アセアンに対する意識を高めることを求められているのは、アセアン統合をきっかけに、アセアンについてさらに知ることが特に期待されているためだと考えられる。
　また、本書第12章表12-7に示されるように、価値観・態度についての学習すべき年齢について、回答者は、8歳やそれ以下の年齢の児童が自然資源を守る、環境を保護する、民主主義や人権を尊敬することについて学習すべきと考えていた。また17歳やそれ以上の年齢の生徒が国際協力、グローバルな課題、アセアンのメンバーとしてのプライドについて学習すべきと感じていた。本章の前半で、教科書分析や生徒への質問紙調査（2011）を分析したように、ラオスの児童生徒はアセアン諸国や国際化について知識を持ち合わせていない。従って、回答者は生徒が国際協力やグローバルな課題に関心を持つことを期待しているのである。

表5-7 価値観・態度面における現在の達成度と10年後に達成すべき程度

	Q3 現時点において、子どもがこの資質をどの程度身につけているか（％）						Q4 10年後、子どもがこの資質をどの程度達成しているべきか（％）					
	N (人)	大変達成している	ある程度達成している	達成している	ほとんど達成していない	全く達成していない	N (人)	完全に達成しているべき	ある程度達成しているべき	達成しているべき	十分達成していなくてよい	全く達成しなくてよい
(1) 正義をもって不正に立ち向かう	297	20	50	23	7	0	296	35	44	19	2	0
(2) 環境・資源を守りその開発に興味をもつ	294	21	48	28	3	0	295	40	42	17	1	0
(3) 自立心をもつ	291	32	36	26	5	0	287	44	34	19	1	1
(4) 文化の多様性を大切にする	294	31	37	27	5	0	295	44	36	19	1	0
(5) 法律を大切にする	295	30	43	23	4	0	293	43	34	20	2	1
(6) 国際協力を推進する	295	27	36	31	6	0	295	36	33	27	4	1
(7) 地球規模の問題に関心をもつ	293	18	39	36	6	1	292	27	42	29	2	0
(8) 伝統・文化を尊重する	295	28	44	22	5	0	295	38	37	23	1	0
(9) 国民としての道徳を守り、誇りをもつ	291	29	44	24	3	0	294	40	35	23	2	0
(10) 民主主義を尊重する	293	39	35	21	4	0	292	54	29	15	2	0
(11) 人権を尊重する	295	34	36	24	5	1	287	43	35	20	3	0
(12) 科学的な思考力をもち、科学技術に乗り遅れない	295	17	42	30	10	0	293	32	42	20	5	0
(13) アセアンの一員としての道徳を守り、誇りをもつ	291	31	40	27	3	0	289	46	34	18	2	1

(5) デルファイ調査のまとめ

デルファイ調査の結果、次の2つの見解が明らかになった。第一に、ラオスでは全体的に市民性教育に関する知識・理解レベルは高いが能力・技能については低いということである。その理由は、教師の教え方が知識を提供することを目的とした教授法にとどまっており、いまだ暗記中心の教え方が主流であることが一因である。市民性教育は能力・技能を育てることを強調しているので、ラオスでは今後、児童生徒が能力・技能を高めるための児童生徒中心の教育法が検討されるべきと考えられる。

第二に、アセアン諸国や外国語に関する知識・理解が低いことが明らかになった。これらについては10年後に達成したい願望も低かったため、ラオスではアセアン諸国や国際意識が低いことが確認できた。一方で、生徒への質問紙調査では、アセアン諸国に対する知識・理解が高かった。従って、教育者は生徒の高い意識に応え、自分たちの認識や士気を高める必要がある。

おわりに―今後の市民性教育の課題

以上、ラオスの市民性教育を担う教育について教科書分析を進めたり、児童生徒へのアンケート調査や専門家へのデルファイ調査を精査したりしてみると、教育を通じてどのような人間を作り上げたいのか、について全体像が浮かび上がってきた。

ラオスは今現在、海外からの過度な影響を憂慮し「社会主義の方向で教育」を行うと明言していながら、同時にグローバル化に対応した人材を育成することも避けられない状況にあるのである。今後の課題は、このような二つの相反する概念を抱えながら、アセアン統合に向けて避けては通れないグローバル化をどう実現していくだろう。教科書分析から明らかになった通り、現在のカリキュラムでは普遍的（ユニバーサル）な内容が大半を占めており、グローバル化に対応できていない状況である。国際的な内容が盛り込まれ始めているものの、まだ限定的な内容であることも確かである。アジアでは市民性教育において国際性や多様性が重要なキーワードとなってくると

考えられる。以上のことを考慮に入れると、ラオスの市民性教育の将来の課題は、今後は市民性教育について対内的・対外的なバランスを取った教育カリキュラムを作り上げていくこと、生徒が高い国際感覚を育てることと考える。この課題を達成するために、教授法や教員養成にさらに予算を投じ、質の高い教員を確保する方策が取られることが必要となる。

注

1 本章は、日本比較教育学会紀要『比較教育学研究』（第46号）に掲載された拙稿「ラオスの初等教育における市民性教育の変容」の必要部分を引用し、加筆・修正したものである。
2 平田利文編（2007）『市民性教育の研究 日本とタイの比較』東信堂
3 矢野順子（2010）「ラオス人民民主共和国における道徳教育―「社会主義的新しい人」から「よい市民」へ―」山田紀彦編 『ラオス チンタナカーン・マイ（新思考）政策の新展開』調査研究報告書アジア経済研究所
4 Sathaaban Khonkhwaa Vithanysaat Kaan Sueksaa（教育科学研究所）(1997) Oomtua Hap San Pathom Piithii 4、5（「私たちの周りの世界」小学4年、5年）Vientiane.
5 Honkan Kottomai, Kansan Sukusa（ラオス教育法）: Department of Law, Ministry of Education 2000, Kot Waiduai Kansukusa（ラオス教育省法律局）
6 平良那愛（2011）「ラオス人民民主共和国『改正教育法』（全訳）京都女子大学『発達教育学研究』第5号、pp.49-61を参照。
7 国立教育科学研究所提供資料より。
8 実際には理科・社会などの教科名がないため、各教科が重複する部分はある。
9 2012年6月、ビエンチャン教育局からの聞き取りによる情報。

第6章
マレーシアの市民性教育
—アセアンネス意識の涵養

手嶋將博

はじめに

　1957年に英領マラヤから独立し、2017年に独立60周年を迎えるマレーシアは、人口約3,170万[1]、ブミプトラ（Bumiputera: 土地の子）と呼ばれるイスラームを信奉するマレー系、および先住民（約66%）、仏教・道教・キリスト教徒などを主とする華人系（約25%）、ヒンドゥー、イスラーム、キリスト教徒などを主とするインド系（約7%）、その他（約1%）といった多文化・多民族から構成される「複合民族国家」である。第二次大戦終結まで、英国の植民地政策によって民族ごとの分割統治が行われており、この結果、先住民族であるマレー系の大部分が地方の農漁村に住む一方、華人系やインド系はほとんどが都市部に住みついたため、同じ国内にそれぞれの民族独自の文化・社会を保持した複数のコミュニティが並存する「複合社会」が生み出された。マレーシアにおける市民性教育について論じる際には、こうした複合社会の国家としての成り立ちから生じた影響を念頭に置いて考察する必要がある。

　独立後、マジョリティであるマレー系が、華人系やインド系と比べて、経済や教育の近代化から取り残され、民族間の経済・社会格差が広がると、マレーシア政府は、1970年代にマレー系の経済・社会進出を図るために、マレー系を優先的に扱う『ブミプトラ政策』を開始すると同時に、教育のマレー語化を中心とした「国民統合政策」を推し進めた。これは、独立国家としての

発展ということを考えた場合、どうしてもマレー・華人・インドといった各コミュニティにおける帰属意識の方が強くなりがちなそれぞれの民族に対し、マレーシアという国家の「国民」としてのアイデンティティを持たせる必要があったためである。このような「いかにして『民族』意識の上位概念として『国民』意識を醸成するか」という命題は、マレーシアという複合国家における市民性教育を考える場合、必要不可欠な要素であるといえる。

1　マレーシアにおける「市民」および「市民権」の概念

　マレーシアの憲法（Federal Constitution）では、「市民性・市民権（Citizenship）」に関する規定として、第14条から31条までを「市民権の獲得」、「市民権の失効」「補足」の3つの章に分けて掲載している[2]。これを見ると、マレーシアにおける「市民権」とは、「マレーシア国内で生まれた者、その配偶者および子ども」、あるいは「一定の居住期間を満たし」「マレーシアに永住する意思があり」「良い人格をもち」「基本的なマレー語を理解する」などといった諸点を満たす者（帰化希望者）たちに対して適用されている。すなわち、これらの規定は、どのような人間が「市民権」を持つ「市民」であるかを規定するものであると同時に、マレーシアに居住する「国民」としての証明・登録、すなわち「国籍」に関する規定でもある。英語の"Citizenship"は、マレー語では"Kewarganegaraan"という単語が充てられている。この単語は、warga＝「（家族などの）メンバー・一員」と negara＝「国家」の複合語であり、直訳すると、マレーシアにおける"Citizenship"（「市民性」「市民権」）とは、「国家の一員になること」の意味になる。このことから、マレーシアにおけるシティズンシップ＝「市民性」「市民権」は、「国家の一員になること、およびそれに付随して生じる国民（＝市民）としての権利と義務」という意味で用いられることがわかる。一般に、「共同体における政治参加の主体としての構成員」を示す「市民」に対して、「国民」は「国家の構成員」であり、「国籍を保持する者」を示すと考えられるが、マレーシアにおける「市民権」は、まさに「国籍」と同じ意味で使われ、この場合、「市民」と「国民」は、同

義の用語として置き換えることが可能と考えられる。

2 マレーシアの市民性教育の歴史

(1) 市民性教育を担う科目の変遷

　1957年の英国からの独立以降、マレーシアにおいて「市民性教育」を担う科目は、1960年に、マレーシア教育審議会（Education Review Committee in Malaysia）が、小学校6年から中学校のフォーム（Form）5までの全学年において必修化した「公民（Civics）」を皮切りに、小学校では1983年以降の「新初等教育カリキュラム（KBSR）」における理科、歴史、地理、保健との統合科目としての「環境と人間（Alam dan Manusia）」を経て、1995年以降に「環境と人間」が「理科（Sains）」と「地域科（Kajian Tempatan）」に再分割されると「地域科」に、中学校では、1988年以降に「歴史」へと継承されていった。現行の「公民および市民性の教育」につながるのは2005年である。

　ここで、先行して「市民性教育」を担っていたとされる「公民」、「地域科」「歴史」における学習内容を見ていくと、例えば「公民」においては、①愛国心の浸透と育成、②宗教、人種、行為・慣習に対する寛容および理解の気持ちを持つこと、③自己の完成、④社会問題を理解し、解決しようとする能力と行動力、貢献しようとする姿勢、といった諸項目の「教化（cultivate）」であり、複合国家マレーシアの一員として、自国の多文化的な社会状況の理解を中心とした国民意識の涵養、自己アイデンティティの確立、および、参政権なども含めたマレーシア社会への参加と貢献の意識・態度を身につけさせることであった[3]。

　後継科目である小学校の「地域科」[4]では、「国家への忠誠と国土への愛情を持ち、マレーシア国民であることを誇りとして、調和と団結がとれ、民主主義を実行し、進歩的で、常に神の恩恵に感謝するマレーシア社会を実現するために、互いに協力ができる児童を育成する」というねらいを持ち、10項目からなる具体的な目標では、公民的な要素として、多文化・多民族国家マレーシアの特性の理解をはじめ、家族や社会の一員としての役割、責任、

および国民としての権利、理解各民族の文化・宗教に対する相互理解、各民族の理解と融和、家族、友人、学校生活、公共心、マレーシア国民としての意識の涵養などが学習内容となっている。

　一方、1988年に導入された「新中等教育カリキュラム（KBSM）」において、歴史教育では過去の出来事を理解するとともに、愛国心や忠誠心を育てる役割を担うようになった。中学レベルの「歴史」のシラバスでは、①「マレーシア人になる誇り」、②「生徒における国家への忠誠心の涵養」、③「(国民)統合の促進」、④「規律（Discipline）」、⑤「生産性（Productivity）」といった5つのテーマを挙げ、歴史教育の中で、これらのテーマを統合的に扱うように述べられている[5]。しかし、こうした市民性教育の方法においては、教員の指導力が、そうした授業を行うことに対し十分な知識や技術として定着していなかったこと、教員・生徒の両者における試験重視の考え方から、市民性の涵養の部分はほとんど評価されず、単なる史実の暗記科目として歴史が教えられていること、歴史を通して教えられるべき市民性の価値についての明確な定義がなかったこと、などの現状が問題視されて、この試みは事実上失敗した、と指摘されている[6]。

(2) 新科目「公民および市民性の教育」の導入

　こうした流れを受けて、かつての「公民」に相当する独立した科目の必要性が高まり、2003年8月、教育省から「国民団結の重要性を伝え、愛国心を向上させる科目（名称未定）を新設」するという発表がなされた[7]。現在マレーシアでは、初等・中等教育ではイスラーム教徒（ムスリム）であるマレー系児童・生徒には「イスラーム教育」（Pendidikan Islam）を、同じ時間帯に、華人系、インド系、その他の児童・生徒には「道徳教育」（Pendidikan Molal）を行っているが、これらの科目では、マレー系・非マレー系それぞれが"共通"して持つべき公共心や団結心、マナーなどといった部分よりも、むしろ"差異"の部分ともいえる民族的なアイデンティティが強調されやすいため、民族の枠を超えた国民意識の涵養という点から見て決して十分とはいえないという認識があった。そのため、教育省は、マレーシアの全ての民族が「共通

の科目で互いの歴史や文化を学び、国民意識をより高めること」を目的として、このような新科目を導入することを決定したのであった。翌 2004 年 8 月には、「公民および市民性の教育 (Pendidikan Sivik dan Kewarganegaraan)」という名称も発表され、2005 年度から、小学校 4 年生および中学校 1 年生（フォーム 1）に、週 2 コマずつ導入されることが決まった。その目標は、マレーシアにおける民族の多様性の理解、愛国心の涵養、国民統合の推進などを、次代を担う子どもたちに対して施すことであり、この科目の指導に関わる教員の研修も、教育省を中心に開始されることになった[8]。

3 マレーシアの市民性教育の概要

(1)「公民および市民性の教育」の概要

こうして、2005 年度より小学校の 4 年次と中学校 1 年次から開始されることになった新科目「公民および市民性の教育」であるが、1 節で既述したように、"Citizenship" のマレー語訳である "Kewarganegaraan" という単語が科目名に用いられている。したがって、この科目は「公民教育および国家の一員になるための（義務と権利に関する）教育」を目的としていることがわかる。なお、中国語版教科書での科目名表記は「公民教育」という名称を使用しているが、これは、中国語では憲法などの法律で定められている諸権利と、守るべき諸義務を有する「国民」および「国籍をもつ者」の意味で「公民」という語が使われていることから、意味的にはマレー語による表記とほぼ同義である。

カリキュラムをみると、この科目の「目標 (matlamat)」については、小・中共通で、以下のように書かれている。

> 「公民および市民性の教育は、地域社会、国家、世界の発展に貢献できる社会の一員として団結し、愛国心を持った市民を生み出すために、児童・生徒に対して、個人の役割や権利、社会における責任、国についての意識を涵養することを目指すものである」

こうした目標を受けて、小学校では以下の6つのテーマ（Tema）について学ぶようになっている。これらの6つの各テーマを、毎学年でテーマ自体はそのまま各学年で全て繰り返して扱いつつ、学年ごとに、より発展的で高度なレベルの実践を行っていくのが特徴である。

① 自分自身を大事にすること（自分の責任、自分に自信を持つこと、食育、健康管理など）
② 家庭生活（家庭や家族、幸福な家庭など）
③ 学校と社会生活（規律と責任ある学校生活、教職員に対する感謝・尊敬など）
④ マレーシアの社会と文化（各主要民族の文化（衣・食文化、生活習慣）・宗教の理解、社会的なマナーなど）
⑤ 私たちの祖国マレーシア（マレーシアの地理、歴史、政治、経済、各州の旗、自然、国家の特性（国家原則（Rukunegara）、国歌、国旗、三日月＝イスラームなど各シンボルなどについて））、歌による愛国心の涵養など）
⑥ 国の未来への展望（協力してよい文化を創る、努力して成功を勝ち取る、競争によってお互いを高める、IT能力の涵養、未来を創造することなど）

一方、中学校（フォーム1-5）では、小学校と同様、以下のような6つの学習テーマが設定されている。中学校における学習内容は、小学校における各テーマに基づいて、自分と社会との関係を軸として、自己の確立からグローバリゼーションへの挑戦・勝利を目指す意識の涵養に至るまで、より広範かつ深化されたものとなっている。

① 自己の確立（自己アイデンティティ、争いごとの解決、自分を向上させる、自己の目標を立てる、国を平和に導く人間性など）
② 家族関係（幸福な家庭、結婚の必要性、国家の構成者としての家庭を持つ準備など）
③ 地域社会の生活（母校に対する誇り、他者の権利との調和、環境の保全、

社会における諸法規など）
④　マレーシアの多様な文化遺産（さまざまな民族の物語、重要な宗教的指導者たち、マレーシアの多様な文化が社会にもたらす貢献など）
⑤　主権国家マレーシア（民主的な政府、議会制民主主義のシステム、国の維持のための自己の完成など）
⑥　未来へのチャレンジ（市民の平穏な暮らしの維持、グローバリゼーションへの挑戦と勝利、世界が認めるような国家・マレーシアの永続と発展など）

　このように、「自分－家族－学校－地域－国家－世界」という、同心円的な社会の広がりに合わせて、子どもたちは各コミュニティの一員＝市民（＝国民）としての責任や道徳的価値などの「市民性」を学び、また、各民族の習俗の特徴や文化・宗教の多様性の理解と尊重、同じマレーシアの国民として、民族同士助け合い協力していくこと、そして市民（＝国民）としての政治・社会への参加や与えられるべき権利、果たすべき義務などについて学ぶ構造になっている。
　教科書の各テーマは、いくつかの単元（Unit）に分けられ、それらの単元には、その単元で学ぶ「学習成果目標（Hasil Pembelajaran）」と内容に関する概説とともに、いくつかの具体的な「活動（Aktiviti）」が示されている。これらは、児童・生徒が自ら調べたり、発表したり、レポートなどを作成したりする活動を通して概説で学んだ知識をより深められるように構成されている。その代表的な体験型学習の方法として、小学校では「市民性プロジェクト（Projek Kewarganegaraan）」、中学校では「社会奉仕（khidmat Masyarakat）」という、市民（＝国民）としての認識、技能、価値を獲得するために、各テーマについて、児童・生徒が最低10コマの体験的な自己学習活動を実施している。
　教員は児童・生徒の環境、発達段階、成績などに応じて、どのプロジェクトを行わせるか考慮し、選択することができる。ここでは、自分の健康管理のためのパンフレット作成をはじめ、尊重すべき文化のキャンペーン、学校の清潔・緑化、地域や観光地、モスク・寺院などの清掃プロジェクト、民族の伝統的習慣や言語を調べるプロジェクト、禁煙キャンペーン、英語強化キャ

ンペーン、児童・生徒による問題解決を目指したものまで、児童・生徒の調べ学習や体験活動を通した幅広い学習活動を行わせている。

　これらの各プロジェクトを概観すると、単に教室での座学的な授業による知識の伝達にとどまることなく、体験的な学習によって、問題（課題）解決能力などの、いわゆる"キー・コンピテンシー"の涵養・獲得につながる、「市民」として必要とされる資質向上を、児童・生徒たちが身につけることがより明確に打ち出されているといえる。

(2) 学習の評価

　「公民および市民性の教育」の評価（Penilaian）方式であるが、学習を終えた児童・生徒が、知識、技能、価値をどの程度身に付けたのかを、チェックシートを用いて、教員が様々な角度から積極的に評価することが求められている。

　すなわち、単に試験結果だけで判断するのではなく、望ましい態度やマナー、責任感などが身についているのかを、チェックシートに書かれた身に付けるべき資質のリストにしたがって各児童・生徒について個別に評価しつつ、さらに、試験や「市民性プロジェクト」のレポートの結果などを総合的に評価するようになっている。このような方式は、1980年代のカリキュラム改訂以来、理科や地域科などでも取り入れられた評価の方式を継承したものである[9]。

(3)「公民および市民性の教育」の内容分析

　こうした「公民および市民性の教育」の小学校編教科書の学習内容を、学年ごとに6つのテーマに含まれる各単元のタイトルと内容を分析し、平田による「市民性の資質」一覧表をもとに、「ローカル」、「ナショナル」、「リージョナル」、「グローバル」、「ユニバーサル」に分類することを試みた（表6-1）。

　このように表にしてみると、マレーシアの「公民および市民性の教育」では、「ユニバーサル」、「ローカル」、「ナショナル」にあたる内容が前面に出されており、それに対して、「リージョナル」や「グローバル」にあたる内容は相対的に少なくなっていることがわかる。これには、複合国家であるマ

表 6-1 「公民および市民性の教育」の内容と分類（小学校 4 － 6 年）

テーマ	学年	単元（Unit）		分類
1 自分自身を 大切にすること	4 年	U 1 U 2	自分自身の認識 自己の健康管理	ユニバーサル
	5 年	U 1 U 2	規律ある生活 時間を守り大切にすること	ユニバーサル
	6 年	U 1	子どもの権利と責任	ユニバーサル
2 家族生活	4 年	U 3	家族の認識	ローカル／ユニバーサル
	5 年	U 3 U 4	家庭での責任 家族関係の広がり	ローカル／ユニバーサル
	6 年	U 2	家族の安らぎと宗教の信仰	ローカル／ユニバーサル
3 学校と社会 生活	4 年	U 4	学校内のコミュニティ	ローカル／ユニバーサル
	5 年	U 5 U 6	身近な人について知る。 地域社会の生活	ローカル／ユニバーサル
	6 年	U 3 U 4 U 5	環境に対する責任 環境保全と清潔で快適な環境の提供 地方行政機関の役割	ローカル／ナショナル／ ユニバーサル
4 マレーシアの 社会と文化	4 年	U 5 U 6	マレーシアの文化遺産の認識と理解 マレーシア社会における文化と礼儀作 法の理解	ナショナル（／リージョ ナル／グローバル）
	5 年	U 7 U 8	マレーシアの文化遺産を楽しむ マレーシア社会における礼儀作法	ナショナル（／リージョ ナル／グローバル）
	6 年	U 6 U 7	マレーシアの文化の豊かさの認識と理 解 マレーシア文化遺産の多様性を守る責 任	ナショナル（／リージョ ナル／グローバル）
5 私たちの祖国 マレーシア	4 年	U 7 U 8	マレーシアについて知る 国民としての誇り	ナショナル（／リージョ ナル）
	5 年	U 9 U 10	わが国の政治・行政システム 国の指導者を知り、尊敬する	ナショナル（／リージョ ナル）
	6 年	U 8 U 9	国の誇りの歴史上の人物 国の独立を維持する責任	ナショナル（／リージョ ナル）
6 国の未来への 展望	4 年	U 9	未来に向けた優れた文化の構築	ナショナル（／リージョ ナル／グローバル）
	5 年	U 11	個性と多様な特徴の尊重	ナショナル（／リージョ ナル／グローバル）
	6 年	U 10	健康で活動的な生活	ナショナル（／リージョ ナル／グローバル）

Sekolah Kebangsaan Buku Teks, *Pendidikan Sivik dan Kewarganegaraan*, Panel Penulis Pusat Perkembangan Kurikulum, Kementerian Pelajaran Malaysia, Dewan Bahasa dan Pustaka, 2004. の 4、5、6 年用を元に手嶋が作表

レーシアの事情が影響しているものと考えることができる。

例えば、「市民性の資質」の一覧表にある「社会と文化の多様性を尊重する」は、「グローバル」のカテゴリーにある「異文化理解」（知識・理解）「異文化との共存共栄・共生」（能力・技能）、との関係で獲得が望まれる価値観・態度であるが、表6-1の学習内容でこれらに該当するのは、「4．マレーシアの社会と文化」で扱われる、マレーシアの多様な民族・宗教から生じた文化や習慣を理解・尊重し、共生していく態度を涵養することをねらいとした各単元ということになる。

ここで特徴的なことは、本来は多民族・多文化のマレーシアにおける長年の課題である「国民統合」を背景にして、各民族の文化・習慣の特徴やその価値を相互に理解し、尊重して共生の価値観や態度を身につけた「国民」の育成に比重を置いた「ナショナル」の要素が強いテーマであるはずが、複合国家という社会的・文化的状況ゆえに、「ナショナル」の枠を超えて、「リージョナル」や「グローバル」としても分類され得る学習内容が散見される、ということである。

これが、中学校に移ると、先に挙げた①自己の確立、②家族関係、③地域社会の生活、④マレーシアの多様な文化遺産、⑤主権国家マレーシア、⑥未来へのチャレンジの6つのテーマの中で、「リージョナル」や「グローバル」に相当する学習内容が、いずれのテーマにおいても増えてくる。例えば、③の「地域社会の生活」においては「他者の権利の尊重」や「アイデンティティの醸成」、⑥の「未来へのチャレンジ」においては、「(アセアン) 地域・世界の安全保障」、「国際協力関係」、「グローバルな課題への対応」などの内容が含まれている。

すなわち、「公民および市民性の教育」は、その導入経緯や、科目における「目標」の記述などからもわかるように、もともとは国民統合政策の流れから、「共通の科目で互いの歴史や文化を学び、国民意識をより高めること」をめざしたものであり、その結果として、「ナショナル」に関わる内容が色濃く反映されやすい状況にある。しかし、マレーシアの複合国家としての特性は、そうした「ナショナル」を強調せざるを得ない一方で、民族間の相互理解や文

化の尊重、自分自身に始まり、家族、学校・地域社会の一員、国家の一員（国民）、あるいは、アセアンはじめ国際社会の一員といった、重層的なアイデンティティの確立という文脈にも、関連を持たせることを可能にしている。換言すれば、「ナショナル」を強調しながらも、その「ナショナル」を越えて、「リージョナル」や「グローバル」に転用され得る「市民性」の涵養・獲得を目指しやすい環境にあるといえるのである。

このように、マレーシアにおける市民性教育の中核となる教科と考えられる「公民および市民性の教育」を概観してみると以下のようにまとめることが可能である。まず、小学校段階では、自己や家族を大事にすることや、責任感、自己実現などの普遍的な内容である「ユニバーサル」、個人や家庭・学校をはじめとした地域コミュニティの知識・理解などに関わる「ローカル」、国家に関わるあらゆる知識・理解・態度を涵養する「ナショナル」の各レベルにおける「市民」としての基本的なキー・コンピテンシーを、体験を通した学習活動を中心として身につけていくことが主な目標となっており、相対的に「リージョナル」、「グローバル」の内容の割合は低い。続いて中学校段階では、体験的な学習活動を通して、「ユニバーサル」、「ローカル」、「ナショナル」から「リージョナル」、「グローバル」へのそれぞれの次元における「市民」としての資質の涵養が求められている。

（4）アセアン関係の学習内容

ここで、「リージョナル」の代表ともいえるアセアンに関する学習内容について概観してみたい。例えば、中学校2年教科書の「テーマ6：今後の課題」における「マレーシアと国際関係」の中にアセアン関連の学習内容がみられる。ここでは、アセアンの設立年、沿革、目的、マレーシアとアセアン諸国の国際協力関係などに対して知識・理解を得ることが求められている。しかし、学習内容自体は座学中心で、アセアンをはじめとした国際機関に関する基礎知識の獲得を目指しており、アセアン統合に向けての意識・態度形成のような内容や、地域で共通の規範や価値観を共有するような「アセアン・アイデンティティ」の涵養、アセアンへの帰属意識や文化・歴史・文明につい

て相互理解をする意識である「アセアン・アウエアネス」の獲得を目的とした実践的な学習活動はあまり見られない。なお、2015年のアセアン共同体設立に関する学習は、中学4、5年の「地理（Giografi）」で扱われているが、これも知識・理解重視の内容になっている。

4　マレーシアの「児童生徒へのアンケート調査」に見る市民性の資質

　続いて、「市民性教育に関する児童生徒アンケート調査」の結果分析から明らかになった点について述べる。マレーシア調査は、2011年7月16〜23日の間に、行政府プトラジャヤおよびジョホール・バルにて実施し、調査対象者は、小6－229名、中3－299名、中5（高2）－165名、所属不明6名の合計699名であった（本書第12章付表参照）。

(1) PART－1　市民性に関する質問

　まず、「各レベルの歴史についての学習の重要性」について、選択した回答を、「とても重要」を4点、「全く重要でない」を1点として4段階尺度で算出した平均値で比較すると、「民族史について」2.8点、「マレーシア史について」3.6点、「アセアン史について」3.1点、「世界史について」3.4点と、「マレーシア史」が最も高く、次いで「世界史」が高い結果となった。これは、「文化の重要性」についても同様の傾向がみられ、民族やアセアンの歴史については、相対的に低い割合であった。すなわち、個々の民族の枠を超えた国民統合政策をすすめるマレーシアとしては、まず「ナショナル」が優先され、そこから派生した「グローバル」が強調されてきた結果として、「マレーシア（自国）史」「世界史」＞「アセアン史」「民族史」という順序を示したと見ることができよう。

　また、「市民性関連キーワード」では、「環境」3.9点、「平和」3.8点、「開発」3.7点、「相互依存関係」3.6点、「持続的発展」、「人権」、「異文化理解」、「民主主義」3.5点といったキーワードは「よく聞く」割合が高いとしており、このあたりは「ローカル」から、「ナショナル」「リージョナル」「グローバ

ル」「ユニバーサル」まで、全般的に関わるような項目を万遍なく学べている。ただし、「共生」は2.8点と相対的に低い割合を示している。複合国家のマレーシアでは、様々な場面で、多文化「共生」の重要性が教えられているはずであるが、普段から日常生活で求められている行動が、「共生」という概念的な用語と結びつくようには教えられておらず、生徒にはあまり意識されていないといえる。

「行動する市民性（アクティブ・シティズンシップ）は身についているかどうか」の調査項目では、さまざまな社会問題について調べたり（2.5点）、意見を持ったりする（3.0点）ことは重要としながらも、実際にその意見を表明したり（2.1点）、問題解決のために何か行動をする（1.9点）、となっており、割合で見ても、「あまりしない」や「全くしない」という回答が過半数を占める。すなわち、この結果からは、アクティブ・シティズンシップはまだあまり定着しておらず、その途上にあるということができる。また、「リージョナル」や「グローバル」レベルで、相互理解をするためのコミュニケーションの一手段と考えられる「英語は重要」には、合計97.7％が「とても重要」（55.3％）または「重要」（42.4％）としている。

「あなたが大切に思うことはどれか」の質問では、世界の平和（56.5％）＞マレーシア国民としての意識・誇り（35.1％）＞アセアン地域の伝統や文化を守ること（28.6％）＞自分が住む地域の伝統や文化（24.9％）と、ここでも「グローバル」＞「ナショナル」＞「リージョナル」＞「ローカル」という優先順位の結果が出ている。しかし、「最も大切なもの1つ」の選択では、アセアンの諸項目について「最重要」とした回答が少なく、「アセアンのアイデンティティ」の回答にいたってはゼロで、アセアンの統合やアセアン・アウエアネス、アセアン・アイデンティティの涵養といった視点から見ると、かなり心もとない結果となっている。

(2) PART－2 アセアン諸国に関する質問

まず「アセアン諸国の地図上の位置」では、児童・生徒が、マレーシアと同レベルか、それ以上の発展をしていると考えている、シンガポール（91.7％）、

ブルネイ（88.6%）、インドネシア（88.2%）、タイ（84.8%）、フィリピン（60.5%）の国々は正答率が相対的に高く、ミャンマー（46.4%）、ラオス（42.0%）、ベトナム（41.4%）、カンボジア（38.1%）らの、いわゆる後発の開発途上国と認識していると思われる国々について、半数以上が正確な位置がわからない、すなわち、同じアセアンに属する国々としてあまり意識されていない、という結果が出ている。これは、「アセアンの各国についてどの程度知っているか」についても、ほぼ同様の結果が出ていることからも明らかである。

　また、「アセアンの旗の意味」の正答率も56.9%と微妙で、21.3%が「わからない」を選択している。さらに、「アセアン設立年（1967年）」の正答率は18.1%、「アセアン統合目標年度（2015年）」の正答率に至っては3.9%という、8か国中最下位の状況である。すなわち、学校で学んでいるはずのアセアン諸国についての基礎知識は、あまり定着していないことがわかる。児童・生徒にとっては、現実の国際社会において、TVやインターネット、新聞などの各種メディアからその動向が伝えられてくるアセアンと、学校で学ぶ知識としてのアセアンの間に、乖離とまではいかなくとも、少なからぬギャップが存在していると考えられる。そのことを回答選択率で見ると、「アセアンについてもっと知りたい」では86.0%が「とてもそう思う」または「そう思う」と回答し、アセアンのメンバーであることが、「マレーシアにとって有益」：95.3%、あるいは「自分にとって有益」：90.8%と、アセアンという「リージョナル」な紐帯が自分たちにとって重要なものであるという意識が高いことや、「アセアン市民としての自覚・愛着・誇り」：86.8%、「アセアンへの帰属意識（アセアン・アイデンティティ）」：82.0%を重要とする回答からもわかり、アセアンという「つながり」の重要性は漠然と意識してはいるものの、学校で学んでいるアセアン諸国に関する知識・理解が、前述の「共生」というキーワードと同様、現実のアセアンとどのように結びつくのかという実感が乏しいのではないかと推察され、児童・生徒の主体的な学習よりも、座学的・知識重視的な教授・学習方法が未だ根強いことの影響ではないかと見られる。

第6章　マレーシアの市民性教育　141

5　デルファイ調査の目的と方法および調査結果

　本調査の目的は、どのような市民性資質がアセアン諸国の生徒に要求されているかを明確にすることである。調査結果は、2012年7月に99人の回答者に対し実施した第1回デルファイ調査、および2013年1月に66人の回答者に対し実施した第2回デルファイ調査から得られた、マレーシアの教育専門家による回答を土台にしている。回答者は、社会科教員、学校管理職、教育局の視学官および大学教員であり、収集されたデータは、SPSSにより分析された。

　これらの調査結果から、以下の1）－3）に挙げた3つの点が明らかとなった。

　1）**表6-2**から**表6-4**までに示されている、「市民性資質」の各項目の重要度（C）、および、それらの資質の達成度（現在（A）／10年後（B））の数値を比較してみると、マレーシアの教育専門家は多くの項目について高い平均値を与えていたが、アセアンネスの意識に関連する項目については、他の項目と比較して、相対的に低い平均値を与えていた。同様の傾向が、知識・理解（**表6-2**）、能力・技能（**表6-3**）および価値観・態度（**表6-4**）に関するすべての回答結果に見られる。

　表6-2、6-3および6-4の網掛けになっている枠は、（A）については平均値よりも低い値の枠であり、（B）、（C）および（D）については平均値よりも高い値の枠である。以下、各表に示された結果を順に検討していく。

　第一に、表6-2（知識・理解）について、「質問3：現時点において、子どもがこの資質をどの程度達成しているか（A）」の結果と「質問4：10年後、子どもがこの資質をどの程度達成しているべきか（B）」の結果とを比較した。

　まず、「質問2：この資質の重要度（C）」の平均値は3.43ポイントと高い値を示しているが、アセアンネスに関連する項目である「(11) アセアンの歴史と文化」と「(12) アセアン諸国共通の社会問題」は、いずれも3.05ポイントで、他の項目と比べて、やや低い値を示している。

　次に、「質問3：現時点において、子どもがこの資質をどの程度達成して

表 6-2 知識・理解に関する質問の回答の加重平均

	質問 項目	質問3 現時点において、子どもがこの資質をどの程度達成しているか (A)	質問4 10年後、子どもがこの資質をどの程度達成しているべきか (B)	質問2 この資質の重要度 (C)	現在における達成度と将来に期待される達成度との差 "(B)-(A)" (D)
知識・理解	(1) 環境	3.77	4.68	3.65	0.91
	(2) 共生	3.83	4.71	3.74	0.87
	(3) 異文化理解	3.77	4.71	3.71	0.93
	(4) 社会正義と公正	3.58	4.65	3.56	1.07
	(5) 民主主義	3.61	4.55	3.64	0.94
	(6) 持続的開発・発展	3.53	4.58	3.53	1.05
	(7) 相互依存関係	3.42	4.59	3.44	1.17
	(8) 外国語	3.26	4.42	3.23	1.17
	(9) 社会福祉	3.33	4.45	3.29	1.12
	(10) 人権	3.08	4.41	3.33	1.33
	(11) アセアンの歴史と文化	2.92	4.33	3.05	1.41
	(12) アセアン諸国共通の社会問題	2.91	4.33	3.05	1.42
	合計	41.03	54.42	41.22	13.39
	平均	3.42	4.53	3.43	1.12

いるか（A）」の回答の平均値は 3.42 ポイントで、「(2) 共生 (3.83)」、「(3) 異文化理解 (3.77)」、「(1) 環境 (3.77)」などをはじめ、ほとんどの項目が 3 ポイント以上の値を示しているにもかかわらず、「(11) アセアンの歴史と文化」は 2.92 ポイント、「(12) アセアン諸国共通の社会問題」は 2.91 ポイントと、全項目の中で最も低くなっている。

一方、「質問 4：10 年後、子どもがこの資質をどの程度達成しているべきか（B）」の回答の平均値は 4.53 ポイントであり、「(2) 共生」と「(3) 異文化理解」の項目が 4.71 ポイントと最も高い値を示した。次いで、「(1) 環境 (4.68)」、「(4) 社会正義と公正 (4.65)」、「(7) 相互依存関係 (4.59)」、「(6) 持続的開発・発展 (4.58)」、「(5) 民主主義 (4.55)」の順で、いずれも平均

値を上回る値を示した。

　そして、「現在における達成度と将来に期待される達成度との差」としての"(B) − (A)"の結果（平均1.12）を見ると、10年後に向けて育成されるべき「市民性資質」の優先度がわかるが、平均値を超えている項目「(9) 社会福祉 (1.12)」「(7) 相互依存関係 (1.17)」、「(8) 外国語 (1.17)」、「(10) 人権 (1.33)」と比べても、「(12) アセアン諸国共通の社会問題」が1.42ポイントと最も高く、次いで「(11) アセアンの歴史と文化」が1.41となっている。すなわち、マレーシアにおいて、子どもたちの「アセアンネスの涵養」は、「知識・理解」に関する市民性資質として獲得されるべき課題と考えられていることがわかる。

　第二に、表6-3（能力・技能）について、「質問3：現時点において、子どもがこの資質をどの程度達成しているか (A)」の結果と、「質問4：10年後、子どもがこの資質をどの程度達成しているべきか (B)」の結果とを比較した。

　まず、「質問2：この資質の重要度 (C)」の平均値は3.28ポイントを示しているが、アセアンネスに関連する項目である「(13) アセアン諸国に共通の規範・価値観をもつ」「(14) アセアン諸国に共通の社会問題を他者とともに解決できる」は、それぞれ2.98と2.92ポイントで、他の項目（すべて3点台以上）と比べて、2点台の低い値を示している。

　次に、「質問3：現時点において、子どもがこの資質をどの程度達成しているか (A)」の回答の平均値は3.37ポイントで、「(1) 意見表明できる (3.71)」以下、「(2) 冷静に判断、自分をコントロールできる」、「(3) 問題解決」、「(4) 意思決定」（いずれも3.65）などをはじめ、ほとんどの項目が3ポイント以上の値を示しているにもかかわらず、「(13) アセアン諸国に共通の規範・価値観をもつ」は2.86ポイントで、全項目の中で最も低くなっている。

　一方、「質問4：10年後、子どもがこの資質をどの程度達成しているべきか (B)」の回答の平均値は4.33ポイントであり、「(1) 意思表明できる」と「(3) 問題解決」「(4) 意思決定」の項目がいずれも4.42ポイントと最も高い値を示した。次いで、「(5) 情報社会に対応できる」、「(6) 平和的解決」（いずれも4.35）、

表 6-3 能力・技能に関する質問の回答の加重平均

項目		質問3 現時点において、子どもがこの資質をどの程度達成しているか (A)	質問4 10年後、子どもがこの資質をどの程度達成しているべきか (B)	質問2 この資質の重要度 (C)	現在における達成度と将来に期待される達成度との差 "(B) − (A)" (D)
能力・技能	(1) 意見表明できる	3.71	4.42	3.41	0.71
	(2) 冷静に判断、自分をコントロールできる	3.65	4.38	3.39	0.73
	(3) 問題解決	3.65	4.42	3.47	0.78
	(4) 意思決定	3.65	4.42	3.38	0.78
	(5) 情報社会に対応できる	3.62	4.35	3.33	0.73
	(6) 平和的解決	3.48	4.35	3.35	0.87
	(7) 批判的思考	3.39	4.29	3.36	0.89
	(8) 生活の質を高める	3.37	4.32	3.33	0.95
	(9) 相互協力	3.32	4.33	3.41	1.02
	(10) 持続的開発・発展	3.20	4.35	3.27	1.15
	(11) 社会に貢献できる	3.02	4.26	3.20	1.24
	(12) 外国語を操る	2.92	4.18	3.06	1.26
	(13) アセアン諸国に共通の規範・価値観をもつ	2.86	4.18	2.98	1.32
	(14) アセアン諸国に共通の社会問題を他者とともに解決できる	N/A	N/A	2.92	0.00
	合計	43.83	56.26	45.88	12.43
	平均	3.37	4.33	3.28	0.96

「(9) 相互協力」、「(10) 持続的開発・発展」(いずれも 4.33) の順で、それぞれ平均値かそれを上回る値を示している。

そして、「現在における達成度と将来に期待される達成度との差」としての"(B) − (A)"の結果 (平均 0.96) を見ると、平均値を超えている項目「(9) 相互協力 (1.02)」、「(10) 持続的開発・発展 (1.15)」、「(11) 社会に貢献できる (1.24)」、「(12) 外国語を操る (1.26)」の中でも、「(13) アセアン諸国に共通の規範・価値観をもつ」が 1.32 ポイントと最も高くなっており、

表6-4　価値観・態度に関する質問の回答の加重平均

	項目	質問3 現時点において、子どもがこの資質をどの程度達成しているか (A)	質問4 10年後、子どもがこの資質をどの程度達成しているべきか (B)	質問2 この資質の重要度 (C)	現在における達成度と将来に期待される達成度との差 "(B)−(A)" (D)
価値観・態度	(1) 正義をもって不正に立ち向かう	3.45	4.30	3.33	0.85
	(2) 環境・資源を守りその開発に興味をもつ	3.41	4.33	3.42	0.92
	(3) 自立心をもつ	3.47	4.39	3.26	0.92
	(4) 文化の多様性を大切にする	3.47	4.33	3.32	0.86
	(5) 法律を大切にする	3.29	4.27	3.35	0.98
	(6) 国際協力を推進する	3.23	4.36	3.32	1.14
	(7) 地球規模の問題に関心をもつ	3.26	4.30	3.29	1.04
	(8) 伝統・文化を尊重する	3.24	4.30	3.36	1.06
	(9) 国民としての道徳を守り、誇りをもつ	3.08	4.23	3.33	1.15
	(10) 民主主義を尊重する	3.08	4.27	3.27	1.20
	(11) 人権を尊重する	2.95	4.18	3.26	1.23
	(12) 科学的な思考力をもち、科学技術に乗り遅れない	2.79	4.20	3.18	1.41
	(13) アセアンの一員としての道徳を守り、誇りをもつ	2.74	4.11	3.03	1.36
	合計	41.46	55.59	42.73	14.13
	平均	3.19	4.28	3.29	1.09

ここでも「アセアンネスの涵養」が、「能力・技能」に関する市民性資質の最優先課題と考えられていることがわかる。

　第三に、表6-4（価値観・態度）について、「質問3：現時点において、子どもがこの資質をどの程度達成しているか（A）」の結果と、「質問4：10年後、子どもがこの資質をどの程度達成しているべきか（B）」の結果とを比較した。

　まず、「質問2：この資質の重要度（C）」の平均値は3.29ポイントを示し

ているが、アセアンネスに関連する項目である「(13) アセアンの一員としての道徳を守り、誇りをもつ」は、3.03 ポイントで、全項目中最も低い値を示している。

次に、「質問3：現時点において、子どもがこの資質をどの程度達成しているか（A）」の回答の平均値は 3.19 ポイントで、「(3) 自立心をもつ」「(4) 文化の多様性を大切にする」（いずれも 3.47）以下、「(1) 正義をもって不正に立ち向かう（3.45）」、「(2) 環境・資源を守りその開発に興味をもつ（3.41）」などの項目と比較して、「(13) アセアンの一員としての道徳を守り、誇りをもつ」は 2.74 ポイントで、「(11) 人権を尊重する（2.95）」、「(12) 科学的な思考力をもち、科学技術に乗り遅れない（2.79）」とともに 2 点台であり、最低値を示している。

一方、「質問4：10 年後、子どもがこの資質をどの程度達成しているべきか（B）」の回答の平均値は 4.28 ポイントであり、「(3) 自立心をもつ」が 4.39 ポイントで最も高い値を示した。次いで、「(6) 国際協力を推進する（4.36）」、「(2) 環境・資源を守りその開発に興味をもつ」、「(4) 文化の多様性を大切にする」（いずれも 4.33）、「(9) 相互協力」、「(10) 持続的開発・発展」（いずれも 4.30）の順で、それぞれ平均値かそれを上回る値を示した。

そして、「現在における達成度と将来に期待される達成度との差」としての"（B）−（A）"の結果（平均 1.09）を見ると、平均値を超えている項目「(6) 国際協力を推進する（1.14）」、「(9) 国民としての道徳を守り、誇りをもつ（1.15）」、「(10) 民主主義を尊重する（1.20）」、「(11) 外国語を操る（1.23）」とともに、「(12) 科学的な思考力をもち、科学技術に乗り遅れない」が 1.41 ポイント、「(13) アセアンの一員としての道徳を守り、誇りをもつ」は 1.36 ポイントとより高い値を示しており、これらの項目が、「価値観・態度」に関する市民性資質として獲得されるべきであると考えられていることがわかる。

このように、「知識・理解（表6-2）」、「能力・技能（表6-3）」および「価値観・態度（表6-4）」の結果を比較すると、ほとんど同じ傾向を示している。即ち、いずれのカテゴリーについても、アセアンネス関連の市民性資質は、その他

の諸項目と比べて、相対的に達成度が低く、かつ、10年後に子どもたちが身につけているべき市民性資質の達成度との差が大きくなっている。すなわち、マレーシアにおいて、子どもたちの「アセアンネスの涵養」は、現時点ではいまだ十分に達成できているとはいえないものの、将来的に達成されるべき市民性資質として重視されているということが明らかになった。

　以上の結果を総合すると、マレーシアでは、

　　知識・理解…「アセアン諸国共通の社会問題」、「アセアンの歴史と文化」、「人権」など
　　能力・技能…「アセアン諸国に共通の規範・価値観をもつ」、「外国語を操る」、「社会に貢献できる」など
　　価値観・態度…「科学的な思考力をもち、科学技術に乗り遅れない」、「アセアンの一員としての道徳を守り、誇りをもつ」「人権を尊重する」など

といった諸項目が、今後10年間で達成すべき市民性資質の最重要課題となっていると考えられる。

　2）表6-5「この資質を学習すべき年齢」を見てみると、1）で明らかになった、マレーシアにおいて今後10年間で達成すべき市民性資質の上位に入った各項目は、マレーシアの教育専門家によれば、いずれも「11歳から12歳」あるいは「13歳から14歳」以上で「学ぶべきである」という回答が高い割合を占めている。

　換言すれば、これらは小学校高学年段階から中学校以降に学ぶべき内容であるということになるが、今後達成すべき市民性の資質に入っている各項目は、現在の達成率が相対的に低い各資質ということでもあるので、現在の小学校高学年〜中学校以上の市民性教育の学習内容や方法に課題があるという見方もできる。実際マレーシアでは、小学校6年時のUPSRをはじめ、中学校3年時のPMR、中学5年時のSPM、大学予備課程（フォーム6）修了

表 6-5　この資質を学習すべき年齢

	マレーシア	8歳までに	9歳から10歳	11歳から12歳	13歳から14歳	15歳から16歳	17歳以上
知識・理解	環境	61%	26%	9%	2%	0%	3%
	共生	48%	38%	9%	2%	0%	3%
	異文化理解	36%	36%	20%	3%	2%	3%
	社会正義と公正	6%	55%	23%	9%	3%	5%
	民主主義	5%	46%	32%	6%	8%	3%
	持続的開発・発展	5%	35%	35%	17%	5%	5%
	相互依存関係	2%	30%	42%	18%	0%	8%
	外国語	6%	14%	32%	41%	5%	3%
	社会福祉	2%	9%	30%	39%	14%	6%
	人権	0%	6%	24%	30%	30%	9%
	アセアンの歴史と文化	0%	2%	18%	32%	41%	8%
	アセアン諸国共通の社会問題	0%	0%	17%	33%	41%	9%
能力・技能	意見表明できる	5%	38%	41%	14%	0%	3%
	冷静に判断、自分をコントロールできる	9%	35%	36%	15%	2%	3%
	問題解決	2%	34%	45%	15%	2%	3%
	意思決定	3%	25%	44%	23%	2%	3%
	情報社会に対応できる	0%	15%	52%	27%	3%	3%
	平和的解決	2%	12%	50%	29%	0%	8%
	批判的思考	3%	15%	31%	46%	2%	3%
	生活の質を高める	0%	11%	23%	57%	3%	6%
	相互協力	5%	9%	23%	52%	9%	3%
	持続的開発・発展	0%	9%	18%	52%	15%	6%
	社会に貢献できる	0%	8%	15%	43%	28%	6%

	マレーシア	8歳までに	9歳から10歳	11歳から12歳	13歳から14歳	15歳から16歳	17歳以上
能力・技能	外国語を操る	0%	3%	8%	23%	50%	17%
	アセアン諸国に共通の規範・価値観をもつ	2%	2%	6%	26%	42%	23%
	アセアン諸国に共通の社会問題を他者とともに解決できる	NA	NA	NA	NA	NA	NA
価値観・態度	正義をもって不正に立ち向かう	3%	21%	42%	26%	2%	6%
	環境・資源を守りその開発に興味をもつ	8%	20%	45%	23%	2%	3%
	自立心をもつ	3%	23%	41%	29%	2%	3%
	文化の多様性を大切にする	5%	15%	44%	30%	0%	6%
	法律を大切にする	0%	12%	37%	40%	6%	5%
	国際協力を推進する	0%	12%	33%	45%	5%	5%
	地球規模の問題に関心をもつ	2%	6%	25%	58%	5%	5%
	伝統・文化を尊重する	8%	9%	21%	56%	3%	3%
	国民としての道徳を守り、誇りをもつ	2%	9%	17%	53%	15%	5%
	民主主義を尊重する	0%	5%	18%	44%	27%	6%
	人権を尊重する	0%	3%	9%	41%	36%	11%
	科学的な思考力をもち、科学技術に乗り遅れない	0%	2%	8%	29%	48%	14%
	アセアンの一員としての道徳を守り、誇りをもつ	0%	0%	6%	27%	48%	18%

時のSTPMといった全国統一の学力試験（知識試験）があるため、マレーシアの子どもたちにとっては、小学校高学年以降、徐々にこれらの試験へのプレッシャーが高まっていくことは避けられない。学校では試験対策的な授業が行われやすくなるし、「公民および市民性の教育」のような資質・能力や価値観などの育成を目標とする科目は、主体的・体験的な学びを行うための教材準備の手間や授業の進行に時間がかかることもあって、試験が近づいてくると、次第に知識詰め込み的な授業になったり、進級・進学においてより成績が重視される国語（マレー語）や英語、数学、理科の授業に振り返られたりしやすいという問題もあり、制度面の改革も含めた、「学ぶ目的」や「学ぶ方法」の改革が条件になってくるといえよう。

　3）マレーシアの児童・生徒を対象として実施されたアンケートの結果から、現時点でのアセアンの「地域」に関する知識や所属意識は、「地球」や「世界」に関するそれらと比較して低いことが分かった。
　しかし、アセアンの問題およびアセアンとマレーシアや自分自身との関係などに関する児童・生徒の学習意欲は高いことから、今後、マレーシアおよびアセアン諸国のアセアンという文脈における時系列的な歴史展開、目的、協力体制などについての学習も、シラバスに盛り込む必要がある。また、教育方法としては、実生活に即した主体的な学習を行いやすくするような教材やカリキュラム開発に注力するなどの改革が必要であろう。
　現時点では、マレーシアの教育では、アセアンと加盟諸国に関する基本的知識の習得だけが強調されているという現状であり、概して言えば、各国の成立ちの学習に重点が置かれ、アセアン統合、"アセアンのアイデンティティ"又はアセアン諸国の歴史、文化、文明の相互理解に関して主体的な学習活動はあまり進められていないといえる。
　マレーシアの教育制度の課題は、学校で学ぶ技術や知識を実社会で活かせるようにするなど体験的アプローチと実践性に基づく学習を開発し発展させることである。例えば、"積極的な市民性"に関する意識を培い、社会問題に対する関心を高め、問題解決のために自分自身で考え行動できるようにす

るといった教育を重視し、そうした要素を入れていくことが、マレーシアの将来のために重要な課題である。また、アセアン加盟諸国が各国の社会と文化について相互理解を深めることが、アセアン統合のために不可欠である。

　こうしてみると、マレーシアを含むすべてのアセアン諸国において、アセアン統合に伴う相互理解を円滑に推進するための教育カリキュラムの開発、教師の育成、授業の実践が急務となっているといえよう。この目的の達成に向けては、国際理解教育を活用することも効果的な手段となる。例えば、相互の社会と文化の共通点と相違点を学習し、また、共通の問題について話し合う目的で、マレーシアの教室とカンボジア、ベトナム、ラオス、ミャンマーなどの国の教室をICT（情報通信技術）の利用により結んで、遠隔授業を実施することも現代では十分に可能である。さらに、こうした学習においては、英語が共通語として使用されることが予想できるため、各国とも英語の習得に一層力を入れることも考えられる。

おわりに－「ナショナル」を超えた市民性の獲得にむけて

　繰り返し述べてきたように、多民族・多文化の複合国家であるマレーシアにとって、国民統合政策は独立以来の大きな課題である。そのため、教育においては、かつての「公民」や「地域科」、「歴史」、そして現行の「公民と市民性の教育」を核として、「市民」＝「国民」、「市民性」＝「国民としての義務と権利」といった文脈から、最終的には「マレーシアという国家の一員になる」ことが目標とされ、さまざまな場面で「ナショナル」につながる市民性の涵養、換言すれば「国民」意識の向上を強調した形で配置されている。そこで求められている市民（＝国民）像は、①各コミュニティの一員＝市民（＝国民）としての責任や道徳的価値などを理解し、②各民族の習俗の特徴や文化・宗教の多様性を理解・尊重し、③「マレーシア国民」として政治・社会への参加や与えられるべき権利、果たすべき義務などを、責任を持って全うできる人材、といった要素が優先されているといえる。そして、ここから発展させて、「グローバリゼーションへの挑戦と勝利」や「世界が認めるよう

な国家・マレーシアの永続と発展」など、「ナショナル」を強調しながらも、それを超えた「リージョナル」、「グローバル」、「ユニバーサル」といった重層的な市民性の獲得につなげていくことが求められている。

しかし、実際にどの程度「ナショナル」を超えた市民性が獲得できているのか、アンケート結果を併せて考えると、「グローバル」や「ユニバーサル」が比較的獲得できているのに比して、アセアンに関連する「リージョナル」に関わる知識や意識が弱いことが浮き彫りになってくる。アセアン・アウエアネスや、アセアン・アイデンティティの涵養という点からみて、この結果はいささか心もとない状況も散見されるが、アセアンとのつながりがマレーシアや自分自身にとって重要である等の意識は高いことから、座学的な知識・理解の詰め込みで終わらせず、現実社会と学校で学ぶ知識とを結びつけられるような、体験的・実践的な学習アプローチの開発・充実が必要となってくるであろう。

また、「市民性」に関する知識の獲得のみならず、自分が「市民」として、家庭、学校、地域、国、アセアン、そして世界等の各レベルにおいて、一体何ができるのか考え、積極的に社会に関わっていけるような「アクティブ・シティズンシップ」をいかに育成していくのかも、今後の大きな課題であるといえよう。

注

1 https://www.statistics.gov.my/index.php　2016年7月22日現在。
2 Abdul Aziz Bari, Farid Sufian Shuaib, *Constitution of Malaysia Text and Commentary Revised Edition*, Prince Hall Sprintprint, 2004, pp.43-63.
3 Ministry of Education, *Report of the Cabinet Committee on the implementation of Education*, Kuala Lumpur, Malaysia, Dewan Bahasa dan Pustaka, 1979, p.13.
4 *Kurikulum Bersepadu Sekolah Rendah Kajian Tempatan Tahun 4-6*, Pusat Perkembangan Kurikulum, Kementerian Pendidikan Malaysia, 1994-1996, p.4.
5 Ministry of Education, *History for Lower Secondary School*, Kuala Lumpur, Malaysia, Dewan Bahasa dan Pustaka, 1988, p.5.
6 Anuar Ahmad, The Making of a 'Good Citizen' in Malaysia: Does History Education Play a Role?, W.O.Lee, David L.Grossman, Kerry J. Kennedy and Gregory P. Fairbrother (eds.), *Citizenship Education in Asia and the Pacific Concepts and Issues*, Comparative

Education Research Centre, The University Hong Kong, Kluwer Academic Publishers, 2004, pp.207-209.
7 　南国新聞、2003 年 8 月 21 日号。
8 　New Straits Times / Nation, 2004/8/18
9 　*Kurikulum Bersepadu Sekolah Menengah, Sukatan Pelajaran, Pendidikan Sivik dan Kewarganegaraan*, Pusat Perkembangan Kurikulum, Kementerian Pelajaran Malaysia, 2007, p.10

参考文献

W.O.Lee, David L.Grossman, Kerry J. Kennedy and Gregory P. Fairbrother (eds.), *Citizenship Education in Asia and the Pacific Concepts and Issues*, Comparative Education Research Centre, The University Hong Kong, Kluwer Academic Publishers, 2004.
Kerry J. Kennedy (ed.), *Citizenship Education and the Modern State*, The Falmer Press, 1997.
Kurikulum Bersepadu Sekolah Rendah, *Sukatan Pelajaran Pendidikan Sivik dan Kewarganegaraan*, Pusat Perkembangan Kurikulum 2004.
Kurikulum Bersepadu Sekolah Menengah, *Sukatan Pelajaran Pendidikan Sivik dan Kewarganegaraan*, Pusat Perkembangan Kurikulum 2004.
Sekolah Kebangsaan Buku Teks, *Pendidikan Sivik dan Kewarganegaraan*, Tahun 4, Panel Penulis Pusat Perkembangan Kurikulum, Kementerian Pelajaran Malaysia, Dewan Bahasa dan Pustaka, 2004.（「公民および市民性の教育」国民小学校（SK）マレー語版教科書 4 年生用）
Sekolah Kebangsaan Buku Teks, *Pendidikan Sivik dan Kewarganegaraan*, Tahun 5, Panel Penulis Pusat Perkembangan Kurikulum, Kementerian Pelajaran Malaysia, Dewan Bahasa dan Pustaka, Ibid., 2005.（同・5 年生用）
Sekolah Kebangsaan Buku Teks, *Pendidikan Sivik dan Kewarganegaraan*, Tahun 6, Panel Penulis Pusat Perkembangan Kurikulum, Kementerian Pelajaran Malaysia, Dewan Bahasa dan Pustaka, Ibid., 2006.（同・6 年生用）
課本『公民教育』4 年級、Panel Penulis Pusat Perkembangan Kurikulum, Kementerian Pelajaran Malaysia, The Malaysia Press Sdn. Bhd., 2004.（「公民および市民性の教育」国民型小学校（SJKC）中国語版教科書 4 年生用）
課本『公民教育』5 年級、Panel Penulis Pusat Perkembangan Kurikulum, Kementerian Pelajaran Malaysia, The Malaysia Press Sdn. Bhd., 2005.（同・5 年生用）
課本『公民教育』6 年級、Panel Penulis Pusat Perkembangan Kurikulum, Kementerian Pelajaran Malaysia, The Malaysia Press Sdn. Bhd., 2006.（同・6 年生用）

第7章
ミャンマーの市民性教育
— よき市民となる道徳

平田利文、森下稔

はじめに

　われわれの共同研究では、アセアン後発加盟国であるミャンマーも、調査研究の対象とした。周知のように、2016年現在、ミャンマーは軍事政権からの民政移管期にあり、外国人によるミャンマー国内でのフィールド調査は極度に制限されている。我々の研究においては、児童生徒を対象とした意識調査と、社会科や市民性教育に関する有識者（社会科教員、社会科関係の指導主事、学校長、大学の市民性教育関係の教員、PTA会長）を対象としたデルファイ調査を計画していた。ミャンマー人の共同研究者 Sai Khaing Myo Tun 氏（当時・ヤンゴン大学講師）と共同で研究を進めることになった。結果としては、Sai 氏の協力により、児童生徒を対象とした市民性教育に関する意識調査は実施することができた。しかし、残念ながら、主に政治情勢に鑑みて、調査期間中には有識者対象のデルファイ調査は実施できなかった。本章では、まず、主として既存の調査報告資料などから、ミャンマーの市民性教育に関する制度、教育内容を考察し、次いで、児童生徒を対象とした市民性教育に関する意識調査の結果について分析考察する。

　軍事政権下のミャンマーにおいては、教育に関する現地調査が極度に制限されていた。その後、状況は特に変わっていない。特に市民性教育に関する研究調査はほとんど実施不可能な状況である[1]。アセアン加盟の後発国であり民主化が停滞しているミャンマーにとって、民主化を促進する市民性教育

の研究は重要な意味を持つといえるのであるが、実際に調査を実施するのは難しい状況である。2015年末にはアセアン共同体が創設されたが、その加盟国であるミャンマーにとって、グローバル社会を生き抜くためには市民性教育の果たす役割は決して小さくない。市民性教育をすべての学校に普及拡大することは、ミャンマーの社会と教育界にとって、極めて大きな意義があるといえる。

1　教育制度の概要

(1) ミャンマー教育の歴史的変遷

　ミャンマーの国としての歴史は5世紀頃にさかのぼるとされている[2]。ミャンマーでは、古くから教育が重んじられていたようである。タイと同じように、仏教国であるミャンマーでは、仏教寺院で寺院教育が伝統的に行われ、そこで子どもは僧侶から読み・書き・算を習っていたのである。そのことは、当時の識字能力は高く、教育水準はかなり高かったことを物語っているといえる。

　いわゆる近代教育がスタートするのは、19世紀後半のイギリス統治時代である。1885年の第3次英緬戦争の後、1886年にはインドの属州としてイギリスに併合されている。それを契機に教育制度の基本的枠組みが作られている。当時インドで行われていた教育制度が導入された。

　1886年から1947年までのイギリスの植民地時代と日本軍統治（1942－1945年）とを経て、1948年には独立を回復する。1962年にネーウインが政権を掌握し、ビルマ式社会主義政策路線を歩むことになる。その体制は1987年まで続くが、そもそもビルマ式社会主義においては、その基本政策の理念は、"乏しきを憂えず、等しからざるを憂える"（乏しいことを憂うるのではなく、平等でないことを憂うるのである）とされた。人による人の搾取を絶滅し、正義に基づく社会主義経済制度を樹立してはじめて社会悪から解放され、心身ともに健全で豊かな社会に到達できるとする考えである。そうした経済制度のもとでの教育は、1973年の「ビルマ基礎教育法」に規定されて

いる[3]。その教育の目的は、以下の通りである。

- 国民を基礎教育、健康および道徳的特質を十分に備えた肉体的・精神的労働者にすること
- ビルマ式社会主義のイデオロギーに充分なる理解、忠誠および確信をもって社会主義社会を建設・擁護するに十分な資格を有する国民をつくること
- 社会主義社会を確立・維持するために適切な職業教育と訓練に適当な段階で分岐させ得る基礎を置くこと
- 生産力を上げ、それをより効果的ならしめるに貢献する科学を優先すること
- 文化、美術および文学の保護・発展のためにも芸術の研究を優先すること
- 大学教育を追求するため堅固な教育の基礎を打ち建てること

ビルマ式社会主義は1988年の民主化運動によって終焉し、暫定軍事政権下に移行した。

その政権下で次に、ミャンマーで大きな教育改革が行われたのは、1998年である。この年に初等教育カリキュラムの改訂をはじめ、広範囲な教育改革が進められた[4]。例えば[5]、

- 初等教育カリキュラムの改訂
- 基礎教育段階における学力到達への継続的評価の導入
- 高校卒業および大学入試制度の改革
- 授業におけるマルチメディアの有効活用
- 就学前教育の導入
- 教員養成単科大学ならびに教員養成学校の教育単科大学への昇格
- 無資格教員への現職研修の実施
- スクールファミリー（クラスター）の形成

・PTA の強化と学校理事会の設置
・指導要録の導入（Comparative Personal Record: CPR）の導入
・大学および単科大学のシラバスの見直し
・国立人材開発センターの設立

などの教育改革が行われた。

　そうした改革の中で理科が復活したり、日本の総合学習にあたる科目が創設されたり、地理と歴史が社会科に再編されたりしている。授業では、子どもが主体的に学ぶ児童中心主義方式が取り入れられた。教員養成制度の導入も進められ、有資格教員の養成を増進した。

　しかし、1988 年の大学生による民主化運動以降は、ほぼすべての大学が約 10 年間、閉鎖された。2000 年から大学は再開されるが、政治的活動に従事できないようヤンゴン市郊外に移転しての再開であった。

　現在のミャンマーにおけるカリキュラムは、1998 年に改正されたものをベースとし、1999 － 2000 年に体育、芸術、ライフスキルなどが中等教育に追加され、2012 年に初等段階に農業が創設されたものが用いられている[6]。2008 年新憲法発布の後、基礎教育 12 年制への移行に向けて新カリキュラム開発に着手し、「21 世紀型スキル」の習得を強調したカリキュラム・フレームワークが 2015 年 5 月に承認された[7]。2015 年末にはアセアン共同体が創設されたが、他のアセアン諸国と歩調を合わせ、加盟国としての責務をどのように果たし、アセアンネスのための教育をどのように構築していくかが大きな課題といえよう。

（2）学校制度、学校体系

　ミャンマーの基礎教育制度は、2004 年以降、初等教育 1 学年－ 5 学年の 5 年間（小学校、5 － 9 歳）、前期中等教育 6 学年－ 9 学年の 4 年間（中学校、10 － 13 歳）、後期中等教育 10 学年－ 11 学年の 2 年間（高校、14 － 15 歳）となっている。つまり、基礎教育課程は 11 年制となっている。日本の外務省が公表している 2014 年現在のミャンマーの就学率は、小学校 96.56％、中学校

42.2％、高校 32.6％となっている[8]。義務教育は 2011 年に初等教育 5 年間となり、無償である。2014 年には中学校も無償化された[9]。高等教育機関における就学率は、2007 年現在、10.7％であった[10]。

さて、ミャンマー教育を大きく特色づけている点として、学業を評価する試験制度が揚げられる。3 種類の試験制度が存在する。すなわち、月例試験、期末試験、進級試験である[11]。これらの試験は児童生徒の学業達成度を評価し、授業内容と授業方法の改善のために利用することを主要な目的としている。しかし、現実的には、これらの試験に合格するためだけの学習になってしまっているとみられている。高校の最終学年には全国統一卒業試験（Basic Education High School: BEHS）が行われる。重要な点は、この試験結果が高校卒業後の進路が決定される重要な試験となっているということである。教育省が直接管轄する全国規模の試験であり、通常の進級試験の性格とは大きく異なっている。この結果によって、大学に進学するか専門学校に進学するかが決定されるのである。

以上のように、進級試験、全国統一卒業試験に見られるように、児童生徒は、進級、進学のために相当な精神的プレッシャーを受けながら、学習しているようである。教育問題の第 1 の問題として、こうした試験制度の結果、留年や中退の問題がある。小学校を 5 年で卒業するものは 40％という数字も報告されている[12]。

第 2 の教育問題として、教育現場が試験中心の教育になっているため、基礎教育の目的である身体的、知的、道徳的発達を十分促進できていない点である。試験重視により、児童生徒中心の学習活動が教科中心の学習活動になり、心身と道徳の発達がおろそかになっているというのである。

そして最後に、第 3 の問題は、塾の問題である。試験制度のため、子どもを塾に通わせる保護者が多くなり、塾のための教育費がかさんでいるとのことである。それだけでなく、さらに、家庭教師をつけるのも顕著となっているという。ミャンマー教育省とユネスコの調査では、約 3 分の 1 の子どもが塾通いをしているという。

2　市民性教育の概要

(1) カリキュラム構造と社会科カリキュラム

　ミャンマーでは、1998年の教育改革において児童中心主義に基づくカリキュラムが導入された。1988年に民主化運動が発生し、ネーウインが退陣したが、結局国軍が政治に再介入し、民主化運動が終息した。国軍による政権は社会主義経済制度を放棄し、児童中心主義のカリキュラム改訂を行ったのである。その結果、「地理」と「歴史」が統合され「社会科」が小学校3学年と4学年に導入されたのである。

　新たに導入された社会科の目標は、次のようである[13]。

　　(第3学年および第4学年)
　　－国の自然の特色と、国の人々の暮らしについて気づかせ理解を図る。
　　－愛国の精神ならびに国家主義精神と、われわれの独立の保持に対する意志を強化する。

　すなわち、究極的な目標としては、「愛国の精神」の強化と「国家主義精神」の強調という点に収れんされる。

　社会科の内容としては、第3学年は33単元、第4学年は55単元から構成されている。これらの単元は、「地理」「歴史」「道徳公民」「ライフスキル」の4つの構成要素からなっている。

(2) 市民性教育：市民の育成

　社会科については、教師用の「マニュアル」が作成されている。そのマニュアルには、愛国の精神と国家主義精神の涵養のため、再度、次のような目指すねらいが示されている。

　　－国を形成する自然と、人々のライフスタイルについて理解すること。
　　－愛国の精神ならびに国家主義精神と、われわれの独立の保持に対す

る意志を強化すること。
　―品行方正かつ忠実（従順）なよき市民となる道徳を涵養すること。
　―環境に適応し、よき基本的習慣を習得すること。

　ミャンマーのカリキュラムで、社会科の中に、市民性教育に関わる記述を見いだすことができる。すなわち、教師用マニュアルに示されているように、「よき市民となる道徳」の部分が市民性教育に深く関わる内容である。これはミャンマーの教育史上はじめての取扱いのようである。初めて「市民」の概念がミャンマーに登場したといえよう。

（平田利文）

3　児童生徒への市民性に関する意識調査

　本研究では、アセアン各国で共通の市民性資質の現状を問うためのアンケート調査を、児童生徒を対象として実施した。上述の通り、ミャンマーにおける調査には困難が伴い、研究協力者のSai氏による研究として実施した。しかし、他国のように学校に協力を求めての調査は実現できず、ヤンゴン市内の中等学校周辺の路上で生徒に声をかける手順を踏むことになった。アンケートのビルマ語への翻訳はミャンマー人留学生の協力を得て、日本において原案を作成した。2011年8月に日本からその原案を直接現地に運び、Sai氏による修正を経て確定した。Sai氏は調査の実施方法について模索を重ね、最終的には上述のような方法をとることとなり、一日あたり数部ずつ断続的に実施及び回収を進めた。その後、2012年9月に再び現地にSai氏を訪ねて当時回収済のアンケート138部のデータ入力を行った。さらに、2014年2月までの間に回収された57部について、逐次追加する作業を行った。最終的に、回収されたのは195部である。このように、通常行われるアンケート調査とは異なる方法をとったため、調査期間は2年あまりに及ぶことになった。また、路上で呼びかけて配布したアンケートはすべて回収したため、回収率は100％ということになる。

以下、アンケートの集計結果から考察する。

アンケートは、属性を回答させる設問に続き、二部構成となっている。詳細は平田（2013）、森下（2013）および本書第12章を参照されたい。第一部は本研究において開発された市民性の資質表（第1章表1-2）にしたがって、一方の軸にローカル－ナショナル－リージョナル－グローバル－ユニバーサルの5レベルが設定され、他方の軸に知識・理解－能力・技能－価値観・態度の3側面が設定されたものである。第二部は、アセアン加盟国の基礎的な知識および国際組織としてのアセアンの知識、それらの知識を得るメディア、アセアンの一員としてのアイデンティティを問う内容である。集計結果の概要については、第12章中の表および付表に掲げられている9カ国比較の表を適宜参照されたい。

（1）回答者の属性

まず始めに、回答者の属性を確認すると以下の通りとなる。性別では、男性47.7％、女性50.8％、無回答1.5％であった。ほぼ男女同数の回答者となった。年齢では、14歳11.3％、15歳43.6％、16歳39.0％でほぼ大部分を占め、前期中等教育最終学年から後期中等教育の年齢相当となった。ただし、回答者の中にはごくわずかながら17歳から21歳までの者が含まれている（合計3.0％）。上述のような調査方法によったため、ミャンマーに関しては他のアセアン諸国と異なり、初等教育最終学年相当の回答者を含めることができなかった。宗教信仰を問う設問の結果を見ると、仏教が94.9％と大多数を占めており、その他少数ではあるが、キリスト教、ヒンドゥー教、イスラームの回答もあった。

（2）知識・理解面から見た市民性（表12-1）

第一部のQ1～Q3では、市民性の知識・理解面について尋ねた。Q1は歴史学習について、Q2は伝統・文化学習について、ローカル・ナショナル・リージョナル・グローバルのレベル別にその重要度をどう考えるかを尋ねたものである。いずれも、「1＝全く重要でない、2＝あまり重要でない、3＝

重要、4＝とても重要」の4段階で回答を求めている。

　Q1の結果を見ると、上記各レベルのうち、ナショナルレベルの歴史が最も重視されていた。有効回答の平均値は、重要度が高い順に、ナショナル：3.5、グローバル：3.3、リージョナル：3.1、ローカル：2.8であった。次に、Q2の結果をみると、文化学習についてもナショナルレベルが最も重視されていた。有効回答の平均値を重要度が高い順に並べると、ナショナル：3.7、ローカル3.2、リージョナル3.0、グローバル2.9であった。これらのことから、歴史学習と文化学習のいずれも、ナショナルレベルが最も重要視されていることが特徴として見出される。両問とも、回答傾向は他のアセアン諸国と同様であった。

　Q3では、市民性にとって重要な11の概念について、見たり聞いたりした経験があるかを尋ねた。選択肢は「1＝全くない、2＝あまりない、3＝ある、4＝よくある」から回答させた。有効回答の平均値を見ると、「民主主義（3.4）」「環境（3.4）」「平和（3.3）」「開発（3.3）」が良く見聞きされていた。他方、「異文化理解（2.6）」「持続的発展（2.7）」「相互依存関係（2.7）」は低かった。その他の項目とその平均値は「人権（3.1）」「国際社会（3.1）」「共生（3.0）」「社会正義や公正（2.9）」であった。他のアセアン諸国では、「環境（他の8カ国すべてが3.7以上）」と「平和（同じく3.6以上）」が最もよく見聞きされていた。ミャンマーでも11項目の中では高い数値であるものの、他国と比較すれば低い値を示している。また、以上の2項目に続いてアセアン諸国では「開発」「人権」「民主主義」が良く見聞きされていたが、ミャンマーも同様の結果となった。アセアン諸国で共通に平均値が低い項目はなく、ミャンマーにおいて低い「異文化理解」「持続的発展」「相互依存関係」については他国でも低く、ほぼ同じ回答結果であった。

(3) 能力・技能面から見た市民性（表12-2）

　Q4～Q8では、市民性の能力・技能面について尋ねた。

　Q4では、社会問題（政治、環境、人権、紛争などに関する問題）について、(1)自分で調べたり、学んだりしたことがあるか、(2)自分の意見を持ったこと

があるか、(3) 世の中に対して、自分の意見を表明したことがあるか、(4) 社会問題の解決に向けて、自分から行動したことがあるかの各設問について、その経験の程度を 1 ＝全くない、2 ＝あまりない、3 ＝ある、4 ＝よくあるの 4 段階で回答させた。有効回答の平均値で見ると、「(2) 自分の意見を持ったことがある」が 2.4 となり、他の項目よりも高かった。他のアセアン諸国と比べると、ベトナム (2.1) ならびにカンボジア (2.3) に次いで低い値を示した。その他の項目では、(1) 学習した経験 (2.0)、(3) 意見を表明した経験 (2.0)、(4) 解決のための行動の経験 (1.8) の順となった。これらの項目もアセアン諸国の中では下位に位置している。

　Q5 では、「あなたは、次のような人に対して、正しいことは正しい、間違いは間違いだと意見を述べることができますか」と問い、(1) 友人、(2) 親、(3) 学校の先生、(4) 大人や年上の人、(5) 政治をする人、(6) 宗教指導者のそれぞれについて、1 ＝いえる、2 ＝いえない、3 ＝わからない、以上の選択肢により回答させた。それぞれの項目について、「いえる」と回答した者の割合で見ると、(1) 友人 94.4％、(2) 親 62.1％、(3) 教師 48.2％、(4) 大人 51.8％、(5) 政治家 25.1％、(6) 宗教指導者 28.7％という結果になった。アセアン諸国全体では、友人や親に対しては意見を述べることができるが、教師や大人に対しては減少し、政治家や宗教指導者に対しては、「わからない」と回答する割合が多くなるという傾向があった。ミャンマーの場合もほぼ同様の傾向とみることができる。項目別に見ると、まず、教師に対して意見を述べることができる者の割合が、タイ (37.8％) ならびにラオス (38.5％) に次いで低い値であり、カンボジア (83.4％) やインドネシア (73.6％) との差が大きい。次に、宗教指導者に対して意見を述べることができる者の割合でも、タイ (17.1％) やベトナム (20.1％)、ラオス (25.6％) についで低い値であり、マレーシア (76.0％) やブルネイ (63.2％) などとの差が大きい。宗教指導者に対して下位の国々は仏教が回答者中で優勢なところで、他方、上位の国々はイスラームが優勢なところであり、宗教の特色が表れていると考えられる。

　Q6 では、国際的に意見を表明するツールである英語の学習の重要性につ

いて尋ねた。選択肢として（1）とても大切である、（2）大切である、（3）あまり大切でない、（4）全く大切でない、以上の4段階を準備した。回答者の86.2％がとても大切であると回答し、他のアセアン諸国の中で最も高かったラオス（78.2％）を上回り、英語学習の重要性がミャンマー生徒の多くに認識されていることが明らかとなった。

　Q7では、英語能力についてスキル別にどのように自己評価しているかを尋ねた。会話能力については「英語で外国の人と会話ができる」、作文能力については「英語で手紙やメールのやりとりをする」、読解能力については「英語の雑誌・新聞・ウェブサイトを見る」、聞き取り能力については「テレビ・ラジオで英語のニュースや番組を視聴する」と、具体的な場面を設定して、1＝全くできない、2＝あまりできない、3＝できる、4＝十分にできる、の4段階で回答させた。有効回答の平均値で見ると、会話1.8、作文1.9、読解1.9、聞き取り1.9となり、いずれも2ポイントを下回った。他のアセアン諸国で2ポイントを下回る値であったのは、ベトナムの作文と読解のみであり、アセアン諸国全体の中でミャンマー生徒は英語能力に関して自己評価が低いといえるだろう。Q6の結果とあわせて見ると、英語は重要だと認識しながらも能力に自信がないと、ミャンマー生徒の現状を述べることができる。

　Q8では、将来、市民性の資質を身につけ、望ましいとされる生き方や暮らし方ができるかを尋ねた。具体的な設問は、市民性の資質表から精選したもので、（1）自分で何かをするとき、人に頼らず一人で決めることができる、（2）今よりも心身ともに豊かな生活を送ることができる、（3）自国や外国の文化が理解できる、（4）文化や民族が違う人たちといっしょに生活できる、（5）正しくないことや平等でないこと、差別に堂々と立ち向かっていける、（6）村や町、国、アセアン、世界のいろんな問題を、協力しあって解決したり、行動したりできる、（7）ICT社会に対応できる、（8）世界の平和のために役立つことができる、以上の8問である。1＝全くできない、2＝あまりできない、3＝できる、4＝十分できる、の4段階法で回答させた。項目別に有効回答の平均値をみると、「（2）今より豊かな生活（3.2）」、「（1）

自己決定（3.1）」の順で高く、この2項目はアセアン諸国の中でも上位であった。他方、「(4) 異文化・異民族との共生（2.5）」、「(6) 問題解決（2.5）」の2項目が低く、いずれもアセアン諸国の中では下位であった。8項目のうち「(2) 今より豊かな生活」が高く、「(6) 問題解決」が低いのが、アセアン諸国全体の傾向であったので、ミャンマー生徒特有の課題は「異文化・異民族との共生」にあると考えることができる。

(4) 価値観・態度面「からみた市民性

Q9では、毎日の生活の中で自らの宗教／信仰の教えを守り、実行しているかどうかを尋ねた（表12-2）。なお、回答者の属性で明らかなように、ミャンマー生徒の約95％が仏教を信仰している。選択肢とその回答者の割合は次の通りである。(1) 十分守り、実行している（54.4％）、(2) 守り、実行している（32.8％）、(3) あまり守ったり実行したりしていない（11.8％）、(4) 全く守ったり実行していない（1.0％）、(5) 特定の宗教／信仰をもっていない（0.0％）という結果であった。(1) と (2) の合計で87.2％が日常的に宗教信仰実践を行っており、ベトナム（51.4％）を除く他のアセアン諸国と同様に8割以上となった。(1) の回答者の割合のみで見たとき、アセアン諸国の中で上位のフィリピン（44.8％）やインドネシア（40.3％）を上回り、アセアン諸国の中でミャンマー生徒が最も宗教信仰に熱心であるとみることができる。したがって、ミャンマーにおいて市民性教育の価値観形成にあたっては、仏教の教義との整合性に特に配慮が必要と考えられる。

Q10では、自国民としての道徳や誇りをもっているかを尋ねた（表12-2）。選択肢とその回答者の割合は次の通りである。(1) 十分もっている（68.2％）、(2) もっている（29.7％）、(3) あまりもっていない（0.5％）、(4) 全くもっていない（1.0％）という結果であった。(1) と (2) の合計で97.9％に達しており、全体としては国民道徳や国民としての誇りの涵養に成功しているとみることができる。しかし、(1) のみの割合で見ると、他のアセアン諸国の多くが8割以上である中で、タイ（56.9％）ならびにインドネシア（59.3％）に次いで少ない割合であることが特徴であると指摘できる。

Q11 では、市民性資質の中からローカルからグローバルまでの各レベルに共通する次のような資質を抽出し、それぞれの中でどれが最も重要かを尋ねた（**表 12-3**）。設問の資質とは、(1) それぞれのレベルが好きで、伝統や文化を守ること、(2) その一員であることに誇りをもつこと、(3) 平和であること、(4) 民主主義が保たれていること、(5) 環境や開発の問題に関心を持つこと、(6) 人権問題に関心を持つこと、(7) その一人としてアイデンティティ（帰属意識）を持つことであり、4 レベル合計で 28 項目を提示した。ローカルレベルでは、「(1) 地方の伝統・文化 (32.3%)」と「(3) 村や町の平和 (30.8%)」が多く選択され、アセアン諸国全体の傾向と同じであった。ナショナルレベルでは、「(10) 国の平和 (27.7%)」、「(8) 愛国心および国の伝統・文化 (26.2%)」、「(11) 国の民主主義が保たれること (15.4%)」の順に多く選択された。アセアン諸国と比較すると、「(10) 国の平和」が最も多かったのはミャンマーとブルネイのみであり、また「(8) 愛国心および国の伝統・文化」は回答率が低く、「(11) 国の民主主義」については最多のタイ (15.1%) を上回った。リージョナル（アセアン）レベルでは、「(17) アセアン地域の平和 (34.4%)」が、インドネシア (42.7%) ならびにフィリピン (30.2%) とともに最も多い回答を集めた。次いで、「(15) アセアンの伝統・文化 (21.5%)」、「(18) アセアンの民主主義が保たれること (15.4%)」と順に多くの回答があった。グローバルレベルでは、「(24) 世界の平和 (44.1%)」、「(22) 地球が好きで、グローバルなルールや習慣に従って行動すること (21.0%)」、「(23) 地球人であることの誇り (11.8%)」の順となった。「(24) 世界平和」が最も多いのは他の多くのアセアン諸国と同じ傾向である。以上のように、「平和」がナショナル、アセアン、グローバルの各レベルで最も重要と考えられていることが明らかとなり、ミャンマー生徒の特徴である。他方、ローカルレベルでは地方の文化も多く選択された。さらに、Q11 では、4 レベルから選んだ回答のうち、どれが最も重要と思うかを尋ねた。その結果、「(24) 世界の平和 (29.2%)」が最も多く選ばれた。その他で 10% を超える選択肢はなかった。

Q12 では、ユニバーサルなレベルでの市民性の資質を 15 項目列挙し、そ

のうちから現代社会において必要なものを3項目まで選択させた（表12-3）。各設問と選択した回答者の割合は、(1) 自分の考えをしっかりもち、自分を信じること（49.2%）、(2) お互いの気持ちを大切にし、人と仲良く暮らすこと（22.6%）、(3) わがままを言わず、がまんし、目標をやり遂げること（23.1%）、(4) 落ちついて、冷静に判断すること（13.8%）、(5) ボランティア、助け合いなど、公共や人類にとって役立つことをすること（25.1%）、(6) 基本的な倫理（人としてまもるべき道）、道徳をもつこと（16.9%）、(7) 正しいことを正しいと言えること（44.6%）、(8) 社会をよりよくするための活動に参画すること（8.2%）、(9) 法律を大切にすること（19.5%）、(10) 国際的に協力しあって、問題解決を図ること（8.2%）、(11) 世界の経済や科学技術の革新に乗り遅れないこと（7.2%）、(12) 世界の文化（生活のし方や行動のし方、習慣）の違いを理解し、大切にすること（6.2%）、(13) 地球規模の問題（環境、貧困、紛争、平和、差別、人権、開発など）に関心を持ち、解決すること（17.9%）、(14) 意思決定し、行動すること（11.3%）、(15) 人権を尊重すること（23.6%）、以上の通りである。ミャンマーで多く選択されたのは (1) と (7) の2項目であり、40%を上回っていた。(7) が40%以上となった国は他になく、ミャンマーの特徴と言える。(1) は他のアセアン諸国の多くでも上位となっている。他のアセアン諸国5カ国で1位となった (2) はミャンマーでは6位となり、マレーシアやブルネイと同じ傾向が見いだされた。

(5) アセアンに関する知識・理解

アンケートの第二部のQ1～Q5では、アセアン諸国に関する知識およびアセアンそのものの基礎知識について尋ねた（**表12-4**）。

Q1では、東南アジアおよびその周辺を表した白地図上に、1～15の番号を付し、アセアンの国名と地図上の番号とを一致させる問題を出題した。番号のうち5つはアセアンに加盟していない国に付されている（**図12-1**）。正答率を見ると、自国のミャンマーについては96.4%が正解した。また、隣国のタイ（78.5%）とラオス（69.2%）の正答率が高かった。次いで、インドネシア（63.6%）、シンガポール（63.1%）、フィリピン（60.5%）の各国に

ついて正答率が60％を超えた。最も正答率が低かったのはブルネイ（47.2％）であった。他のアセアン諸国と比較すると、全般的に正答率が高かったタイ、ベトナム、ラオスに次ぐ好結果であった。

Q2では、アセアンの旗の意味を5つの選択肢の中から選ばせた。ミャンマー生徒の正答率は50.3％であった。他のアセアン諸国では、インドネシア（71.6％）をはじめ、多くの国で50％を超えており、ミャンマーは最も正解が少なかったカンボジア（41.1％）に次ぐ低い結果であった。

Q3では、アセアンの設立年を4つの選択肢の中から選ばせた。ミャンマー生徒の正答率は22.6％であった。アセアン諸国全体ではQ2よりも正答率が低くなる傾向があるが、ミャンマーも同様の傾向がある。特に、「知らない」とする生徒が34.4％を占めている。

Q4では、アセアン統合の目標年を4つの選択肢の中から選ばせた。ミャンマー生徒の正答率は27.7％であった。他のアセアン諸国では、1桁台の正答率が4カ国あった中ではミャンマー生徒の正答率は比較的高く、カンボジア（37.9％）ならびにラオス（32.3％）に次ぐものであった。

Q5では、アセアン10カ国について、自国も含めてどの程度知っているかを尋ねた。1＝全く知らない、2＝あまり知らない、3＝知っている、4＝とてもよく知っている、の4段階法で回答させた。有効回答の平均値で見ると、自国のミャンマーについて3.6となっているほかは、2点台または1点台が並んだ。ブルネイ、カンボジア、ベトナムに関しては1.9と理解度が低い様子がうかがえる。他のアセアン諸国で1点台が出現するのも、ブルネイ、カンボジア、ベトナムである。これらの3カ国でミャンマーについての回答の平均値が順に1.7、1.9、1.7である。ミャンマーとこれら3カ国との間で相互に理解が進んでいないことが明らかとなった。近隣諸国の学習に課題があると言えるだろう。

Q6では、アセアンの情報を知るメディアや手段について、回答数の制限なしで15項目から選択させて回答させた。選択肢は、1広告、2本、3テレビ、4ラジオ、5新聞、6インターネット、7映画、8音楽、9スポーツ、10家族、11友達、12学校、13旅行、14仕事経験、15その他である。ミャンマー

生徒の回答で上位になったのは、新聞（65.6％）、テレビ（61.5％）、学校（51.8％）、本（50.8％）であった。他のアセアン諸国とは、新聞、テレビ、学校が上位に並ぶ傾向は共通しているが、インドネシア（87.0％）をはじめ多くの国で上位に入ったインターネットが、ミャンマーでは37.9％に留まった。おそらく普及の状況によるものと考えられる。

（6）アセアンについての意識

アンケートの第二部のQ7〜Q11では、アセアンについての意識を尋ねた（表12-5）。いずれも回答は、1＝とてもそう思う、2＝思う、3＝あまりそう思わない、4＝全くそう思わない、の4段階法である。1に近いほど賛成の意見が表明されていることになる。以下では、有効回答の平均値から分析する。

Q7では、アセアンの国々について、もっと知りたいと思うかを尋ねた。ミャンマー生徒の平均値は1.7であった。積極的に知識を得たいという意識が表れている。なお、この値は、1.4から1.9に分布している他のアセアン諸国の中位に位置しており、アセアン全体で相互理解したいという意欲が見いだされた。

Q8では、アセアンのメンバーであることは自国にとって有益であると思うかを尋ねた。ミャンマー生徒の平均値は1.7であった。国にとっての意義を認識していると考えられる。なお、他のアセアン諸国は1.3から1.9に分布しており、ミャンマーは中位に位置している。

Q9では、アセアンのメンバーであることは自分自身にとって有益であると思うかを尋ねた。ミャンマー生徒の平均値は2.1であった。この値自体は高めの数字とみることもできるが、Q9における選択肢の3および4を選んだ生徒の割合は合計で28.7％であり、Q8におけるそれの8.2％に比べて多くなっている。したがって、国にとっての意義ほどには自分自身にとって有益とは感じられていないことが表れている。他のアセアン諸国もQ8よりQ9の方が大きな平均値となっており、同様の傾向が見られた。

Q10では、アセアン市民であることを自覚し、アセアンに愛着を持ち、

アセアン市民であることに誇りを感じているかを尋ねた。ミャンマー生徒の平均値は 1.9 であった。回答内容を見ると、選択肢の 2 に 52.3％と集中し、積極的に賛成でもなく、しかし反対ではないという傾向が見てとれる。他のアセアン諸国では、1.6 から 2.2 と分布の幅が比較的広いが、その中では中位に位置している。

Q11 では、アセアンの目指す目標を達成していくために、アセアン諸国の人たちと共通のアイデンティティをもっていると思うかを尋ねた。ミャンマー生徒の平均値は 2.0 であった。Q11 でも Q10 と同様に、選択肢の 2 に 51.8％と集中しているが、選択肢の 3 と 4 の合計が 22.1％あり、一定の否定的意見が見られる。他のアセアン諸国では、1.9 から 2.3 の間に分布しており、ミャンマーは比較的上位に位置している。

Q7 から Q11 までの回答結果を見ると、ミャンマーはアセアン諸国と同じ傾向にあると言える。

(7) まとめ

最後に、アンケート調査結果からミャンマーにおける児童・生徒の市民性資質の現状と課題を総括して考察する。

知識・理解面では他のアセアン諸国と同様の傾向が見られた。すなわち、歴史学習や伝統文化の学習に関しては、ナショナルレベルが最も重要と考えられていた。また、市民性概念に関する見聞経験に関しては、「民主主義」「環境」「平和」「開発」などがよく選ばれた。課題としては、他のアセアン諸国と比較して「環境」「平和」の数値が低く、また他国と同様に「異文化理解」「持続的発展」「相互依存関係」などのように見聞経験が少ない概念について、学習の機会を提供される必要があるだろう。

能力・技能面では、社会問題について調べたり学んだりする経験、自分で意見を持ち、それを表明する経験がいずれもアセアン諸国の中では下位に位置し、社会をよりよくしようとする能力の開発が課題といえるだろう。また、アセアン共同体およびグローバル社会におけるコミュニケーションに必須である英語の重要性は認識されているが、その能力に関する自己評価は著しく

低い。実践的な英語学習が課題である。さらに、将来の生き方暮らし方に関しては、「今より豊かな生活」「自己決定」については自信を持っている様子がうかがえる。逆に、「異文化・異民族との共生」については、国内で民族紛争問題を抱えている背景のためか、その改善がミャンマー特有の課題となっている。

　価値観・態度面では、仏教が回答者の大多数で信仰されているところであるが、その宗教実践にはアセアン諸国の中でも最も熱心である。しかし、国民道徳や国民としての誇りの面ではアセアン諸国の中では最下位グループに位置し、課題がある。レベル別の市民性資質に関する価値観の面では、ローカルからグローバルに至るまで一貫して「平和」が最も大切と考えられている点が特徴である。ユニバーサルな価値観に関しては、「自分の考えをしっかり持ち、自分を信じること」と「正しいことを正しいといえること」の2つが重要視されており、後者については他のアセアン諸国ではあまり選ばれておらず、異なる傾向が示された。

　アセアンに関する知識・理解の面では、ブルネイ、カンボジア、ベトナムに関する知識が不十分である様子がうかがえる。また、アセアンの旗の意味や設立年などの知識にも課題が見いだされる。それらの情報源として、他国で多く活用されているインターネットがミャンマーではほとんど活用されていない。今後の情報化による改善が課題といえるだろう。アセアンに関する意識の面では、多くの設問においてアセアン諸国の中で平均値によって見ると中位に位置していた。ただし、選択肢の回答率でみると、最も積極的な「とてもそう思う」ではなく、2番目の「思う」が多く選択される傾向が強いことには注意が必要であろう。いずれにせよ、現状ではアセアンに関する知識を学習する機会が課題としているだろう。

（森下稔）

注
1　社会科、市民性教育に関する貴重な研究成果として、小島文英の『ミャンマーの社会科』(渓水社、2014年)や「ミャンマーとタイの社会科カリキュラムの比較研究－グローバルカリキュラムにおける「国民」と「市民」の観点より」『教育研究』第57巻、

国際基督教大学、2015 年、pp.23-33 があり、本稿においても貴重な参考文献とした。
2　小島文英、前掲書。
3　前掲書。
4　増田知子「ミャンマー軍事政権の教育政策」工藤年博編『ミャンマー軍事政権の行方』調査研究報告書、アジア経済研究所、2010 年、pp.5-20。
5　小島文英、前掲書。
6　国際協力機構、パデコ、アイ・シー・ネット『ミャンマー国教育セクター情報収集・確認調査ファイナルレポート』2013 年、p.75。
7　Ministry of Education, Curriculum and Materials Sub-sector Report 2.
8　日本外務省の URL:http://www.mofa.go.jp/mofaj/toko/world_school/01asia/infoC11800.html
9　田中義隆『21 世紀型スキルと諸外国の教育実践－求められる新しい能力育成－』明石書店、2015 年、pp.242-246。
10　水野敦子「ミャンマーの教育事情」『留学交流』5 月号、2010 年、pp.22-25。
11　Nu Nu Wai「ミャンマーと日本における学校教育と教員養成課程に関する比較研究」『北海道大学教育学部紀要』第 76 号、1988 年、pp.119-147。
12　前掲論文。
13　小島文英、前掲書。

参考文献
平田利文「地域統合をめざす ASEAN 諸国における市民性教育」日本比較教育学会編『比較教育学研究』第 46 号、2013 年、pp.104-117。
森下稔「ASEAN 諸国における市民性に関する児童生徒へのアンケート調査結果」日本比較教育学会編『比較教育学研究』第 46 号、2013 年、pp.118-133。

第8章
フィリピンの市民性教育
―アセアンネスのための教育

長濱博文、ジェリック・フェラー、アーサー・アブレンシア

はじめに

　フィリピンはアセアン統合の流れの中で、どのように市民性教育を推進しようとしているのか。これまでの調査結果、特に教育関係者に対するデルファイ調査の結果分析を中心に、フィリピンにおけるアセアンネスのための教育に関わる比較考察を行う。まず、現在推進されている Kto12〔K-12〕教育制度改革を考察し、次に 2011 年度に実施したフィリピンを含むアセアン諸国の児童生徒に対する市民性に関する意識調査の分析を行う[1]。それらを受けて、デルファイ調査の分析を行う。フィリピンには 12 年制の導入は以前から試みられたが、実現できなかった経緯がある。今回正式に導入が決定した Kto12 改革の持つ意義についても明確にすることにより、市民性教育とデルファイ調査の結果が意味することについてもより多面的な分析が可能になるものと考える。

1　フィリピンにおける市民性教育と教育改革

(1) Kto12 年制導入にいたる過程と意義
　フィリピンの市民性教育は、フィリピン憲法の学習を通じて社会的責任を持ち、法律の遵守ができるフィリピン市民の育成を目的としている。1987 年のフィリピン憲法第 14 条第 3 節では、次のように言明されている。「(1)

全ての教育機関は、カリキュラムの一部として、憲法の学習／研究を含まなければならない。(2) それらの学習は、開発、倫理的、精神的な価値を強化し、市民権の権利と義務を教え、愛国心とナショナリズムを助長し、人間性への愛情を育成し、人権を尊重し、国家の歴史的発展における国民的英雄の役割の感謝を教えるものとする。人格と個人的な規律は、重要かつ創造的な思考を奨励し、科学技術の知識を広げ、職業の効率化を推進する。」[2]

この条文からも理解できるように、市民性、人権の尊重、持続的な開発・発展のための教育、文化遺産に関する教育、表現の自由といった憲法の内容と共通項の多い、ユネスコの価値理念の重要性にフィリピンの教育は長年着目してきた。ユネスコの提示する普遍的価値は、基礎教育における価値教育ならびに全ての教科目、及び教員養成機関のカリキュラムに組み入れられている。

歴史的に振り返れば、フィリピンは米自治領政府期（コモンウェルス、1935-46〔日本統治期を除く〕）に強化された市民あるいは市民性教育の長い伝統を保持している。また、フィリピンは6-4-4制を採用してきた（6-4年の初等／中等教育、4年の高等教育等）が、1957年には、4年間の中等教育が2年間ずつ前期・後期で区切られ、前期では普通教育、後期では大学準備教育と職業技術訓練に分かれる「2-2」プランが施行された時期がある。中等教育のはじめの2年間を生徒全員による共通コースとし、次の第3学年で職業コース、あるいは進学コースのいずれかに分けるという内容であった。だが、実際には財政的基盤の脆弱さや施設の不備から、質的に充実した職業教育を行なえる学校は少なく、国家や地域の産業が求める内容とは関係性が薄いものであった。そのため生徒にとって職業教育プログラムは魅力ある存在とはならなかったのである。1967年度には就職コースの卒業生の83％が大学へ進学しており、実質上「2-2プラン」は形骸化していった[3]。この試みは1973年にフェルディナンド・マルコス政権下において廃止されている[4]。今回のKto12年制では、進路選択を分けるのではなく、日本でいう社会人基礎力あるいはキー・コンピテンシーを証明するものとして、高等学校修了を位置づけることが目指されている。

現在、2012-13年度に開始されたKto12年制の導入、各学校に基礎を置く学校経営、公私立学校間の連携などの様々な教育改革を通して、フィリピン政府は教育の質の向上に努めている。また、この教育への関与は、一般的には地域・社会の発展に還元されると期待される、すべてのフィリピンの子ども達への教育機会の提供を目的とする「万民のための教育（EFA）」の目標に深く結び付けられている。そして、Kto12年制法である共和国法第10533号（2013年の教育基本法がより強化された法律）において、幼稚園教育及び、公立と私立学校において新たに開始されたフィリピンの高等学校教育となる11年生と12年生の導入を制度化している。

　Kto12年制カリキュラムの実施に関する他の有力な理由の一つは、「アセアン経済共同体（AEC）」への対応のためである。アセアンを構成する加盟10カ国は、経済統合を通して"競争力の高い単一市場と生産性"の構築を構想している。世界人口の少なくとも8％を占める6億人から成る巨大な経済市場を形成し、アセアン諸国の間でより自由化された貿易が行える。加盟国間での財とサービスの両者における、関税と非関税の両方の障壁の除去は、域内の諸国の中でより深化した、より良好な経済関係の形成を促進するものと予測されている。各国はより大きな資源である域内の労働力へのより有利なアクセスを獲得するであろうが、この労働力がAECの参加国間で産業の慣行やアイデア（理念）の交換をより円滑なものにするための役割を果たすことが注目されている。

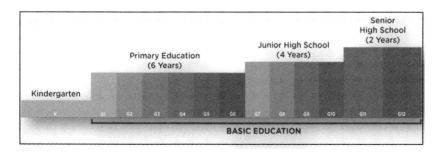

図8-1　Kto12Programによる基礎教育制度計画図[5]

表 8-1 高等学校におけるカリキュラム案[6]

高等学校プログラム	科目	第 11 学年		第 12 学年	
		1 学期	2 学期	1 学期	2 学期
語学	英語、フィリピノ語、その他	54	54		
文学	フィリピン／世界の文学			108	
数学	数学	54	54		
哲学	哲学			54	
自然科学	生命／物理学	54	54		
社会科学	現在の社会・国際問題	54	54		
NSTP (National Service Training Program)	コミュニティ・サービス	54	54		
職業訓練によるキャリア形成	企業家精神	216	216	270	270
	技術ー職業訓練				
	人文学				
	科学、技術、英語				
全授業時間		486	486	432	270
授業時間／日		5.4	5.4	4.2	3

　このような国際情勢への対応を含めて、高等教育委員会（CHED）と専門教育技術開発機関（TESDA）といった他教育機関とのパートナーシップを通じて、フィリピン教育省（DepEd）は教育の質の改善を具体化するために努力している。そして、Kto12 年制の導入によって、初等から中等教育を統合する基礎教育のカリキュラムの過密さ（混雑）が解消されることにより、児童生徒は学習のためのより多くの時間を持ち、学習に必要なキー・コンピテンシーを十分に習得することが期待されている。それは、キャリアを選択する機会がより多く与えられることにも通じる。上述のように、高等学校修了により、就業できる、あるいは就業に適応できるキー・コンピテンシーの証明書を持つことになるからである。

　研究に基づけば、Kto12 教育制度改革は、国家の経済成長に貢献すると考えられている。すべての追加の年ごとの間、この改革は賃金収益を 10％増加させる。教育に費やした期間が長いほど、雇用の可能性は増大する。一年の学習が追加されたならば、平均 40 年の国内総生産〔GDP〕の成長率が約

表8-2 Kto12 − 10ポイント教育課題プログラム[11]

1.	A 12-year basic education cycle（12年の基礎教育サイクル）
2.	Universal Pre-schooling for all（万人のための普遍的な就学前教育）
3.	Establish the Madaris Education as a sub-system in the current education system（現行教育の補助システムとしてのマドラサ教育〔イスラーム学校、Madaris Education〕の確立）
4.	Re-introduce technical and vocational education in public high schools（公立中等学校における技術・職業教育の再導入）
5.	Every child a reader by Grade 1（1年生までにすべての子が読書できる）
6.	Improve science and mathematics（科学・数学の改善）
7.	Expand government assistance to private education（私学教育への政府援助の拡大）
8.	Use of mother-language instruction（母語による指導）：主要8言語を中心に初等教育で活用
9.	Better textbooks（より良い教科書の使用）：検定制度の厳格化
10.	Build more schools in cooperation with LGUs（地方政府当局との協力による学校建設）

0.37％ポイント上昇する。そして、一年間の学校教育は、一般的に25％から30％の収益率を示している。また、国際的な諸競争において、フィリピンの学生達はより競争力を持ち、教育水準が世界標準並みとなることにより、フィリピンの専門職従事者や職業人が国際的に認知されることも期待される[7]。

(2) Kto12年制と市民性教育

Kto12改革は、実現すべき課題として10ポイント教育課題プログラム（"10 Point Education Agenda"program）を提示している（**表8-2参照**）。この基礎教育における教育課題と上記の卒業生の見通しに加えて、フィリピン人生徒は次のような資質の獲得も期待されている：a) 健全な心と体を持っている、b) 確かな道徳的、精神的な基礎を持っている、C) 人類、世界、環境に感謝し、献身している。および、d) フィリピン人であることを誇りとしている、である[8]。これらは、フィリピンの価値教育や社会科、およびあらゆる教科目に統合された価値に見出すことができる。

また、フィリピンの価値教育（*Edukasyon sa Pagpapakatao*）が対象となる分野は、以下の主題を持っている。1) 自己と家族の責任；2) 仲間（*Pakikipagkapwa*）として他者に接する；3) 国家の発展と世界の連帯への貢献、および4) 神

への信仰と善行の優先[9]である。これらの主題を達成するため、個人と社会に関わる価値を合わせて 62 の価値が教授されている[10]。これからの学校教育では、価値教育においても同様に、アセアン地域との連帯を意識した価値教育が実践されるものと思われる。

　社会科（*Araling Panlipunan*）の分野においては、学習者の自己、地域社会（コミュニティ）、アセアン地域の歴史に関わる学習を新しいカリキュラムは含んでいる。それは、フィリピン、アジア、世界における歴史、地理、政治、経済、及び国家の発展について、より深い理解を網羅している。高校学校の段階では、学生は現在の問題や課題について、そして、それらの解決策を提案できるように学んでいる。さらに、この学習の中で、批判的思考、論理的な推論（推理）、創造性、自国の文化への感謝、研究能力、コミュニケーション能力、責任感、生産性、環境への意識、及びグローバルなビジョンの獲得が期待されている[12]。

　このように、フィリピンの若い世代が国際社会からの挑戦とともに、特にアセアン諸国との急速な統合に応じるために、フィリピンの Kto12 が市民性の価値を統合することは十分に推測できることである。以上の現行の学校教育変革を踏まえ、次節からは生徒及び教育関係者による市民性に関する意識調査の分析を通して、フィリピンの市民性と市民性教育について比較考察を行う。

2　児童生徒の市民性教育の動向

(1) 児童生徒の意識調査の分析

　児童生徒の意識調査に関しては 473 名の参加を得たが、調査した 2011 年当時では、対象である 12 歳、15 歳、18 歳が、フィリピンでは初等 6 年、中等 3 年、大学 2 年に当たるため、18 歳に対しては大学 2 年生も対象となったことが、他の 12 年制のアセアン諸国との相違点である。この相違点は Kto12 教育制度改革により改善されようとしている。

　デルファイ調査と同じく、児童生徒への意識調査の項目も、知識・理解、能力・技能、価値観・態度への質問から成っている（本書第 12 章付表参照）。

知識・理解面から見た市民性に関しては、Q1 歴史学習、Q2 伝統・文化学習、Q3 市民性の概念理解に対して、1 全く重要でない、2 あまり重要でない、3 重要である、4 とても重要の中から選択する設問を用いている。Q1 歴史学習に対しては、自国の歴史（3.8）、世界の歴史（3.7）、アセアン諸国の歴史（3.4）、自分の村や町の歴史（3.1）と全てに高い評価を示しているが、この重要度の段階は、他のアセアン諸国と類似するものである。Q2 伝統・文化学習では、自国の伝統・文化（3.7）、世界の伝統・文化（3.5）、アセアン諸国の伝統・文化（3.3）、自分の村や町の伝統・文化（3.2）の結果が示されたが、自国の伝統・文化の重視は、他の対象国でも同様の結果であった。ただ、フィリピンの特徴は全てにおいて3ポイントを超えており、児童生徒も伝統・文化の継承、保護の大切さを理解していると考えられる。

　Q3 市民性にとっての重要な概念では、環境、平和、人権、民主主義（各々3.7）において高い重要度が示され、開発（3.6）、社会正義や公正（3.3）、持続的開発・発展（3.0）、相互依存関係（2.9）、異文化理解（2.8）と続き、国際社会、共生（2.7）が低い選択となったが、環境、平和、人権、民主主義の選択が高い点では、他のアセアン諸国と類似した結果である。これらの価値はフィリピンの価値教育〔道徳教育〕や社会科などにおいて特に学習されてきた価値でもあり、より多く選択されたのは当然の結果とも考えられる。フィリピンの価値教育と社会科の特色は価値概念を教授する際に課題を導き出し、その課題の原因を議論する問題解決学習などの教授法にあるが、低い選択となった多様な要素を含む国際社会、共生の価値について考えると、児童生徒がより重要であると理解しやすい項目が選択されたと判断することができる。

　能力・技能面からみた市民性の項目では、Q4 社会問題（政治、環境、人権、紛争などに関する問題）において、1 全くない、2 あまりない、3 ある、4 よくあるから選択する形式を取り、(1) 自分で調べたり、学習したことがあるか（2.8）、(2) 自分の意見を持ったことがあるか（3.1）、(3) 自分の意見を表明したことがあるか（2.3）、(4) 社会問題の解決に向けて、自ら行動したことがあるか（2.4）の各問いにおいて、特に (2) が特に高い数値となった。選択の傾向性は他のアセアン諸国と類似しているが、(2) における数値の高さ

もフィリピンの教育における発問・討論を中心とした問題解決学習の教授法の特色を示すものと考えられる。

Q5「あなたは、次の人に対して、正しいことは正しい、間違いは間違いと意見を述べることができますか」の問いでは、1 いえる、2 いえない、3 分からないから選択する形式で、意見を言えるとの回答が、友人（92.7%）、親（71.9%）、学校の先生（47.3%）、大人や年上の人（51.1%）、政治をする人（23.4%）、宗教指導者（29.6%）との結果が出ている。友人や親に意見が述べられるのは他のアセアン諸国と同じであるが、他のアセアンのイスラーム諸国では宗教指導者にも自分の意見を述べる点で数値が高いことを考えると、宗教に対する畏敬の念の現れ方に相違点が見出されると考えられる。月日は経ったが、1986 年 2 月のフィリピン革命（EDSA Ⅰ、ピープルパワー革命）成功におけるカトリックの宗教的権威の復活は、フィリピン社会において現在も維持されていることがその理由の一つとして挙げられるであろう[13]。

Q6 英語学習では、その重要性について、(1) とても大切、(2) 大切、(3) あまり大切でない、(4) 全く大切でないから選択する問いが示され、フィリピンは (1) を選択した割合が対象国中 76.8% で最も高かった。また、Q7 英語能力では、1 全くできない、2 あまりできない、3 できる、4 十分にできるから選択する問いにおいて、外国人との会話（3.0）、手紙やメールのやりとり（3.3）、雑誌・新聞・Website を見る（3.5）、テレビ・ラジオの視聴について（3.5）と、Q7 の設問でマレーシア、ブルネイとともに高い数値（能力）を示している。フィリピンにおいて、公用語としての英語が如何に定着しているかが理解できる。また、英語が理解できることはフィリピン社会の生活、進学、就職などのあらゆる機会に求められる必須の能力であることが反映していると考えられる。

Q8 将来の市民性に関する技能に関する質問については、以下の 6 つの問いに対して、1 全くできない、2 あまりできない、3 できる、4 十分できるから選択する形式で、(1) 何かする時、一人で決める（3.0）、(2) 今よりも心身ともに豊かな生活（3.1）、(3) 自国や外国の文化の理解（3.0）、(4) 異文化・異民族と一緒に生活（2.8）、(5) 不正・不平等・差別に立ち向かう（2.7）、

(6) 諸問題を協力して解決・行動 (2.9)、(7) 情報社会への対応 (3.0)、(8) 世界平和のために役立つ (3.3) の平均値が結果として出された。高い数値である一方で、他のアセアン諸国と比較しても平均的な数値の結果となったが、その中でも、世界平和のために役に立つ設問では最も高い数値を出している。これはフィリピン国内のキリスト教、イスラームの対立を克服する過程で形成された世界市民意識、そして基底部にある敬虔な宗教心からくるものと考えられる。

　価値観・態度から見た市民性については、はじめにQ9毎日の生活の中で自らの宗教/信仰の教えを守り、実行しているかが問われ、1十分守り、実行している、2守り、実行している、3あまり守ったり実行したりしていない、4全く守ったり実行していない、5特定の宗教/信仰を持っていないの5つの選択肢が用意されたが、フィリピンが対象国で1の選択が最も高く44.8％であった。属性からは、調査に回答した児童生徒の93.2％がキリスト教徒（カトリック）であり、イスラーム、仏教、ヒンズー等、多宗教の東南アジア地域において、フィリピンは長い植民地支配によって、他地域とは異なる形で信仰心の深さを示していると考えられる。またQ10「国民としての道徳や誇りを持っているか」の問いでは、1十分持っている、2持っている、3あまりもっていない、4全く持っていないの選択肢の中で、1、2の選択肢が9割を超えている。ここでも、フィリピン人の信仰に対する意識の高さを示す結果となっている。

　Q11では、市民性資質の中から、①伝統や文化を守ること、②一員であることに誇りを持つこと、③平和であること、④民主主義が保たれていること、⑤環境や開発の問題に関心を持つこと、⑥人権問題に関心を持つこと、⑦アイデンティティ（帰属意識）を持つことの各問いについて、村や町、国家、アセアン、地球（世界）の4つのローカルからグローバルにわたるレベルから質問している。

　フィリピンは、全てのレベルにおいて、①伝統や文化を守ることが大切であると考えていることが分かったが、特に国家（37.0％）と地球（35.7％）において、村や町（23.2％）やアセアン（25.2％）より高い結果となっている。

また、③平和であることの問いにおいて、世界（37.7％）、アセアン（30.2％）、国家（19.1％）、村や町（26.6％）と続いている。

その他に村や町の平和（26.6％）及び環境や開発の問題（22.7％）、国家の平和（19.1％）、アセアン地域の平和（30.2％）、地球のグローバルなルールや習慣（35.7％）及び環境や開発の問題（12.7％）が高い選好を示している。これは他のアセアン諸国においても類似した特徴と言えるが、その他のすべての問いについても重要度を認めている点がフィリピンの特徴と考えられる。

また、Q12では、15の選択肢の中から市民性の資質を問うものであったが、「自制・目標達成」の資質がフィリピンの選択において最も多く（39.3％）、続いて「人権尊重」、「地球規模問題の解決」も25％を超えて選択されている。

(2) アセアンに関するフィリピン人生徒の理解度と課題

加えて、同調査の第二部ではアセアンに関わる意識調査も行っており、Q1「アセアンの地図上の位置」、Q2「アセアンの旗の意味」、Q3「アセアン設立年」、Q4「アセアン統合年」、Q5「アセアン加盟国の知識」、Q6「アセアンの情報を知るメディア手段」について問うているが、Q1の他のアセアン諸国の地図上の位置を正確に把握しているかの問いにはあまり高い正解率をあげてはいない（フィリピン（98.6％）、インドネシア（50.0％）以外は2割台から3割台の正答率）。また、Q2アセアンの旗の意味（57.7％）やQ3設立年（12.5％）、Q4統合年（9.1％）についても高い正答率を示している訳ではない。また、他のアセアン諸国についての知識も平均的である。Q5アセアン諸国についてどの程度知っているかの問いでは、1全く知っていない、2あまり知っていない、3知っている、4十分知っているの選択肢の中で、自国（3.8）以外は2点台であった。Q6 ASEANの情報を知るメディアや手段では、本、テレビ、新聞、インターネットも選択されたが、学校での学習が50％を超えている。

アセアンに関する意識に関しては、Q7「もっと知りたい」(1.6)、Q8「自国に有益」(1.7)、Q9「自分自身にとって有益」(2.0)、Q10「アセアン市民の自覚、愛着、誇り」(1.8)、Q11「アセアンアイデンティティ」(1.9)の結

果が出ているが、他のアセアン諸国についても同様に言及できるように、それほど高いレベルにはない。Q10「アセアン市民であることを自覚し、アセアンに愛着を持ち、アセアン市民であることに誇りを感じているか」についての問いでは、ラオスに次いで、「非常に強い」が多く選択されている（33.6%）。また、Q11「アセアン諸国の人たちと共通のアイデンティティを持っていると思うか」についても、ラオスに次いで「非常に強い」が多く選択されている（22.2%）。このように、フィリピンの児童生徒の結果から、他のアセアン諸国に関する知識・理解は十分に得られているとは言い難い学習状況にあることが理解できた。一方で、アセアン市民としての自覚、愛着、誇り、そして、アセアン市民としてのアイデンティティに関して高い選択がなされているということは、知識（学習）についてはこれからであるが、フィリピンの児童生徒はアセアンとの繋がりを意識していると言える。また、フィリピンの価値教育においては、「市民としての自覚、誇り」「共通のアイデンティティ」は中心的価値の一つとして教授されている。アセアン共同体の成立を受けて、これからの学校教育においては、地域社会、国家にとっての良き市民であると同時に、アセアン市民としてのアイデンティティも教授されていくものと考えられる。島嶼部、大陸部東南アジアの歴史的・文化的相違、そして多様な宗教を国是とする国々との関係は、キリスト教国フィリピンの市民意識にさらなる多様性を与えると想定される。

　これらの児童生徒の市民性に対する意識は、今回のデルファイ調査と比較して、どのような類似点・相違点を示すのか。次に教育関係者によるデルファイ調査の分析を行う。

3　フィリピンにおけるデルファイ市民性調査の分析

（1）デルファイ調査の方法論

　フィリピンにおけるデルファイ調査では、学校の校長、社会科の教師、大学や大学の講師を含む51名から質問紙への回答を得た。回答者の基本的なデータとして、18名の女性35.29%と28名の男性54.90%である（5名未記入）。

年齢に関しては、回答者のほとんどが30代（31.37％）であり、次に40代（27.45％）が続いた。60代以上の年齢範囲の回答者は6名(11.76％)のみであった。回答者の職業や役職に関しては、すべての回答者の50.98％にあたる26名が学校教育関係者であり、また10名が高等教育機関（大学レベルの講師など）の教育関係者（19.61％）であった。また、ほとんどの回答者である84.31％が、社会科分野に関係しているが、32.46％はその他の職責に関与していると記述している（彼らの職責が何かは質問紙には明示されていなかった）。

　デルファイ調査の質問紙の項目や内容は、先の第一次の児童生徒への調査から開発され、第二次質問紙調査は3つのパートからなっている。フィリピンにおける調査は、2012年10月から12月にかけて断続的に実施された。第一のパートは、地方、国、地域、グローバルそして、ユニバーサルなレベルにおいて、現在そして10年後に、教育のいかなる専門家によっても達成されるべき知識・理解、能力・技能、および価値観・態度に関する市民性の資質について質問している。第二のパートは、市民性の資質に関する回答者の専門性に関わる質問、現在と10年後の両方において重要と解される資質、そして、これらの資質を学習するために適切と考えられる生徒の年齢の範囲についての質問から構成されている。第三のパートは、アセアンの識字者の具体的な資質、および彼らの専門性の能力開発のために用いられる方法に注目している。

(2) 調査（研究）結果－現在から10年後の推移の比較－

　第一に、地方、国、地域、グローバル、ユニバーサルなレベルからの、現在そして10年後に達成されるべき知識・理解、能力・技能、および価値観・態度に関する市民性の資質についての質問である。

　市民性の知識・理解では、ほとんどの回答者が市民性教育の知識・理解の特定される資質について、ユニバーサルおよびグローバルなレベルに続いて、地方レベル（94％）と国家レベル（84％）でも達成したと考えていることが示された。そして、今後10年で、アセアンの地域レベル（31％）、ユニバーサルなレベル（24％）、国家（16％）と地方（6％）レベルに続いて、グロー

表 8-3　市民性の資質の知識・理解の領域に関わる推移 (H〔High〕、L〔Low〕を示す)

知識・理解	現在	10年後	重点の推移
ローカルレベル	94%	6%	H ☞ L
国家レベル	84%	16%	H ☞ L
地域（アセアン）レベル	69%	31%	H ☞ L
グローバルレベル	65%	35%	H ☞ L
ユニバーサルレベル	76%	24%	H ☞ L

表 8-4　市民性の資質の能力・技能の領域に関わる推移

能力・技能	現在	10年後	重点の推移
ローカルレベル	84%	16%	H ☞ L
国家レベル	65%	35%	H ☞ L
地域（アセアン）レベル	63%	37%	H ☞ L
グローバルレベル	55%	45%	H ☞ L
ユニバーサルレベル	70%	30%	H ☞ L

バルなレベル（35%）でこの資質が達成されると回答者が予期していると示された（**表8-3**）。

また、市民性教育の能力・技能の特定される資質については、現時点ではグローバルなレベル（55%）では最も少ないが、ユニバーサルなレベル（72%）と国家レベル（65%）に続いて、地方レベル（84%）では能力・技能の領域において、市民性の資質が達成されたと回答者達は指摘している。しかし、10年後については、地方レベルでは最も予想されていないが、グローバルなレベル（45%）に続いて、地域レベル（37%）、国家レベル（35%）、ユニバーサルなレベル（30%）で資質が達成されることを期待している（**表8-4**）。

価値観・態度の資質では、ほとんどの回答者（92%）が、ユニバーサルなレベル（84%）に続いて、地方レベルでもその資質を現時点で児童生徒は達成したとしている。次に地域およびグローバルなレベルにおいても同じ割合（61%）で、国家レベル（82%）に続いていると考えている。児童生徒が10年後に達成するであろうとする資質に関する限りでは、地方レベル（8%）、

表 8-5　市民性の資質の価値観・態度の領域に関わる推移

価値観・態度	現在	10 年後	重点の推移
ローカルレベル	92%	8%	H ☞ L
国家レベル	**82%**	*18*%	**H ☞ L**
地域（アセアン）レベル	*61*%	39%	H ☞ L
グローバルレベル	*61*%	*39*%	H ☞ L
ユニバーサルレベル	84%	16%	**H ☞ L**

国家レベル（18%）、ユニバーサルなレベル（16%）に続いて、アセアン地域およびグローバルなレベルにおいて39%が達成されるであろうと回答している（表8-5）。

(3) 知識・理解に関する結果

第二のパートでは、知識・理解に関する 12 の資質、すなわち：(1) 環境、(2) 共生、(3) 異文化理解、(4) 社会正義と公正、(5) 民主主義、(6) 持続的開発・発展 (7) 相互依存、(8) 外国語、(9) 社会福祉、(10) 人権、(11) アセアンの歴史と文化、(12) アセアン諸国共通の社会問題に関して、参加者に対して以下の 5 つの質問がなされている；1) 授業または研究における、この資質についてのあなたの関わり度、2) この資質の重要度、3) 現時点において、子どもがこの資質をどの程度達成しているか、4) 10 年後、子どもがこの資質をどの程度達成しているべきか、5) この資質を学習すべき年齢について、その重要性を質問している。これら 5 つの質問は以下のすべてのパートで問われている。

Q1.「この資質についてのあなたの関わり度」

集計されたデータが示しているのは、31%以上から最大64%までの回答者の間で、彼らはすべてのトピック（テーマ）をよく扱ってきたと述べているが、注目に値するのは、外国語、民主主義、アセアンの歴史や文化は彼らの専門性からしても使用される割合が低かったことである。一方で、環境、

表 8-6　知識・理解に関する資質の重要度

資質	N/A	大変重要	重要	あまり重要でない	重要でない
環境	5	**34 (73%)**	11		1
共生	5	**21 (45%)**	23 (50%)	1	1
異文化理解	5	19 (41%)	25 (54%)	1	1
社会正義と公正	6	24 (53%)	18	3	
民主主義	5	35 (76%)	9	1	1
持続的開発・発展	6	27 (60%)	15	1	2
相互依存	5	**18 (39%)**	25 (54%)	1	2
外国語	5	10	27 (58%)	7 (15%)	**2**
社会福祉	5	25 (54%)	**18**	2	1
人権	5	34 (73%)	11		1
アセアンの歴史と文化	5	18 (39%)	**25 (52%)**	**2**	1
アセアン諸国共通の社会問題	5	19 (41%)	24 (52%)	3	

異文化理解、社会正義と公正、民主主義と人権は彼らの専門性において非常に頻繁に使用されている。

Q2.「この資質の重要度」

回答によると、すべての資質が非常に高い重要度にあり、39%から76%に及んでいる。また、外国語 (58%)、異文化理解と相互依存 (両方とも54%)、アセアンの歴史と文化、及びアセアン諸国共通の社会問題 (両方とも52%)、共生 (50%) は多くの回答者によって重要であると考えられている (表8-6)。

Q3.「現時点において、子どもがこの資質をどの程度達成しているか」

効果的に達成されていない外国語 (38%) を除いて、この領域内のすべての資質をある程度達成しきたと回答者の大半が指摘している。そして、大変達成しているとの回答も、環境 (13%)、民主主義 (16%) および人権 (13%) において示されている。

Q4.「10 年後、子どもがこの資質をどの程度達成しているべきか」

回答によると、10年の内に、彼らフィリピン人が完全にすべての資質を達成することが期待されている。より重要なことは、社会正義と公正（51％）及び共生（48％）が達成されることである。また、10年の内に達成されるか、あるいは全くされない分野は、外国語、社会福祉、アセアンの歴史と文化、そしてアセアン諸国共通の社会問題である。

Q5.「この資質を学習すべき年齢」

資質を学習するための年齢の妥当性に関しては、環境、共生、異文化理解、民主主義、持続的開発・発展、社会福祉、人権は8歳から教えられるべきであり、9-10歳からはそれらに社会正義と公正、相互依存を加えたほぼすべての資質が教えられるべきであると考えている。13-14歳以降の生徒には、持続的開発・発展に加えて、アセアンの歴史や文化、アセアン諸国共通の社会問題が教えられるべきであると想定し、加えて外国語とアセアン諸国共通の社会問題は、17歳かそれ以上で教授されるのがよいと考えていることが特徴的である。

（4）能力・技能に関する結果

能力・技能に関する質問では、14の資質が挙げられている、すなわち、(1)意見表明できる、(2)冷静に判断、自分をコントロールできる、(3)問題解決、(4)意思決定、(5)情報社会に対応できる、(6)平和的解決、(7)批判的思考、(8)生活の質を高める、(9)相互協力、(10)持続的開発・発展、(11)社会に貢献できる、(12)外国語を操る、(13)アセアン諸国に共通の規範・価値観をもつ、(14)アセアン諸国に共通の社会問題を他者とともに解決できるである。

Q1.「この資質についてのあなたの関わり度」

回答者が明言しているのは、彼らの授業・講義や研究活動において、能力・技能の領域の全ての資質をよく使用してきたということである。「相互協力」のためのトピック（テーマ）は特に'非常に頻繁に'用いられる資質である

表8-7　能力・技能に関する資質の重要度

資質	N/A	大変重要	重要	あまり重要でない	重要でない
意見表明できる	11	31（78%）	9		
冷静に判断、自分をコントロールできる	11	31（78%）	8	1	
問題解決	11	29（73%）	10		1
意思決定	11	26（65%）	14		
情報社会に対応できる	11	22（55%）	17	1	
平和的解決	11	28（70%）	12		
批判的思考	11	24（60%）	15	1	
生活の質を高める	12	31（79%）	7		1
相互協力	12	**32（82%）**	7		
持続的開発・発展	11	27（68%）	12	1	
社会に貢献できる	11	22（55%）	16	2	
外国語を操る	11	12	**18（45%）**	10	
アセアン諸国に共通の規範・価値観をもつ	11	14	**22（55%）**	4	
アセアン諸国に共通の社会問題を他者とともに解決できる	11	15	**20（50%）**	5	

と認識されていた。しかしながら、回答者の47％が彼らは外国語の能力を使用したことは全くなかったと指摘している。換言すれば、フィリピンが国語のフィリピノ語、公用語の英語、多数の現地語による伝統的な多言語社会であるためとも考えられる。

Q2.「この資質の重要度」

　55％から82％の回答者によって、この領域における全ての資質が、極めて重要なトピックであると提示されている。特筆されることは、Q1と同様に「相互協力」に関する資質は82％の回答者によって極めて大切な資質として認識されている。また、Q1とは異なり、「外国語を操る」、「アセアン諸国に共通の規範・価値観をもつ」、「アセアン諸国に共通の社会問題を他者とともに解決できる」は、大多数の回答者によって、重要な資質として認識されていた。

Q3.「現時点において、子どもがこの資質をどの程度達成しているか」

　37％から65％までのほとんどの回答者が、取り上げられた資質をある程度達成したと回答している。唯一、「アセアン諸国に共通の規範・価値観をもつ」（38％）や、「アセアン諸国に共通の社会問題を他者とともに解決できる」（40％）といった資質は、回答者の大多数が達成されるべき資質として分類している。また、「外国語を操る」（12％）は、効果的に達成できていない資質と考えられていることが理解できる。最後に、唯一「情報社会に対応できる」の資質は、少なくとも1名の回答者が全く達成されていないと分類している。

Q4.「10年後、子どもがこの資質をどの程度達成しているべきか」

　45％から62％までの間の回答者は、完全に達成されるレベルにおいて、あらゆる資質が達成されることを期待していた。「相互協力」し、「冷静に判断、自分をコントロールできる」の資質は、（それぞれ62％と60％の）高い割合を獲得した。一方で、回答者の過半数によって一定程度達成されるべきであると評価された4つの資質があるが、それらは「情報社会に対応できる」（52％）、「外国語を操る」（47％）、「アセアン諸国に共通の規範・価値観をもつ」（48％）、「アセアン諸国に共通の社会問題を他者とともに解決できる」（45％）であった。

Q5.「この資質を学習すべき年齢」

　所与の資質を学習する適切な年齢に関しては、回答者間において明確なコンセンサスを見出すことはできなかった。回答者の大多数は、6つの資質（問題解決、平和的解決、情報社会に対応できる、生活の質を高める、持続的開発・発展、社会に貢献できる）は9-10歳で適切に学習され、そして、4つの資質（意見表明できる、平和的解決、外国語を操る、アセアン諸国に共通の規範・価値観をもつ）は13-14歳で適切に学習されるものとして分類していた。一方で、2つの資質（冷静に判断、自分をコントロールできる、相互協力）は、8歳で学習されるものとして大多数の回答者によって分類されていた。

(5) 価値観・態度に関して

価値観・態度に関しては、次の事項が資質として挙げられている。すなわち、(1) 正義をもって不正に立ち向かう、(2) 環境・資源を守り、その開発に興味をもつこと、(3) 自立心をもつ、(4) 文化の多様性を尊重する、(5) 法律を大切にする、(6) 国際協力を推進する、(7) 地球規模の問題に関心をもつ、(8) 伝統・文化を尊重する、(9) 国民としての道徳を守り、誇りをもつ、(10) 民主主義を尊重する、(11) 人権を尊重する、(12) 科学的な思考力をもち、科学技術に乗り遅れない、(13) アセアンの一員としての道徳を守り、誇りをもつ、である。そして、回答者に対して、ここでも5つの観点から質問がなされている。

Q1.「この資質についてのあなたの関わり度」

価値観・態度の資質について、質問ごとに違いはあるが、回答者の54%から73%は自らの仕事にすべての資質を使用していると回答している。これらの資質のうち、73%の回答者は、しばしば、「科学的な思考力をもち、科学技術に乗り遅れない」に関わる価値観や態度を使用し、「自立心をもつ」(68%)と「民主主義を尊重する」(63%)に関わる価値観や態度が続いている。回答者はまた、「法律を大切にする」(48%)および「人権を尊重する」(43%)に関する資質を非常に頻繁に使用したことを明らかにした。これは、「人権尊重」の価値に関して言えば、ほぼすべての回答者がその資質を非常に頻繁に、あるいは頻繁に評価すべきものとみなし、そして、その資質をほとんど評価しないものは誰もいなかった。

Q2.「この資質の重要度」

55%から76%の回答者が、この領域におけるすべての資質が非常に重要であると認識していた。選択された上位3つの資質である、「人権を尊重する」(76%)、「民主主義を尊重する」(71%)、そして同率であった、「文化の多様性を尊重する」と「法律を大切にする」(69%)は特に重要である。他の5つの資質は少なくとも一人の回答者をもつが、重要さではそれほど評価され

表 8-8 価値観・態度に関する資質の重要度

資質	N/A	大変重要	重要	あまり重要でない	重要でない
正義をもって不正に立ち向かう		25 (60%)	15 (36%)	2	
環境・資源を守り、その開発に興味をもつ		28 (67%)	14 (33%)		
自立心をもつ		26 (63%)	15 (37%)		
文化の多様性を大切にする		29 (69%)	11 (26%)	2	
法律を大切にする		29 (69%)	13 (31%)		
国際協力を推進する		24 (57%)	17 (40%)	1	
地球規模の問題に関心をもつ		28 (67%)	13 (31%)	1	
伝統・文化を尊重する		26 (62%)	16 (38%)		
国民としての道徳を守り、誇りをもつ		28 (67%)	13 (31%)	1	
民主主義を尊重する		30 (71%)	12 (29%)		
人権を尊重する		32 (76%)	10 (24%)		
科学的な思考力をもち、科学技術に乗り遅れない		25 (60%)	17 (40%)		
アセアンの一員としての道徳を守り、誇りをもつ		23 (55%)	18 (43%)	1	

なかった（表8-8）。

Q3.「現時点において、子どもがこの資質をどの程度達成しているか」

現時点において、この領域におけるすべての資質で既にある程度の達成をなしてきたと44％から56％の回答者は指摘している。これらの資質のうち、56％の回答者が「科学的な思考力をもち、科学技術に乗り遅れない」、続いて55％が「自立心をもつ」を達成したと主張している。また、18％の回答者が「国民としての道徳を守り、誇りをもつこと」と「民主主義を尊重する」に関する資質を完全に達成したと指摘していることは、それらの資質の伝統はあるが、今だ十分に達成されていないとの認識を示すものであると考えられる。回答者によって高い割合で選択された3つの資質、「正義をもって不正に立ち向かう」（24％）、「環境・資源を守り、その開発に興味をもつ」（22％）、

そして、「科学的な思考力をもち、科学技術に乗り遅れない」（20％）は、効果的に達成されていない。

Q4.「10年後、子どもがこの資質をどの程度達成しているべきか」

概ね48％から57％の回答者が指摘しているのは、ある程度達成されるレベルにおいて、この領域の全ての資質は10年後に達成（実現）されるべきであることである。これらの資質のうち、「国際協力を推進する」そして「アセアンの一員としての道徳を守り、誇りをもつ」はこの段階（レベル）で達成されるべきであると、半数以上の57％の回答者が述べている。また37％の回答者が報告しているのは、「国民としての道徳を守り、誇りをもつ」と「環境・資源を守り、その開発に興味をもつ」の資質は、完全なレベルで達成されるべきであるとの考えである。

Q5.「この資質を学習すべき年齢」

回答者の大半は、5つの資質（環境・資源を守り、その開発に興味をもつ、自立心をもつ、法律を大切にする、民主主義を尊重する、人権を尊重する）を8歳から学習するのに適切な資質であると分類している。と同時に、回答者によって分類された3つの資質（正義をもって不正に立ち向かう、文化の多様性を尊重する、伝統・文化を尊重する、国民としての道徳を守り、誇りをもつ）は、9-10歳からの学習に適切であると考えている。その他の資質である（国際協力を推進する）は11-12歳が適切な年齢として分類され、それまで選択されなかった「地球規模の問題に関心をもつ」を含む9つの資質（正義をもって不正に立ち向かう、自立心をもつ、文化の多様性を尊重する、法律を大切にする、国際協力を推進する、伝統・文化を尊重する、アセアンの一員としての道徳を守り、誇りをもつ）について学ぶことが13-14歳にはふさわしいと分類された。わずかの回答者であるが、これらの資質を学ぶには15-16歳から17歳以上が適当であると分類している。また、「アセアンの一員としての道徳を守り、誇りをもつ」ことも9-10歳以降に教授されるべきとの結果が出ている。

4 デルファイ調査の結果とフィリピンにおけるアセアンネス

(1) デルファイ調査結果の考察

　以下は、本研究の結果の特にそれぞれの資質に関する質問から導かれた結論である。まず、フィリピンにおける知識・理解に関する12の資質については、以下の特徴が指摘できる。回答者の専門分野の中で、彼らは非常に多くの場合において、民主主義、人権、環境を扱っていることを強調していた。彼らは共生、異文化理解、相互依存、持続的開発・発展、社会福祉を頻繁に扱っていた。また、彼らは、外国語、アセアンの歴史や文化、そして、アセアン諸国共通の社会問題にはめったに言及していないことを指摘していた。

　頻繁、あるいはよく使用されている資質の重要度に関しては、専門家も非常に重要である、あるいは重要であると考えていることが示された。唯一、フィリピン人の専門家にとっては、外国語の重要性は低いと考えられる。現時点での達成度に関しても、環境、共生、異文化、社会正義と公正、民主主義、持続的開発・発展、相互依存関係、社会福祉、人権は既にある程度達成されたと理解していた。しかし、ここでも外国語は効果的には達成されていない。10年後に達成すべき資質に関しては、環境、人権、民主主義は既に達成されたと考えており、その他にも、現在ある程度達成されたと考える資質については、10年後ある程度達成されるであろうと想定している。

　フィリピンにおける能力・技能に関する14の資質については、以下の特徴が指摘できる。

　回答者は、彼らの専門分野において、頻繁にすべての資質を扱っており、意見表明できる、冷静に判断、自分をコントロールできる、問題解決、生活の質を高める、相互協力については大変頻繁に扱っている。一方で、外国語を操る、アセアン諸国に共通の規範・価値観をもつ、そして、アセアン諸国に共通の社会問題を他者とともに解決できるといった能力や技能に関する資質では、ほとんど扱っていないことが明らかとなった。

　資質の重要度に関しては、大変頻繁に使用している資質については非常に重要であると述べると同時に、外国語を操る、アセアン諸国に共通の規範・

価値観をもつ、アセアン諸国に共通の社会問題を他者とともに解決できるも重要であると認識されていた。現在の資質の達成度に関しても、資質の重要度で挙げた資質については、ある程度達成されていると述べている。また、外国語を操る、アセアン諸国に共通の規範・価値観をもつ、アセアン諸国に共通の社会問題を他者とともに解決できるに関する資質については十分には達成されていないと評価している。

　10年後に達成すべき資質に関しては、意見表明できる、冷静に判断、自分をコントロールできる、問題解決、意思決定、批判的思考、生活の質を高める、相互協力、持続的開発・発展、社会に貢献できるについては、回答者は十分に達成されなければならないと考えており、10年の内には、それらの資質に加えて、外国語を操る、情報社会に対応できる、平和的解決、アセアン諸国に共通の規範・価値観をもつ、アセアン諸国に共通の社会問題を他者とともに解決できる資質もある程度達成されるであろうと考えている。

　フィリピンにおける価値観・態度に関する13の資質については、以下の特徴が指摘できる。彼ら専門家（回答者）は、価値観・態度に関する資質の意義について、非常に重要であるとすべての資質に重点を置いており、専門[分野]においても、それらの非常に多くの資質を用いており、授業の中でもしばしば扱っていると述べている。しかし、「正義をもって不正に立ち向かう」、「国際協力を推進する」、「地球規模の問題に関心をもつ」や、「アセアンの一員としての道徳を守り、誇りをもつ」に関しては、教員の回答では、めったに（ほとんど）扱われていないことが確認された。そして、回答者はすべての資質の獲得がある程度達成されていると考え、10年後には完全に達成されるであろうと期待していることが示された。これら教育関係者によるデルファイ調査の結果は、フィリピンにおける市民性教育とアセアンネスの形成にどのような影響を与えることになるであろうか。次に児童生徒の調査との比較と教育改革の動向を通して、これからのフィリピンにおける市民性教育について考察する。

(2) 児童生徒の調査とデルファイ調査の比較考察

　本章で考察した児童生徒に対する市民性に関する調査から理解できることは、児童生徒はアセアンネスという新しい市民性に求められる価値について学び、習得している一方で、アセアンを形成する各国に関する具体的な知識については、学習がまだ不十分な状況にあることである。今後アセアンネスが期待されると認識しながらも、初等・中等教育における社会科や他の教科目において十分に学習しきれていないことが明らかとなった。これは、学習が不足しているとの現状を表しているだけではなく、デルファイ調査にみられるように、専門家（教育者）もまた、高い学年になってから学ぶべき資質や価値に付随する内容が多いと理解していることも反映しているものと考えられる。つまり、アセアンネスという新しい市民性に根差すアイデンティティの形成は、フィリピン人、そして、世界市民としてのアイデンティティの形成の上に成立するものであるとの専門家の意見が推察される。しかし、Kto12教育制度改革の中で、アセアンの重要性は学習内容として定着し、価値教育による多様な市民性の在り方の学習の深化に併せて、アセアンネスに求められている意識と知識両面における理解の向上・改善が今後期待される。
　また、外国語教育は不十分であるが、その学習が強調されない背景には、フィリピンは既に多言語社会であり、多数の現地語に国語（フィリピノ語）、英語（公用語）が日常語として使用されている現状を前提として理解しておかなければならない。児童生徒、教育関係者がともに想定した外国語が、英語以外の第三外国語であるとすれば、それ以上に英語をより高度なレベルに引き上げることが大切と考えたとしても全く不自然ではない。フィリピンの学校教育は、上記3言語を如何にバランス良く教授するかに長年腐心してきた。結果として、英語が話せることで海外への出稼ぎが国庫を補い、一方で頭脳流出の原因ともなっているフィリピンにおいて、外国語をどのように捉えるかはかなりデリケートな問題であると考えられる。しかし、これがアセアン理解という観点に立った場合、英語以外の外国語学習も一定の意義を持つことは明らかであろう。それはデルファイ調査にみられる教育関係者の控えめな評価にも見出されるように、専門知識としての外国語の習得はこれからのフィ

リピンの課題となっていくであろうからである。

　また、アセアンに関する児童生徒の知識が不確実である結果は、教授する教員の方にも問題があることが理解できる。それらは中等教育に入ってからの学習で十分間に合うとの認識があるのかもしれない。しかし、教育関係者は多くの価値や資質を教授してはいるが、中等段階に至ってもアセアンに関する知識・理解、技能・能力、価値観・態度を涵養する価値や資質についての教授は必ずしもその他の価値や資質に比して十分とは言えない。民主主義や人権、平和的解決や法令遵守といったどの社会にも求められる資質の教授に加えて、それらが国際社会において、特にアセアン地域においてどのような意味を有するのかについて、十分に教授する必要がある。事実、児童生徒は知識面では十分ではないが、他のアセアン諸国とこれからどのような関係を構築していくか、そしてフィリピンはどのように国際社会に対処できるのかに関して、政治経済的にも高い関心を持っている。時に東南アジア諸国の利害に直結する南シナ海の領有権の問題が緊迫化している状況下において、アセアンとしての統一された"姿勢"が示せるかは、アセアン共同体がどれほどの地域共同体へと成長するかを展望する上でも肝要な課題となっている。デルファイ調査に参加した教育関係者についても、社会科学系の教科目を通して、'アセアンネス'という新たな地域的アイデンティティを教授する必要性について、地政学的にも再認識し、今後アセアンとしての連帯の意識が顕在化する可能性も予測できる。これまでの東南アジア的な外交とは異なる東アジアなどの諸外国との交流の活発化の中で、'アセアンネス'を自覚する下地が形成される可能性も高まっている。

おわりに－アセアンネス（ASEANness）のための教育

　アセアン共同体の動向を受けて、フィリピンの教育改革においても「アセアンとしての地域の連帯」が新たな価値として提示されている[14]。今回の教育改革においても、フィリピン教育省とともに、教育改革立案の役割を果たしたのは東南アジア教育大臣機構教育開発・科学技術地域センター（SEAMEO

INNOTECH) とオーストラリア国際開発庁 (AusAID) であった。東南アジア教育大臣機構 (SEAMEO) は 1970 年に設立された歴史ある組織であるが、アセアンの地域共同体としての足並みに向けて、重要な組織となっている。同センターは SEAMEO が持つ 19 の地域センターの一つであり、組織自体は、アセアン諸国の教育大臣を中心に、日本、オーストラリア、英国といった海外援助国でもある準加盟国の大学学長や援助機関によって構成されている。SEAMEO の各部門のセンターは、教育・科学・文化の様々な分野における研修と研究プログラムを実施しており、現在、SEAMEO INNOTECH の中心センターはフィリピン大学ディリマン校 (University of the Philippines in Diliman, Quezon City) に設置されている 。

　教育分野においては、アセアン社会・文化共同体 (ASCC)[15] の推進により、アセアンとして共有される地域（共同体）アイデンティティ、"ASEANness（アセアンネス）"の形成が目標とされている[16]。その概念とは（ⅰ）アセアンの市民、特に青少年におけるアセアン啓発の推進、（ⅱ）教育を通したアセアン・アイデンティティの強化、（ⅲ）教育分野におけるアセアンの人的資源の形成、（ⅳ）アセアン大学間ネットワークの強化であるとして、アセアン教育大臣会議において提唱されている[17]。このアセアンネスの強化は、その他の教育分野のプロジェクトにも及んでおり、SEAMEO INNOTECH が教育改革に関与していることもその証左の一つと理解できる[18]。

　この現在のアセアン共同体が成立して理解できることは、欧州連合 (EU) とは異なる域内共同体であるということである。EU は経済だけでなく、民主主義諸国としての政治的共同体としての性質も有しており、そのことが基礎にあって、一定の共通の経済政策を相互補完する条件が整う法治政策を履行している。その意味において、前身である欧州経済共同体 (EEC) に対比することができるかもしれない。しかし、アセアン共同体は厳格な政策協定や条約の批准を前提として成立している訳ではない。域内の貿易自由化や市場統合などを通じて成長の加速を目指す広域経済連携の枠組みを形成することがアセアン共同体における現段階の目的である。その意味において、アセアン共同体は、多くのステークホルダー（利害関係者）がそれぞれの思惑

を持って促進しているのが現状であると解釈できる。それは、極めて東南アジア的な国家関係であり、冷戦下で熱戦を繰り広げた国家間が新たな枠組みを形成する上で不可避的なプロセスを示しているとも考えられる。この暫定的な状況の中でも経済共同体を形成しようとする現状には、それぞれの国家にとって明らかな利益を期待できる状況が存在するからであり、新たなアジアの経済成長の牽引役が期待されている。ここでアセアンを形成する人々が新たなアイデンティティを早急に醸成することには無理があり、今回の調査結果に見られるような、アセアンは大切だが教授するのは中等教育に入ってからと考えるのも当然の判断と考えられる。しかし、教授する教師や専門家が判断する以上にアセアンの重要性は高まっており、これからはアセアンの一員としての意識も持たなければならないと児童生徒も理解している。それは、アセアンに対する子ども達の期待であり、国際社会に対処する方途としての団結であり、多様な文化体系の中でも、同じ東南アジア文化圏を形成してきたマレー系としての潜在的な連帯感が存在するからであると考えられる。政治経済の動向とともに、学校現場での教育を通して、フィリピンの子ども達はアセアンを形成する一員としてのアイデンティティ（アセアンネス）のリアリティを生活の中で感じ取り、重層的なアイデンティティの中に、新たなアイデンティティを包含する整合性を今後見出していくものと考えられる。過激な発言や治安政策で注目されるロドリゴ・ドゥテルテ大統領も、アセアンや諸外国との連携、経済協力及び教育の向上によってしか、国家建設は為し得ないことは十分理解している。十年後の同様の調査では、教育関係者が期待した状況に近い方向性を持って、多くの生徒がアセアンについて正確に理解していることが予想される。

注
1 第1節に関しては以下を参照。森下稔「ASEAN 諸国における市民性に関する児童生徒へのアンケート調査」日本比較教育学会編『比較教育学研究』第46号、2013年、p.118-113。また児童生徒のアンケート調査に関して、平田利文「地域統合をめざす ASEAN 諸国における市民性教育」同著、pp.104-117、特に表2（p.112）、表4（pp.114-5）を参照。
2 The Constitution of the Republic of the Philippines, http://www.gov.ph/

constitutions/1987-constitution/ Official Gazette（The Philippines Government HP）［2015/11/15］
3 　石田憲一「フィリピンにおけるバランガイ・ハイスクールの設立過程に関する考察」『比較教育学研究』第 21 号、1995 年、p.50。
4 　Josef is R. Cortes,"The Philippines", Postlethwaite, T. Neville & Thomas, R. Murray (eds.), Schooling in the Asean Region, Oxford: Pergamon Press, 1983 年 , p.157./ 同上、石田憲一、p.50。
5 　"What is Kto12 Program?," Official Gazette, file:///J:/The%20K%20to%20 12%20Basic%20Education%20Program.htm#about（Philippine Government HP）［2012/10/12］/ 拙稿「「グローバル化」の影響を受けるフィリピンの教育改革―Kto12 教育制度改革の分析―」（グローバル化とアジアの教育戦略 5）月刊『東亜』、578 号、一般財団法人 霞山会、2015 年、p.107。
6 　Department of Education, The K to 12 Basic Education Program, Official Gazette, file:///J:/The K to 12 Basic Education Program.htm（The Philippines Government HP）を元に著者作成［2012/10/12］。/ 拙稿「「グローバル化」の影響を受けるフィリピンの教育改革―Kto12 教育制度改革の分析―」2015 年、p.107。
7 　K TO 12 TOOLKIT：Resource Guide for Teacher Educators, School Administrators and Teachers, SEAMEO INNOTECH, 2012,p.6.
8 　*Ibid.*, pp.40-41./ 拙稿「「グローバル化」の影響を受けるフィリピンの教育改革―Kto12 教育制度改革の分析―」2015 年、p.109。
9 　*Ibid.*, pp.40-41.
10 　拙稿「フィリピン統合科目における価値教育理念の検証―異教徒間の国民的アイデンティティ形成に着目して」日本比較教育学会編『比較教育学研究』第 33 号、2006 年、pp.116-136。
11 　UNESCO, *Philippine Education for All 2015 Review Report*, originally submitted to the UNESCO's World Education Forum（Incheon, Republic of Korea, 19‐22 May 2015）, efa2015reviews@unesco.org, pp.9-10.
12 　*Ibid*, p.42.
13 　Cardinal Sin, Jaime L, "Endorsement," Esteban, Esther J., *Education in Values: What, Why, & for Whom*, 1989, Manila: Sinag-Tala Publishers, Inc., 1989.
14 　"About Innotech" http://www.seameo-innotech.org/ （SEAMEO INNOTECH HP）［2013/09/01］
15 　アセアンは、1997 年の第 2 回 ASEAN 非公式首脳会議において、2020 年までのアセアン共同体実現を目指す「アセアンビジョン 2020（ASEAN Vision 2020）」を採択。2003 年 10 月の第 9 回アセアン首脳会議において、「アセアン安全保障共同体（ASC）」、「アセアン経済共同体（AEC）」及び「アセアン社会・文化共同体（ASCC）」といった 3 つの組織（共同体）を通じたアセアン共同体の実現を目指す「第二 ASEAN 共和宣言（バリ・コンコード II）」を既に明示してきた。3 つの組織の理念

は以下のように提示されている。(1)アセアン安全保障共同体 (ASC)：包括的な政治・安全保障協力を通じた地域の平和、安定、民主主義及び繁栄を強化する。(2)アセアン経済共同体（AEC）：より緊密な経済統合を通じ経済成長及び開発のための競争力を強化する。(3)アセアン社会・文化共同体（ASCC）：調和のある人間中心のASEANにおける持続可能な開発のための人、文化、自然資源（天然資源)を育てる。「外務省 HP: ASEAN 共同体実現に向けた協力」http://www.mofa.go.jp/mofaj/area/asean/kyodotai.html［2013/09/01］

16 "ASEAN Education Ministers Meeting（ASED）" www.asean.org/.../asean-education-ministers-meeting-ased（The Association of Southeast Asian Nations HP）［2013/09/01］／平田利文・長濱博文、"Citizenship Education and Education for ASEANness in ASEAN Countries," 第 15 回世界比較教育学会 研究発表資料、Buenos Aires University、平成 25 年 6 月 25 日。

17 *Ibid.*, www.asean.org/.../asean-education-ministers-meeting-ased［2013/09/01］

18 拙稿「「グローバル化」の影響を受けるフィリピンの教育改革―Kto12 教育制度改革の分析―」、2015 年、p.111.

参考文献

K TO 12 TOOLKIT：Resource Guide for Teacher Educators, School Administrators and Teachers, SEAMEO INNOTECH, 2012.

石田憲一「フィリピンにおけるバランガイ・ハイスクールの設立過程に関する考察」『比較教育学研究』第 21 号、1995 年、pp.49-59。

中里彰「戦後フィリピンの教育政策の展開とその問題」『戦後アジア諸国の教育政策の変容過程とその社会的文化的基盤に関する総合的比較研究』（研究代表弘中和彦）九州大学教育学部付属比較教育文化研究施設、1985 年、pp.49-55。

長濱博文「フィリピン統合科目における価値教育理念の検証―異教徒間の国民的アイデンティティ形成に着目して」日本比較教育学会編『比較教育学研究』第 33 号、2006 年、pp.116-136。

長濱博文「「グローバル化」の影響を受けるフィリピンの教育改革―Kto12 教育制度改革の分析―」（グローバル化とアジアの教育戦略 5）月刊『東亜』、578 号、一般財団法人 霞山会、2015 年、pp.104-115。

平田利文「地域統合をめざす ASEAN 諸国における市民性教育」日本比較教育学会編『比較教育学研究』第 46 号、2013 年、pp.104-117。

平田利文・長濱博文、"Citizenship Education and Education for ASEANness in ASEAN Countries," 第 15 回世界比較教育学会 研究発表資料、Buenos Aires University、平成 25 年 6 月 25 日。

森下稔「ASEAN 諸国における市民性に関する児童生徒へのアンケート調査」日本比較教育学会編『比較教育学研究』第 46 号、2013 年、pp. 118-133。

Durban, Joel M., Catalan, Ruby Durban, "ISSUES AND CONCERNS OF PHILIPPINE

EDUCATION THROUGH THE YEARS," *ASIAN JOURNAL OF SOCIAL SCIENCES & HUMANITIES*, Vol. 1. No. 2., Chikusei, Japan, May 2012, pp.61-69.

Esteban, Esther J., Education in Values: What, Why, & for Whom, 1989, Manila: Sinag-Tala Publishers, Inc., 1989.

Postlethwaite T. Neville & Thomas, R. Murray (eds.), Schooling in the Asean Region, Oxford: Pergamon Press, 1983.

"ASEAN Education Ministers Meeting (ASED)," www.asean.org/.../asean-education-ministers-meeting-ased (The Association of Southeast Asian Nations HP)

Official Gazette http://www.gov.ph/ (The Philippines Government HP)

UNESCO http://en.unesco.org/

UNESCO, Philippine Education for All 2015 Review Report, originally submitted to the UNESCO's World Education Forum (Incheon, Republic of Korea, 19 - 22 May 2015), efa2015reviews@unesco.org

第9章
シンガポールの市民性教育
―道徳教育と市民性教育

池田充裕

　シンガポールでは各種の調査上の制約があり、デルファイ調査を実施するに至らなかった。ここでは、シンガポールの市民性教育の歩みと現状について詳述することとしたい。

1　シンガポールの歴史的・社会的背景と道徳教育

　シンガポールが1965年にマレーシアから分離した当時、その住民は民族、言語、宗教によって大きく分裂していた。共通の国民的アイデンティティが欠如していた状況にあって、その当初から道徳教育のあり方は国家の生存と存立のための重要な課題であった。

　シンガポール政府は国家建設に向けて、住民の中にシンガポール人としての国民意識を植え付け、促進することに常に注力してきた。それはまた小さな島の中に華人系、マレー系、インド系といった様々な民族集団が住む中で、その自民族中心的で分裂主義的な考え方を弱めることも目的としていた。シンガポールには学校のカリキュラムを通して、国民的アイデンティティを強化しようと試みてきた長い歴史がある。

　1950年代から70年代にかけて、人民行動党（People's Action Party: PAP）政権は、国民的アイデンティティや市民性を強化するために以下のような様々なプログラムを導入してきた。

1959 年　教育省が小中学校向けの「倫理」(Ethics) 科の教授シラバスを発行。生徒に'礼儀正しさ''正直''忍耐''親切'といった人格形成の基盤となる徳目の教授を開始し、各自の自尊心や市民意識の涵養を図った。(Ong et al., 1979, p. 2)

1966 年　1965 年にマレーシアから分離・独立し、共通語をマレー語から英語に切り替えて、中学校で民族母語と英語の二言語教育を開始。教育省は全ての小中学校での毎朝夕の国旗掲揚・降納の式典や国歌・国民誓詞の斉唱を義務づけ、これらのプログラムを通して、生徒の社会的・市民的な責任感の育成を図った。また公民科委員会が新しい「公民」(Civics) 科のシラバスを編纂した。

1967 年　「倫理」科に替わり、必修・非試験科目として「公民」科が全ての華語校や英語校で導入された。小学校の「公民」のシラバスでは、シンガポール人意識や国家・国民への敬愛心を育むために、'愛国心''忠誠心''市民意識'といった徳目が強調された。また中学校のシラバスは、「個人－家族－学校－コミュニティ－国家－世界」の 6 領域で構成された。

1973 年　小学校の公民、歴史、地理の各教科は「生活教育」(Education for Living: EFL) に統合された。EFL は社会学習と道徳学習の両面から、生徒がシンガポールの置かれた地理的環境やその制約などをより良く理解できるように図った。

2　1979 年の 2 つの教育省の報告書と 1984 年からの宗教教育の開始

1970 年代までに、シンガポールは驚異的な経済成長と急速な工業化を成し遂げた。しかし、リー・クアンユー首相（当時）や PAP 指導部は、社会全体で英語化が進展し、西洋の文化や価値観が浸透する中で、若いシンガポール青年の間でアジア的美徳が次第に失われてきていることを危惧するようになった。

1979 年に教育省が出した『教育省報告書』(*Report on the Ministry of Education*)

と『道徳教育報告書』(Report on Moral Education)の2つの報告書は、若い青少年の間に広まる西洋化の風潮と現行の道徳教育のカリキュラムやその実践を厳しく指弾した。

　リー首相の側近であったゴー・ケンスイ副首相がまとめた『教育省報告書』は、効果的な二言語教育の実現に向けて教育制度の改革の方向性を示すことに主眼を置いていたが、価値教育に関しても検討を行った。同報告書は、前述のEFLの教科書や教材は、「そのほとんどが無用。コミュニティセンターの役割とか、政府が設けたクリニックの機能とか、そのような題材は子どもの倫理観の育成にほとんど意味がない」(Goh, 1979, p. 1-5)と批判した。そして、「英語教育へと大勢が移行する中で、文化喪失(deculturisation)の危険性を看過できない。これを克服する方法は、子どもたちに自身の文化の歴史的起源を教えることである。華人系の中学生には華語で漢代の儒教国家の成立に至る中国黎明史を、インド系にはインド古代史を、マレー系には先祖と群島の初期の歴史を教えることである」(Goh, 1979, p. 1-5)と、アジアの伝統や歴史、文化遺産に関する教育の重要性を説いた。同報告書を受け取ったリー首相は道徳教育に関していくつかの見解を述べた。その中で首相は、「華語の教授と学習において最も重要なのは、社会的・道徳的行為の規範を伝承することである。第一には個人、社会、国家に関する儒家の思想や考え方である」(Goh, 1979, p. v)と述べ、儒教倫理を市民性の育成と関連づけてその意義を唱えた。

　ゴー報告書に続いて、同年6月にはオン・テンチョン(Ong Teng Cheong)交通・通信相がまとめた『道徳教育報告書』が出された。同報告書も小学校のEFLの内容に関して、「特定の題材に時間配分が偏っている」「年齢段階に合っていない」、中学校の公民科についても「社会科的な要素が多く、徳目が少ない」「概念が抽象的過ぎる」「"やれ"や"するな"が多すぎ、"なぜ"や"どのように"の説明が不足している」とその欠点を列挙し、「小学校のEFLと中学校の公民科の間に連続性がない」とシラバスの不整合を指摘した。そして、ミッション・スクールの教員は、「宗教的な強い信念を持っており、これがEFLや公民科の授業に役立っている」(Ong et al., 1979, p.47)と述べ、EFLや公民科を廃止して、新しい道徳教育プログラムを導入し、そこにおいては若

いシンガポール青年の間に道徳的価値を根付かせるために、宗教学習を重視していくことを唱えた。

　1979年のゴー報告書とオン報告書の提言を踏まえて、EFL や公民科に替わって、1981年に小学校で『良き市民』("*Good Citizen*")、中学校では『成長と生活』("*Being and Becoming*") という新しい市民性教育プログラムが導入された。『良き市民』は訓話などの教員中心型のアプローチを取っていたことから、生徒に価値観を伝達し、その学習意欲を満たすためには不適格と後に判断された。これとは対照的に、『成長と生活』では、生徒が徳目に関する話題を熟考し、意見を交換し、自己決定を行うことが奨励された。

　オン報告書のもう一つの結果として、1982年に必修・試験科目として中学3・4年生に「宗教知識」（Religious Knowledge）科が導入され、聖書知識、仏教学、イスラーム知識、ヒンドゥー教学、シーク教学、儒家倫理（Confucian Ethics）という6つの宗教が採用された。儒家倫理は「宗教知識」科カリキュラム内の選択肢の一つでしかなかったが、PAP 指導部やメディアはこぞって儒教の有効性を喧伝した。1982年に米国や台湾の儒教研究者がシンガポール政府に招かれ、3週間にわたり各地で討論会や講演会などを行った。彼らは、華人系に対して儒教学習を導入したシンガポール政府の見解や取り組みに賛意を示した。

　しかしシンガポール社会において、儒教に基づく華人文化の優越さを説くような政府のやり方に対して、マレー系やインド系からは、「政府がやがて他の宗教に対しても儒教を強いるようになり、このことで華人系の自民族優越主義が増長されていくのではないか」（Vasil, 1995, p.73）との危惧が示されるようになった。そして1980年代後半には、宗教知識科の潜在的な危険性も認識されるようになった。英語教育を受けた華人系の若者が、カリスマ的なキリスト教会に急速に引き寄せられるようになっていったのである。このことから80年代の終わりに、儒家倫理をはじめとする「宗教知識」科は、民族間の協調を乱し、宗教的な熱狂をかき立てるものとして廃止されるに至った。

　『良き市民』や『成長と生活』も政府の市民性教育の期待に応えることが

できず、1992年に小学校と中学校には必修・無試験科目として、「公民・道徳教育」（Civics and Moral Education: CME）が導入された。CMEは国家建設の観点をさらに強く押し出して、国家の成功譚や脆弱性を訴えて、道徳的・政治的な社会化の強化を図った。人口増加、民族的・宗教的な調和、経済成長、国家防衛など、シンガポールが独立以降に直面した様々な困難や課題を教え、生徒には自分たちが国のために何ができるのかを考えて、国家の行事・活動に貢献するように奨励した。

3 「国家イデオロギー」論争と「共有価値」プロジェクト

　1988年10月28日にゴー・チョクトン第一副首相兼国防相（当時）は「国家イデオロギー」に関する演説を行った。そこで「日本や韓国のように、シンガポールも高い競争力を有する国である。それは、私たちが東アジアの文化的な基盤、すなわち儒教倫理を共有しているからである。私たちは日本、韓国、台湾を成功に導いた中核的な価値を同じく有している。もしも我々がこの繁栄を続けたいのならば、勤労、倹約、犠牲心といった中核的価値を失ってはならない。日々外国の影響にさらされる中で、いかにして私たちはこれらを維持していくことができるのか？　私が提案したいのは、国家イデオロギーとしてこちらの価値を形作り、学校、職場、家庭で私たちの生活の一部として教えていくことである」（*Speeches*, 1988. p.15）。そして、ゴー副首相は、国民に強い団結心を与えているインドネシアの"パンチャシラ（Pancasila）"やマレーシアの"ルクネガラ（Rukun-Negara）"を引用し、儒教のようなアジア的な価値観を基盤としたシンガポール自身のイデオロギーをシンガポール人のために作り上げることの重要性を訴えたのである。このテーマは、1989年1月9日のウィー・キムウィー（Wee Kim Wee）大統領（当時）の国会開式勅書でも繰り返され、同年に政策研究院には国民価値の認定に関する研究が課せられた。1990年6月に、同院はこのテーマに関する公開での議論や討論を経て、その研究成果を報告書としてまとめた。

　1991年1月6日、政府は「共有価値に関する白書」（*The White Paper on Shared*

Values）を公表し、1月14日に国会で議論が交わされた。白書はシンガポール国民の中に、次のような共有価値を形成していくべきであると提案した：①コミュニティよりも国家、個人よりも社会の優先（Nation before community and society above self）、②社会の基本単位は家族（Family as the basic unit of society）、③個人の尊重とコミュニティによる支援（Regard and community support for the individual）、④争いよりもコンセンサス（Consensus instead of contention）、⑤人種的・宗教的な調和（Racial and religious harmony）。

また、1994年にはコミュニティ開発省も「共有価値」の家族に関わる事項に焦点を当てて、日常生活で留意すべき実践的な価値として、次の5つの「シンガポール家族価値」（Singapore Family Values）を発表した。：①愛情、配慮、思いやり（Love, care and concern）②相互尊重（Mutual respect）、③孝行責任（Filial responsibility）、④関わり合い（Commitment）、⑤コミュニケーション（Communication）。

2000年に出された小学校のCMEのシラバスはこれらの中核的価値を教えることを重視していた。「CMEプログラムの目的・目標を小学生が認識できるように、5つのテーマを設定した。これらのテーマは個人から始まり、家族と学校へ、そして社会と国家へと敷衍される構造関係を反映している。個人から国家へと拡大される関係構造について、『共有価値』や『シンガポール家族価値』、また『教育到達目標』（後述）で唱えられている重要な価値や原理を手本として、その知識や技術、態度を子どもたちに教えなければならない」（Ministry of Education, 2000, p.6）。「共有価値」や「家族価値」の各項目は、小中学校の「公民・道徳教育」の教科書・教材にも明記され、ワークシートなどの具体的な記述部分にも幾度となく登場し、生徒にはこれらの価値を理解し、実践することが期待された。

4 「シンガポール21」のビジョンと「国民教育」の実施

1996年9月8日の教員週間において、ゴー・チョクトン首相（当時）は、学校教育での「国民教育」（National Education: NE）のあり方を検討するため

に、NE 委員会を設置することを表明した。NE 委員会は 13 のプロジェクト・チームを組織し、各チームは学校で NE プログラムを実践するための方法やプランを立案した。委員会の勧告によって、NE は単独の科目としてではなく、既存の教科を横断する形で実施されることとなったが、特定の科目は NE の目標により合致するものとされた。例えば、小学校の社会科や CME、中学校の歴史、地理、CME は NE の主要教科と見なされ、これらの教科では生徒にシンガポール人としてのアイデンティティや誇り、自尊心を効果的・創造的に育てることが期待された。

1997 年に首相は、21 世紀における国家への愛着心を強化するために、シンガポール 21 委員会（Singapore 21 Committee）を立ち上げた。委員会は、「行動する市民」(active citizen) と「行動的な市民性」(active citizenship) という概念を提案した。「行動する市民」とは、全ての市民が国を支える重要な役割を担っていることを認識すべきであり、シンガポールを「有望な最良の家」にするために関心を払うこととされた。また「行動的な市民性」とは、フィー

小学校修了段階	中学校修了段階	後期中等教育終了段階
善悪を区別する	道徳的な誠実さを持つ	正義のために立ち上がる道徳的勇気を持つ
自身の強みを知り、その分野を伸ばす	自分の能力を信じ、変化に対応する	不遇に直面しても克服する
他者と協同・共有し、他者を思いやる	チームの中で協同し、他者に共感する	文化的な違いを超えて協力し、社会的な責任感を持つ
物事に対して生き生きと好奇心を抱く	創造性と探求心を持つ	革新的で創業的である
自分で考え、自信をもって表現する	多様な意見を尊重し、効果的にコミュニケーションを取る	批判的に思考し、粘り強くコミュニケーションを取る
仕事に誇りを持つ	自身の学びに責任を持つ	卓越さを追求する
健康的な生活習慣と芸術への関心を持つ	運動を楽しみ、芸術に親しむ	健康的な生活を求め、審美眼を持つ
シンガポールを知り、愛する	シンガポールを信じ、国を取り巻く諸課題を理解する	シンガポールが人としての誇りを持ち、自国と世界の関係を理解する

図 9-1　各教育段階の「教育到達目標」

ドバックや提案を行う過程において公的部門と民間部門が連携して取り組み、コミュニティ活動や慈善活動に積極的に関わることと定義づけられた。

シンガポール21のビジョンやNEの指針に合わせて、教育省は各教育段階の達成目標として、「教育到達目標」（Desired Outcomes of Education: DOE）を設定した。CMEのシラバスでも図9-1のようなDOEのコンセプトが参照されている。

DOEは知識基盤経済により良く対応するために、"革新性（innovative）"、"冒険心＝創業精神（enterprise）"、"創造性（creative）"といった能力指標を重視する一方で、シンガポールへの忠誠心や愛国心も要請している点に特徴がある。

5　「人格・市民性教育」の導入

2014年に新しい教科として、「人格・市民性教育」（Character and Citizenship Education: CCE）が小学校と中学校に導入された。その目的は、激しく変化しグローバル化する社会において、「良き個人と有用な市民となるために、生徒に価値を教え、コンピテンシーを形成する」（CCE syllabus, 2014, p.3）ことにある。CCEはシンガポール社会を形作る価値の理解を通して、生徒が自分の住む世界に関心を持ち、他者との関係において共感や寛容心を育むことを目指している。生徒は、個人から始まって、家族、学校、コミュニティ、国家、世界という6つの領域において、アイデンティティ、連携、選択という3つの包括的な概念を通して価値を学ぶ。

CCEカリキュラムは、授業のほか、担任が指導する生徒指導時間（Form Teacher Guidance Period: FTGP）、学校単位でのCCE（School-based CCE）、CCE指導モジュール（CCE Guidance Module）によって構成され、小学校では民族母語を用いて教えられている。FTGPでは、担任が生徒との交流や信頼関係作りを大切にしながら、サイバー学習（Cyberwelness）、キャリア教育（Education and Career Guidance）、虐待防止学習といった社会的・情感的学習（Social and Emotional Learning: SEL）を行う。また、学校単位でのCCEでは、年間11〜

15時間にわたって、各校が掲げる学校目標に焦点を当てて、集団活動プログラムなどの諸活動を柔軟に立案し実施する。そして、CCE 指導モジュールでは、子どもの発育や青少年の心理発達に応じてセクシャリティ教育（Sexuality Education）などを取り扱う。

　CCE の授業では、構成主義（Constructivist）理論を援用する。学習者は学習活動に積極的に関わる時ほど最も良く学ぶことができるという観点から、CCE の授業では体験活動や振り返り活動を通して、技能を学んだり、価値を内面化したりすることが重視されている。教員は生徒が CCE の学習に積極的に関わることができるように、ロールプレイ、話し合い、協同学習、振り返り、グループワークといった方法を用いて、プロセスを大切にしたアプローチで授業を進めていく。

　なお、CCE のシラバスや教科書の中では、アセアンに関する事項は特に取り上げられていない。むしろ目立つのは、"地球的課題（global issues）"や"地球的認識（global awareness）"といった事項や「グローバル化する世界での行動する市民に向けて（Being an Active Citizen in a Globalised World）」といった価値項目である。またこれまでと同様に、"文化的多様性（socio-cultural diversity）"や"文化横断技能（Cross-Cultural Skills）"といった多民族国家で求められる知識・技能も取り上げられており、「コミュニティの理解とインクルーシブ社会の実現に向けて（Understanding Our Community and Building an Inclusive Society）」という価値項目が重視されている。シンガポールではアセアンに関する知識理解や志向性は、地理や歴史といった教科においては積極的に展開されているものの、CCE などの価値教育の領域では地球市民意識や異文化理解教育の中に包摂されているといえるだろう。

引用文献

Student Development Curriculum Division, Ministry of Education Singapore, *2014 Character and Citizenship Education（Primary）Syllabus（English）*, 2012.

Jasmine Boon-Yee Sim, Citizenship Education and Social Studies in Singapore: A National Agenda, *International Journal of Citizenship and Teacher Education*, Vol. 1, No. 1, July 2005.

Curriculum Planning and Development Division, Ministry of Education Singapore, *Civics and Moral Education Syllabus - Primary School*, 2000.

Michael Hill and Lian Kwen Fee, *The Politics of Nation Building and Citizenship in Singapore*, Routledge, 1995.

Raj Vasil, *Asianising Singapore : The PAP's Management of Ethnicity*, Institute of Southeast Asian Studies, Heinemann Asia Singapore, 1995.

The Government of Singapore, *Shared Values*, Singapore National Printers, 1991.

Jon S.T. Quah, *In search of Singapore's National Values*, Institute of Policy Studies, Times Academic Press, 1990.

Ministry of Communication and Information, *Speeches, A Bimonthly Selection of Ministerial Speeches*, Singapore 1988. p.15.

Ong, Teng Cheong and Moral Education Committee, *Report on Moral Education 1979*, Ministry of Education Singapore, 1979.

Goh, Keng Swee and the Study Team, *Report on the Ministry of Education 1978*, Ministry of Education Singapore, 1979.

第 10 章
タイの市民性教育
—アセアン市民性資質の現状とその課題

チャンタナー・チャンバンチョン、サムリー・トーンティウ、
スモンティップ・ブーンソムバッティ、スネート・カンピラパーブ、
鈴木康郎、ワライポーン・サンナパボウォーン

はじめに：タイ社会の変化と教育

　タイは、近隣の東南アジア諸国と異なり、西欧列強による植民地化を免れた。19世紀後半から20世紀初頭において、国の教育近代化が推進され、近代学校教育制度が導入された。1921年には、義務教育制度が法的に整備され、国民統合のための教育制度がスタートする。その後、1960年代以降は、国の経済発展のためのマンパワー開発が進められ、80年代までに初等教育制度の普及が進み、90年代には前期中等教育の普及へと進展していった。

　90年代以降は、グローバリゼーションの波が押し寄せ、タイ社会は大きく変貌を遂げる。96年前後にはグローバル化に対応するための教育政策が矢継ぎ早に打ち出された。しかしながら97年には経済危機を契機に、国家存亡の危機に直面した。このことがタイ社会の政治、経済、社会、文化、そして教育の面での改革を迫ることになった。97年に16番目となるタイ王国憲法が施行されたのを受け、99年には歴史上初の国家教育法が誕生した。この教育法により、タイの教育は抜本的に改革されることとなる。この教育法の内容をひと言で言えば、グローバル・スタンダードなタイ国家を建設し、21世紀を生き抜くタイ人を育成することをねらいとしている。現在、タイでは、99年教育法に基づき、数々の教育改革が進められている。今回の教育改革は、教育の近代化以来の大改革であり、タイ教育史上「第2の教育改革」といわれている。タイにおける1990年代は激動の時代であった。

この「第2の教育改革」では、通貨危機の経験やこれまでの各種政策、各種委員会報告などの趣旨を受け、教育の抜本的改革はもちろんのこと、グローバル社会での競争を生き抜き、タイの社会・政治・経済・文化システムまでを再構築し、新しい国民を育成することを意図している。そのエッセンスは「グローバル・スタンダードなタイ国家の建設」ということになろう。通貨危機に直面した経験から、世界共同体の中で21世紀を生き抜くタイ人の育成が強く意識されている。

さて、99年教育法による教育改革は、教育行政改革、教育の権利・義務の法制化、教育方法改革、教員改革、教育の質の保証制度の導入など、広範多岐にわたる。ここでは、どのようなタイ人を育てようとしているのだろうか。その目的として、「教育とは、タイ人を、身体、精神、知性、知識、道徳すべての面において完全な人間に形成し、生活していく上での倫理や文化を身につけ、幸福に他者と共生することができるようになることを目的としなければならない」と規定されている。そのため、学習過程においては、「国王を元首とする民主主義制度を正しく認識すること、権利、義務、自由、法律の遵守、平等、人間としての威厳を護持・促進すること、タイ人であることに誇りをもつこと、公衆と国家の利益を守ること、宗教、芸術、国家の文化、スポーツ、地方の知恵、タイの知恵、普遍的知識を促進すること、自然と環境を保護すること、仕事ができる能力をもつこと、自立できること、創造性をもつこと、継続的に自ら学習していけること」がめざされなければならないとされている。

99年教育法の理念を受けて、2001年には基礎教育カリキュラムが告示された。このカリキュラムにより、12年間一貫のカリキュラムを編成しなければならないこととなり、各基礎教育機関は、主体的に多様な学校カリキュラムを開発することとなった。しかし、実際の各教育機関では、関連資料の不備などにより、現場関係者が混乱し、カリキュラム内容が詰めすぎになったり、学習者の知識・能力・望ましい資質が満足のいくレベルに達しなかったりした。

そこで、2008年には、2001年カリキュラムの枠組みを継承しながらも、

キー・コンピテンシーを強調する学力観、コンテンツベースのカリキュラムからスタンダードベースのカリキュラムへと改革することになる。キー・コンピテンシーとして、コミュニケーション能力、思考能力、問題解決能力、生活技能の能力、テクノロジー活用能力を身につけることを強調することになった。2008年カリキュラムを踏まえ、国際社会の時流に合わせた改革が打ち出されている。近年では、学習時間を削減しながら知る機会を増やすという理念のもとにPISA型学力を意識した学力形成が目指されている。

このように99年教育法に則り、数々の改革が行われてきたが、他方で課題もあった。例えば、カリキュラム改革である。改革により、各教育機関はカリキュラムを独自編成することとなったが、小規模校でのカリキュラムの自主編成は、教師の能力不足からほとんど不可能であった。2001年以降も続くカリキュラム改革により、その課題がどのように解消されるのか、検証評価して、今後のあり方を検討しなければならない。

1　研究の背景

本研究における資質は、人間が身につけるべき質（クオリティー）と定義した。本研究では、国家にとって望ましい資質を身につけた構成員となるために、知識・理解、能力・技能のみならず価値観・態度をある程度身につけていることが重要であると考える。知識・理解に関する資質には、環境、共生、異文化理解、社会正義と公正、民主主義、持続的開発・発展、相互依存関係、外国語、社会福祉、人権、アセアンの歴史と文化、アセアン諸国の共通の社会問題が含まれている。能力・技能に関する資質には、意見表明、冷静に判断・自己コントロール、問題解決、意思決定、情報社会への対応、平和的解決、批判的思考、生活の質の向上、相互協力、持続的開発・発展、社会正義を守る能力、外国語能力、アセアン諸国に共通の規範や価値観に基づいて行動する能力、アセアン諸国共通の社会問題を他者と解決する能力が含まれている。最後に、価値観・態度に関する資質には、不正や差別に立ち向かう態度、環境・資源を守る態度、文化の多様性を理解し尊重する態度、法

律を大切にする態度、国と国が協力して共生する態度、地球上にある問題を認識し解決する態度、伝統・文化に従い行動する態度、国民としての道徳を守り誇りをもつ態度、民主主義を尊重する態度、人権を尊重する態度、科学的な思考力をもち科学技術に乗り遅れない態度、アセアンの一員としての態度、が含まれている。

平田を代表とするタイに関する研究者チームは、「ASEAN 諸国における市民性教育とアセアンネスのための教育に関する国際比較研究」（2010〜2014年）の一環として、タイとその他の 9 カ国について、国際比較研究を行ってきた。

同研究には、2 つのフェーズがあった。第 1 フェーズでは、タイにおける市民性教育の現状、課題に関して政府による政策や計画、カリキュラムを分析したうえで、595 名のタイの児童生徒を対象に調査を行った。さらに、タイの児童生徒に見られるアセアンリテラシーに関する研究も実施し、その研究成果は、2012 年にチュラロンコン大学（タイ）で開催されたアジア比較教育学会（CESA）で公表された。

第 2 フェーズは、タイの教育専門家（大学教員、学校教員、学校長）の認識するアセアン市民性に関する現状と 10 年後に期待する資質を明らかにすることを目的とした研究であった。同研究においては、タイの専門家による現段階で取得している市民性の資質と、10 年後に達成されることが期待される資質に対する認識を解明することに重点が置かれた。さらに、市民性の資質の重要性、授業や研究において関わっている資質、それらの資質を養うべき児童生徒の年齢段階に関しても分析の対象とした。最後に、アセアンリテラシーの現時点の達成度と 10 年後に達成することが期待される資質を予測することを目指した。

2　研究の方法

第 1 フェーズの研究方法として、アセアン加盟 10 カ国を対象に、児童生徒に対する共通アンケート調査を実施することとした。回答者は初等教育、

前期中等教育、後期中等教育の最終学年程度を想定し、12歳、15歳、18歳が規定となっている学年で実施した。アンケートは二部構成で、第一部は、児童生徒の市民性を問うものであり、第二部はアセアンに関する知識や態度を問うものである。第一部は、一方の軸にローカル－ナショナル－リージョナル－グローバル－ユニバーサルの5レベルが設定され、他方の軸に知識・理解－能力・技能－価値観・態度の3側面が設定されたものである。第二部は、アセアン加盟国の基礎的な知識および国際組織としてのアセアンの知識、それらの知識を得るメディア、アセアンの一員としてのアイデンティティを問う内容である。タイの回答者数は595名であった（本書第12章付表参照）。

第2フェーズの研究方法として、デルファイ調査法を用いた。調査票は、268名に配布され、対象となったのは学校長、社会科担当教員、大学教員であった。デルファイ調査の性質を踏まえ、第一ラウンドの結果を反映した第二ラウンドの調査票を開発した。第二ラウンドの調査票は、3つのパートにより構成された。パート1は、ローカル－ナショナル－リージョナル－グローバル－ユニバーサル・レベルにおける知識・理解－能力・技能－価値観・態度に関する現時点での達成度と10年後の達成に対する期待から成る。パート2は、現時点と10年後の市民性に関する資質の重要性に対する設問、それらの資質を養うべき学年段階より成る。パート3は、アセアンリテラシーに関する資質に注目し、その専門能力開発のために用いられる研修方法について検討した。パート1からパート2までの調査は他のアセアン諸国と共同の調査項目であるが、パート3については、タイの調査グループが独自に調査項目を開発し、タイ単独で調査を実施した。なお、得られたデータは、SPSSによって分析を行った。

3　第1フェーズ・アンケート調査結果の分析

(1) 知識・理解から見た市民性

第一部のQ1～Q3では、市民性の知識・理解面について尋ねた（本書第12章表12-1参照）。Q1は歴史学習について、Q2は伝統・文化学習について、

ローカル－ナショナル－リージョナル－グローバルの各レベル別にその重要度をどう考えるかを尋ねたものである（1＝全く重要でない、2＝あまり重要でない、3＝重要、4＝とても重要の4段階）。

Q1の結果を平均値で見ると、「自分の国の歴史」について3.7ポイントと高い数値になっており、ナショナルなレベルの歴史学習が特に重要だと考えている。続いて「世界の歴史」が3.5ポイントと高く、最も低いのは「自分が住む村や町の歴史」であった。すなわち、ナショナル＞グローバル＞リージョナル＞ローカルの順に重要性が高い。Q2の回答傾向も同様であるが、ナショナル＞グローバルのポイントが高く、ローカル＞グローバルの順にポイントが低い。このようにタイの場合、ナショナルなレベルとグローバルなレベルの知識・理解に重点が置かれていることが特徴である。

Q3では市民性にとって重要な11の概念について、見たり聞いたりした経験があるかを尋ねた。4段階評価による平均値で傾向を見ると、3.6ポイント以上の項目として、「民主主義」（3.8）、「環境」（3.7）、「平和」（3.6）、「開発」（3.6）が挙げられる。一方、相対的に低い項目として「国際社会」（2.6）、「異文化理解」（3.0）、「持続的発展」（3.2）が挙げられる。先進国主導の国際開発分野では重要なタームとされるこれらの概念に対する見聞の機会が少ない点は興味深い。

(2) 能力・技能から見た市民性

第一部のQ4～Q8では、市民性の能力・技能面について尋ねた（表12-2）。

Q4では、社会問題について、(1) 自分で調べたり、学んだりした経験があるか、(2) 自分の意見を持ったことがあるか、(3) 自分の意見を表明したことがあるか、(4) 問題解決に向けて、行動したことがあるかの各設問について、経験の程度を4段階で回答させた。その傾向を見ると、(3) 自分の意見を表明した経験（2.2）、(4) 問題解決に向けて、行動した経験（2.4）が低い傾向にあった。

Q5では、意見表明ができる相手として、(1) 友人、(2) 親、(3) 学校の先生、

(4) 大人や年上の人、(5) 政治をする人、(6) 宗教指導者のそれぞれについて、1＝いえる、2＝いえない、3＝わからないの選択肢により回答させた。このうち、1＝いえると回答した者の割合を見ると、友人 (92.1％) や親 (72.6％) に対しては意見表明ができるとした一方で、宗教指導者 (17.1％) や政治をする人 (19.3％) に対しては意見表明がしづらいという傾向が明らかとなった。

Q6では英語学習の重要性、Q7では英語能力の自己評価を尋ねた。67.4％が英語学習の重要性を強く認識している一方で、英語能力の自己評価は必ずしも高くない状況が明らかとなった。英語能力の自己評価の高い国はフィリピン、マレーシア、ブルネイであり、それ以外のアセアン各国との差が顕著であった。

Q8では、将来、市民性の資質を身につけ、望ましいとされる生き方や暮らし方ができるかを尋ねた。1＝全くできない、2＝あまりできない、3＝できる、4＝十分できる、の4段階法で回答させた。タイの場合、将来の市民性に基づく能力に高い自信を持っていることが特徴であり、(6) 諸問題を協力して解決・行動したりできる (2.9) を除き、すべて3ポイント以上となっている。

(3) 価値観・態度から見た市民性

第一部のQ9～Q12では、市民性の価値観・態度面について尋ねた。

Q9では、毎日の生活の中で自らの宗教／信仰の教えを守り、実行しているかどうかを尋ねた。選択肢として、(1) 十分守り、実行している、(2) 守り、実行している、(3) あまり守ったり実行したりしていない、(4) 全く守ったり実行していない、(5) 特定の宗教／信仰を持っていないの5つを提示した。ベトナムを除き、多くの国で8割以上が選択肢の (1) または (2) が選択されているが、タイの場合、(1) ではなく、(2) の回答率が高い (70.8％) ことが特徴である。

Q10では、国民としての道徳や誇りを持っているかを尋ね、(1) 十分持っている、(2) 持っている、(3) あまり持っていない、(4) 全く持っていないの4段階で回答させた。多くの国で (1) の積極的な回答が8割を超えてい

る中で、タイの場合、56.9％と相対的に低いことが特徴である。

Q11では、市民性資質の中からローカルからグローバルまでの各レベルに共通する資質を抽出し、どれが最も重要かを尋ねた。4レベル合計で28項目を示した。タイの場合、ローカルレベルでは、(5) 環境や開発の問題に関心を持つこと（24.4％）、(1) 伝統文化を守ること（23.7％）が多く選択されている。ナショナルレベルでは、(9) 国民であることに誇りを持つ（25.2％）、(8) 伝統文化を守ること（21.8％）が多く選択されている。リージョナルレベルでは、(19) 環境や開発の問題に関心を持つこと（20.5％）、(17) 平和であること（16.8％）が多く選択されている。グローバルレベルでは、(26) 環境や開発の問題に関心を持つこと（24.4％）、(23) 地球人であることに誇りを持つこと（17.3％）が多く選択されている。おおまかな傾向として、ローカル－ナショナルなレベルでは伝統文化の尊重に重点を置き、ローカル－リージョナル－グローバルなレベルで環境や開発の問題に対する関心に重点を置いているといえる。

(4) アセアンに対する知識・理解

第二部のQ1～Q5では、アセアン諸国に関する知識およびアセアンそのものの基礎知識について尋ねた（表12-4）。

Q1では、アセアン加盟国の名と地図上の記号を一致させる問題を出題した。その結果自国の位置については、高い正答率（99.0％）を示す一方、ブルネイ（55.0％）、フィリピン（60.3％）、インドネシア（65.4％）といった国境を接していない国々に対する正答率が低い傾向にあった。

Q2では、アセアンの旗の意味を5つの選択肢の中から選ばせた。同様に、Q3では、アセアン設立年を、Q4では、アセアン統合の目標年を6つの選択肢の中から選ばせた。その結果、アセアン旗の意味については、過半数の正答率（61.0％）であったものの、アセアン設立年（20.2％）とアセアン統合年（22.2％）については、正答率が低かった。ナショナルカリキュラムや教科書にこうした内容が含まれているか否かによって国ごとに正答率の違いが大きくでた。

Q5 では、アセアン 10 カ国について、自国も含めてどの程度知っているかを尋ねた。1 ＝全く知らない、2 ＝あまり知らない、3 ＝知っている、4 ＝とてもよく知っている、の 4 段階法で回答させた。タイの 3.6 ポイントを除き、平均値は 2 点台に集中しているが、やはりブルネイ（2.0）、インドネシア（2.2）、フィリピン（2.2）が相対的に低いポイントであった。

（5）アセアンについての意識

第二部の Q7 ～ Q11 では、アセアンについての意識を尋ねた。いずれも回答は、1 ＝とてもそう思う、2 ＝思う、3 ＝あまりそう思わない、4 ＝全くそう思わない、の 4 段階法で、第 12 章表 12-5 には平均値が示されている。

Q7 では、アセアンの国々について、もっと知りたいと思うかを尋ねた。平均値は 1.9 で知りたいという意識が表れた。

Q8 では、アセアンのメンバーであることは自国にとって有益であると思うかを尋ねた。平均値は 1.8 で有益性を認めているが、ラオス（1.3）やブルネイ（1.5）に比較すると、相対的に低い。

Q9 では、アセアンのメンバーであることは自分自身にとって有益であると思うかを尋ねた。ベトナム（2.2）、カンボジア（2.0）、インドネシア（2.0）、フィリピン（2.0）といった国々が 2 ポイント台であるのに対し、タイは 1.9 ポイントと積極的である。

Q10 では、アセアン市民であることを自覚し、アセアンに愛着を持ち、アセアン市民であることに誇りを感じているかを尋ねた。ここでも、タイは 1.9 ポイントと、ベトナム（2.2）、インドネシア（2.0）よりも積極的である。

Q11 では、アセアンのめざす目標を達成していくために、アセアン諸国の人たちと共通のアイデンティティを持っていると思うかを尋ねた。他国ではこの設問に対し、消極的意見が多かった（2.0 ポイント以上）のに対し、フィリピンとタイが 1.9 ポイントと積極的である。

4　第2フェーズ・デルファイ調査結果の分析

(1) 属性

　268名の回答者のうち、166名（62%）が女性、102名（38%）が男性である。

　年齢については、過半数の回答者（54%）が50歳代であり、次いで40歳代（20%）となる。60歳代の回答者はわずか9名（3%）である。

　回答者の職業については、268名の回答者のうち、150名（56%）が学校教員であり、75名（28%）が指導主事である。また、27名（10%）が高等教育機関教員（大学教員）である。

　職種については、170名（63%）の回答者が、社会科分野での教育に従事している。一方で、社会科に関する研究についてはわずか5名（2%）が従事していると回答したにすぎない。回答者のうち、87名（32%）がその他の職種に従事していると回答したが、どのような職種に従事しているのかは明らかとなっていない。指導主事として従事していると考えられる。

(2) パートⅠ：現時点で達成されている資質、および10年後に達成が期待される資質

　問：現時点において、子どもが各資質をどの程度身につけているか、そして10年後、子どもがこの資質をどの程度達成しているべきか

　表10-1に示されるように、「知識・理解」に関する資質について、ローカル・レベルにおいては91%、ナショナル・レベルでは83%と、現時点においてほぼ達成されていると認識している。次いで、リージョナル、グローバル、ユニバーサル・レベルとなっている。

　一方で、10年後については、リージョナル（88%）、グローバル（87%）、そしてユニバーサル・レベル（87%）といったレベルにおいて達成することが強く期待されている。

　このように10年後には、ユニバーサル、グローバル、リージョナル・レ

第 10 章　タイの市民性教育　223

表 10-1　現時点および 10 年後に達成した（する）資質

n =268

	知識・理解		能力・技能		価値観・態度	
	現在	10 年後	現在	10 年後	現在	10 年後
ローカル・レベル	91%	83%	83%	86%	88%	82%
ナショナル・レベル	83%	82%	72%	86%	**91%**	77%
リージョナル・レベル	78%	88%	69%	89%	69%	**89%**
グローバル・レベル	66%	87%	58%	86%	59%	85%
ユニバーサル・レベル	65%	87%	68%	85%	68%	85%

ベルの資質がローカルおよびナショナルレベルの資質を超えることを期待している点は、興味深い。

　「能力・技能」に関する資質について、現時点で、ローカル（83%）、ナショナル（72%）、リージョナル（69%）の順で市民性の資質を達成しているとしたが、グローバル・レベルに関しては58%と達成度が低いことが明らかとなった。10年後については、リージョナル（89%）を筆頭に、グローバル（86%）、ナショナル（86%）ローカル（86%）のいずれについても達成が強く期待されているが、ユニバーサル・レベルでの達成期待がやや低い（85%）。「能力・技能」の資質については、すべてのレベルにおいて、重点のシフトが低から高へという移行が見られており、今後の資質向上が強く期待されていることがうかがえる。

　「価値観・態度」については、ほとんどの回答者が、現時点においてナショナル・レベル（91%）において達成しており、次いでローカル・レベル（88%）で達成していると回答した。一方、グローバル・レベルにおける達成度は59%と相対的に低かった。10年後に達成することが期待される資質としては、89%がリージョナル・レベルについて達成が期待されており、次いでグローバル、ユニバーサル・レベルとなっている。ナショナル・レベルの資質への期待が、77%に低下している点が興味深い。

　このように、「価値観・態度」に関する資質への期待は、リージョナル、グローバル、ユニバーサル・レベルについて現時点より10年後に対して期待が高

まっているのに対し、ローカル、ナショナル・レベルについては、10年後に対する期待が低くなっている点が特徴である。

(3) パートⅡ－1：知識・理解に関する設問

設問1：資質に関する専門度

表10-2に示されるように、回答者の58%～66%が、ほとんどすべての資質にかかわっているが、「外国語」については、授業・研究においてほとんどかかわっていない（44%）、全くかかわっていない（8%）と回答している。一方で、回答者が「非常に頻繁に」熱心にかかわっているものとして、「民主主義」（30%）、「共生」（28%）、そして「相互依存関係」（27%）があげられている。

設問2：資質の重要性

表10-3に示されるように、回答者の62%～81%は、知識・理解に関す

表10-2　各資質に対する、あなたのかかわり度

n =268

資質	無回答	非常に頻繁	頻繁	ほとんどない	全くない
環境	1	53	**175 (66%)**	34	5
共生	2	74 (28%)	**167 (63%)**	22	3
異文化理解	1	61	**164 (61%)**	37	5
社会正義と公正	2	51	**170 (64%)**	39	6
民主主義	2	79 (30%)	**164 (62%)**	19	4
持続的開発・発展	-	42	**176 (66%)**	46	4
相互依存関係	1	72 (27%)	**162 (61%)**	28	5
外国語	-	22	105 (39%)	119 (44%)	22 (8%)
社会福祉	1	22	**158 (59%)**	77	10
人権	1	44	**170 (64%)**	46	7
アセアンの歴史と文化	2	34	**162 (61%)**	60	10
アセアン諸国共通の社会問題	10	25	**149 (58%)**	75	9

表 10-3　各資質の重要度

n =268

資質	無回答	大変重要	重要	ほとんど重要でない	全く重要でない
環境		212 (79%)	52	4	-
共生	2	216 (81%)	48	2	
異文化理解	1	192 (72%)	67	8	
社会正義と公正	1	200 (75%)	59	7	1
民主主義	2	209 (79%)	53	4	
持続的開発・発展	1	205 (77%)	56	6	
相互依存関係		215 (80%)	49	4	
外国語	1	197 (74%)	51	18 (7%)	1
社会福祉	1	171 (64%)	83 (31%)	13	
人権	1	181 (68%)	75	11	
アセアンの歴史と文化	4	164 (62%)	84 (32%)	16 (6%)	
アセアン諸国共通の社会問題	7	167 (64%)	80	14	

るすべての項目が「大変」重要であると認識しており、上位から順に「共生」、「相互依存関係」、「環境」、「民主主義」となっている。

　一方で、「社会福祉」については31％、「アセアンの歴史と文化」については32％が、「重要である」と認識しており、相対的にやや低い。

　設問3：現時点での達成度

　表10-4から、現時点において、すべての資質が達成されており、特に「社会正義と公正」、「異文化理解」、「社会福祉」の資質が高く、「環境」に関する資質については、53％が「ある程度」達成したとしている。さらに「社会正義・公正」については5％、「相互依存関係」については6％が大変達成しているとした。一方で、「外国語」の資質の達成度が、相対的に低いということがいえる。

　設問4：10年後に達成が期待される資質

　表10-5から、ほとんどの回答者は、10年後にすべての資質を達成すると

表 10-4　現時点において、子どもが各資質をどの程度達成しているか

n = 268

資質	無回答	大変達成している	ある程度達成している	達成している	ほとんど達成していない	全く達成していない
環境	1	10	142 (53%)	91 (34%)	24	
共生	1	12	124 (46%)	110 (41%)	21	
異文化理解		5	85	142 (53%)	34	2
社会正義と公正		13 (5%)	72	150 (56%)	32	1
民主主義		14 (5%)	94	139 (52%)	21	
持続的開発・発展	2	8	76	131 (49%)	48	3
相互依存関係		15 (6%)	88	133 (50%)	29	3
外国語	1	8	52	123 (46%)	76 (28%)	8 (3%)
社会福祉	1	8	53	141 (53%)	61	4
人権	2	10	78	119 (45%)	52	7
アセアンの歴史と文化	1	7	61	137 (51%)	55	7
アセアン諸国共通の社会問題	17	8	57	112 (45%)	62	12 (5%)

期待している。彼らが「完全に」達成することを期待する資質として、「環境」（49%）、「共生」（43%）、「外国語」（41%）をあげており、アセアンの共同体が実現し、相互交流や相互依存関係が高まる中、これからのタイ人に求められる資質としてこれらが重視されることがうかがえる。

設問 5：これらの資質を学習すべき年齢

表 10-6 から、回答者は、「アセアンの歴史と文化」、「アセアン諸国共通の社会問題」を除いたすべての項目において、8 歳までが適切であると回答した。「アセアンの歴史と文化」に適した年齢は 9 〜 10 歳とされ、「アセアン諸国共通の社会問題」に適した年齢は 11 〜 12 歳とされた。

表 10-5 10 年後、子どもが各資質をどの程度達成しているべきか

n = 268

資質	無回答	完全に達成しているべき	ある程度達成しているべき	達成しているべき	十分達成していなくてよい	全く達成しなくてよい
環境		130 (49%)	103 (38%)	30	4	1
共生		114 (43%)	119 (44%)	28	6	1
異文化理解		78	152 (57%)	34	3	1
社会正義と公正		81	141 (53%)	39	5	1
民主主義		97	136 (51%)	32	3	
持続的開発・発展		72	148 (55%)	43	3	1
相互依存関係		92	129 (48%)	38	7	2
外国語		109 (41%)	106 (40%)	49	2	1
社会福祉		69	143 (54%)	50	5	
人権		82	143 (54%)	40	2	
アセアンの歴史と文化		82	142 (53%)	41	2	
アセアン諸国共通の社会問題		84	123 (48%)	46	2	

表 10-6 各資質を学習すべき年齢

n =268

資質	無回答	8 歳までに	9～10 歳	11～12 歳	13～14 歳	15～16 歳	17 歳以上
環境	2	170 (64%)	59	21	12	3	1
共生	2	149 (56%)	67	26	16	6	2
異文化理解	2	89 (33%)	87 (33%)	58	24	5	3
社会正義と公正		101 (38%)	69	57	26	13	2
民主主義	1	132 (49%)	70	36	16	9	4
持続的開発・発展	2	102 (38%)	70	49	32	9	4
相互依存関係		152 (57%)	60	33	17	5	1
外国語	4	159 (60%)	56	28	14	5	2
社会福祉	1	80 (30%)	58	69	33	15	12
人権	1	86 (32%)	83	47	29	14	8
アセアンの歴史と文化	1	68 (25%)	88 (33%)	63	36	8	4
アセアン諸国共通の社会問題	15	57 (23%)	60	62 (25%)	47	17	10

表 10-7　各資質に対する、あなたのかかわり度

n =268

資質	無回答	非常に頻繁	頻繁	ほとんどない	全くない
意見表明できる		35	187（70%）	39	7
冷静に判断、自分をコントロールできる	3	68	173（65%）	23	1
問題解決	1	44	188（70%）	30	5
意思決定	1	48	186（70%）	29	4
情報社会に対応できる		54	176（66%）	32	6
平和的解決		68	165（62%）	31	4
批判的思考		39	175（65%）	50	4
生活の質を高める		67	171（64%）	26	4
相互協力	1	109（41%）	137（51%）	19	2
持続的開発・発展		58	175（65%）	32	3
社会に貢献できる	3	75	154（58%）	32	4
外国語を操る		25	128（48%）	97	18（7%）
アセアン諸国共通の規範・価値観をもつ		27	189（71%）	41	11
アセアン諸国共通の社会問題を他者とともに解決できる	6	22	153（58%）	71	16

(4) パートⅡ-2：能力・技能に関する設問

設問1：資質に関する専門度

回答者は、授業や研究において「能力・技能」に関するすべての資質を用いていると回答した。特に「相互協力」については、「非常に頻繁」に用いているとされているが、一方で「外国語を操る」については、「ほとんど」「全く」用いていない回答者が相対的に多い点に注目したい（**表10-7**）。

設問2：資質の重要性

ここではすべての資質について、「大変」重要な資質である（61%～78%）と認識している。いずれも重要度が高いと認識されているが、「大変」重要を2ポイント、重要を1ポイントとして得点化した場合、上位から順に、「外国語を操る」、「相互協力」、「冷静に判断、自分をコントロールできる」、「問

表 10-8　各資質の重要度

n =268

資質	無回答	大変重要	重要	ほとんど重要でない	全く重要でない
意見表明できる		166（62%）	96（36%）	6（2%）	
冷静に判断、自分をコントロールできる		206（77%）	61	1	
問題解決		204（76%）	63	1	
意思決定		201（75%）	65	2	
情報社会に対応できる		202（75%）	65	1	
平和的解決		205（76%）	59	4	
批判的思考		176（66%）	86	6（2%）	
生活の質を高める		206（77%）	58	4	
相互協力		207（77%）	60	1	
持続的開発・発展	1	199（75%）	64	4	
社会に貢献できる	2	200（75%）	56（21%）	4	
外国語を操る		208（78%）	64	4	
アセアン諸国共通の規範・価値観をもつ	1	177（66%）	89	1	
アセアン諸国共通の社会問題を他者とともに解決できる	7	160（61%）	93	7（3%）	1

題解決」となる。一方、下位から順に、「アセアン諸国共通の社会問題を他者とともに解決できる」、「意見表明できる」、「批判的思考」、「アセアン諸国共通の規範・価値観をもつ」となる。このように、アセアン諸国での共通の枠組みを構築するという姿勢は相対的に重要度が低いと認識されている（**表10-8**）。

設問 3：現時点での達成度

回答者は、39%〜59%の割合でこれらの資質を現時点で達成しているとしている。「情報社会に対応できる」については、「大変」達成しているが10%に達し、39%は「ある程度」達成していると回答した。また、「ほとんど」達成されていないとされる 2 つの資質は、「批判的思考」（33%）、「アセアン諸国共通の社会問題を他者とともに解決できる」（36%）である（**表10-9**）。

表 10-9 現時点において、子どもが各資質をどの程度達成しているか

n = 268

資質	無回答	大変達成している	ある程度達成している	達成している	ほとんど達成していない	全く達成していない
意見表明できる	1	7	85	122 (46%)	51	2
冷静に判断、自分をコントロールできる	1	7	77	128 (48%)	52	3
問題解決	3	9	64	139 (52%)	50	3
意思決定		14	70	126 (47%)	56	2
情報社会に対応できる	1	26 (10%)	105 (39%)	105 (39%)	31	
平和的解決	2	5	59	132 (50%)	65	5
批判的思考		5	56	115 (43%)	88 (33%)	4
生活の質を高める		9	52	151 (56%)	53	3
相互協力	2	8	66	156 (59%)	35	1
持続的開発・発展		10	54	141 (53%)	62	1
社会に貢献できる	2	13	62	150 (56%)	40	1
外国語を操る		8	63	119 (44%)	71 (26%)	7
アセアン諸国共通の規範・価値観をもつ	1	3	57	130 (49%)	72 (27%)	5
アセアン諸国共通の社会問題を他者とともに解決できる	7	4	54	104 (40%)	93 (36%)	6

設問4：10年後に達成が期待される資質

回答者は、38％～59％の割合で10年後に「ある程度」達成できると期待している。完全に達成できると期待される3つの資質は、「情報社会に対応できる」(46％)、「外国語を操る」(44％)、「社会に貢献できる」(40％)である（表10-10）。

設問5：これらの資質を学習すべき年齢

ほとんどの回答者は、「意見表明できる」、「批判的思考」、「アセアン諸国共通の規範・価値観をもつ」、「アセアン諸国共通の社会問題を他者とともに解決できる」を除き、8歳が適切であるとしている。「意見表明できる」、「批判的思考」は、11～12歳の児童生徒が適切であるとした。「アセアン諸国

表 10-10　10 年後、子どもが各資質をどの程度達成しているべきか

n = 268

資質	無回答	完全に達成しているべき	ある程度達成しているべき	達成しているべき	十分達成していなくてよい	全く達成しなくてよい
意見表明できる		64	157（59%）	38	8	1
冷静に判断、自分をコントロールできる	2	70	136（51%）	47	12（5%）	1
問題解決	2	70	145（55%）	40	10	1
意思決定	1	80	138（52%）	41	7	1
情報社会に対応できる		123（46%）	103（38%）	41		1
平和的解決		66	143（53%）	47	11	1
批判的思考	1	63	141（53%）	52	10	1
生活の質を高める	1	72	145（54%）	47	2	1
相互協力	2	89	131（49%）	38	7	1
持続的開発・発展		71	141（53%）	50	5	1
社会に貢献できる	3	105（40%）	113（43%）	39	7	1
外国語を操る		118（44%）	101（38%）	45	2	2
アセアン諸国共通の規範・価値観をもつ		83	138（51%）	42	4	1
アセアン諸国共通の社会問題を他者とともに解決できる	10	68	133（52%）	52	4	1

表 10-11　各資質を学習すべき年齢

n = 268

資質	無回答	8 歳までに	9〜10 歳	11〜12 歳	13〜14 歳	15〜16 歳	17 歳以上
意見表明できる	2	60（23%）	70	73（27%）	36	22	5
冷静に判断、自分をコントロールできる	3	168（63%）	60	19	9	6	3
問題解決	3	127（48%）	76	36	12	9	5
意思決定		134（50%）	61	40	15	10	8
情報社会に対応できる		111（41%）	86	37	24	7	3
平和的解決		103（38%）	63	53	27	13	9
批判的思考	1	68（25%）	67	69（26%）	27	26	10
生活の質を高める		93（35%）	67	44	34	21	9
相互協力	3	133（50%）	63	31	22	16	
持続的開発・発展		86（32%）	80	42	30	20	10
社会に貢献できる	2	144（54%）	60	25	18	16	3
外国語を操る		168（63%）	48	25	14	9	4
アセアン諸国共通の規範・価値観をもつ	2	84（32%）	95（36%）	38	25	16	8
アセアン諸国共通の社会問題を他者とともに解決できる	8	65（25%）	87（33%）	42	28	23	15

共通の規範・価値観をもつ」、「アセアン諸国共通の社会問題を他者とともに解決できる」の資質については、9～10歳の児童生徒が適切であるという回答が最多であった（**表10-11**）。

(5) パートⅡ—3：価値観・態度に関する設問

設問1：資質に対する専門度

　回答者は、39％～67％の割合で、「頻繁」にすべての資質にかかわっていると回答している。「頻繁」とされる資質は、「環境・資源を守り、その開発に興味をもつ」67％、「正義をもって不正に立ち向かう」66％、「科学的な思考力をもち、科学技術に乗り遅れない」66％、「アセアンの一員としての道徳を守り、誇りをもつ」65％となっている。「非常に頻繁」にかかわっているのが、「国民としての道徳を守り、誇りをもつ」52％、「民主主義を尊重する」52％であり、次いで「法律を尊重する」43％、「人権を尊重する」42％となっている（**表10-12**）。

設問2：資質の重要性

　すべての資質は、63％～82％の回答者にとって「大変重要」であると認識されている。得点化して順位をつけた場合、上位から順に、「国民としての道徳を守り、誇りをもつ」、「民主主義を尊重する」、「自立心をもつ」、「人権を尊重する」となる。一方で、下位から順に、「国際協力を推進する」、「アセアンの一員としての道徳を守り、誇りをもつ」、「地球規模の問題に関心をもつ」となり、共同認識のもとに各国が協力して問題解決にあたるという態度については、相対的に重要性が低いと考えられている（**表10-13**）。

設問3：現時点での達成度

　回答者は、39％～54％の割合で、現時点ですべての資質を達成していると回答している。これらの資質のうち、「科学的な思考力をもち、科学技術に乗り遅れない」54％、「アセアンの一員としての道徳を守り、誇りをもつ」53％が「達成」となっている。特に、「環境・資源を守り、その開発に興味

第10章 タイの市民性教育　233

表10-12　各資質について、あなたのかかわり度

n =268

資質	無回答	非常に頻繁	頻繁	ほとんどない	全くない
正義をもって不正に立ち向かう		35	176 (66%)	53	4
環境・資源を守り、その開発に興味をもつ	2	62	178 (67%)	25	1
自立心をもつ	2	97	146 (55%)	21	2
文化の多様性を大切にする	1	75	163 (61%)	27	2
法律を大切にする	1	114 (43%)	123 (46%)	26	4
国際協力を推進する	1	33	147 (55%)	77	10 (4%)
地球規模の問題に関心をもつ	1	44	166 (62%)	54	3
伝統・文化を尊重する	1	95	146 (55%)	24	2
国民としての道徳を守り、誇りをもつ	1	139 (52%)	103 (39%)	24	1
民主主義を尊重する	1	140 (52%)	104 (39%)	22	1
人権を尊重する	1	111 (42%)	127 (48%)	27	2
科学的な思考力をもち、科学技術に乗り遅れない	1	48	177 (66%)	38	4
アセアンの一員としての道徳を守り、誇りをもつ	10	51	168 (65%)	35	4

表10-13　各資質の重要度

n =268

資質	無回答	大変重要	重要	ほとんど重要でない	全く重要でない
正義をもって不正に立ち向かう	1	183 (69%)	79	5	
環境・資源を守り、その開発に興味をもつ		213 (79%)	49	6	
自立心をもつ	1	215 (81%)	50	2	
文化の多様性を大切にする	2	194 (73%)	69	3	
法律を大切にする		212 (79%)	52	4	
国際協力を推進する		168 (63%)	87	12	1
地球規模の問題に関心をもつ		178 (66%)	81	8	1
伝統・文化を尊重する		202 (75%)	59	6	1
国民としての道徳を守り、誇りをもつ		219 (82%)	46	3	
民主主義を尊重する		218 (81%)	46	4	
人権を尊重する		212 (79%)	56		
科学的な思考力をもち、科学技術に乗り遅れない	2	191 (72%)	69	6	
アセアンの一員としての道徳を守り、誇りをもつ	11	183 (71%)	65	9	

表 10-14　現時点において、子どもが各資質をどの程度達成しているか

n = 268

資質	無回答	大変達成している	ある程度達成している	達成している	ほとんど達成していない	全く達成していない
正義をもって不正に立ち向かう		8	90	118（44%）	50	2
環境・資源を守り、その開発に興味をもつ	1	14	132（49%）	91（34%）	29	1
自立心をもつ		9	89	128（48%）	40	2
文化の多様性を大切にする		13	82	137（51%）	33	3
法律を大切にする	1	10	85	132（49%）	39	1
国際協力を推進する	1	10	44（16%）	104（39%）	96（36%）	13（5%）
地球規模の問題に関心をもつ		6	60	110（41%）	83	9
伝統・文化を尊重する		13	87	131（49%）	34	3
国民としての道徳を守り、誇りをもつ		20（7%）	116（43%）	109（41%）	21	2
民主主義を尊重する		20（7%）	89	131（49%）	26	2
人権を尊重する		13	78	138（51%）	35	4
科学的な思考力をもち、科学技術に乗り遅れない		10	72	142（54%）	38	6
アセアンの一員としての道徳を守り、誇りをもつ	11	6	62	140（53%）	41	8

をもつ」49％、「国民としての道徳を守り、誇りをもつ」43％について「ある程度」達成していると回答した。さらに「大変」達成したとされる資質は、「国民としての道徳を守り、誇りをもつ」7％、「民主主義を尊重する」7％の2つである。この2つは国民統合の柱として、長年にわたりタイが強調してきた項目であり、ナショナル・アイデンティティ形成が強固に実現しているとの認識があると考えられる（**表 10-14**）。

設問 4：10 年後に達成が期待される資質

　回答者は、48％〜57％の割合で10年後にすべての資質を「ある程度」達成できると期待している。なかでも、「国際協力を推進する」57％、「アセアンの一員としての道徳を守り、誇りをもつ」57％が、「ある程度」達成でき

表 10-15　10 年後、子どもが各資質をどの程度達成しているべきか

n = 268

資質	無回答	完全に達成しているべき	ある程度達成しているべき	達成しているべき	十分達成していなくてよい	全く達成しなくてよい
正義をもって不正に立ち向かう	1	68	139（52%）	55	5	
環境・資源を守り、その開発に興味をもつ	1	98（37%）	128（48%）	36	5	
自立心をもつ		88	135（50%）	42	3	
文化の多様性を大切にする	1	80	146（55%）	38	3	
法律を大切にする	1	82	143（54%）	38	4	
国際協力を推進する	1	61	152（57%）	49	4	1
地球規模の問題に関心をもつ	1	67	146（55%）	48	5	1
伝統・文化を尊重する	3	86	137（52%）	39	3	
国民としての道徳を守り、誇りをもつ	1	99（37%）	127（48%）	38	3	
民主主義を尊重する	1	90	141（53%）	34	2	
人権を尊重する	3	78	148（56%）	36	3	
科学的な思考力をもち、科学技術に乗り遅れない	3	81	141（53%）	40	3	
アセアンの一員としての道徳を守り、誇りをもつ	10	69	146（57%）	41	2	

ると期待している。さらに、「国民としての道徳を守り、誇りをもつ」37％、「環境・資源を守り、その開発に興味をもつ」37％については、「完全に」達成できると期待している（**表 10-15**）。

　設問 5：これらの資質を学習すべき年齢
　9〜10 歳の児童生徒が適切とされた「法律を大切にする」を除き、他のすべての資質は、8 歳までが適切であるとする意見が多数を占めた（**表 10-16**）。

表 10-16　各資質を学習すべき年齢

n = 268

資質	無回答	8歳までに	9～10歳	11～12歳	13～14歳	15～16歳	17歳以上
正義をもって不正に立ち向かう	2	100 (38%)	79	40	26	10	11
環境・資源を守り、その開発に興味をもつ	2	156 (59%)	58	30	13	7	2
自立心をもつ	1	159 (60%)	53	23	22	6	4
文化の多様性を大切にする	2	103 (39%)	88	42	20	10	3
法律を大切にする	1	74 (28%)	99 (37%)	48	19	19	8
国際協力を推進する	1	70 (26%)	49	54	47	26	21 (8%)
地球規模の問題に関心をもつ	1	85 (32%)	51	43	44	24	20
伝統・文化を尊重する		134 (50%)	66	32	19	14	3
国民としての道徳を守り、誇りをもつ		159 (59%)	56	28	10	8	7
民主主義を尊重する	2	141 (53%)	65	29	18	7	6
人権を尊重する		116 (43%)	73	36	23	11	9
科学的な思考力をもち、科学技術に乗り遅れない		108 (40%)	75	37	26	15	7
アセアンの一員としての道徳を守り、誇りをもつ	10	107 (41%)	70	35	23	14	9

表 10-17　P3Q1：現時点および 10 年後に各資質をどの程度達成しているか

n = 268

資質	無回答	現時点	10 年後
経済、政治、文化的なシステムを含む各国の全体像に関する知識	0%	93%	89%
アセアン共同体の発展に貢献できるタイおよびタイ人の役割に関する知識・理解	1%	88%	80%
共通語（英語）を使ってコミュニケーションをする能力・技能	0%	82%	94%
公用語（国語）を使ってコミュニケーションをする能力・技能	2%	67%	89%
国家開発の基準を設定する上で必要な相手国の長所に関する知識・理解	1%	76%	93%
必要な援助を提供する上で必要な相手国の短所に関する知識・理解	3%	73%	91%
アセアンの一員として期待される役割に関する知識・理解	1%	72%	90%
アセアンの資源環境に有益な持続的開発・発展に関する知識・理解	1%	73%	92%

(6) パートⅢ：アセアンリテラシーに関する設問

P3Q1：現時点および 10 年後に各資質をどの程度達成しているか

　驚くべきことに、回答者の 67％〜93％が、現時点ですでにすべての資質を達成していると回答した。これらの資質のうち、「経済、政治、文化的なシステムを含む各国の全体像に関する知識」93％、「アセアン共同体の発展に貢献できるタイおよびタイ人の役割に関する知識・理解」88％、「共通語（英語）を使ってコミュニケーションをする能力・技能」82％、が高い達成度を示している（**表 10-17**）。

　また、「経済、政治、文化的なシステムを含む各国の全体像に関する知識」「アセアン共同体の発展に貢献できるタイおよびタイ人の役割に関する知識・理解」の 2 項目を除き、10 年後により高い達成が期待されている（**表 10-17**）。

　94％の回答者は、現時点において、アセアンリテラシーを自己学習、自己研修によって身につけており、次いで政府機関（77％）、民間機関（41％）を介していることが明らかとなった（**表 10-18**）。

表 10-18 現時点でアセアンリテラシーに関する研修リソースとして何を用いているか？ 10年後に使う研修開発リソースとして何を用いるか？ (複数回答可)

n = 268

	自己学習／自己研修	民間企業を通じて	政府機関を通じて	国際機関を通じて
現時点	94%	41%	77%	30%
10年後	86%	60%	80%	62%

10年後においても、86％の回答者がアセアンリテラシーを自己学習、自己研修によって身につけるとしながらも、多くの回答者が現時点よりも民間機関、政府機関、および国際機関を通じて研修を受けることを期待している。

おわりに

ここまで、研究の背景、研究方法、および研究結果の分析に大幅な紙幅を割いてきた。ここでは、結論としてタイの市民性教育に関するいくつかの懸念を述べ、これを通してタイのナショナルカリキュラム開発のための教育的なモデルとして、示唆を提供することとしたい。

全体的な調査結果の傾向として、10年後の時点においては、リージョナル、グローバル、ユニバーサルという3つのレベルの認識度が、ローカル、ナショナル・レベルよりも高くなることを示している。

偶然にも、より広いレベルを視野に入れた市民性の資質に対する認識は、タイの新しいナショナルカリキュラムの目的と一致している。タイで重点化されつつあるアセアン教育において、新たに提案された市民性の資質を見ると、アセアンに関する知識・理解－能力・技能－価値観・態度という3側面の資質が含まれており、アセアン共同体で協同するという視点も見られる。知識・理解の側面では、児童生徒はアセアン誕生、アセアン憲章、アセアン共同体、およびアセアン諸国間の協力について学習する必要がある。さらに児童生徒は、能力・技能の側面において、少なくとも二つの言語を使用して

コミュニケーションすることができ、効率的なICTを駆使する能力、平和的な問題解決、および他人と幸せに共生することが求められている。最後に価値観・態度の側面において、「タイ人らしさ」と同様に「アセアンネス」を志向する態度を持たなければならず、アセアン市民としての責任を認識し、文化的多様性を尊重し、合理的思考を身につけ、足るを知る経済を受け入れた生活様式を身につけなければならないとされている（『中等学校のための指導指針』タイ基礎教育委員会事務局、2011）。

しかしながら、2012年のアジア比較教育学会（CESA）で発表されたアセアンのリテラシーモデルの優先度においては、ローカルな知識・理解、能力・技能、および価値観・態度を身につけることが先決であり、これを基盤とすることにより、タイの文脈に即したアセアン市民としての生活を送ることが可能となるとの指摘もある（Thongthew, Sumlee, 2012, Findings and Reflecting on the Overall Findings Relating to the State of an ASEAN Literate Citizenship, Comparative Education Society of Asia (CESA), Chulalongkorn University, Thailand）。すなわち、第1段階としてローカル・レベルの3つの側面における市民性の資質が提供されるべきであり、第2段階として、アセアンの目的と使命、さらにタイ人およびアセアン諸国の人々の幸福に関する認識、理解を提供するべきであるとしている。第3段階として、児童生徒に対し、アセアンの本質に対する感謝の態度を養うべきであるとしている。最後の第4段階は、個人の能力を最大限に伸ばした上で、一部のアセアンミッションに対する集団的行動と参加を強化することがあげられる。この4段階は、単純な段階から、より複雑なものへと、相互に積み重なって発展するものとして設計されている。

以上のことから、カリキュラムの専門家によって、タイの文脈において生活する上で求められる知識と、より広い世界において生活する上で必須とされる知識とのバランスを保つことは、困難な課題であることが指摘された。

この課題に具体的に対処するために、次のようなアプローチが提供されうる。それは、市民性に関して学習することと、行動によって市民性を学ぶことを組み合わせるアプローチである。これらの学習は、アクティブな市民性が統合された学習活動であり、参加観察を通して、市民性の資質の各3側面

を包括した認知学習を可能にするものである。市民性教育を教科として学習する場合、アクティブ・ラーニング、作業、思考、社会問題解決、他のアセアン諸国の友人と共に異文化の中で生活することを通してその資質を向上させることが求められる。このアプローチによって、児童生徒が自身を再認識する機会が得られ、この有意義な状況において、本質的な市民性の資質に対する各自の理解を促す機会を提供することが可能となる。

スモンティップ・ブーンソムバッティは、アセアンの市民性教育を構築する過程として、4つの教授戦略を示している（Chanbanchong, Chantana, Boonsombuti, Sumontip, and Sangnapaboworn, Waraiporn, 2012, Citizenship Education and Education for ASEANness in Thailand: A Case Study, Comparative Education Society of Asia (CESA), Chulalongkorn University, Thailand）。この4戦略は以下の通りである。

> 戦略1：さまざまな教科領域においてアセアンに関する内容を部分的に取り入れる。教員は、アセアンの内容をどの教科、または学習活動に取り入れてもよい。この戦略は、学習水準に照らし、授業目的を分析した上で、学習単元を設けることにより可能となる。
>
> 戦略2：複数の教科領域の統合。教員は異なる教科領域間で、アセアンの内容を指導案として取り入れることができる。しかしながら、その統合の中心となる教科領域は社会科など、一つの教科領域に絞ることが重要である。たとえば、「アセアン」（社会科）を中核としつつ、その中で「読み書き能力」（タイ語科）と「ラオスの食べ物を調理する方法」（保健科）を統合することができる。
>
> 戦略3：追加教科の設置。教員は、地域のニーズに応じてアセアンに関する新しい教科を作成することができる。シラバスと期待される学習成果を明確に提示することにより、効果的な指導計画を策定することが可能となる。

戦略4：補助的学習活動の実施。学校は、地域社会の一員としての理解と認識を養うために、アセアンとアセアン共同体に関する様々な補助的な活動を実施することが有益である。こうした活動の例として、アセアンキャンプ、アセアンコーナー、アセアンの日といった活動があげられる。

最後に、タイの教育専門家の間で懸念される事項として、タイ人に親しまれているローカルな世界とリージョナル、グローバル、ユニバーサル・レベルのより広い世界、という2つの世界の間を行き来してどう生きるべきかという課題がある。この2つの世界に横たわる、隔絶した見方や生活様式のギャップを軽減するために、われわれカリキュラムの専門家は、児童生徒の資質に関する理解を深め、それらを実行する技能を養うだけでなく、彼らがアクティブなアセアン構成員となれるよう支援する必要がある。このために有効なアプローチとして、「アラスカ・モデル」があげられる。このアプローチは、ローカルな生活様式と外の世界との違いから生じるジレンマと緊張を和らげ、ローカルな文化や歴史を強化することができ、今後のタイにおける市民性教育にとっても大いに参考となるといえる（Gruenewald, 2003, The Best of Both Worlds: A Critical Pedagogy of Place. Educational Researcher, 32（4）, 3-12）。

第11章
ベトナムの市民性教育
― アセアンネス意識の涵養

石村雅雄

はじめに

　本章は、ベトナムにおける市民性教育とアセアンネス意識の涵養について、その現状と課題を整理するものである。周知の通り、ベトナムでは、2005年教育法の実施、その改正（2009年11月25日国会第44号議決、2010年7月1日から実施）がなされており、その中で、教育の「社会化」をめぐる問題が重要な問題として生じている。中でも、「社会化」をめぐる諸外国との関係は、注目に値する問題である。2011年1月に開催された共産党第11回大会でも、「民主」を強調して、共産党綱領（1991年）の一部改訂が行われ、「民が豊かで、国が強く、民主的で公平で文明的な社会」が目指され[1]、併せてアセアン諸国との関係強化が謳われた。

　本章では、①教育の民営化への規制強化、ベトナムの「枠」の重視ということと、②教育の民営化促進、国を超えた世界・アジアの「枠」の重視、「普遍的な科学技術に基づく産業的精神」の重視ということ、の対立軸の中で、問題を掌握し、その象徴的問題として、アセアンネスのための教育を取り上げてみたい。そのため、まず第1にアセアンネスのための教育に係るベトナムの教育政策の現状を整理した上で、第2にアセアンネスのための教育の現状を紹介し、第3に生徒に対して行ったアセアンネス教育調査の概要をまとめ、第4に同様の有識者調査の概要をまとめ、最後にベトナムにおける今後のアセアンネスのための教育展開にむけての課題を提言する。

尚、本章が基づいている調査は、教育開発研究院（ベトナム）のジアン・テュ・ツルン氏、ベトナム国家大学ホーチミン市大学のボー・チー・ホア・アイ氏及び石村が担当した 2011 年 12 月から 2013 年 11 月に行われた部分である。

1 アセアンネスのための教育に係るベトナムの教育政策の現状

　ベトナムには、54 の民族で構成されるという多民族国家の性格がある。但し、国民の 9 割は Kinh 族であり、これ以外に南部を中心に華人、華僑が存在し、周辺・高地の貧困地域に少数民族が存在するという状況になっている。そこでは、長く展開されてきた「同化政策」[2] とインドシナ解放のホーチミン思想を併せて考える必要がある。

　では、現在のベトナムの国是である社会主義による「国民」統合はどうなっているのであろうか。そこでは、経済の急速な拡大に依る教育の「社会化」と国民間に広がる格差の問題を考える必要がある。つまり、国の関与の度合いと国を超えていく自由の度合いのバランスを如何に図るかという問題である。これは、社会主義を標榜する国の戦略としての資本主義国家も加わる国家連合であるアセアンへの加盟を教育的にどう考えるかという問題でもある。国としては、就職・収入と結びつく教育の提供の必要性は以前から重要な政策課題であったが、そこには、一国レベルでの提供の限界の問題が存在していたのである。

（1）2005 年ベトナム教育法

　2005 年教育法は、1998 年教育法の改正法として、2005 年の第 10 期第 7 回国会（2005 年 5 月 5 日〜6 月 14 日）において可決されたものである。この教育法は、「*国の教育システム：学校及び国の教育システム、政府の部局、政府機関、社会 - 政府機関、人民軍に属する他の教育機関、教育活動に参加する組織及び個人、について規定する*」（第 1 条　この法の適用範囲）とされており、教育の目的を「*教育の目的は、ベトナム人を道徳、知識、健康、審美眼、専門性を持ち、国家の独立と社会主義に忠実な、全体的に発達した人*

格に教育することであり、併せて、*祖国の構築と防衛に資する、ひとりの尊厳ある、市民としての資質、能力を形成し、育成することである*」(第2条 教育の目的)。これは、旧法に比較して、「専門性」が加えられていることに注目すべきであろう。つまり、従来、どちらかと言えば、思想性が重視されてきた中にあって、それのみではないところに言及したことは、後述する、教育の「社会化」の点から考えて興味深い事実である。

この2005年教育法については、近田氏は、次のように評価している[3]。

1. 全般的に、教育と現実社会とりわけ、就職及び起業との関係が重視されていること。
2. 試験主義・教師中心主義から教育プロセスの重視・学習者重視へ方向を変えようとしていること。小学校卒業試験の廃止はその象徴である。
3. 教育の中央集権的管理からの転換と機関の自己保証の方向が打ち出されていること。
4. 才能教育や遅れたところでの教育普及、教員給与等に関し、現実的な対応を模索しているところ。
5. 教育システムへの民間等からの投資・援助に関し、規定を厚くし、奨励していること。教育の「商業化」禁止規定の廃止はその象徴である。

(2) 教育の「社会化」の進展

ベトナムの民立・私立学校システムは、「公」が基本的教育システムを提供し、「公」的に統制された内容を広く国民に提供するという意味で大枠から出ているわけではなく、民立・私立学校は公立学校の受け皿に過ぎない存在であり、民立・私立学校システムは、あくまで、不足している教育に係る資金調達の仕組みとして容認されているに過ぎなかった。しかし、その後、この「社会化」が補助的システムとしての民立・私立学校という制度の飛躍的拡大、そして、公立学校の経営にまで及ぶに至っては、補助的位置として理解できる範囲を超えていると考えるからである。例えば、計画投資部の1996年の調

査によると、人民からの教育への投資は、1994年で43％増加している。小学校では、44.5％、中学校では、48.7％、高等学校では、51.5％になっており、専門学校では、実に62.1％になっている[4]。

（3）外国との連携の必要性

第13条における教育に対する投資に関して、単に「奨励する」と言ったところから進んでいるところに注目したい。2005年3月の『科学と教育』誌は「教育サービスを多様化することによって、教育に関する様々な投資計画が立てられる。設備、建物、遠隔地域にも教育サービスが提供できるようになる。教科書の改良や、教員の改良、指導方法の改善が進められることになり、ベトナムの教育が世界の教育のレベルに達することができる。教育サービスの開放は、外国との合弁会社、外資会社が増えることとなり、品質の高い学校が建つことになる。ベトナムの教育が世界から信頼を得ることになる」[5]と肯定的な評価を為している。

加えて、ベトナムがWTOに加盟したことから、「もはや、世界的な市場経済の流れから脱することはできない。教育に関しても、市場経済の原則に依って動いている。ベトナムの教育も市場経済の原則に則って活動すべきである」[6]との考えもこうした流れを促している。但し、政府の役割として「社会福祉を実施するための調整であり、社会の公平性（cong bang）を確保し、発展させるため、学費の無料化、特別計画に依る奨励（ITなど）、遅れた地域への援助、経済的に困難な学生への奨学金計画等」を挙げ、その必要性も述べている[7]。

教育の「社会化」をめぐる議論は、中央政府からの資金提供の限界から、民間からの資金導入を促すものとしてあった当初の考えが、「教育サービス」に対する受益者負担の考え、さらには、教育格差容認の考えに繋がっており、無限定な教育の「社会化」には、その概念も含め、再検討すべきとの意見が広がっている[8]。この受益者負担の考えについては、例えば、学費については、「サービス教育の価値は、外面的には金額として表されるものである。サービス教育の金額を決定する根拠はサービス教育が生み出す価値である。サー

ビス教育の金額を学費と呼び、この学費は市場における需要と供給の関係で決められる。教育は特別な商品ではあるが、商品として市場の原理に適合していかねばならない」等と述べられている[9]。但し、「我々の『教育の社会化』についての了解は、必ずしも正しくなかった。親たちが教育の費用を出すという了解になっていることも一つである」として、「国民全体で教育をするというように考えるのが妥当である。国民全体から資金を調達し、教育を組織するというのがより詳細な説明となる」と述べる見解も現れている[10]。

(4) 教育の格差の進行

近年、ドイモイの急速な進展に伴って、都市部と非都市部間、キン族や中国系住民とそれ以外の民族間、そして、個人間の教育格差（とりわけ義務教育機関修了後の就学率、修了率）が広がっており、「資本主義的弊害」も指摘されるに至っていることがあることは事実である。

例えば、「ダナンでは、第3学年の国語の授業で63.43％が優秀な結果を修めている。ハイフォンでは、60.57％、ホーチミン市では59.24％である。しかし、少数民族の地方では、ハザンでは、6.5％、ライチャウでは、7.15％、ディエンビエンでは8.66％。国語の授業で悪い成績を修めているのは、ホーチミン市では、0.08％、ハノイでは0.1％、ヴィンロンでは、0.19％だが、コントンでは5.51％、ハザンでは5.11％、ダックラックでは4.93％になっている」[11]。

2 アセアンネスのための教育の現状

ところで、教科書（教員用指導書を含む）・カリキュラム編成には、以上に記した政治的・理論的状況の変化及びアセアン加盟の影響は反映されていない。教科書には、全体として、国旗掲揚・国歌斉唱、国防科、軍事訓練等、国家的色彩の濃い教育内容が含まれており、国家統合の側面が依然として強いと把握できる。

小学校は、5年制（1年生－5年生）であり、道徳（Dao Duc）科は週1時

間提供されている。国際的側面としては、3年生で「外国の人との接し方」、5年生で「国際関係」が扱われている。歴史地理科では、5年生で「私たちの海」の項目で「東海」(日本で言う南シナ海)及び周辺部の説明が有る。因みに、3年生の英語の教科書に登場する人物(ベトナム人と会話する相手)は、オーストラリア人、マレーシア人、そして、日本人である。

中学校は4年制(6年生-9年生)であり、公民教育(Giao Duc Cong Dan)科は、1-3年度は週1時間、4年度は週2時間提供されている。国際的側面としては、9年生でASEM(アジア欧州会合)、アジア-ヨーロッパ関係及びアセアンとの関係が扱われている。歴史科では、9年生で東南アジアが扱われ、その中にアセアンの成立とベトナムの加盟の項目がある。

高等学校は3年制(10年生-12年生)であり、公民教育科は、1年度は1時間、2-3年度は1.5時間提供されている。

3 生徒に対する調査の概要

調 査 期 間:2011年12月~2012年2月
調　　査　　地:ホーチミンシティ
調 査 対 象:Tuy Ly Vuong 小学校(5年生)202名
　　　　　　　Chanh Hung 中学校(4年生)202名
　　　　　　　Luong Van Can 高等学校(3年生)198名
回答者男女比:男性46.7%　女性51.5%
宗　　　　教:仏教61.3%、キリスト教10.8%、儒教0.2%、無宗教
　　　　　　　20.8%、その他2.7%、無回答4.3%

4 市民性に関する調査結果

① 各レベルの歴史についての学習の重要性
「非常に重要」/「重要」と答えた回答者の比率は次のとおりである(図11-1)。

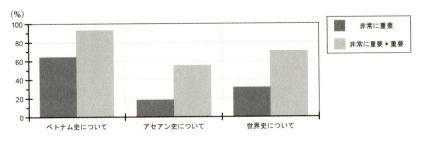

図 11-1　歴史学習の重要性

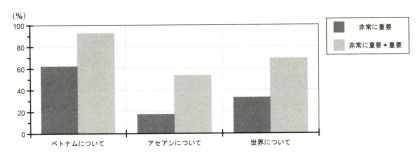

図 11-2　伝統・文化学習の重要性

　　ベトナム史について：　64.5％／28.6％
　　アセアン史について：　18.6％／36.7％
　　世 界 史 に つ い て：　31.7％／38.7％

アセアン史についての回答の比率は、今回調査国中最低[12]であり、最高であるフィリピンの 46.1％／44.8％と比べてもその低さが顕著である。

② 伝統・文化に対する理解
「非常に重要」／「重要」と答えた回答者の比率は次のとおりである（図11-2）。

　　ベトナムについて：　62.3％／30.4％

アセアンについて：　17.9％／35.7％
世界について：　33.1％／36.0％

　この項目でも、アセアンについての回答の比率は、今回調査国中最低[13]であり、最高であるフィリピンのフィリピン39.8％／47.3％と比べてもその低さが顕著である。

③　市民性関連キーワードの知見
　「環境」：70.1％、「平和」：65.6％、「開発」：60.0％、「民主主義」：50.0％等のキーワードは「よく聞く」割合が高い。
　この他、森下は、このデータに関し、「持続的発展」を「よく聞く」「聞く」割合が他のアセアン諸国に比べて高い (78.1％：マレーシア、タイに次いで3番目) ことを指摘している[14]が、これは、日本の新幹線導入の時の議論にもみられるとおり、ベトナムの身の丈にあった発展ということがしばしば強調され、マスコミにもよく取り上げられることに依ると考えられる。
　相対的に低い（「まったく聞かない」）のは「国際社会」31.9％、「相互依存関係」：23.4％、「共生」：15.3％、「社会正義や公正」：12.0％、「異文化理解」：11.1％などとなっている。

④　「行動する市民性（Active Citizenship）」は身についているか？
　さまざまな社会問題について調べたり（69.7％）、意見をもったり（63.9％）、その意見を表明したり（88.5％）、問題解決のために何か行動をするか（81.4％）、という項目では、「あまりしない」「全くしない」が過半数を占める。とりわけ、後二者には注目すべきであろう。この点について、森下も、「他国と比べての経験の少なさが注目される」としている[15]。以上から「アクティブ・シティズンシップ」はあまり定着していないと観察できる。

⑤　正・誤の意見を述べられる相手
　友人（80.2％）や親（73.8％）、先生（54.5％）などには比較的「言える」が、「大

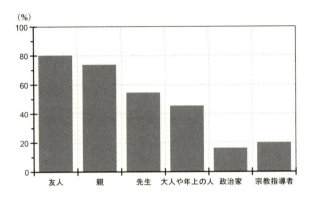

図11-3　正・誤の意見を述べられる相手

人や年上の人」に対しては、「言える」が半数を割り（45.5％）、政治家に対して「言える」が16.3％、宗教指導者に対して「言える」は20.1％になる（図11-3）。

⑥　英語は重要か
　計94.6％が「大変重要である」「重要」と考えており、この項目では、他のアセアン諸国と同傾向にある。

⑦　英語の読み・書き・聞き取り・話すこと
　「手紙やE-Mailを英語で書く」（20.6％）、及び「新聞、雑誌、ウエブサイトを英語で読む」（20.6％）のが「よくある」「ある」の合計は、調査国中ミャンマーに次いで低く、最高であったフィリピン（前者92.2％、後者97.9％）と比べて異常に低くなっている。また、外国人と英語で話すのが「よくある」「ある」のは、ミャンマー（9.7％）、インドネシア（19.4％）に次ぐ低率（26.6％）となっており、最高であったブルネイの79.5％との差は顕著である。

⑧　自分が将来できると思うこと
　他の調査国と比較して、「地域、国、アセアン、世界のいろんな問題を、

協力しあって解決したり、行動したりできる」について、「まあできる」37.2％、「できる」14.0％、計51.2％と、回答率が最も低くなっている（例えば、タイ75.2％、フィリピン73.2％、マレーシア68.1％等）。

また、「違う文化、違う民族といっしょに生活できる」についての回答も「まあできる」34.2％、「できる」10.3％、計44.5％と、最も低くなっている。

この点は、有識者調査の7で報告する「アセアン諸国に共通の社会問題を他者とともに解決できる能力」について、授業・研究であまり扱わず、重要と考えず、達成していると考える者が少ない、という調査結果に一致する。

⑨ 国の誇り、道徳心

「とてももっている」70.3％、「もっている」19.6％、計89.9％と高値だが、他の諸国でも高く（例えば、合計値で、ラオス99.2％、マレーシア98.6％、ブルネイ98.6％、カンボジア98.4％、フィリピン98.0％、ミャンマー97.9％、インドネシア96.8％、タイ96.6％）、ベトナムだけの特徴とは捉えられない。むしろ、調査国中最低となっていることは、前述したとおり、社会主義国家としての問題、社会格差の拡大等が影響しているとも考えられる。

⑩ 「あなたが大切に思うことはどれ？」との質問に対する大切に思うこと
「自分の住んでいる町・村を愛し、その伝統・文化に従って行動すること」
　　　　　　　　　　　　　　　　　　　　　　　　　　　33.1％
「国を愛し、その伝統・文化に従って行動すること」　　29.2％
「世界平和」　　　　　　　　　　　　　　　　　　　　20.9％
「アセアンの一員であることに誇りをもつこと」　　　　20.6％
「世界中の国を愛し、国際的なしきたりや習慣に従って行動すること」
　　　　　　　　　　　　　　　　　　　　　　　　　　　20.4％

また、同じ質問に対しての「最も大切なもの1つ」の選択では、アセアン各項目について「最も大切なもの」とした回答が最も少なく、レベルとしては、国→町・村→世界→アセアンの順となっている。但し、「アセアンの一

員であることに誇りをもつこと」に対して、「大切に思う」と回答した者は、カンボジア（24.4％）に次いで 2 位の選択率となっている。

⑪　現代社会に必要なものは（3つまで）
相互に思いやり人と仲良く暮らす：　　　　　40.9％
忍耐強く目標を達成すること：　　　　　　　37.2％
基本的な倫理・道徳を守ること：　　　　　　31.1％
考えをしっかり持ち、自分を信じる：　　　　30.6％
問題解決のための国際協力をすること：　　　3.3％
決定をし、行動すること：　　　　　　　　　3.0％
世界の文化の違いを理解し、大切にすること：2.0％

5　アセアンの知識に関する質問

① アセアン諸国の地図上の位置の正解率

地図を示し、どこにそれぞれの国が所在しているかを聞いた設問に対する正解率は、ラオス（83.1％）、カンボジア（80.2％）、タイ（79.6％）、フィリピン（76.9％）、インドネシア（69.4％）、シンガポール（66.9％）、マレーシア（65.8％）、ブルネイ（65.6％）、ミャンマー（62.6％）となっており、他の調査国に比べて、全般的に正解率が高く、国により偏りが少ない特徴がある。このうち、ラオスについては、自国からの解答を除いて第 1 位の正答率となっている。

② アセアンの旗の意味を聞いた正解率

53.7％（「わからない」：22.4％）であり、調査国 9 カ国中 7 位となっている。これは、教科内容として教えられていないことが大きいと思われる。

③ アセアン設立年（1967 年）を聞いた正解率

62.5％と、調査国中最高の正答率となっている。これは、前項（5②）に比べて、教科内容として教えられており、9 年生の教科書に日付（8 月 8 日）

まで含めて、詳細な説明がある。

④　アセアン統合目標年度（2015年）を聞いた正解率
　僅か4.0％であり、「わからない」とした者は実に77.9％にのぼり、調査国9カ国中8位となっている。教科書で取り上げられないと、極端に回答が悪くなり、5②の傾向と同様である。こうした問題については、歴史教科書の再編集の必要性が言われている[16]。

⑤　アセアン加盟の各国についての知見の程度は？
「まったく知らない」「知らない」（上位3カ国）
　　　ミャンマー82.2％、マレーシア75.9％、フィリピン70.1％
「知っている」「よく知っている」（上位3カ国）
　　　ブルネイ48.8％、タイ47.0％、シンガポール39.5％

⑥　アセアンの知識を得るメディアは？
　それぞれ、第1位は学校（55.5％）、第2位はインターネット（52.3％）、第3位はテレビ（44.7％）となっている。注目すべきは、学校が1位になっているのは、ベトナムのみであり、前述したとおり、学校の影響が非常に強いことがうかがわれる。

⑦　その他
　「アセアンについてもっと知りたい」と思う者は79.4％となっている。
　また、「アセアンのメンバーであることは自国にとって有益」と考える者は81.0％（「思う」「とても思う」の合計）であるが、これは、調査国中最低であり、他の諸国が9割を超えることと対照的である。「アセアンのメンバーであることは自分にとって有益」と考える者も調査国中最低の67.4％（「思う」「とても思う」の合計）であり、他の諸国は概ね8割を超える（但し、ミャンマーは69.8％、ラオスは78.8％）ことと対照的である。「アセアン市民としての自覚・愛着・誇り」も調査国中最低の64.6％（「感じる」「とても感じる」の合計）であり、

これについても他の諸国が概ね 8 割を超える（但し、インドネシア 77.7%）ことと対照的である。「アセアンへの帰属意識」を「感じる」「とても感じる」の合計についても 61.3% と調査国中最低（他の諸国は概ね 8 割を超える。但し、インドネシア 68.0%、ミャンマー 75.9%、ラオス 79.0%）となっている。

6　有識者調査の概要

調　査　期　間：2013 年 5 月
調　査　地：ホーチミンシティ
調査対象の職業：社会科担当担当教員　　　　　　　　　　49 名
　　　　　　　　社会科の内容を専門とする大学教員　　　20 名
　　　　　　　　校長・学校管理委員　　　　　　　　　　 7 名
　　　　　　　　社会科学研究者、教育専門家　　　　　　 5 名
　　　　　　　　教育管理機関の幹部（市町村、郡 / 県、特別市）15 名
　　　　　　　　教育についての職業組織所属　　　　　　 1 名
　　　　　　　　その他　　　　　　　　　　　　　　　　 3 名
　　　　　　　　　　　計　　　　　　　　　　　　　　 100 名
調査対象の主要な仕事
　　　　　　　　主に授業・講義活動　　　　　　　　　　62 名
　　　　　　　　主に研究活動　　　　　　　　　　　　　 7 名
　　　　　　　　主に教育管理活動　　　　　　　　　　　28 名
　　　　　　　　上の全て　　　　　　　　　　　　　　　 1 名
　　　　　　　　その他　　　　　　　　　　　　　　　　 2 名
　　　　　　　　　　　計　　　　　　　　　　　　　　 100 名

7　調査結果

①「現時点において充足しているもの」について回答が 50％以下のもの（前者）と「10 年後充足していると予測されるもの」（後者）の回答。

・ナショナルレベルでの能力・技能（政治参加、相互協力、中庸と倹約、問題解決能力等）　　　　　　　　　　　　　　　　　　　24％→76％
・リージョンレベルでの知識・理解（アセアンの歴史、伝統・文化、社会問題、開発、人権、平和、民主主義）　　　　　　　　　　38％→61％
・リージョンレベルでの能力・技能（民主主義・人権尊重、環境問題解決、持続的開発・発展、平和維持、外国語活用、異文化理解、社会参画、共生）
　　　　　　　　　　　　　　　　　　　　　　　　　　　　41％→59％
・グローバルレベルでの知識・理解（世界の歴史、社会正義、環境、持続的開発・発展、異文化理解、相互依存等）　　　　　　38％→61％
・グローバルレベルでの能力・技能（政治参加、平和的解決、異文化理解能力等）　　　　　　　　　　　　　　　　　　　　　18％→80％
・グローバルレベルでの価値観・態度（国際的な協力、地球市民としてのアイデンティティ、グローバルな問題の認識等）　　　35％→61％

② 「現時点において充足しているもの」について回答の順位。
　知識・理解　ローカルレベル86％→ナショナルレベル71％→ユニバーサルレベル60％→グローバルレベル・リージョンレベル38％
　能力・技能　ユニバーサルレベル72％→ローカルレベル65％→リージョンレベル41％→ナショナルレベル24％→グローバルレベル18％
　価値観・態度　ローカルレベル96％→ナショナルレベル・ユニバーサルレベル82％→リージョナルレベル59％→グローバルレベル35％

③　知識・理解について授業・研究で「非常に頻繁に」「頻繁に」扱っている上位、下位3項目。
　民主主義91％　　共生83％　　持続的開発・発展83％
　アセアンの歴史と文化29％　　アセアン諸国共通の社会問題31％
　異文化理解42％
　このうち、83％とされた持続的開発・発展については、4③の分析と一致する。

④ 知識・理解について「大変重要である」と思うもの上位、下位3項目
　　環境88%　　民主主義77%　　人権75%
　　アセアンの歴史と文化24%　　アセアン諸国共通の社会問題25%
　　異文化理解26%

　7③、7④のいずれの項目でも、アセアンに関する扱いが低いことがわかる。

⑤ 知識・理解について「大変達成している」「ある程度達成している」「達成している」の合計
　人権76%、共生74%、相互依存関係、民主主義69%が7割近くなっているのに対して、50%を割るのは、環境49%となっている。

⑥ 能力・技能について授業・研究で「非常に頻繁に」「頻繁に」扱っている上位、下位3項目
　　相互協力94%　　冷静に判断、自分をコントロールできる89%
　　問題解決88%
　　アセアン諸国に共通の社会問題を他者とともに解決できる18%
　　アセアン諸国に共通の規範・価値観をもつ26%
　　外国語を操る46%

⑦ 能力・技能について「大変重要である」と思うもの上位、下位3項目
　　冷静に判断し、自分をコントロールできる69%
　　生活の質を高める61%　　問題解決58%
　　アセアン諸国に共通の社会問題を他者とともに解決できる20%
　　アセアン諸国に共通の規範・価値観をもつ21%
　　社会に貢献できる36%

⑧ 能力・技能について「大変達成している」「ある程度達成している」「達成

している」の合計

情報社会に対応できる 82%　　相互協力 79%

持続的開発・発展 77%

他の項目もほぼ7割達成としているのに対し、「アセアン諸国に共通の社会問題を他者とともに解決できる」、及び「アセアン諸国に共通の規範・価値観をもつ」の2項目については56%の回答に過ぎない。

⑨　価値観・態度について授業・研究で「非常に頻繁に」「頻繁に」扱っている上位、下位3項目。

人権を尊重する 90%　　民主主義を尊重する 89%

国民としての道徳を守り、誇りをもつ 87%

国際協力を推進する 33%

地球規模の問題に関心をもつ 50%

アセアンの一員としての道徳を守り、誇りをもつ 62%

⑩　価値観・態度について「大変重要である」と思うもの上位、下位3項目

環境・資源を守りその開発に興味をもつ 79%

人権を尊重する 72%　　民主主義を尊重する 69%

アセアンの一員としての道徳を守り、誇りをもつ 34%

地球規模の問題に関心をもつ 36%

国際協力を推進する 46%

⑪　価値観・態度について「大変達成している」「ある程度達成している」「達成している」の合計

伝統・文化を尊重する 86%

国民としての道徳を守り、誇りをもつ 86%

国際協力を推進する 83%

他の項目も70%以上となっているが、「環境・資源を守りその開発に興味をもつ」は、59%、「正義をもって不正に立ち向かう」は、64%となっている。

⑫　調査結果の考察

　以上のとおり、全般的に、リージョンレベルでの知識・理解、能力・技能、価値観・態度の獲得は十分ではない。とりわけ目立つのは、アセアンに関する設問に対する回答で、重要と考えられていないから、達成もされていない、という構造になっていると捉えられる。この点は、グローバルレベルについても、類似した構造がみられる。

　但し、7①でみられたとおり、こうした点、つまり、現時点では不十分だと考えられているリージョンレベルでの知識・理解、とグローバルレベルでの知識・理解、能力・技能、価値観・態度は、10年後には充足していると予測されており、今後の施策、実践が注目される。問題は、それを如何にして現実化していくかであるが、そのためには、少なくとも、現時点で24％しか充足していないと考えられている、政治参加等のナショナルレベルでの能力・技能の充足が条件になってくるのではないかと考えられる。

8　まとめにかえて

　第1に、ベトナムの「特殊性」を指摘しておきたい。他の諸国では高い、「リージョナル」や「グローバル」な市民性に繋がるアセアンに関する意識が低い。「見ている方向」が、中国、日本、あるいは、米国、フランス、オーストラリア等に向かっていることも、「リージョナル」への志向を弱めているとも考えられる。

　第2に、「アクティブ・シティズンシップ」については、その前提として、他の諸国に比べて高い、国家的もしくは伝統的な支配からの意識的脱却が必要と思われる。ベトナム政府としては、アセアンとの繋がりを含め、国際社会との連携を深める方向を採っており、こうした大方針と住民レベルでの具体方針とのズレを如何に解消するかが問題である。この際、そうした両方針を繋ぐ学校での教育方針が鍵となろう。ここには、依然として「二項対立的」な関係が見られ、「国家の一員」と「国際社会の一員」という両者を

どのように関係づけるかという「古典的課題」[17]にベトナムは理念的に、そして、実践的にどう応えるのか、ということがまさに課題となっている。この関係づけには、取り敢えずは、ナショナルレベルでの能力・技能（政治参加、相互協力、中庸と倹約、問題解決能力等）が前提となる能力・技能であると考えられるが、その点、「現時点において充足している」と考える者が24％にすぎなかったことに注目したい（7①）。本共同研究の共同研究者であるツルンは、国家の法に依る（ナショナル）ルールと倫理的な（ユニバーサル）ルールが対立的な状況におかれた場合、後者を重視すべきとの論を述べている[18]が、これを強調しなければならないところに、ベトナムの問題が存している。もっとも、この点、他のアジア・大洋州諸国においても、「国家的価値・優先事項に基礎づけられた保守的な教授法の中で行動的な一般市民（active citizenry）を形成していくことは依然として問題であり、それが、おそらく、将来に於いて、市民教育の教員にとって取り組まれなければならない最も大きな問題である」[19]のであり、ベトナムでは、その問題がより深刻であるというのに過ぎないとも言えるが、本章で前述した注入主義、試験主義からの脱却が他の諸国に比べて不十分であることを考えれば、やはり、ベトナムにとって、大きな問題である[20]。

　第3に、アセアンについての「知識」の高さが指摘できる。アセアン設立年やアセアン加盟各国の位置などの「知識」は高く、位置については、他の諸国に比べて偏りがない。学校の影響力が強い（5⑥）ことを考えると、こうした「知識」を如何に教えていくかが課題となろう。ゆえに、学校で十分教えていない（5②、5④）ことについては、極端に正答率が低くなっている。このことについては、有識者調査でも確認でき、7③、7④（知識・理解面）、7⑥、7⑦（能力・技能面）をみると、相対的に、授業・研究であまり扱っておらず、重要にも思われておらず、能力・技能面での達成も半数を超える程度と認識されている（7⑧）。「アセアンの一員としての道徳を守り、誇りをもつ」という価値観・態度面についての回答でも、扱っているという回答が比較的に低く（7⑨）、「大変重要である」だと思っているのは項目中最低の選択率となっている（7⑩）。また、この点については、こうした「知識」

が学校で如何に評価されているか、という点についても考察する必要がある。「単に試験結果だけで判断するのではなく、望ましい態度やマナー、責任感などが身についているのかを、チェックリストにしたがって各児童・生徒について個別に評価しつつ、さらに、試験や『市民性プロジェクト』のレポートの結果などを総合的に評価する」[21]といった、マレーシア等、他のアセアン諸国にみられる「知識」の評価法の確立、普及がベトナムでは不可欠である。

アセアンへの統合を目指していく際、最も問題となるのは、社会主義による「国民」統合をそのもとで如何に図れるか、にある。アセアンへの統合は、社会主義を標榜する国の、戦略としての、資本主義国家も加わる国家連合への関与という危うい面があり、統合により、経済の拡大、教育の社会化は広がるものの、格差はさらに広がるのではないか、と考えられる。つまり、グローバル時代を経済的に受け入れつつも、「グローバル時代の国民論、国民教育論」[22]としては受け容れがたい体制が現存しているといっていいのではないか、と考えられる。かと言って、グローバル体制を受け入れない現在の体制では、就職・収入と結びつく教育の提供の必要性は法でも謳うものの、一国レベルでは限界があり、ここに、国の関与の度合いと国を超えていく自由の度合いを如何に考えていくのかという難しい問題が横たわる[23]。図示すると次のようになろう。

A 教育の民営化への規制強化、ベトナムの「枠」（固有の文化）の重視、Corporatism

B 教育の民営化促進、国を超えた世界・アジアの「枠」の重視、Market Economy「普遍的な科学技術に基づく産業的精神」[24]の重視

この点で、前述した2005年教育法の2009年改正に注目しておきたい。

まず、第6条第2項は、「教育プログラムは、現代性、安定性、一貫性、実践性、合理性、各学級及び訓練レベルの継承性の確保を図ること。国の教

育システムの各教育・訓練段階間の分離・連結・切り替えを可能とすること。国際舞台に出ていく際の要求に応える教育の完全な質を図ること。」と改正された。この点は、Bの方向の強化と捉えられる。

第109条第2項の改正では、国際教育協力については政府が規定する、という単純な規程から「ベトナムとの教育協力は、学習者の市民としての人格・品質・能力の育成の確保、民族の文化的アイデンティティーの尊重、教育目標・内容の実現の、国民教育システムの各レベルへの対応、ベトナムの法律への適合、によって行う。」と、やはり、Bの方向が明解にされている。

第13条の「教育に対する投資への優遇策の強化」では、「教育に対する投資は発展のための投資である。」から「教育領域に対する投資は、優遇投資の条件を持つ投資領域にある特殊投資である。」と改正され、併せて、第101条第2項「国家は、投資者が教育のために援助・支援することを奨励する。」が追加されている。

第46条第1項cも追加され、従来、省、県、村、区、町レベルで組織されていた継続教育機関について、「外国語学校、情報技術学校は、法人、個人によって設立される」という文章が加えられた。但し、以上については、同時に第50条a及びbが追加され、学校設立条件の詳細化がなされ、学校活動停止、解散についての規程も新たに設けられた。これは、Aの方向の堅持についての配慮と考えられる。つまり、教育に関して、「社会化」を進めながらもそれを政府の管理の下に置く、という方向であり、AとBのバランスを図りながら政策を進めていくという方向となっている。このことについては、「社会化」が財力に応じて教育を提供する関係になるのに対し、管理は、必要に応じて教育を提供する、ことになる矛盾をどうするのか、という極めて重要な問題がある。具体的に言えば、アセアンの方向を向く民間が教育を組織していった場合、政府はそれにどう対処するのか、といった問題である。

これは、教育における非社会主義セクターの問題である。国家セクターの「主導的」役割をどう位置づけるか。少なくとも、ベトナムでは、平田が指摘する「国家とは、単なるシステムにすぎず、市民生活の維持に必要なサー

ビスを提供するだけの存在となっているといってよい」[25] とは言えない状況にあるのである。この問題は、社会主義をめぐる論争中の「社会化」と公有制の関係に係る議論であり、「教育システムの公有制が原則か」「民間教育セクターは非社会主義セクターか」という重要な議論となる。本章の冒頭で指摘した社会主義国家における経済的格差の拡大という問題に教育システムとしてどう答え得るのか、という問題、つまり、「社会的公正」に依る分配の問題が生じる。国家はシステムを所有し、社会主義の土台となるより、教育システムの自律性を確保し、分配の公正を期するべきではないか、そして、その際にアセアンは位置付くのか、という問題があり、いわば、政策展開の試金石としてのアセアンネスという捉え方もできるのである。研究課題としては、アセアンネスのための教育を今後展開していく上での学校システムの自律性の内実の検証の問題として浮かび上がってくる。

　この点、2009年の教育法改正では、第48条第2項で「全ての形式の国民教育システムの学校は、教育事業の発展を目指した国の企画・計画に沿って設立される。国は、国公立学校が、国民教育システムにおいて中心的役割を果たすために支援することに努力する。」とされ、「国は、国民教育システムにおいて指導的役割を果たす国公立学校を援助する。」との旧規定から改正された。但し、国家ぐるみの対外的開放へのシステム転換が直ちには考えにくい現状からすると、自律性確保、分配の公正政策は、「もつもの」層に偏在するアセアンネス的性格の助長も生む[26] とも考えられる。

9　残された課題

(1)「インドシナ」という構造

　ベトナムの歴史を考えた場合、「インドシナ」という考え方、戦略を考えておく必要はないだろうか。いわば、半島部アセアンの原型と言うべき構想である。今回の調査対象国であるラオス、カンボジアも含む「インドシナ解放戦線」を指導したホーチミン思想との関係を考える必要である。例えば、次のような構造は考えられないだろうか。

ベトナム － インドシナ － 東南アジア － アジア － 世界

　例えば、5①での、ラオスの位置についての解答は、正解率が調査国中最高になっている。但し、ラオスについて「知っている」者の回答が特に高いわけではない。「インドシナ」という考え方が現在の子どもたちにとってはもはや古いものになってしまったとも捉えられる。ツルンの見解では、この構図はもはや適合しないのではないかということであったし、本共同研究のカンボジア班から「インドシナ」は "Vietnamization" である、「インドシナというのは、単なるベトナム化の構造ではないか」との意見が出された。

(2) ベトナムのシティズンシップの再定義と再構成—視野の範囲

　「グローバル化のもとで、シティズンシップは、その範囲（包摂/排除のルールや規範）、内容（権利と責任）、深度（コミットメントの度合い）という三つの軸で再定義と再構成を迫られている」[27] 中で、「(各国で展開される固有の市民性教育の：石村註) 多様性の要素とアセアンネスという共通の要素のせめぎ合いをどのように調整・克服しているのか」[28] をみていく場合、まずは、「ナショナル・アイデンティティ教育の相対化装置としての役割」[29] を学校教育（少なくとも現状の非民間教育セクターにおいて）で働かせない国としてのベトナムからの転換は可能なのか、を考える必要がある。可能ではない場合、国家ぐるみの対外的関係の転換、いわゆる官製アセアンネスの形成に向かうのか。つまり、ベトナム独自の Vietnamese-アセアンネス（国家に担保された、国家的利益の範囲内でのアセアンネス）となるのか、をさらに検証していく必要がある。

(3) アセアンネスのための教育をはじめとして、市民性教育を如何に教室の中で扱うのか、という問題[30]

　「座学的な知識の詰め込みで終わらせず、現実社会と学校で学ぶ知識とを結びつけられるような、体験的・実践的な学習アプローチの開発・充実が必

要となってくるであろう」³¹ という手嶋の見解がベトナムでも適用できよう。授業参観を使った市民性教育の展開を実践的に考えることや、研究的には、例えば、子どもたちの自尊感情が、市民性教育とどう結びついているか、いないかを検討していくことも重要な課題となろう。

10　十年後に達成すべき資質

　以上から、極めて端的にベトナムにおいて十年後に達成すべきアセアンネスとしての知識・理解、能力・技能、価値観・態度をまとめると次のようになる。
　まず、考えるべきは、ベトナムが社会主義国であり、その中での市民性教育という枠があることである。前述したとおり、現時点で24％しか充足していないと考えられている、政治参加等のナショナルレベルでの能力・技能の充足が如何に図られるのか、が重要であるが、それは、社会主義としての枠そのものが問い直されていく中で実現されるのか、本来インターナショナルな性格を持つはずの社会主義の内容がより議論され、変わっていく中で実現されるのか、がこの議論の大前提となるが、この問題は、本論の守備範囲を超える。そこで、現状が維持されると考えれば、国家に担保された、国家的利益の範囲内でのアセアンネスとしての Vietnamese- アセアンネスを今後十年で如何に発展させていくか、を考えていくこととなる。
　それは、まず第1に知識・理解については、学校の影響力が強いことが明らかになったので、そこにおける教育内容（具体的には教科書）に、歴史、地理的内容に加え、アセアンに関する文化、社会問題を入れていくことが重要となろう。
　第2に能力・技能については、アセアン諸国を実際に訪れ、その人々と具体的に協力する機会をより増やしていく、体験的・実践的な学習アプローチを通して、如何にアセアンの人々と関係を作っていくのかという能力・技能を獲得することが極めて重要であると考えられる。但し、その際、「アセアン諸国に共通の規範・価値観をもつ」ことに関しては、ベトナムとしてそれがどのようなものなのか、十分議論する必要がある。

第 3 に価値観・態度については、「アセアンの一員としての道徳、誇り」とはベトナムとしてはいったい何であるのかを明らかにする必要がある。おそらくそれは、他のアセアン諸国と共通なものとは異なるものとなるように考える。同様に、アセアンにおける民主主義とは何か、ベトナムが受容できるものとして、十分に議論することが極めて重要である。現状では、本調査でも、「民主主義」の尊重はなされており、「今後達成すべきもの」とは位置づけにくいが、現在達成されているのは、ベトナムでそれとして把握されている「民主主義」である。価値観・態度に関して重要なのは、それが、アセアン全体で考えられたとき、ベトナムと他のアセアン諸国の間でどこまでが共約可能であるのかを、今後十年の間に十分議論することである。それが為されたときに、「アセアンのメンバーであることが自国にとって有益」と認識され、「アセアンへの帰属意識」が醸成され、その先に、あらためて、「アセアンの一員としての道徳、誇り」が、子どもたちが身につけるべきものとして位置づけられると考えるべきである。

注

1　この変更は、それまで、「公平で民主的」であったものが替えられたものである。尚、この折り、ベトナムでは、1992 年憲法の改正議論がなされ、その中で、「ベトナム民主共和国」への国名変更が議題となった。これは、一連の「民主」強調の流れに位置するものと考えられる。
2　村田、同上、294 頁。
3　近田・勢村、2009 年。
4　Co nen goi "xa hoi hoa giao duc", Bao Ngu'o'i Ha Noi, so 10, ngay 11-3-2005（Nguyen The Long,. Doi mo'i tu' duy, phat trien giao duc, Viet Nam, Trong kinh th thi tru'o'ng, Nha Xuat Ban Lao Dong, 2006, pp.9-10.）
5　Bao Khoa hoc va Doi song, So 21, 3-2005（Nguyen The Long, op.cit., p.30.）
6　Bao Van nghe, so 12, ngay 19-3-2005（Nguyen The Long, op.cit., p.23.）.
7　Khong nen cam thu'o'ng mai hoa giao duc,Bao Ngu'o'i dai bieu nhan dan so 30, ngay 21-2-2005.（Nguyen The Long, op.cit., p.27.）.
8　Vietnam Net, Web 22/7.2007.
9　Khong nen cam thu'o'ng mai hoa giao duc,Bao Ngu'o'i dai bieu nhan dan so 30, ngay 21-2-2005.（Nguyen The Long, op.cit., p.26.）.
10　Co nen goi, op.cit., p.7.

11 Hanh Ngan-Linh Lan,Chu'o'ng trinh day va hoc o' bac tieu hoc tai van chu'a giam, (Giao Duc nhu'ng lo'i tam huyet, 2006, p.123.)
12 森下、2013 年、120 頁、でも同様の評価をしている。
13 森下、2013 年、120 頁、でも同様の評価をしている。
14 森下、同上、122 頁。
15 森下、同上、124 頁。
16 Tien Phong, Who will compile new history textbooks for general education?, Vietnamnet, 14-5-2013.
17 嶺井、2011 年− 2、38 頁。
18 Trung, 2013, p.16.
19 Grossman et al., 2008, p.24.
20 Kennedy は、市民教育の発展にとって①伝統的な市民教育プログラムからの脱却、②伝達方式、飲み込み学習及びドリル学習からの脱却、③試験をベースとする評価法からの脱却が重要であると言っている。Ibid. pp.23-24.
21 手嶋、2013 年、140 頁。
22 嶺井、2011 年− 1、35 頁。
23 この点、マレーシアが、「『ナショナル』を強調しながらも、その『ナショナル』を超えて、『リージョナル』や『グローバル』に転用され得る『市民性』の涵養・獲得をめざしやすい環境にある」(手嶋、2013 年、143 頁)ことと対照的である。但し、Kennedy は、アジア、大洋州諸国の共通の課題として、自由経済、自由なカリキュラムと保守的な市民価値の間には継続的な緊張関係が残るとしている。Grossman et al., 2008, p.22.
24 村田、2001 年、300 頁。
25 平田、2007 年、15 頁。
26 渋谷、2007 年、51 頁。
27 木前他、2012 年、11 頁。
28 平田、2013 年、104 頁。
29 嶺井− 1、2011 年、34 頁。
30 Kerry J. Kennedy et al. 2010, p.15.
31 手嶋、2013 年、147 頁。

引用・参考文献

Cam nGng phap luat, Nganh Giao Duc-Dao Tao Nam Hoc 2007-2008, Che Do, Chinh Sach Moi Doi voi Giao Vien,Can Bo cong Chuc, Nha Xuat Ban thong ke 2007.
GIA (Nhieu Tac), *Khoa Hoc Giao Duc Di Tim Dien mao Moi*, Nha Xuat Ban Tre, 2006.
GROSSMAN (David L.), Wing On Lee and Kerry J. Kennedy, *Citizenship Curriculum in Asia and The Pacific*, The University of Hong Kong, Springer, 2008.
KENNEDY (Kerry J.), Wing On Lee and David L. Grossman, *Citizenship Pedagogies in Asia and The Pacific*, The University of Hong Kong, Springer, 2010.

LEE（W.O.）, David L.Grossman, Kerry J.Kennedy and Gregory P. Fairbrother, *Citizenship Education in Asia and The Pacific: Concepts and Issues*, The University of Hong Kong, Kluwer Academic Publishers, 2004.

LONG（Duong Bach）, Nguyen Xuan Anh, Nguyen Van Hien, Tim Hieu Phap Luat ve Bao Ve, *Cham Soc va Giao Duc Tre Em*, Nha Xuat Ban Chinh Tri Quoc Gia va Nha Xuat Ban Giao Duc, 2007.

Luat Giao Duc Nam 2005, Nha Xuat Ban Tu' Phap, 2005.

Luat Giao Duc（*Da Duoc Sua Doi, Bo Sung co Hieu Luc Tu 01-07-2010*）, Nha Xuat Ban Hong Duc, 2010.

Phap luat ve Giao Duc, Moi Ngu'o'i, Moi Nha Can Biet, Nha Xuat Ban Tu Phap, 2005.

Quy Dinh Moi ve Bao Ve, Cham Soc va Giao Duc Tre Em, Nha Xuat Ban Chinh Tri Quoc Gia, 2007.

Tong cuc thong ke, Nien giam thong ke 2005, Nha Xuat ban thong ke, 2006.

TRUNG（Gian Tu）, Moi thu cang te hai, moi nguoi cang phai dan than, *Saigon Tiep Thi*, So 24, 18-03-2013.

石堂常世「新編『公民教育』にみるフランス革命の"遺産"について－共和国理念を中心に－」『フランス教育学会紀要』第 2 号、1990 年。

乾美紀「ラオスの初等教育における市民性教育の変容－社会主義とグローバル化の狭間で－」『比較教育学研究』第 46 号、2013 年。

鴨川明子「ブルネイ初等学校の社会科と MIB に見る市民性教育－ SPN21 カリキュラムと教科書の分析－」『比較教育学研究』第 46 号、2013 年。

木前利秋・時安邦治・亀山俊朗『葛藤するシティズンシップ－権利と政治』現代書館、2012 年。

栗原浩英『コミンテルン・システムとインドシナ共産党』東京大学出版会、2005 年。

栗原浩英編著『東南アジアにおける「共存」・「共生」の諸相』東京外国語大学・アジア・アフリカ言語文化研究所、1999 年。

渋谷恵「グローバル化時代における市民性と市民性教育」平田利文編著『市民性教育の研究 日本とタイの比較』東信堂、2007 年、46-63 頁。

近田政博・勢村かおり「ベトナムにおける 2005 年教育法と 98 年教育法の比較考察－教育の質を法律によってどう担保するか－」日本比較教育学会第 45 回大会報告資料、2009 年。

近田政博『近代ベトナム高等教育の政策史』多賀出版、2005 年。

近田政博訳、ヴォ・ヴァン・セン監修「ベトナム教育法（翻訳）」『名古屋高等教育研究』第 1 号、2001 年。

手嶋將博「地域統合をめざす ASEAN 諸国における市民性教育－『ナショナル』を超える市民性育成にむけたマレーシアの挑戦－」『比較教育学研究』第 46 号、2013 年。

羽谷沙織「カンボジア前期中等教育における市民性を育む教育－国家への帰属意識と ASEAN をめぐるパラドクス－」『比較教育学研究』第 46 号、2013 年。

平田利文「市民性教育とは」（平田利文編著『市民性教育の研究 日本とタイの比較』東信堂、2007年、5-25頁）。

平田利文「地域統合をめざすASEAN諸国における市民性教育」『比較教育学研究』第46号、2013年。

藤井佐知子「高等教育における知の再構築と市民性育成：フランスの試み」『比較教育学研究』第26号、2000年。

嶺井明子「特定課題研究プロジェクトについて」日本国際理解教育学会『国際理解教育 Vol.17 特集グローバル時代のシティズンシップと国際理解教育』日本国際理解教育学会、2011年－1、34-36頁。

嶺井明子「多元的シティズンシップによる国際理解教育の再構築－ユネスコと日本を事例として－」日本国際理解教育学会『国際理解教育 Vol.17 特集グローバル時代のシティズンシップと国際理解教育』日本国際理解教育学会、2011年－2、37-46頁。

森下稔「ASEAN諸国における市民性に関する児童生徒へのアンケート調査」『比較教育学研究』第46号、2013年。

拙稿・Tran Thi Ngoc「2005年ベトナム教育法―翻訳と解説―」『鳴門教育大学国際教育協力研究』2009年7月、71-89頁。

拙稿「ベトナムの2005年教育法について―現状と建て前の折り合いの付け方に注目しながら―」『鳴門教育大学研究紀要』第23巻、2008年3月、74-86頁。

拙稿「ベトナム」日本教育大学協会特別委員会『諸外国の教員養成制度（アジア編）』学文社、2005年9月、165-180頁。

拙稿「ベトナム」村田翼夫編著『アジア諸国における中等・高等教育の民営化に関する実証的比較研究』筑波大学教育開発国際協力センター、2003年3月、79-88頁。

拙稿「ベトナム」村田翼夫編著『東南アジア諸国の国民統合と教育』東信堂、2001年2月、117-130頁。

拙稿「『人間と市民の権利の宣言』(1789年8月26日)に関する一考察」石堂常世編『フランスの道徳・公民教育』1991年、40-50頁。

第Ⅲ部　総　括

第12章
アセアン諸国における市民性教育調査の比較分析

森下 稔

はじめに

　本章では、アセアン諸国において共同研究で実施した二つの市民性教育調査の結果を横断的に比較分析する。一つは、児童生徒を対象とした市民性に関する意識調査であり、もう一つは、専門家を対象とした市民性に関するデルファイ法による未来予測調査である。なお、アセアン加盟10カ国における調査を企画したものの、児童生徒対象の調査ではシンガポールにおいて、デルファイ調査ではシンガポールとミャンマーにおいて未実施であり、本章における分析には加えられていない。

　本書第Ⅱ部の各章では、各国における調査結果に基づいて、それぞれ分析と考察が加えられている。本章では視点を変えて、調査が実施できたアセアン諸国の結果を横断的に比較する表から、市民性教育の現状とその特徴を分析することとする。

1　児童生徒対象の質問紙調査結果の比較分析[1]

(1) 調査の概要

　調査の目的を改めて確認すると、アセアン諸国の児童生徒の市民性に関する意識を比較することにより、実際に身につけている市民性の現状を明らかにすることを通して、各国の市民性教育における特色、現状と動向、課題を

解明することであった。同時に、2015年のアセアン統合に向けて、アセアンに関する知識や態度を比較検討することであった。調査の時期・実施方法等は国によって多少異なっており、詳細は各章で述べられているとおりである。質問紙の内容構築にあたっては、2003年度にタイと日本において行われた市民性教育に関する質問紙調査[2]を母胎として、研究メンバーによるブレーンストーミングによって日本語版を開発した。英語版を含め、実際の調査は各国の公用語または教授用語に現地の研究協力者の協力を得ながら翻訳した。配布・回収に関しては、原則として日本側メンバーが現地を訪問し、現地の研究協力者とともに行った。

(2) 質問紙調査票の構成

質問紙は二部構成で、第一部は児童生徒の市民性を問うもの、第二部はASEANに関する知識や態度を問うものである。第一部は本研究で開発した市民性の資質表（**第1章表1-2**）にしたがって、一方の軸にローカル－ナショナル－リージョナル－グローバル－ユニバーサルの5レベルが設定され、他方の軸に知識・理解－能力・技能－価値観・態度の3側面が設定されたものである。第二部は、アセアン加盟国の基礎的な知識および国際組織としてのアセアンの知識、それらの知識を得るメディア、アセアンの一員としてのアイデンティティを問う内容である[3]。具体的な設問内容に関しては、本章の付表にある国別、回答別集計表を参照されたい。

(3) 調査結果

以下では、各設問の9カ国比較表に基づき、比較分析する。なお、集計結果の全体は付表に示すとおりであるが、分析にあたっては、4段階法の設問における平均値や代表的な選択肢回答などを表12-1から表12-5に示し、進めていくことにする。

① 知識・理解面から見た市民性（表12-1）

質問紙の第一部のQ1～Q3では、市民性の知識・理解面について尋ねた。

Q1は歴史学習について、Q2は伝統・文化学習について、ローカル・ナショナル・リージョナル・グローバルの各レベル別にその重要度をどう考えるかを尋ねたものである。表12-1では、4段階法の回答の平均値が示されている。

Q1 歴史学習の重要度について見ると、9カ国とも「自国の歴史」が最も重要と考えられており、その次に「世界の歴史」が重要とされていることが共通している。「アセアンの国々の歴史」について、ベトナムの平均値が低い点が他国の傾向と異なる。

Q2 伝統・文化学習の重要度についてみると、9カ国とも「自国の伝統・文化」が最も重要とされている。他の項目では国によって傾向が異なり、ローカルな伝統・文化に関しては、ラオス・カンボジアでは重要視されているのに対して、マレーシアでは「とても重要」の回答が少なく（17.1％）、平均値が低めになっている。アセアンの伝統・文化に関しては、フィリピン・タイ・ラオスで重要度が高い一方で、ベトナム・ブルネイ・インドネシアでは重要度が低めである。

Q3は市民性キーワードの見聞経験を問うことによって、知識の習得状況を図ろうとするものである。結果を見ると、③平和、⑥環境、⑧開発については、各国とも非常に良く見聞されている。ただし、ミャンマーにおいては他国よりもやや低めの平均値となっている。多くの国で高めの平均値となっている⑦人権、⑪民主主義が、ブルネイにおいては低い数値になっている。②社会正義や公正もブルネイおよびベトナムのみ低い数値である。

国によって経験が異なるのは、①国際社会、④相互依存関係、⑤持続的発展の項目である。⑨共生および⑩異文化理解については、多くの国で低めの平均値となっているが、⑨共生についてはラオスとタイで、⑩異文化理解についてはマレーシアで高い数値となっている。

国別に見ると、マレーシアとタイがともに11項目中10項目で平均値3を超えていることから市民性の知識を獲得する機会が多いと考えられる。他方、ブルネイにおいては7項目が平均値3を下回っている。

第 12 章　アセアン諸国における市民性教育調査の比較分析　273

表 12-1　知識・理解面から見た市民性の比較（表中の数字は各国の平均値）

第1部　市民性	ブルネイ	カンボジア	インドネシア	ラオス	マレーシア	ミャンマー	フィリピン	タイ	ベトナム
Q1　歴史学習の重要度 1＝全く重要でない　2＝あまり重要でない　3＝重要　4＝とても重要									
(1) 自分が住む村や町の歴史	2.9	3.2	2.9	3.3	2.8	2.8	3.1	3.1	3.0
(2) 自分の国の歴史	3.7	3.7	3.7	3.8	3.6	3.5	3.8	3.7	3.6
(3) アセアンの国々の歴史	3.1	3.1	3.3	3.2	3.1	3.1	3.4	3.2	2.7
(4) 世界の歴史	3.4	3.4	3.6	3.6	3.4	3.3	3.7	3.5	3.0
Q2　伝統・文化学習の重要度 1＝全く重要でない　2＝あまり重要でない　3＝重要　4＝とても重要									
(1) 自分が住む村や町の伝統・文化	3.1	3.4	3.1	3.5	2.9	3.2	3.2	3.2	3.1
(2) 自分の国の伝統・文化	3.6	3.7	3.6	3.8	3.6	3.7	3.7	3.6	3.6
(3) アセアン地域の伝統・文化	2.8	2.9	2.8	3.1	2.9	3.0	3.3	3.1	2.7
(4) 世界中の多様な伝統・文化	2.8	3.1	3.1	3.2	3.1	2.9	3.5	3.3	3.0
Q3　市民性キーワードの見聞経験 1＝全くない　2＝あまりない　3＝ある　4＝よくある									
①国際社会	2.9	2.5	3.2	2.4	3.3	3.1	2.7	2.6	2.1
②社会正義や公正	2.7	3.0	3.6	3.1	3.4	2.9	3.3	3.4	2.7
③平和	3.6	3.7	3.6	3.6	3.8	3.3	3.7	3.6	3.6
④相互依存関係	3.1	3.4	2.8	3.1	3.6	2.7	2.9	3.4	2.3
⑤持続的発展	2.7	2.3	2.4	2.8	3.5	2.7	3.0	3.2	3.2
⑥環境	3.7	3.8	3.8	3.7	3.9	3.4	3.7	3.7	3.7
⑦人権	2.7	3.7	3.6	3.2	3.5	3.1	3.7	3.5	3.2
⑧開発	3.3	3.7	3.3	3.6	3.7	3.3	3.6	3.6	3.5
⑨共生	1.7	2.6	2.7	3.6	2.8	3.0	2.7	3.5	2.7
⑩異文化理解	2.7	2.4	2.9	2.7	3.5	2.6	2.8	3.0	2.7
⑪民主主義	2.8	3.3	3.6	3.7	3.5	3.4	3.7	3.8	3.3

② 能力・技能面から見た市民性（表 12-2 参照）

　質問紙の第一部の Q4～Q8 では、市民性の能力・技能面について尋ねた。
　Q4 では、社会問題（政治、環境、人権、紛争などに関する問題）について、学習、思考、行動の経験を尋ねた。**表 12-2** には 4 段階法の回答の平均値が示されている。結果を見ると、(2) 自分の意見を持った経験が最も多く、(1) 自ら学んだ経験がそれに続き、(3) 意見表明や (4) 行動に移す経験が少なくなる傾向がある。これらの経験が少ない国としてベトナム・ブルネイ・ミャンマーをあげることができる。他方、最も積極的であるのはフィリピンで、マレーシアとタイがそれに続いている。
　Q5 では、意見を率直に述べることができる相手について尋ねた。表 13-2 では「いえる」と回答した者の割合が示されている。全体の傾向では、友人や親に対しては意見を述べることができるが、教師や大人に対しては減少し、政治家や宗教指導者に対しては、「わからない」と回答する割合が多くなるという傾向がある。ただし、項目別に見るとかなり多様な傾向が表れている。教師に対しては、カンボジアとインドネシアでは 7 割以上のかなり高い割合である一方で、タイやラオスではおよそ半分の 3 割台となっている。また、宗教指導者に対しては、マレーシア、ブルネイ、インドネシアの順で高く、逆にタイ、ベトナム、ラオス、ミャンマーが下位の回答率となっており、回答者の中で優勢な宗教がイスラームであると高くなり、仏教であると低くなる傾向が見いだされる。
　Q6 ではアセアンの共通言語である英語の学習について、その重要性についての意識を尋ねた。表 12-2 では「とても大切である」と回答した者の割合が示されている。各国とも、英語学習の重要性が強く意識されていることがわかる。特に、ミャンマーが非常に高い。マレーシアのみ消極的のように見えるが、「あまり大切でない」「大切でない」とする回答の合計は 1.5% であり、ミャンマーの 1.0% に次いで少ない。
　Q7 では、グローバルな問題を理解し、考え、意見表明するために必要な英語能力について、スキル別（会話、作文、読解、聞き取り）にどのように自己評価しているかを尋ねた。表 12-2 では、4 段階法の回答の平均値が示さ

れている。全体的に見ると、国による差が大きく、一つの国の中でのスキル別の差は大きくないことが特徴として指摘できる。自己評価が高い国は、ブルネイ、フィリピン、マレーシアで、おおむね平均値が3点台である。植民地時代の宗主国がイギリスまたはアメリカであったことや、教授用語の一部が英語であることなどの共通性が要因である可能性が考えられる。逆に、ミャンマー、ベトナム、ラオス、タイの順に自己評価が低い。

Q8では、将来、市民性の資質を身につけ、望ましいとされる生き方や暮らし方ができるかを尋ねた。具体的な設問は、市民性の資質表から精選された8項目である。表12-2では、4段階法の回答の平均値が示されている。全体の傾向を見ると、おおよそ2点台後半から3点台前半であり、あまり分散していない。国別に見ると、将来の市民性に基づく能力に自信を持っていると言えるのがタイ、マレーシア、フィリピンであり、3点台の項目が多数となっている。反対に、カンボジアがすべての項目で2点台となり、9カ国の中では自信を持っていないといえる。項目別に見ると、(2) 豊かな生活が各国とも高い数値となっている一方、(6) 問題解決が各国とも低い数値となったのが特徴と言える。

③　価値観・態度から見た市民性（表12-2参照）
　質問紙の第一部のQ9～Q10では、市民性の価値観・態度面について尋ねた。
　Q9では、毎日の生活の中で自らの宗教／信仰の教えを守り、実行しているかどうかを尋ねた。アセアンの特色として宗教信仰の多様性がある。多宗教の社会も多いが、今回の対象者の属性で見ると、ブルネイ・インドネシア・マレーシアの3カ国が9割以上の回答者はイスラームを信仰していると回答しており、仏教が優勢な国としてはタイおよびカンボジアならびにミャンマーが90％以上、ラオスが86.8％、ベトナムが61.3％と続いている。フィリピンだけはキリスト教93.2％である（付表参照）。表12-2には、選択肢「十分守り、実行している」と回答した者の割合が示されている。この結果を見ると、ミャンマーが54.4％で最も高く、フィリピン、インドネシアまでが40％以上である。他方、ベトナムは20％に届かず、タイ、ブルネイ、ラオ

表 12-2　能力・技能面および価値観・態度面から見た市民性の比較

第1部　市民性	ブルネイ	カンボジア	インドネシア	ラオス	マレーシア	ミャンマー	フィリピン	タイ	ベトナム
Q4　社会問題に関する経験 1＝全くない　2＝あまりない　3＝ある　4＝よくある（表中の数字は各国の平均値）									
(1) 自分で調べたり、学んだりした	2.0	2.3	2.4	2.4	2.5	2.0	2.8	2.5	1.9
(2) 自分の意見を持った	2.6	2.3	2.7	2.8	3.0	2.4	3.1	2.8	2.1
(3) 自分の意見を表明した	1.8	2.0	1.7	1.9	2.1	2.0	2.3	2.2	1.3
(4) 解決のために自分から行動した	1.5	2.3	2.1	2.3	1.9	1.8	2.4	2.4	1.6
Q5　意見表明ができる相手 （表中の数字は「いえる」と回答した者の割合［%］）									
(1) 友人に対して	67.7	69.2	92.0	91.9	79.9	94.4	92.7	92.1	80.2
(2) 親に対して	84.2	85.8	84.9	68.6	89.4	62.1	71.9	72.6	73.8
(3) 学校の先生に対して	61.2	83.4	73.6	38.5	67.7	48.2	47.3	37.8	54.5
(4) 大人や年上の人に対して	48.9	71.3	67.8	35.0	56.3	51.8	51.1	42.0	45.5
(5) 政治をする人に対して	18.1	29.9	19.5	25.6	36.6	25.1	23.4	19.3	16.3
(6) 宗教指導者に対して	63.2	39.1	41.8	25.6	76.0	28.7	29.6	17.1	20.1
Q6　英語学習の重要性 （表中の数字は「とても大切である」と回答した者の割合［%］）									
	75.5	66.0	74.4	78.2	55.3	86.2	76.8	67.4	67.9
Q7　英語の能力 1＝全くできない　2＝あまりできない　3＝できる　4＝十分にできる（表中の数字は各国の平均値）									
外国の人との会話	3.1	2.5	2.1	2.2	2.9	1.8	3.0	2.4	2.1
手紙やメールのやりとり	3.2	2.7	2.5	2.1	3.0	1.9	3.3	2.3	1.9
雑誌・新聞・ウェブサイトを見る	3.4	2.4	2.4	2.1	3.3	1.9	3.5	2.3	1.8
テレビ・ラジオ番組の視聴	3.4	2.5	2.5	2.2	3.3	1.9	3.5	2.2	2.2

第 12 章　アセアン諸国における市民性教育調査の比較分析

第1部　市民性	ブルネイ	カンボジア	インドネシア	ラオス	マレーシア	ミャンマー	フィリピン	タイ	ベトナム
Q8　将来の市民性に関する技能 1＝全くできない　2＝あまりできない　3＝できる　4＝十分できる（表中の数字は各国の平均値）									
(1) 何かするとき、一人で決める	2.9	2.8	3.0	2.7	3.1	3.1	3.0	3.1	2.9
(2) 今よりも心身ともに豊かな生活	3.1	2.8	3.2	3.0	3.2	3.2	3.1	3.1	3.3
(3) 自国や外国の文化の理解	3.0	2.8	2.8	2.9	3.1	2.7	3.0	3.1	2.4
(4) 異文化・異民族と一緒に生活	2.8	2.5	2.9	3.0	3.0	2.5	2.8	3.0	2.3
(5) 不正・不平等・差別に立ち向かう	3.1	2.7	2.7	2.6	3.1	2.9	2.7	3.0	2.7
(6) 地域、国、アセアン、世界の諸問題解決	2.5	2.5	2.6	2.7	2.7	2.5	2.9	2.9	2.5
(7) ICT社会への対応	3.0	2.8	2.5	2.8	3.2	2.8	3.0	3.1	2.9
(8) 世界平和のために役立つ	2.7	2.8	2.4	2.8	2.9	2.7	3.3	3.1	3.0
Q9　毎日の生活の中での宗教／信仰の実践 （表中の数字は「十分守り、実行している」と回答した者の割合［%］）									
	25.3	39.3	40.3	27.2	39.8	54.4	44.8	20.1	17.8
Q10　国民としての道徳や誇り （表中の数字は「十分もっている」と回答した者の割合［%］）									
	85.1	87.1	59.3	83.8	86.8	68.2	80.0	56.9	70.3

スが30％未満である。国によって大きな差が表れている。

Q10では、自国民としての道徳や誇りをもっているかを尋ねた。表12-2には、選択肢「十分もっている」と回答した者の割合が示されている。全体的な結果を見ると、多くの国で8割を超えている中で、タイとインドネシアが6割に達していない。ナショナリズム教育の成果としてみたときに、果たして国民の期待通りの結果と言えるのか、検討が必要と思われる。

④　ローカル－ナショナル－リージョナル－グローバルの各レベルでの市民性（表12-3参照）

　Q11では、市民性資質の中からローカルからグローバルまでの各レベルに共通する7項目の資質を抽出し、それぞれの中でどれが最も重要かを尋ねた。全体的な回答傾向を見ると、ローカルレベルでは、（1）地方の伝統・文化が9カ国とも多く選択されている。次に（3）平和がブルネイ、ミャンマー、フィリピン、マレーシア、インドネシアで多く選択されている。タイやフィリピンでは（5）環境・開発にも回答が集まった。ナショナルレベルでは、（8）の愛国心・伝統・文化がブルネイを除いて多くの回答があった。マレーシア、タイ、インドネシアでは（9）国民としての誇りも多く、ブルネイとミャンマーでは（10）平和に最も多くの回答が集まった。リージョナル（アセアン）レベルでは、他のレベルに比べて回答が集中していないのが特徴といえる。インドネシアとミャンマーならびにフィリピンで、（17）アセアンの平和に多くの回答が集まったのが例外的である。グローバルレベルでは、（24）世界平和にタイ以外の各国の回答を集め、特にマレーシアとブルネイでは5割を超えた。なお、タイは（26）地球環境・開発が最も多い。Q11ではさらに、4レベルから選んだ回答のうち、どれが最も重要と思うかを尋ねた。その結果、（24）世界平和が1位となった国が最も多く、ブルネイ、インドネシア、マレーシア、ミャンマー、フィリピンであった。カンボジアは（8）愛国心・伝統・文化が1位、ラオスは（1）地方の伝統・文化が1位で15.3％、タイは（26）地球環境・開発が1位で14.7％となった。ベトナムでは5％以上の支持を集めた項目がなかった。

第 12 章　アセアン諸国における市民性教育調査の比較分析　279

⑤　ユニバーサルレベルの市民性（表 12-3 参照）

　Q12 では、ユニバーサルなレベルでの市民性の資質を 15 項目列挙し、そのうちから 3 項目を選択させた。表 12-3 では、15 項目中の順位が示されており、上位 3 位までに網掛けが施されている。全体的な傾向としては、国別に見てブルネイ、インドネシア、マレーシア、タイ、ベトナムの 5 カ国で (2) 仲良く暮らすが 1 位となり、ラオスとフィリピンで (3) 自制・目標達成が 1 位となっている。次いで、(1) 自立心がミャンマーで 1 位となった他にも、2 位または 3 位となった国が 5 カ国を数えてよく選ばれている。また、カンボジアのみ、(15) 人権尊重が 1 位となっており特徴が表れている。反対に、(14) 意思決定・行動は各国とも順位が低い。

⑥　アセアンに関する知識・理解（表 12-4 参照）

　質問紙の第二部の Q1 〜 Q5 では、アセアン諸国に関する知識およびアセアンそのものの基礎知識について尋ねた。表 12-4 に結果が示されている。

　Q1 では、図 12-1 の白地図上にある 1 〜 15 の番号から、アセアン加盟国を回答させる問題を出題した。表 12-4 では、正答率が示されている。まず、カンボジア児童生徒の正答率がほぼ 1 桁であり異常に低いことが目を引く。なお、自国の位置についての正答率は 95.4％ である。次に他の 8 カ国を見ると、相対的にタイ、ベトナム、ラオスの正答率が高い。反対に、フィリピンでは全般的に正答率が低い。ブルネイ、インドネシア、マレーシアでは、後発加盟国のカンボジア、ラオス、ミャンマー、ベトナムについての正答率が共通に低い特徴がある。また、インドネシアとフィリピンではシンガポールについての正答が少ない。

　Q2 では、アセアンの旗の意味を 4 つの選択肢の中から選ばせた。表 12-4 には、正答率が示されている。これを見ると、インドネシア（71.6％）、ラオス（65.3％）、タイ（61.0％）の順で正答率が高い。9 カ国全体での正答率は 50％ 以上で、半数以上の児童生徒にアセアンの旗の意味が浸透していると言えるだろう。

　Q3 では、アセアンの設立年を 4 つの選択肢の中から選ばせた。表 12-4 には、

表12-3 ローカル−ナショナル−リージョナル−グローバルの各レベルにおける市民性の比較
(%)

第1部　市民性	ブルネイ	カンボジア	インドネシア	ラオス	マレーシア	ミャンマー	フィリピン	タイ	ベトナム
Q11-1　ローカルレベルで最も大切だと思うこと（1つだけ選択）									
(1) 村や町が好きで、伝統文化を守ること	20.7	51.2	46.6	56.8	24.9	32.3	23.2	23.7	33.1
(2) 村や町の一員であることに誇りを持つこと	10.2	4.4	10.0	4.3	13.1	3.1	1.8	8.2	11.1
(3) 村や町が平和であること	36.0	17.2	20.6	6.8	22.0	30.8	26.6	7.7	18.1
(4) 村や町の民主主義が保たれていること	1.5	8.0	6.1	7.6	6.3	15.4	13.0	15.3	6.1
(5) 村や町の環境や開発の問題に関心を持つこと	15.9	12.7	5.0	18	11.2	15.9	22.7	24.4	13.3
(6) 村や町の人権問題に関心を持つこと	5.4	3.9	4.4	3.3	5.5	1.5	6.4	6.6	7.0
(7) 村や町の一人としてのアイデンティティを持つこと	9.7	2.5	7.1	2.1	15.5	1.0	5.9	12.4	4.8
Q11-2　ナショナルレベルで最も大切だと思うこと（1つだけ選択）									
(8) 自国が好きで、伝統や文化を守ること	17.9	57.9	44.4	54.8	22.4	26.2	37.0	21.8	29.2
(9) 自国の一員であり、国民であることに誇りを持つ	23.5	11.2	29.4	13.2	35.1	11.8	12.5	25.2	19.4
(10) 自国が平和であること	36.5	15.4	13.2	8.1	22.8	27.7	19.1	10.8	10.5
(11) 自国の民主主義が保たれていること	1.5	4.8	2.4	5.9	5.6	15.4	12.0	15.1	7.5
(12) 自国の環境や開発の問題に関心を持つこと	7.9	6.4	4.4	11.1	5.6	9.2	10.7	13.1	16.6
(13) 自国の人権問題に関心を持つこと	5.7	3.7	2.4	3.0	2.7	2.1	5.7	3.2	7.0
(14) 国民としてのアイデンティティを持つこと	5.9	0.2	3.9	2.5	4.5	7.2	2.5	8.4	1.3
Q11-3　リージョナルレベルで最も大切だと思うこと（1つだけ選択）									
(15) アセアン地域が好きで、伝統や文化を守ること	12.0	20.9	21.0	29.8	28.6	21.5	25.2	14.1	12.3
(16) アセアン地域の一員であることに誇りを持つこと	16.1	24.4	14.8	10.5	10.3	7.2	5.9	10.6	20.6
(17) アセアン地域が平和であること	25.0	27.4	42.7	17.4	18.2	34.4	30.2	16.8	11.1
(18) アセアン地域の民主主義が保たれていること	4.9	6.4	8.9	7.0	11.4	15.4	9.1	16.5	12.1
(19) アセアン地域の環境や開発に関心を持つこと	16.3	12.4	4.9	22.0	10.2	11.3	15.0	20.5	19.9
(20) アセアン地域の人権問題に関心を持つこと	15.4	5.1	3.3	5.7	11.9	4.6	9.1	12.9	12.0
(21) アセアンの一人としてのアイデンティティを持つこと	9.9	3.2	4.4	5.6	7.2	5.1	5.0	6.4	3.3

第1部　市民性	ブルネイ	カンボジア	インドネシア	ラオス	マレーシア	ミャンマー	フィリピン	タイ	ベトナム
Q11-4　グローバルレベルで最も大切だと思うこと（1つだけ選択）									
(22) 地球が好きで、グローバルなルールや習慣に従って行動すること	12.0	30.3	38.5	29.8	7.5	21.0	35.7	14.5	20.4
(23) 地球人であることに誇りを持つこと	6.2	12.4	7.4	10.4	3.9	11.8	2.7	17.3	8.1
(24) 世界が平和であること	50.9	32.7	39.1	21.5	56.5	44.1	37.7	14.6	20.9
(25) 世界の民主主義が保たれていること	1.5	6.9	3.6	5.4	5.9	7.2	4.8	12.8	13.5
(26) 地球の環境や開発の問題に関心を持つこと	14.1	8.5	4.6	21.3	9.2	8.7	12.7	24.4	15.3
(27) 地球の人権問題に関心を持つこと	6.1	5.3	4.1	6.7	8.8	2.6	3.0	4.9	8.6
(28) 地球上の一人間としてのアイデンティティをもつこと	8.2	1.8	2.8	2.9	6.6	4.6	3.0	9.2	3.3
SQ11-1　上で選んだ4つのうち最も大切だと思うこと（1つだけ選択、選択肢番号と回答率[%]）									
1位	<24>30.4	<8>18.1	<24>23.2	<1>15.3	<24>43.4	<24>29.2	<24>27.7	<26>14.7	<8>4.7
2位	<10>8.7	<1>13.1	<8>21.8	<8>13.7	<9>10.2	<22>7.7	<22>16.8	<23>8.4	<24>4.7
3位	<26>8.2	<24>12.9	<9>11.6	<24>11.9	<10>6.8	<26>6.2	<8>7.3	<24>8.4	<1>4.0 <9>4.0
Q12　現代社会で必要だと思うこと（3つまで複数選択、15項目中の順位）									
(1) 自分の考えをしっかりもち、自分を信じること	2	5	3	2	2	1	6	6	4
(2) お互いの気持ちを大切にし、人と仲良く暮らすこと	1	4	1	4	1	6	2	1	1
(3) わがままを言わず、がまんし、目標をやり遂げること	10	6	2	1	5	5	1	2	2
(4) 落ちついて、冷静に判断すること	12	12	8	6	3	10	7	5	5
(5) ボランティア、助け合いなど、公共や人類にとって役立つことをすること	9	3	11	3	4	3	14	8	6
(6) 基本的な倫理（人としてまもるべき道）、道徳をもつこと	13	13	9	14	13	9	11	6	3
(7) 正しいことを正しいと言えること	5	8	4	9	12	2	8	9	10
(8) 社会をよりよくするための活動に参画すること	8	7	13	10	6	12	12	13	12
(9) 法律を大切にすること	4	11	6	8	10	7	13	3	7
(10) 国際的に協力しあって、問題解決を図ること	6	10	12	5	9	12	10	15	13
(11) 世界の経済や科学技術の革新に乗り遅れないこと	11	9	10	11	11	14	15	11	11
(12) 世界の文化（生活のし方や行動のし方、習慣）の違いを理解し、大切にすること	7	14	7	13	8	15	5	12	15
(13) 地球規模の問題（環境、貧困、紛争、平和、差別、人権、開発など）に関心を持ち、解決すること	3	2	11	7	7	8	3	4	9
(14) 意思決定し、行動すること	14	15	15	15	14	11	9	14	14
(15) 人権を尊重すること	14	1	5	12	14	4	4	10	8

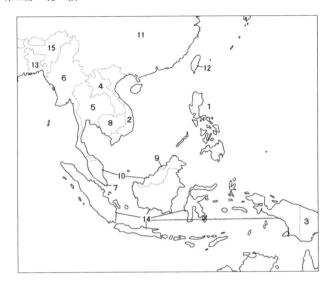

図12-1　第2部Q1の設問図

正答率が示されている。全体にQ2と比べて正答率が低くなる傾向にあるが、ベトナムのみが例外で62.5％と最高の正答率であった。次いでラオスが59.1％で高い。他の国では「知らない」という回答が多い傾向にある。

Q4では、アセアン統合の目標年を4つの選択肢の中から選ばせた。表12-4には、正答率が示されている。Q3をさらに下回る正答率で、マレーシア（3.9％）、ベトナム（4.0％）、ブルネイ（6.4%)、フィリピン（9.1%）と4カ国で一桁台となった。

Q5では、アセアン10カ国について、自国も含めてどの程度知っているかを尋ねた。表12-4には、4段階法での回答の平均値が示されている。全体的に見れば、自国以外の国の知識は平均値で2点台が多く並んでいる。1点台はブルネイ、カンボジア、ミャンマー、ベトナムの4カ国の回答に表れている。他方、知られていない国としては、ミャンマー、ブルネイが挙げられる。各国とも近隣諸国の学習に課題があると言えよう。

Q6では、アセアンの情報を知る手段・媒体について、回答数の制限なし

表12-4 アセアンに関する知識

第2部 アセアンネス	ブルネイ	カンボジア	インドネシア	ラオス	マレーシア	ミャンマー	フィリピン	タイ	ベトナム
Q1 地図上の位置（表中の数字は上欄の各国の正答率[%]、左欄の国名は設問）									
ブルネイ	95.2	4.2	75.7	57.8	88.6	47.2	38.0	55.0	65.6
カンボジア	30.4	95.4	30.9	94.9	38.1	52.3	22.5	80.2	80.2
インドネシア	87.7	1.4	97.0	65.0	88.2	63.6	50.0	65.4	69.4
ラオス	30.0	1.4	38.3	97.1	42.0	69.2	22.3	82.7	83.1
マレーシア	89.5	7.6	80.1	67.8	93.5	59.5	35.2	82.9	65.8
ミャンマー	29.6	1.4	29.2	92.0	46.4	96.4	22.3	80.8	62.6
フィリピン	72.7	0.2	70.0	64.6	60.5	60.5	98.6	60.3	76.9
シンガポール	85.2	1.9	29.2	57.0	91.7	63.1	28.4	67.7	66.9
タイ	58.0	1.8	46.5	96.3	84.8	78.5	23.2	99.0	79.6
ベトナム	29.4	1.1	38.9	95.2	41.4	51.3	33.6	80.0	91.2
Q2 アセアン旗の意味									
	55.8	41.1	71.6	65.3	56.9	50.3	57.7	61.0	53.7
Q3 アセアン設立年									
	16.4	34.9	34.4	59.1	18.1	22.6	12.5	20.2	62.5
Q4 アセアン統合年									
	6.4	37.9	22.1	32.3	3.9	27.7	9.1	22.2	4.0
Q5 アセアン加盟国の知識 1=全く知らない 2=あまり知らない 3=知っている 4=とてもよく知っている（表中の数字は各国の平均値）									
ブルネイについて	3.8	1.8	2.3	2.3	2.7	1.9	2.1	2.0	1.7
カンボジアについて	1.6	3.6	2.1	2.7	2.3	1.9	2.1	2.5	2.2
インドネシアについて	2.7	2.1	3.8	2.5	2.9	2.0	2.5	2.2	2.0
ラオスについて	1.6	2.2	2.1	3.6	2.2	2.0	2.0	2.6	2.2
マレーシアについて	2.9	2.2	2.9	2.6	3.5	2.4	2.6	2.3	1.8
ミャンマーについて	1.7	1.9	2.0	2.5	2.3	3.6	2.0	2.5	1.7
フィリピンについて	2.2	1.9	2.3	2.4	2.5	2.0	3.8	2.2	2.0
シンガポールについて	2.7	2.3	2.8	2.7	3.0	2.5	2.8	2.4	2.3
タイについて	2.1	2.7	2.5	3.2	2.7	2.5	2.6	3.6	2.4
ベトナムについて	1.7	2.6	2.2	3.2	2.3	1.9	2.3	2.3	3.7
Q6 アセアンの情報を知る手段・媒体（16項目からいくつでも複数回答）									
1位	テレビ	本	本	テレビ	インターネット	新聞	インターネット	テレビ	学校
2位	インターネット	テレビ	インターネット	新聞	テレビ	テレビ	テレビ	学校	インターネット
3位	新聞	インターネット	学校	インターネット	新聞	学校	本	インターネット	テレビ

で 15 項目から選択させて回答させた。表 12-4 には、回答の多い順に各国 3 位までの手段・媒体が示されている。結果を見ると、テレビがすべての国で 3 位以内に入っており、次いでインターネットが 8 カ国で 3 位以内に入っている。例外はミャンマーで、インターネットの普及状況が背景にあると思われる。そのほかに、3 位以内に入っているのは、新聞（4 カ国）、学校（4 カ国）、本（3 カ国）である。このうち、学校がアセアンを知る場となっているかどうか、興味深いところである。なお、調査時期の 2011 年は、「アセアンネスのための教育」提唱（2007 年）の後にあたるとともに、アセアンカリキュラムソースブックの発刊（2012 年）より以前である。結果を見ると、インドネシア（80.2%）、タイ（74.5%）、フィリピン（71.1%）の 3 カ国において非常に高い割合で学校がアセアン学習の場になっている。上述の 3 位以内に学校が選ばれた国では、ベトナム（55.5%）、ミャンマー（51.8%）と 5 割以上である。その他の国では 5 割を下回っている。

⑦ アセアンについての意識

　質問紙の第二部の Q7 〜 Q11 では、アセアンについての意識を尋ねた。いずれも 4 段階法で、**表 12-5** にその結果が平均値で示されている。1 に近いほど賛成の意見が表明されていることになる。

　Q7 では、アセアンの国々について、もっと知りたいと思うかを尋ねた。各国とも 1 点台で知りたいという意識が表れた。特に、インドネシアとラオスが 1.4 で最も意欲的である。

　Q8 では、アセアンのメンバーであることは自国にとって有益であると思うかを尋ねた。Q7 同様に、各国とも 1 点台で有益さが認められている。特に、ラオスが 1.3 で最も積極的である。

　Q9 では、アセアンのメンバーであることは自分自身にとって有益であると思うかを尋ねた。この設問では平均値で 1.8 〜 2.2 の間で分布し、Q8 よりも消極的になっているのが特徴である。

　Q10 では、アセアン市民であることを自覚し、アセアンに愛着を持ち、アセアン市民であることに誇りを感じているかを尋ねた。この設問でも、平

表 12-5　アセアンに関する意識（表中の数字は各国の平均値）

1=とてもそう思う　2＝思う　3＝あまりそう思わない　4＝全くそう思わない									
第 2 部　アセアンネス	ブルネイ	カンボジア	インドネシア	ラオス	マレーシア	ミャンマー	フィリピン	タイ	ベトナム
Q7　もっと知りたい	1.8	1.7	1.4	1.4	1.9	1.7	1.6	1.9	1.9
Q8　自国に有益	1.5	1.6	1.6	1.3	1.7	1.7	1.7	1.8	1.9
Q9　自分自身にとって有益	1.8	2.0	2.0	1.9	1.8	2.1	2.0	1.9	2.2
Q10　アセアン市民の自覚、愛着、誇り	1.9	1.8	2.0	1.6	1.9	1.9	1.8	1.9	2.2
Q11　アセアン・アイデンティティ	2.1	2.0	2.3	2.0	2.0	2.0	1.9	1.9	2.2

　均値は 1.8 〜 2.2 の間に分布しており、ベトナムとインドネシアでは相対的に否定的意見が他国よりも多い。他方で、ラオスとフィリピンでは「とてもそう思う」の回答が 3 割を超えており、他国よりも割合が高い。

　Q11 では、アセアンの目指す目標を達成していくために、アセアン諸国の人たちと共通のアイデンティティをもっていると思うかを尋ねた。この設問の回答は 1.9 〜 2.3 の間に分布し、さらに消極的となっている。特に、ベトナム、インドネシア、ブルネイで相対的に否定的意見が他国よりも多い。他方で、ミャンマー、ラオス、フィリピンで「とてもそう思う」の回答が 2 割を超えており、他国よりも割合が高い。

⑧　比較分析のまとめ

　これまでの分析結果からアセアン諸国の現状と課題について、共通に見られる特徴をまとめると以下の諸点が指摘できる。第 1 部でアセアン諸国の児童生徒の市民性意識にみられる傾向として、まず、価値観・態度面において、宗教信仰およびその実践に熱心であり、国民としての自覚や誇りをもっていることが共通している。次に、知識・理解面において、ナショナルレベルの歴史や伝統・文化を重視していることも共通である。さらに、能力・技能面において、実際の行動に取り組むところに課題があることも共通してい

る。第2部の結果からは、国際的な組織としてのアセアンについて、またアセアンに加盟する諸国について、それぞれ知識面で不十分な点があることがうかがえる。児童生徒のアセアンネスに関しては、彼らは他のアセアン諸国に関心を持っているとともに、アセアンの有益さを認識している。それに比べて、アセアン市民としての自覚をもつことや、アイデンティティ形成については、やや弱い傾向にある。アセアン各国はアセアンネスのための教育を推進する課題に取り組む必要性が指摘できるであろう。

　以上のような共通課題が浮き彫りになった一方で、国による差異が表れた面もあり、アセアン諸国間での多様性の現状も示された。質問紙調査の結果に影響を及ぼした要因や背景はそれぞれ異なると考えられる。それらの考察については、本書第Ⅱ部の各章を参照されたい。

2　デルファイ調査結果の比較分析

(1) デルファイ調査の概要

　本書のまえがきおよび第1章において示されているように、本研究におけるデルファイ調査の目的は、アセアン諸国における市民性教育およびアセアンネスのための教育について、10年後の未来予測をすることである。そのため、市民性教育に関わる専門家・有識者を対象として、デルファイ法による調査を行った。デルファイ法では、質問紙調査の1回目の回答結果を回答者に示し、その上で同じ質問紙に再度回答させることにより、意見の収斂をはかり、未来予測の精度を高めることになっている。本研究では、各国において、2回の質問紙調査を行った。ただし、シンガポールとミャンマーの2カ国では実施できなかったため、以下の比較分析は、8カ国における第2ラウンドの結果から行うものとする。なお、調査は2012年から2013年にかけて行われた。具体的な実施の概要については、第Ⅱ部の各章を参照されたい。また、調査結果の分析は、2014年2月に開催したワークショップ（会場：名古屋大学）において議論された内容を基にしている。このワークショップには、アセアン各国の研究メンバーが16人参加し、日本側メンバーの13

人と合わせて、総勢 29 人によって議論された。

（2）デルファイ調査票の構成

　デルファイ調査は 2 部構成となっている。第 1 部は、市民性およびその教育に関して、回答者の意識を高めるウォーミングアップが目的となっている。そのため、本章ではその結果を省略する。第 2 部がデルファイ調査の本体部分である。第 2 部は 3 領域に分かれており、本書第 1 章表 1-1 に示される市民性資質の枠組みに基づいている。具体的には、本書第 1 章表 1-2 に示される市民性資質表の中から、「知識・理解」に関する 12 の資質、「能力・技能」に関する 14 の資質、および「価値観・態度」に関する 13 の資質が、以下の通り精選された。

- 「知識・理解」に関する資質（12 資質）
  環境／共生／異文化理解／社会正義と公正／民主主義／持続的開発・発展／相互依存関係／外国語／社会福祉／人権／アセアンの歴史と文化／アセアン諸国共通の社会問題
- 「能力・技能」に関する資質（14 資質）
  意見表明できる／冷静に判断、自分をコントロールできる／問題解決／意思決定／情報社会に対応できる／平和的解決／批判的思考／生活の質を高める／相互協力／持続的開発・発展／社会に貢献できる／外国語を操る／アセアン諸国に共通の規範・価値観をもつ／アセアン諸国に共通の社会問題を他者とともに解決できる
- 「価値観・態度」に関する資質（13 資質）
  正義をもって不正に立ち向かう／環境・資源を守りその開発に興味をもつ／自立心をもつ／文化の多様性を大切にする／法律を大切にする／国際協力を推進する／地球規模の問題に関心をもつ／伝統・文化を尊重する／国民としての道徳を守り、誇りをもつ／民主主義を尊重する／人権を尊重する／科学的な思考力をもち、科学技術に乗り遅れない／アセアンの一員としての道徳を守り、誇りをもつ

これらの各資質に対して、Q1「この資質についてのあなたのかかわり度」、Q2「この資質の重要度」、Q3「現時点において、子どもがこの資質をどの程度身につけているか」、Q4「10 年後、子どもがこの資質をどの程度達成しているべきか」、Q5「その資質を学習すべき年齢」について尋ねた。

(3) 調査結果

① 10 年後に達成すべき市民性資質のランキング（表 12-6 参照）

　デルファイ調査の結果を横断的に比較できるように示したのが、**表 12-6** である。この表は、「知識・理解」、「能力・技能」、「価値観・態度」の各領域別に、Q4 の「10 年後に達成が期待される市民性資質」を達成すべき程度が高いと回答された順に国別で並べたものである。順位をつけるにあたっては、選択肢の「完全に達成されている」を 5 点とし、同様にして順に、「ある程度達成している」4 点、「達成されている」3 点、「達成が不十分である」2 点、「全く達成されない」1 点として、平均値を算出したうえで、平均値の点数が高い資質の順とした。表中の「加重平均値」とは、上記の操作によって算出された平均値のことである。なお、上記の 5 つの選択肢は厳密には順位尺度であるが、質問紙に 1 ～ 5 の数字をつけて回答者にそれぞれの選択肢が等間隔であるイメージを持たせることにより、間隔尺度としてデータを取り扱うことにした。また、表 12-6 では、Q2 で重要度が領域別に 5 位以内となった資質に下線が引かれている。さらに、Q3 の現時点における達成度の加重平均値を Q4 の 10 年後における期待の加重平均値から差し引いた数値が大きい順に、領域別に 5 位以内に入った資質が太字で表されている[4]。すなわち、太字の資質は、現時点では不十分な達成度であるが、10 年後の期待度が高い資質であり、カリキュラム開発の優先度が高い資質と考えられる。その中でも、Q2 の回答で重要度が高ければ、最優先課題として抽出される。他方で、重要度が高く、かつ 10 年後の期待度が高い資質であっても、現時点で十分達成できているのであれば、カリキュラム開発の優先度は高くないと認められる。

　以下では、領域別に各国の回答を比較分析する。

② 知識・理解面

　市民性およびアセアンネスの知識・理解面での資質の中で、10年後に達成されることが期待されている資質は何かをQ4の結果から考察する。表12-6で見ると、「環境」が8カ国中5カ国（ブルネイ、ラオス、フィリピン、タイ、ベトナム）で1位となっている。次に、「共生」が2カ国（インドネシア、マレーシア）で1位となっている。これらの資質はどの国でも比較的上位に入っている。カンボジアのみ、「民主主義」が1位となっている。「民主主義」については、カンボジアの他にも中位以上に入っている国が多いものの、ベトナムでは12位、ブルネイで10位と下位になっている国もある。

　他方、期待度が低い資質には、いくつかの国の間で共通性が見られる。たとえば、「アセアンの歴史と文化」および「アセアン諸国共通の社会問題」の2つの項目は、ブルネイとマレーシアでともに11位と12位であり、インドネシアで10位と12位、フィリピンで10位と11位、カンボジアで9位と11位となった。その一方で、ベトナム、タイ、ラオスでは2位から7位の範囲になっており、この3カ国での期待の傾向は、上記の3カ国と異なる。また、「外国語」がラオスとフィリピンで12位、カンボジアとインドネシアで11位と下位に位置づいているのに対して、ベトナムで2位、タイで4位と上位に入っている点が注目される。

　次に、下線が付されているQ2において重要度が高いとされた資質を見ていくと、多くの国で、期待度が高い項目を占めている傾向が見いだされる。それに当てはまらないのが、ベトナムであり、重要度が高い「民主主義」が12位、「共生」が9位、「人権」が7位と比較的下位にも分散している。タイにおいても、重要度が高い「持続的開発・発展」が11位になっている。

　続いて、太字で表されている現在における達成度と10年後の期待度の差が大きい資質を見ていくと、ランキングの上位にも下位にも分散している傾向が見られる。ただし、マレーシアでは、4資質（「外国語」「人権」「アセアンの歴史と文化」「アセアン諸国共通の社会問題」）が9位から12位までの下位に集まっている。インドネシアでも、4資質（「社会福祉」「アセアンの歴史と文化」

表 12-6　デルファイ調査結果：10 年後の達成が期待される市民性資質の国別ランキング
（Q4 の加重平均値）

	ブルネイ	カンボジア	インドネシア	ラオス
知識・理解	①環境 ②共生 ③社会福祉 ④相互依存関係 ⑤持続的開発・発展 ⑥異文化理解 ⑦人権 ⑧社会正義と公正 ⑨外国語 ⑩民主主義 ⑪アセアンの歴史と文化 ⑫アセアン諸国共通の社会問題	①民主主義 ②社会福祉 ②人権 ④社会正義と公正 ⑤共生 ⑥相互依存関係 ⑦環境 ⑧持続的開発・発展 ⑨アセアン諸国共通の社会問題 ⑩異文化理解 ⑪外国語 ⑪アセアンの歴史と文化	①共生 ②環境 ③民主主義 ④異文化理解 ④社会正義と公正 ⑥人権 ⑦持続的開発・発展 ⑧社会福祉 ⑨相互依存関係 ⑩アセアンの歴史と文化 ⑪外国語 ⑫アセアン諸国共通の社会問題	①環境 ②民主主義 ③共生 ④社会正義と公正 ⑤人権 ⑥アセアンの歴史と文化 ⑥アセアン諸国共通の社会問題 ⑧相互依存関係 ⑨持続的開発・発展 ⑩異文化理解 ⑪社会福祉 ⑫外国語
能力・技能	①相互協力 ②情報社会に対応できる ③生活の質を高める ④冷静に判断、自分をコントロールできる ④意思決定 ⑥問題解決 ⑦意見表明できる ⑧批判的思考 ⑨平和的解決 ⑩社会に貢献できる ⑪持続的開発・発展 ⑫外国語を操る ⑬アセアン諸国に共通の規範・価値観をもつ ⑭アセアン諸国に共通の社会問題を他者とともに解決できる	①意思決定 ②冷静に判断、自分をコントロールできる ②相互協力 ④生活の質を高める ④社会に貢献できる ⑥平和的解決 ⑦批判的思考 ⑧問題解決 ⑨持続的開発・発展 ⑩意見表明できる ⑪アセアン諸国に共通の規範・価値観をもつ ⑫情報社会に対応できる ⑬アセアン諸国に共通の社会問題を他者とともに解決できる ⑭外国語を操る	①生活の質を高める ②批判的思考 ③問題解決 ④冷静に判断、自分をコントロールできる ⑤意思決定 ⑥相互協力 ⑦情報社会に対応できる ⑧意見表明できる ⑨社会に貢献できる ⑩平和的解決 ⑪持続的開発・発展 ⑫外国語を操る ⑬アセアン諸国に共通の規範・価値観をもつ ⑬アセアン諸国に共通の社会問題を他者とともに解決できる	①相互協力 ②冷静に判断、自分をコントロールできる ③生活の質を高める ④問題解決 ⑤社会に貢献できる ⑥意思決定 ⑦平和的解決 ⑦持続的開発・発展 ⑨情報社会に対応できる ⑨批判的思考 ⑪アセアン諸国に共通の規範・価値観をもつ ⑪アセアン諸国に共通の社会問題を他者とともに解決できる ⑬意見表明できる ⑭外国語を操る

第 12 章　アセアン諸国における市民性教育調査の比較分析　291

[下線は重要度 5 位以内の資質（Q2）、太字は現在の達成度との差が大きい順に 5 位以内の資質(Q4 の加重平均値からQ3 の加重平均値を差し引いた数値)]

マレーシア	フィリピン	タイ	ベトナム
①共生	①環境	①環境	①環境
①異文化理解	②人権	②共生	②外国語
③環境	③民主主義	③民主主義	②アセアンの歴史と文化
④社会正義と公正	④共生	④外国語	④社会福祉
⑤相互依存関係	④社会正義と公正	⑤人権	⑤持続的開発・発展
⑥持続的開発・発展	④持続的開発・発展	⑤アセアンの歴史と文化	⑤アセアン諸国共通の社会問題
⑦民主主義	⑦社会福祉	⑦異文化理解	⑦異文化理解
⑧社会福祉	⑧異文化理解	⑦相互依存関係	⑦人権
⑨外国語	⑨相互依存関係	⑦アセアン諸国共通の社会問題	⑨共生
⑩人権	⑩アセアンの歴史と文化	⑩社会正義と公正	⑩相互依存関係
⑪アセアンの歴史と文化	⑪アセアン諸国共通の社会問題	⑪持続的開発・発展	⑪社会正義と公正
⑫アセアン諸国共通の社会問題	⑫外国語	⑫社会福祉	⑫民主主義
①意見表明できる	①相互協力	①情報社会に対応できる	①アセアン諸国に共通の社会問題を他者とともに解決できる
①問題解決	②冷静に判断、自分をコントロールできる	②外国語を操る	②生活の質を高める
①意思決定	③問題解決	③社会に貢献できる	③外国語を操る
④冷静に判断、自分をコントロールできる	③生活の質を高める	④相互協力	④情報社会に対応できる
⑤情報社会に対応できる	⑤批判的思考	⑤アセアン諸国に共通の規範・価値観をもつ	⑤問題解決
⑤平和的解決	⑥意見表明できる	⑥意思決定	⑤相互協力
⑤持続的開発・発展	⑥意思決定	⑦生活の質を高める	⑦冷静に判断、自分をコントロールできる
⑧相互協力	⑧持続的開発・発展	⑧意見表明できる	⑦批判的思考
⑨生活の質を高める	⑨平和的解決	⑧問題解決	⑦持続的開発・発展
⑩批判的思考	⑨社会に貢献できる	⑧持続的開発・発展	⑩意見表明できる
⑪社会に貢献できる	⑪情報社会に対応できる	⑪アセアン諸国に共通の社会問題を他者とともに解決できる	⑩アセアン諸国に共通の規範・価値観をもつ
⑫外国語を操る	⑫アセアン諸国に共通の社会問題を他者とともに解決できる	⑫冷静に判断、自分をコントロールできる	⑫意思決定
⑫アセアン諸国に共通の規範・価値観をもつ	⑬アセアン諸国に共通の規範・価値観をもつ	⑫平和的解決	⑫社会に貢献できる
	⑭外国語を操る	⑭批判的思考	⑭平和的解決

表 12-6（つづき）

	ブルネイ	カンボジア	インドネシア	ラオス
価値観・態度	①国民としての道徳を守り、誇りをもつ ②自立心をもつ ③文化の多様性を大切にする ③法律を大切にする ⑤伝統・文化を尊重する ⑤環境・資源を守りその開発に興味をもつ ⑦人権を尊重する ⑧正義をもって不正に立ち向かう ⑧科学的な思考力をもち、科学技術に乗り遅れない ⑩地球規模の問題に関心をもつ ⑪国際協力を推進する ⑫アセアンの一員としての道徳を守り、誇りをもつ ⑬民主主義を尊重する	①国民としての道徳を守り、誇りをもつ ②伝統・文化を尊重する ③自立心をもつ ④民主主義を尊重する ⑤人権を尊重する ⑥法律を大切にする ⑦環境・資源を守りその開発に興味をもつ ⑧アセアンの一員としての道徳を守り、誇りをもつ ⑨文化の多様性を大切にする ⑩科学的な思考力をもち、科学技術に乗り遅れない ⑪国際協力を推進する ⑫地球規模の問題に関心をもつ ⑬正義をもって不正に立ち向かう	①人権を尊重する ②民主主義を尊重する ③文化の多様性を大切にする ④伝統・文化を尊重する ④科学的な思考力をもち、科学技術に乗り遅れない ⑥法律を大切にする ⑦国民としての道徳を守り、誇りをもつ ⑧環境・資源を守りその開発に興味をもつ ⑨正義をもって不正に立ち向かう ⑩アセアンの一員としての道徳を守り、誇りをもつ ⑪地球規模の問題に関心をもつ ⑫自立心をもつ ⑬国際協力を推進する	①民主主義を尊重する ②文化の多様性を大切にする ③アセアンの一員としての道徳を守り、誇りをもつ ④環境・資源を守りその開発に興味をもつ ④自立心をもつ ⑥人権を尊重する ⑦法律を大切にする ⑧正義をもって不正に立ち向かう ⑧国民としての道徳を守り、誇りをもつ ⑩伝統・文化を尊重する ⑪科学的な思考力をもち、科学技術に乗り遅れない ⑫国際協力を推進する ⑬地球規模の問題に関心をもつ

［下線は重要度5位以内の資質（Q2）、太字は現在の達成度との差が大きい順に5位以内の資質(Q4の加重平均値からQ3の加重平均値を差し引いた数値)］

マレーシア	フィリピン	タイ	ベトナム
①自立心をもつ	<u>①人権を尊重する</u>	①国民としての道徳を守り、誇りをもつ	<u>①国民としての道徳を守り、誇りをもつ</u>
②国際協力を推進する	<u>②国民としての道徳を守り、誇りをもつ</u>	②環境・資源を守りその開発に興味をもつ	<u>②環境・資源を守りその開発に興味をもつ</u>
③環境・資源を守りその開発に興味をもつ	<u>②民主主義を尊重する</u>	<u>②民主主義を尊重する</u>	③正義をもって不正に立ち向かう
③文化の多様性を大切にする	④アセアンの一員としての道徳を守り、誇りをもつ	<u>④自立心をもつ</u>	④科学的な思考力をもち、科学技術に乗り遅れない
<u>⑤正義をもって不正に立ち向かう</u>	⑤法律を大切にする	④伝統・文化を尊重する	⑤国際協力を推進する
⑤地球規模の問題に関心をもつ	⑤伝統・文化を尊重する	<u>⑥人権を尊重する</u>	⑥伝統・文化を尊重する
<u>⑤伝統・文化を尊重する</u>	<u>⑦環境・資源を守りその開発に興味をもつ</u>	⑦文化の多様性を大切にする	⑦自立心をもつ
⑧法律を大切にする	⑦自立心をもつ	<u>⑦法律を大切にする</u>	**⑧アセアンの一員としての道徳を守り、誇りをもつ**
⑧民主主義を尊重する	⑨文化の多様性を大切にする	⑦科学的な思考力をもち、科学技術に乗り遅れない	⑨文化の多様性を大切にする
<u>⑩国民としての道徳を守り、誇りをもつ</u>	⑨地球規模の問題に関心をもつ	**⑩アセアンの一員としての道徳を守り、誇りをもつ**	⑨地球規模の問題に関心をもつ
⑪科学的な思考力をもち、科学技術に乗り遅れない	⑪科学的な思考力をもち、科学技術に乗り遅れない	⑪地球規模の問題に関心をもつ	**<u>⑪法律を大切にする</u>**
⑫人権を尊重する	⑫国際協力を推進する	**⑫正義をもって不正に立ち向かう**	**<u>⑫人権を尊重する</u>**
⑬アセアンの一員としての道徳を守り、誇りをもつ	**⑬正義をもって不正に立ち向かう**	**⑬国際協力を推進する**	**<u>⑬民主主義を尊重する</u>**

「外国語」「アセアン諸国共通の社会問題」）が8位および10位から12位までの下位に集まっている。資質別に見ると、アセアン関係の2資質の両方またはいずれかが太字で表されている国が7カ国であり、フィリピンが唯一の例外となっている。続いて、「外国語」も7カ国で太字になっている。この例外は、ベトナムである。

　カリキュラム開発や教材開発、指導法の普及などの対応策をとる優先順位が高い項目として、Q4のランキングで比較的上位にあり、かつ下線が付されて太字で表されている資質を国別に抽出すると、次のようになる。ブルネイでは「持続的開発・発展」、カンボジアでは「民主主義」と「社会正義と公正」、インドネシアでは「環境」、ラオスでは「環境」と「社会主義と公正」、フィリピンでは「環境」と「社会正義と公正」と「持続的開発・発展」、ベトナムでは「環境」と「持続的開発・発展」が該当する。なお、マレーシアとタイには該当する資質は見いだされない。この結果から、複数国で共通性がある資質は、「環境」（4カ国）、「社会正義と公正」（3カ国）、「持続的開発・発展」（3カ国）である。アセアン諸国間で協力して対応策を講じる場合には、この3資質の知識・理解面での教育について優先度が最も高いと考えられる。

　続けて、重要度は高くないものの、太字の資質でQ4のランキング上位にあるものから順に、対応策の必要性が高い資質としてみなすことができる。国別に抽出すると、ブルネイでは「相互依存関係」、カンボジアでは「アセアン諸国共通の社会問題」、インドネシアでは「社会福祉」、ラオスでは「アセアンの歴史と文化」、マレーシアでは「相互依存関係」、フィリピンでは「社会福祉」、タイでは「外国語」「人権」「アセアンの歴史と文化」、ベトナムでは「アセアンの歴史と文化」がそれぞれ該当する。この結果を見ると、「アセアンの歴史と文化」が3カ国で共通し、「相互依存関係」と「社会福祉」が2カ国で共通している。

③　能力・技能面
　次に、表12-6の中段にある能力・技能面での市民性資質について考察する。まず、Q4の結果から共通性を分析すると、「相互協力」が3カ国（ブルネイ、

ラオス、フィリピン）で 1 位となっており、他の国でも 6 位以上の上位または中位になっている。ただし、マレーシアのみ 8 位である。また、「意思決定」が 2 カ国（カンボジア、マレーシア）で 1 位となり、他の国でも 6 位以上の上位または中位となっている。ただし、ベトナムのみ 12 位である。さらに、「生活の質を高める」がインドネシアで 1 位になっているが、マレーシアを除く 7 カ国で 7 位以上の上位または中位に入っている。

他方、期待度が低い資質では、「アセアン諸国に共通の規範・価値観を持つ」と「アセアン諸国に共通の社会問題を他者とともに解決できる」の 2 つの資質が、ブルネイで 13 位と 14 位、インドネシアで 13 位と 13 位（同率）、フィリピンで 12 位と 13 位、カンボジアで 11 位と 13 位、ラオスで 11 位と 11 位（同率）であり、2 資質とも下位に位置づいている。マレーシアでも 12 位である[5]。その一方で、ベトナムでは、「アセアン諸国に共通の社会問題を他者とともに解決できる」が 1 位となって、期待が大きい。続いて、タイでは「アセアン諸国に共通の規範・価値観をもつ」が 5 位に入っており、この 2 カ国の傾向が異なる。次に「外国語を操る」について見ると、カンボジア、ラオス、フィリピンで 14 位と最下位になった。ブルネイ、インドネシア、マレーシアでも 12 位と下位に位置づいている。他方、タイでは 2 位、ベトナムでも 3 位になっており、ここでも異なる傾向が見いだされる。

次に、下線が付されている Q2 において重要度が高いとされた資質を見ていくと、多くの国で、10 年後の期待度が高い項目を占めている傾向が見いだされる。ただし、ラオスで「意見表明できる」が 13 位、タイで「冷静に判断、自分をコントロールできる」と「平和的解決」が同率で 12 位と低い順位にも重要度が高い資質があるのが例外的である。

続いて、太字で表されている現在における達成度と 10 年後の期待度の差が大きい資質を見ていくと、ランキングの上位にも下位にも分散している傾向が見られる。資質別に見ると、アセアン関係の 2 資質が両方またはいずれかが太字で表されている国が 7 カ国であり、インドネシアが例外となっている。また、「外国語を操る」もフィリピンとベトナムを除き、6 カ国において太字で表されている。

対応策の優先度が最も高い資質を見いだすため、Q4 のランキングで比較的上位にあり、かつ下線が付されて太字で表されている資質を国別に抽出すると、次のようになる。ブルネイでは「相互協力」と「意思決定」、カンボジアでは「意思決定」、インドネシアでは「生活の質を高める」、フィリピンでは「冷静に判断、自分をコントロールできる」、タイでは「外国語を操る」、ベトナムでは「生活の質を高める」が該当する。なお、ラオスとマレーシアでは該当する資質が見いだされない。この結果から、複数国で共通性がある資質は、「意思決定」（ブルネイとカンボジアの 2 カ国）および「生活の質を高める」（インドネシアとベトナムの 2 カ国）である。アセアン諸国間で協力して対応策を講じる場合には、この 2 資質の能力・技能面での教育について優先度が最も高いと考えられる。

続けて、その次に対応策の必要性が高い資質を見いだすために、重要度は高くないものの、太字の資質で Q4 のランキング上位にあるものを国別に抽出すると、次の通りとなる。ブルネイでは「意見表明できる」、カンボジアでは「アセアン諸国に共通の規範・価値観をもつ」、インドネシアでは「意思決定」、ラオスでは「社会に貢献できる」、マレーシアでは「持続的開発・発展」、フィリピンでは「問題解決」「批判的思考」、タイでは「アセアン諸国に共通の規範・価値観をもつ」、ベトナムでは「アセアン諸国に共通の社会問題を他者とともに解決できる」が該当する。複数国で共通しているのは、カンボジアとタイにおける「アセアン諸国に共通の規範・価値観をもつ」である。

④　価値観・態度面

最後に、表 12-6 の下段にある価値観・態度面での市民性資質について考察する。まず、Q4 の結果から共通性を分析すると、「国民としての道徳を守り、誇りをもつ」が 4 カ国（ブルネイ、カンボジア、タイ、ベトナム）で 1 位となり、フィリピンでも 2 位となっている。しかしながら、マレーシアでは 10 位、ラオスで 8 位、インドネシアで 7 位と中位以下になっている国もある。次に、「人権を尊重する」がインドネシアとフィリピンの 2 カ国で 1 位となっているが、

同様にマレーシアとベトナムでは 12 位と下位になった国もある。ラオスで 1 位の「民主主義を尊重する」は多くの国で上位または中位になっているが、ブルネイとベトナムでは 13 位と最下位で、差異が大きい。マレーシアで 1 位の「自立心をもつ」も多くの国で上位または中位になっているが、インドネシアでは 12 位と下位に位置づいている。このように、上位で共通する資質もあるが、一部の国で下位になるという傾向が見いだされる。

　他方、期待度が低い資質では、「正義をもって不正に立ち向かう」がカンボジアとフィリピンでともに 13 位と最下位であり、多くの国で中位から下位に位置づいているが、ベトナムでは 3 位、マレーシアで 5 位と上位の国もある。「国際協力を推進する」もインドネシアとタイで 13 位と最下位である。この資質も多くの国で 11 位以下の下位であるが、マレーシアで 2 位、ベトナムで 5 位と上位に位置づいている。他の領域で下位を占めたアセアン関係の資質としては、「アセアンの一員としての道徳を守り、誇りをもつ」の 1 資質が設問に含まれているが、マレーシアで 13 位、ブルネイで 12 位と下位に位置づく国もあるものの、ラオスで 3 位であるのをはじめ、比較的上位または中位になった国が多い。特にラオスでは、「アセアンの一員として…」（3 位）の方が「国民として…」（8 位）を大きく上回っており、注目される点である。

　次に、下線が付されている Q2 において重要度が高いとされた資質を見ていくと、多くの国で、10 年後の期待度が高い項目を占めている傾向が見いだされる。ただし、ベトナムにおいて、11 位から 13 位までの 3 資質に「法律を大切にする」「人権を尊重する」「民主主義を尊重する」の重要度が高いものが並んでいるのが例外である。また、マレーシアにおいて重要度が高いとされた「国民としての道徳を守り、誇りをもつ」が、10 位となっている点も目立っている。

　続いて、太字で表されている現在における達成度と 10 年後の期待度の差が大きい資質を見ていくと、ランキングの上位にも下位にも分散している傾向が見られる。ただし、マレーシアでは 8 位から 13 位まで、最下位からの 5 項目を占めているのが際立っている。また、カンボジアも 7 位から 13 位

までに集中している。資質別に見ると、「環境・資源を守りその開発に興味をもつ」と「正義をもって不正に立ち向かう」が6カ国において太字で示されており、いずれもマレーシアとタイが例外である。次いで、「アセアンの一員としての道徳を守り、誇りをもつ」が5カ国で太字である。

対応策の優先度が最も高い資質を見いだすため、Q4のランキングで比較的上位にあり、かつ下線が付されて太字で表されている資質を国別に抽出すると、次のようになる。ブルネイでは「法律を大切にする」「環境・資源を守りその開発に興味をもつ」、カンボジアでは「環境・資源を守りその開発に興味をもつ」、インドネシアでは「法律を大切にする」、ラオスでは「環境・資源を守りその開発に興味をもつ」、フィリピンでは「環境・資源を守りその開発に興味をもつ」、タイでは「自立心をもつ」「人権を尊重する」、ベトナムでは「環境・資源を守りその開発に興味をもつ」が該当する。なお、マレーシアには該当する資質は見いだされない。この結果から5カ国で共通している資質である「環境・資源を守りその開発に興味をもつ」が、アセアン全体で取り組むべき最重要課題であることがわかる。

次に、対応策の必要性が高い資質を国別に考察すると、ブルネイでは「文化の多様性を大切にする」、カンボジアでは「アセアンの一員としての道徳を守り、誇りをもつ」、インドネシアでは「正義をもって不正に立ち向かう」、ラオスでは「文化の多様性を大切にする」、マレーシアでは「民主主義を尊重する」、フィリピンでは「アセアンの一員としての道徳を守り、誇りをもつ」、タイでは「科学的な思考力をもち、科学技術に乗り遅れない」、ベトナムでは「正義をもって不正に立ち向かう」が該当する。ここでは3資質が2カ国で共通している。加えて、マレーシアにおいて重要度が高く、現在の達成度と10年後の期待度の差が大きい資質として「国民としての道徳を守り、誇りをもつ」があり、この資質の対応策も考慮されなければならないと思われる。

⑤ **市民性資質を学習する年齢（表12-7参照）**

Q5では、上記の資質について、それぞれどの年齢で学習すべきと考えられるかを尋ねた。年齢区分は、8歳以下、9-10歳、11-12歳、13-14歳、

15-16歳、17歳以上の6区分である。**表12-7**では、国別に、それぞれの資質について回答があった年齢区分の割合が百分率で示されている。網掛け部分は、各資質での1位となった年齢区分である。このような表を作成したのは、平均値や中央値では、回答傾向を正しく表現できないと考えられたためである。すなわち、デルファイ調査が回答者間の合意形成や回答の収斂を目指すものであるにもかかわらず、専門家の間で意見が分かれた資質が多数に上ったからである。たとえば、カンボジアにおける知識・理解の「持続的開発・発展」では、8歳以下と15-16歳がともに23％で同率1位となっている。このようにかけ離れた年齢区分に意見が分かれるデータであるため、平均値等の指標で代表させることは適切ではないと判断した。

　まず、全体的な傾向を見ると、知識・理解面では、多くの国で比較的低学年での学習がふさわしいと考えられ、8歳以下に集中している資質が多い一方で、一部の資質は比較的高学年で学習すべきと考えられている。能力・技能面では、8歳以下の資質も多いが、知識・理解面に比べれば、やや高い年齢区分にシフトし、17歳以上の区分で学習すべきとされる資質も多くある。価値観・態度面でみると、低い年齢と高い年齢に分かれている。国別で見ると、それぞれ回答傾向が異なる。マレーシアでは、知識・理解面において、8歳以下から15-16歳までの5段階に均等に資質が割り振られ、能力・技能面および価値観・態度面においても同様に、11-12歳から15-16歳までの3段階にバランスよく資質が割り振られている。しかも、収斂の度合いが高く、ほとんどが40％以上の意見が一つの年齢区分に集まっている。マレーシアに近いのが、フィリピンであり、一部の除き、8歳以下から13-14歳までの4段階に資質が割り振られている。ただし、収斂の度合いはマレーシアに比べて低く、一つの年齢区分に40％以上になっている資質は多くない。タイにおいては、ほとんどが8歳以下で学習すべきであり、例外的に9-10歳、11-12歳で学習すべき資質もあるが、13歳以上にすべきという意見は少数にとどまっている。タイに近いのがブルネイであり、一部の例外を除き、ほぼ8歳以下から11-12歳までに分布している。カンボジア、インドネシア、ラオス、ベトナムでは、8歳以下か、15-16歳または17歳以上かに分かれる傾向がある。

表 12-7 デルファイ調査 Q5 市民性資質を学習する年齢（国別）

※網掛けは各項目での1位　　　　　　　　　　　　　　　　　　　　　　　　　　　　　　　　　　　　　(%)

		ブルネイ						カンボジア					
		8歳以下	9-10歳	11-12歳	13-14歳	15-16歳	17歳以上	8歳以下	9-10歳	11-12歳	13-14歳	15-16歳	17歳以上
知識・理解	環境	67	18	5	7	3	0	44	26	14	7	3	6
	共生	59	20	12	5	1	3	49	19	8	14	5	5
	異文化理解	50	18	21	6	3	3	27	17	14	16	11	15
	社会正義と公正	28	14	30	17	10	0	35	14	11	8	25	7
	民主主義	15	12	27	19	8	20	23	22	12	15	15	13
	持続的開発・発展	19	18	37	13	7	7	23	13	16	12	23	14
	相互依存関係	25	16	31	16	7	4	24	10	11	15	23	17
	外国語	56	13	14	10	6	1	61	16	10	1	7	6
	社会福祉	36	15	28	16	5	1	41	17	9	11	13	9
	人権	27	20	19	20	7	7	43	16	16	11	5	9
	アセアンの歴史と文化	15	27	25	23	7	3	16	13	33	12	10	16
	アセアン諸国共通の社会問題	8	18	20	26	15	12	9	13	21	11	20	25
能力・技能	意見表明できる	22	26	22	21	5	5	12	10	15	14	29	21
	冷静に判断、自分をコントロールできる	53	20	14	8	2	3	11	19	18	16	20	16
	問題解決	34	25	25	10	4	3	13	9	17	21	22	17
	意思決定	40	17	25	9	6	4	11	14	19	15	26	15
	情報社会に対応できる	62	16	12	7	3	0	15	22	20	20	15	9
	平和的解決	35	19	18	15	6	8	13	17	14	11	31	15
	批判的思考	19	20	33	13	11	5	13	6	15	17	24	25
	生活の質を高める	40	14	18	10	10	9	13	14	23	13	20	18
	相互協力	62	19	11	4	3	3	22	21	17	17	17	10
	持続的開発・発展	14	18	32	20	8	8	19	13	15	16	18	19
	社会に貢献できる	35	16	25	12	6	7	26	19	12	9	17	17
	外国語を操る	46	19	19	9	4	2	55	13	14	10	3	6
	アセアン諸国に共通の規範・価値観をもつ	11	18	34	17	13	7	17	9	13	22	24	15
	アセアン諸国に共通の社会問題を他者とともに解決できる	8	18	21	19	9	25	11	7	12	13	21	35
価値観・態度	正義をもって不正に立ち向かう	31	20	22	11	10	7	13	12	9	8	20	37
	環境・資源を守りその開発に興味をもつ	46	20	22	5	6	2	31	21	8	13	8	20
	自立心をもつ	41	23	23	11	2	1	17	10	8	13	29	23
	文化の多様性を大切にする	42	19	23	8	7	1	24	15	7	18	20	17
	法律を大切にする	41	14	21	9	11	5	18	12	10	13	19	27
	国際協力を推進する	12	9	25	23	10	21	10	6	9	15	26	35
	地球規模の問題に関心をもつ	15	10	31	26	10	9	11	10	10	14	27	28
	伝統・文化を尊重する	45	21	19	13	2	1	31	20	9	22	7	11
	国民としての道徳を守り、誇りをもつ	49	30	19	7	5	1	34	21	19	16	12	8
	民主主義を尊重する	16	20	29	21	7	8	22	10	9	22	18	18
	人権を尊重する	28	21	26	14	5	6	34	13	9	18	13	12
	科学的な思考力をもち、科学技術に乗り遅れない	25	29	26	11	5	5	20	22	12	17	18	10
	アセアンの一員としての道徳を守り、誇りをもつ	16	20	32	16	6	11	21	16	9	12	17	25

第 12 章　アセアン諸国における市民性教育調査の比較分析

		インドネシア						ラオス					
		8歳以下	9-10歳	11-12歳	13-14歳	15-16歳	17歳以上	8歳以下	9-10歳	11-12歳	13-14歳	15-16歳	17歳以上
知識・理解	環境	81	12	2	3	1	1	35	30	11	11	5	8
	共生	71	16	5	3	2	3	38	29	18	3	5	7
	異文化理解	31	35	17	9	4	4	26	28	17	12	7	9
	社会正義と公正	40	23	19	6	6	5	20	29	12	10	16	14
	民主主義	35	19	17	12	5	13	33	19	11	6	13	18
	持続的開発・発展	13	13	17	19	15	23	16	27	10	11	8	27
	相互依存関係	40	21	6	14	10	9	33	23	14	9	11	11
	外国語	48	21	11	9	7	4	47	23	10	4	7	9
	社会福祉	30	20	14	15	10	11	22	22	13	7	14	23
	人権	41	20	8	12	12	6	29	20	12	10	13	16
	アセアンの歴史と文化	5	13	30	26	13	12	16	24	19	12	14	14
	アセアン諸国共通の社会問題	4	8	26	22	18	23	14	28	21	11	14	12
能力・技能	意見表明できる	26	17	22	14	13	9	16	22	9	14	13	26
	冷静に判断、自分をコントロールできる	62	19	5	3	5	6	27	26	7	12	16	10
	問題解決	21	25	15	16	12	11	19	24	12	12	11	22
	意思決定	17	19	22	17	12	13	20	17	16	14	12	19
	情報社会に対応できる	35	20	13	15	9	8	18	27	14	12	15	15
	平和的解決	22	13	17	18	17	13	24	11	10	15	11	28
	批判的思考	38	14	12	14	9	12	14	12	12	17	15	31
	生活の質を高める	17	12	17	11	19	24	13	15	11	16	11	34
	相互協力	52	9	12	13	7	9	24	21	13	13	14	15
	持続的開発・発展	15	10	9	19	11	36	14	12	15	14	11	34
	社会に貢献できる	24	15	19	13	16	13	20	16	12	12	17	24
	外国語を操る	37	22	11	14	5	11	35	21	13	11	11	8
	アセアン諸国に共通の規範・価値観をもつ	7	7	17	19	13	37	11	17	20	14	17	21
	アセアン諸国に共通の社会問題を他者とともに解決できる	4	8	10	18	14	46	9	15	19	15	17	24
価値観・態度	正義をもって不正に立ち向かう	40	23	10	6	12	9	25	18	6	14	16	21
	環境・資源を守りその開発に興味をもつ	57	21	9	5	4	4	35	23	12	13	10	7
	自立心をもつ	55	23	10	5	4	2	27	13	20	13	9	18
	文化の多様性を大切にする	42	25	17	10	3	3	25	23	11	14	6	20
	法律を大切にする	31	21	17	13	10	8	22	16	7	16	17	22
	国際協力を推進する	6	6	15	20	18	33	10	20	12	12	8	37
	地球規模の問題に関心をもつ	7	16	21	21	18	27	10	25	9	17	8	31
	伝統・文化を尊重する	40	22	12	12	8	6	30	21	15	10	10	15
	国民としての道徳を守り、誇りをもつ	40	13	18	14	13	9	32	17	15	15	6	16
	民主主義を尊重する	39	20	10	11	10	10	37	16	13	8	16	19
	人権を尊重する	51	15	6	11	10	7	37	18	11	12	4	19
	科学的な思考力をもち、科学技術に乗り遅れない	21	11	17	14	13	23	19	24	11	7	13	26
	アセアンの一員としての道徳を守り、誇りをもつ	12	9	19	16	14	30	24	13	14	8	9	32

		マレーシア						フィリピン					
		8歳以下	9-10歳	11-12歳	13-14歳	15-16歳	17歳以上	8歳以下	9-10歳	11-12歳	13-14歳	15-16歳	17歳以上
知識・理解	環境	61	26	9	2	0	3	63	35	0	2	0	0
	共生	48	38	9	2	0	3	46	30	14	2	2	6
	異文化理解	36	36	20	3	2	3	29	27	29	10	2	2
	社会正義と公正	6	55	23	9	3	5	18	39	18	14	8	4
	民主主義	5	46	32	6	8	3	25	33	22	14	6	0
	持続的開発・発展	5	35	35	17	5	3	22	29	20	20	10	0
	相互依存関係	2	30	42	18	0	8	13	29	38	8	6	6
	外国語	6	14	32	41	5	3	23	17	13	15	4	29
	社会福祉	2	9	30	39	14	6	23	32	19	11	13	2
	人権	0	6	24	30	30	9	23	38	17	10	4	8
	アセアンの歴史と文化	0	2	18	32	41	8	10	21	21	33	8	6
	アセアン諸国共通の社会問題	0	0	17	33	41	9	10	17	21	33	6	13
能力・技能	意見表明できる	5	38	41	14	0	3	13	25	23	33	4	2
	冷静に判断、自分をコントロールできる	9	35	36	15	2	3	44	19	17	17	2	2
	問題解決	2	34	45	15	2	3	19	27	23	23	6	2
	意思決定	3	25	44	23	2	3	17	19	28	15	6	15
	情報社会に対応できる	0	15	52	27	3	3	15	27	25	21	6	6
	平和的解決	2	12	50	29	0	8	15	21	19	21	11	13
	批判的思考	3	15	31	46	3	3	13	27	25	6	0	0
	生活の質を高める	0	11	23	57	3	6	17	29	19	17	10	13
	相互協力	5	9	23	52	9	3	38	21	19	19	2	4
	持続的開発・発展	0	9	18	52	15	6	23	28	11	15	13	11
	社会に貢献できる	0	8	15	43	28	6	19	29	15	17	13	8
	外国語を操る	0	3	8	23	50	17	19	8	23	19	19	13
	アセアン諸国に共通の規範・価値観をもつ	2	2	6	26	42	23	6	19	23	31	8	13
	アセアン諸国に共通の社会問題を他者とともに解決できる	n.a.	n.a.	n.a.	n.a.	n.a.	n.a.	6	19	21	25	10	19
価値観・態度	正義をもって不正に立ち向かう	3	21	42	26	2	6	14	25	22	24	10	6
	環境・資源を守りその開発に興味をもつ	8	20	45	23	2	3	45	27	16	10	0	2
	自立心をもつ	3	23	41	29	2	3	32	18	20	22	4	4
	文化の多様性を大切にする	5	15	44	30	0	5	18	31	20	22	6	4
	法律を大切にする	0	12	37	40	6	5	28	24	22	22	0	4
	国際協力を推進する	0	12	33	45	5	5	10	12	27	24	16	12
	地球規模の問題に関心をもつ	2	6	25	58	5	5	10	14	24	26	18	8
	伝統・文化を尊重する	8	9	21	56	3	3	22	27	20	24	4	4
	国民としての道徳を守り、誇りをもつ	2	9	17	53	15	5	26	28	24	12	4	6
	民主主義を尊重する	0	5	18	44	27	6	28	26	26	14	0	6
	人権を尊重する	0	3	9	41	36	11	31	27	14	16	4	8
	科学的な思考力をもち、科学技術に乗り遅れない	0	2	8	29	48	14	18	25	25	8	8	6
	アセアンの一員としての道徳を守り、誇りをもつ	0	0	6	27	48	18	10	24	27	20	8	12

第 12 章　アセアン諸国における市民性教育調査の比較分析　303

		タイ						ベトナム					
		8歳以下	9-10歳	11-12歳	13-14歳	15-16歳	17歳以上	8歳以下	9-10歳	11-12歳	13-14歳	15-16歳	17歳以上
知識・理解	環境	64	22	8	5	1	0	84	11	2	1	0	1
	共生	56	25	10	6	2	1	65	19	6	4	4	1
	異文化理解	33	33	22	9	2	1	46	21	18	7	7	2
	社会正義と公正	38	26	21	10	5	1	66	18	10	2	3	0
	民主主義	49	26	13	6	3	1	56	13	17	6	2	6
	持続的開発・発展	38	26	18	12	3	2	29	11	29	8	9	14
	相互依存関係	57	22	12	6	2	0	60	13	10	5	6	7
	外国語	60	21	11	5	2	1	79	16	4	1	0	0
	社会福祉	30	22	26	12	6	4	9	8	12	15	26	30
	人権	32	31	18	11	5	3	69	16	8	4	8	2
	アセアンの歴史と文化	25	33	24	13	3	1	8	11	10	22	30	18
	アセアン諸国共通の社会問題	23	24	25	19	7	4	3	12	7	17	32	29
能力・技能	意見表明できる	23	26	27	14	8	2	17	43	9	3	11	17
	冷静に判断、自分をコントロールできる	63	23	7	3	2	1	67	21	9	2	1	0
	問題解決	48	29	14	5	3	2	42	37	3	4	3	10
	意思決定	50	23	15	6	4	3	48	20	3	3	8	18
	情報社会に対応できる	41	32	14	9	3	1	22	20	40	7	4	6
	平和的解決	38	24	20	10	5	3	33	4	9	6	7	41
	批判的思考	25	25	26	10	10	4	48	10	9	2	9	22
	生活の質を高める	35	25	16	13	8	3	22	7	7	3	7	54
	相互協力	50	24	12	8	6	0	70	12	3	3	0	11
	持続的開発・発展	32	30	16	11	7	4	18	10	10	6	9	47
	社会に貢献できる	54	23	9	7	6	1	6	17	10	2	14	51
	外国語を操る	63	18	9	5	3	1	74	14	7	1	1	2
	アセアン諸国に共通の規範・価値観をもつ	32	36	14	9	6	3	3	13	4	8	17	54
	アセアン諸国に共通の社会問題を他者とともに解決できる	25	33	16	11	9	6	1	9	10	4	8	68
価値観・態度	正義をもって不正に立ち向かう	38	30	15	10	4	4	68	18	6	1	1	6
	環境・資源を守りその開発に興味をもつ	59	22	11	5	3	1	84	13	0	0	2	0
	自立心をもつ	60	20	9	8	2	1	66	9	7	3	5	10
	文化の多様性を大切にする	39	33	16	8	4	1	45	27	8	8	7	5
	法律を大切にする	28	37	18	7	7	3	55	17	16	1	8	2
	国際協力を推進する	26	18	20	18	10	8	2	3	4	10	21	58
	地球規模の問題に関心をもつ	32	19	16	16	9	7	3	3	10	8	20	55
	伝統・文化を尊重する	50	25	12	7	5	1	62	19	7	2	6	4
	国民としての道徳を守り、誇りをもつ	59	21	10	4	3	3	84	3	6	3	2	1
	民主主義を尊重する	53	24	11	7	3	2	64	14	9	6	6	2
	人権を尊重する	43	27	13	9	4	3	74	15	2	6	2	1
	科学的な思考力をもち、科学技術に乗り遅れない	40	28	14	10	6	3	8	6	11	15	16	44
	アセアンの一員としての道徳を守り、誇りをもつ	41	27	14	9	5	3	5	6	7	13	18	52

しかも、資質によっては低い年齢と高い年齢に意見が分かれている。

次に、Q2〜Q4の回答から、対応策の優先度が高いとされた資質について、どの年齢で学習すべきと考えられているかを分析する。

知識・理解面で抽出された「環境」「社会正義と公正」「持続的開発・発展」について見ると、「環境」については8カ国とも8歳以下に最も意見が集まっている。「社会正義と公正」については、4カ国が8歳以下であるが、3カ国が9-10歳、1カ国が11-12歳である。この2資質については、8歳以下もしくは9-10歳で学習させるべきと考えられている。「持続的開発・発展」は、国の間で意見が分かれており多様である。そればかりでなく、カンボジアでは8歳以下と15-16歳に、ラオスでは9-10歳と17歳以上、ベトナムでは8歳以下と11-12歳に意見が分かれている。

能力・技能面で抽出された「意思決定」「生活の質を高める」について見ると、「意思決定」については、4カ国が8歳以下に意見が集約されている。次いで3カ国が11-12歳、1カ国が15-16歳である。おおまかに初等教育段階での学習が望ましいと考えられている。ただし、ラオス、インドネシア、カンボジア、フィリピンでは回答の収斂の度合いが低い。「生活の質を高める」については、国によって差が大きい。インドネシア、ラオス、ベトナムでは17歳以上であり、ブルネイとタイでは、8歳以下である。この資質でも、カンボジア、インドネシア、フィリピンでは回答の収斂の度合いが低い。

価値観・態度面で抽出された「環境を守りその開発に興味をもつ」について見ると、7カ国において8歳以下で学習すべきという意見である。例外はマレーシアの11-12歳である。マレーシアにおいても、価値観・態度面の13資質の中では最も低い年齢区分での学習となっている。したがって、低年齢での学習という意味では共通している。

その他、アセアン関係の5資質についても、確認しておく。知識・理解面において「アセアンの歴史と文化」については、3カ国が9-10歳、2カ国が11-12歳と15-16歳、1カ国が13-14歳となっている。知識・理解面の他の資質の多くが低い年齢区分となっていることに比べると、8カ国ともやや高い年齢区分が望ましいとされている。「アセアン諸国共通の社会問題」は

さらに高い年齢区分が望ましいと考えられており、ラオスの9-10歳からカンボジアの17歳以上までに分散している。能力・技能面において「アセアン諸国に共通の規範・価値観をもつ」「アセアン諸国に共通の社会問題を他者とともに解決できる」のいずれも、他の資質に比べて、高い年齢区分での学習が望ましいとされている。低年齢に集中する傾向があるタイにおいても、両者ともに9-10歳となっており、同じ傾向のブルネイでも前者が11-12歳、後者が17歳以上となった。バランスよく資質が配分される傾向があるマレーシアとフィリピンにおいても、それぞれ順に15-16歳、13-14歳になっており、他の能力・技能面の資質に比べて高い年齢区分となっている。低年齢と高年齢に分かれる傾向があるカンボジア、インドネシア、ラオス、ベトナムでは各国とも17歳以上または15-16歳以上に回答が集まっている。価値観・態度面において「アセアンの一員としての道徳を守り、誇りをもつ」については、タイのみが8歳以下としたほかは、各国の価値観・態度面の資質の中で最も高い年齢区分での学習が望ましいと考えられている。そのうち、カンボジア、インドネシア、ラオス、ベトナムでは、17歳以上となった。アセアン関係の資質についてまとめると、5資質とも、より高い年齢区分での学習が望ましいと考えられている。

⑥ デルファイ調査結果のまとめ

以上の分析をまとめると以下の通りとなる。

10年後に達成することが期待される資質について見ると、複数の国で共通して期待度が高い資質があり、知識・理解面においては「環境」「共生」「民主主義」、能力・技能面においては「相互協力」「意思決定」、価値観・態度面では「国民としての道徳を守り、誇りをもつ」である。他方、期待度が低い資質には、知識・理解面において「アセアンの歴史と文化」「アセアン諸国共通の社会問題」「外国語」、能力・技能面において「アセアン諸国に共通の規範・価値観をもつ」「アセアン諸国に共通の社会問題を他者とともに解決できる」「外国語を操る」、価値観・態度面において「正義をもって不正に立ち向かう」「国際協力を推進する」が該当する。他方で、アセアン諸国

間での多様性は、共通性に比べて顕著である。上に挙げた複数の国で共通性が見いだされた資質においても、全く傾向が異なる国があることが多い。

次に、カリキュラム開発、教材開発、指導法の普及など、対応策が必要とされる優先度が高い資質を抽出すると、各国で多様な資質が絞り込まれた。その中には、複数の国で共通する資質もあり、アセアン全体で協力して取り組む場合には、そのような資質から順に取り組むと効果が高くなると考えられる。具体的には、知識・理解面では「環境」「社会正義と公正」「持続的開発・発展」、能力・技能面では「意思決定」「生活の質を高める」、価値観・態度面では「環境・資源を守りその開発に興味をもつ」の資質である。

市民性資質を学習する年齢では、国によって傾向が顕著に異なっている。段階的にバランスよく資質が配分される国（マレーシア、フィリピン）、低年齢に集中する傾向がある国（タイ、ブルネイ）、低年齢か高年齢かに極端に分かれる傾向がある国（ベトナム）、意見が分散して合意形成が難しい傾向がある国（カンボジア、インドネシア、ラオス）というように傾向によって分類できる。どの国の考え方が望ましいかをこの調査結果だけで考えることは難しい。しかしながら、市民性教育を実践しているマレーシアおよび統合的な国民教育教科を実践してきたフィリピンの専門家たちの意見に、重きを置いて考えるのが妥当ではないかと考えられる。

アセアンネスの教育に関して検討すると、アセアン関係の5資質のうち、4資質は期待度が非常に低い傾向があった。そのため、上述の最優先課題の資質にはいずれも含まれなかった。しかし、現在の達成度と10年後の期待度の差は大きいという傾向があり、また重要度が高いとする国も多いため、最優先課題に準じて、対応策の立案や実践に取り組む必要性があるといえる。また、学習する年齢では、5資質とも各国の中では高い年齢区分での学習が望ましいとする考え方で共通している。

おわりに

本章では、児童生徒対象の質問紙調査、専門家対象のデルファイ法による

質問紙調査結果について、横断的に比較することによって分析を試みた。本章における結論は、それぞれの調査結果分析のまとめに述べたとおりである。

最後に、本章で行った分析は、比較表から読み取れる特徴や傾向を探索的に行ったものであることを確認しておきたい。当然のことながら、質問紙の立案・設計の段階で、ある程度の分析枠組みと仮説をもって臨んだものである。それでもなお、収集されたデータを集計してみると、アセアン諸国の間での多様性が想定をはるかに超える形で表れたのが実際のところである。これらのデータについては、現地での実態と合わせて、今後より深く、詳細に分析されるべきものと考えられる。さらに、デルファイ調査では、10年後の未来を予測した。その未来を実現するために、いくつかの資質について優先的にその教育に取り組むよう提言できる結論を得た。したがって、本研究のデータのさらなる分析、市民性教育の改革動向の追跡、そしてアセアン共同体発足 10 年後の検証が、今後の課題であることを指摘しておきたい。

注

1 児童生徒質問紙調査結果の分析は、次の論文にミャンマーのデータを加えて分析するために、加筆修正したものである。森下稔「ASEAN 諸国における市民性に関する児童生徒へのアンケート調査」日本比較教育学会編『比較教育学研究』第 46 号、2013、118-133 ページ。
2 基盤研究 B（平成 14 年～ 16 年度）「日本・タイ両国における「市民性」の育成に関する実証的比較研究」で開発したアンケート。平田利文編著『市民性教育の研究－日本とタイの比較』東信堂、2007 年、第 10 章「日本とタイにおける市民性に関する意識調査結果の比較分析」、197 － 224 ページ。
3 ASEAN 財団による大学生を対象とした調査を参考に作成。Eric C. Thompson and Chulanee Thianthai, Attitudes and Awareness toward ASEAN: Findings of a Ten Nation Survey, ASEAN Foundation, 発行年未詳。
4 順位を決める際に、小数点第 2 位で同じ値の場合には、同順位として取り扱った。したがって、5 位までが下線や太字で表されているが、6 項目以上が当てはまる場合がある。
5 マレーシアの質問紙では、「アセアン諸国に共通の社会問題を他者とともに解決できる」の項目が含まれていなかった。

第12章 付表
アセアンにおける市民性教育に関する調査～アセアン10カ国の比較研究～国別、回答別集計表
(この表は、シンガポールのデータが含まれていません)

F1：あなたの国（省略）

F2：性別 (%)

	ブルネイ	カンボジア	インドネシア	ラオス	マレーシア	ミャンマー	フィリピン	タイ	ベトナム
男性	47.6	50.3	46.2	44.7	29.3	47.7	46.8	38.3	46.3
女性	50.6	49.2	53.7	54.8	69.1	50.8	51.6	59.5	51.5

F3：年齢 (%)

	ブルネイ	カンボジア	インドネシア	ラオス	マレーシア	ミャンマー	フィリピン	タイ	ベトナム
12歳前後	33.2	49.4	35.2	31.1	49.7	0.0	47.0	33.3	33.6
15歳前後	34.3	20.9	33.3	31.8	26.9	93.9	14.3	33.4	33.6
18歳前後	32.5	29.7	31.6	37.1	23.4	3.0	37.5	33.3	32.9

F4：学年 (%)

	ブルネイ	カンボジア	インドネシア	ラオス	マレーシア	ミャンマー	フィリピン	タイ	ベトナム
G6	33.2	49.4	35.2	31.1	49.7	0.3	47.0	33.3	33.6
G9	34.3	20.9	33.3	31.8	26.9	51.7	14.3	33.4	33.6
G12	32.5	29.7	31.6	37.1	23.4	10.8	37.5	33.3	32.9

F5：宗教 (%)

	ブルネイ	カンボジア	インドネシア	ラオス	マレーシア	ミャンマー	フィリピン	タイ	ベトナム
1. 仏教	3.9	96.6	0.0	86.8	0.6	94.9	0.0	97.3	61.3
2. キリスト教	2.5	2.0	5.3	0.0	0.1	1.5	93.2	1.0	10.8
3. 儒教	0.0	0.0	0.0	0.0	0.0	0.0	0.0	0.0	0.2
4. ヒンドゥー教	0.0	0.0	0.3	0.2	4.7	0.5	0.0	0.0	0.0
5. イスラーム	91.1	0.0	94.2	0.2	93.8	2.1	0.5	1.0	0.0
6. シーク教	0.2	0.0	0.0	0.0	0.1	0.0	0.0	0.0	0.0
7. 道教	0.2	0.0	0.0	0.0	0.0	0.0	0.0	0.0	0.0
8. その他	0.9	0.0	0.0	9.4	0.1	0.0	3.3	0.0	2.7
9. 無宗教	1.6	1.1	0.0	0.8	0.0	0.0	0.2	0.7	4.3

第 12 章　アセアン諸国における市民性教育調査の比較分析　309

Part 1　市民性（シティズンシップ）に関する質問

Q1　あなたは、歴史について学習する場合、次の（1）〜（4）の歴史はどれくらい重要だと思いますか。（1）〜（4）のそれぞれについて 1 〜 4 の中から選択してください。

(1) 自分が住む村や町の歴史 (%)

	ブルネイ	カンボジア	インドネシア	ラオス	マレーシア	ミャンマー	フィリピン	タイ	ベトナム
1. 全く重要でない	2.1	1.4	1.4	1.3	3.2	5.6	2.5	1.9	5.6
2. あまり重要でない	25.9	9.2	24.6	7.8	23.4	27.7	19.5	9.5	23.4
3. 重要	48.4	56.1	52.1	46.7	60.9	32.8	46.4	62.0	37.5
4. とても重要	22.7	32.4	21.8	43.3	10.6	20.0	30.0	26.0	29.9

(2) 自分の国の歴史 (%)

	ブルネイ	カンボジア	インドネシア	ラオス	マレーシア	ミャンマー	フィリピン	タイ	ベトナム
1. 全く重要でない	0.2	0.4	0.0	0.2	0.3	1.0	0.5	0.3	0.5
2. あまり重要でない	3.0	1.2	1.6	1.1	1.0	9.7	1.8	0.5	3.2
3. 重要	24.5	24.1	23.1	19.7	37.4	17.4	17.0	26.0	28.6
4. とても重要	71.6	73.6	75.2	77.9	59.6	55.9	79.1	73.0	64.5

(3) アセアンの国々の歴史 (%)

	ブルネイ	カンボジア	インドネシア	ラオス	マレーシア	ミャンマー	フィリピン	タイ	ベトナム
1. 全く重要でない	1.5	1.6	0.5	1.0	1.0	2.1	0.9	0.7	7.0
2. あまり重要でない	15.3	16.8	11.8	11.3	11.5	17.9	6.6	9.3	33.4
3. 重要	51.1	50.4	48.5	56.5	58.6	41.0	44.8	61.5	36.7
4. とても重要	31.4	30.1	38.8	28.7	26.9	29.2	46.1	28.2	18.6

(4) 世界の歴史 (%)

	ブルネイ	カンボジア	インドネシア	ラオス	マレーシア	ミャンマー	フィリピン	タイ	ベトナム
1. 全く重要でない	1.3	1.2	0.0	1.0	0.7	0.5	0.2	0.7	4.2
2. あまり重要でない	12.6	10.8	6.6	4.6	5.0	12.8	3.6	6.3	21.6
3. 重要	33.7	37.0	30.5	27.4	45.0	31.3	23.4	31.6	38.7
4. とても重要	51.4	49.0	62.6	64.8	47.4	43.6	70.9	61.3	31.7

Q2 あなたは、伝統・文化（昔から受けつがれているものや、生活のしかた・習慣など）の学習では、次の（1）～（4）の伝統・文化はどれくらい重要だと思いますか。（1）～（4）のそれぞれについて1～4の中から選択してください。

(1) 自分の住んでいる村や町の伝統・文化を理解すること　　　　　　　　　　　　　　　(%)

	ブルネイ	カンボジア	インドネシア	ラオス	マレーシア	ミャンマー	フィリピン	タイ	ベトナム
1. 全く重要でない	1.3	0.4	1.3	0.8	3.2	2.1	0.9	0.3	3.8
2. あまり重要でない	14.0	4.4	14.8	3.8	17.7	19.5	14.8	9.0	16.9
3. 重要	53.7	45.7	55.6	40.3	59.6	37.9	46.8	57.1	40.2
4. とても重要	30.9	49.0	28.3	54.1	17.1	40.0	37.3	33.3	36.5

(2) 自分の国の伝統・文化を理解すること　　　　　　　　　　　　　　　(%)

	ブルネイ	カンボジア	インドネシア	ラオス	マレーシア	ミャンマー	フィリピン	タイ	ベトナム
1. 全く重要でない	1.0	0.0	0.3	0.5	0.1	0.5	0.7	0.3	0.5
2. あまり重要でない	3.3	2.7	3.8	1.1	2.0	2.1	2.0	2.0	4.3
3. 重要	27.6	25.0	29.0	14.8	38.4	28.2	20.9	30.4	30.4
4. とても重要	68.0	71.9	66.9	83.0	57.0	67.0	76.4	66.9	62.3

(3) アセアン地域の伝統・文化を理解すること　　　　　　　　　　　　　　　(%)

	ブルネイ	カンボジア	インドネシア	ラオス	マレーシア	ミャンマー	フィリピン	タイ	ベトナム
1. 全く重要でない	4.6	1.9	4.6	1.0	1.3	3.1	0.2	1.4	7.6
2. あまり重要でない	30.5	25.1	26.2	16.6	21.0	23.6	12.3	14.9	36.2
3. 重要	47.8	51.2	52.4	54.3	60.5	45.6	47.3	53.7	35.7
4. とても重要	16.6	21.1	16.6	25.5	14.8	25.6	39.8	29.9	17.9

(4) 世界中にはいろいろな伝統・文化があることを理解すること　　　　　　　　　　　　　　　(%)

	ブルネイ	カンボジア	インドネシア	ラオス	マレーシア	ミャンマー	フィリピン	タイ	ベトナム
1. 全く重要でない	6.6	3.4	2.0	2.9	0.9	5.1	0.7	1.2	6.1
2. あまり重要でない	31.2	22.5	19.9	14.8	14.1	31.8	9.1	11.7	22.4
3. 重要	41.1	38.6	44.7	44.3	56.2	35.4	32.0	43.4	36.0
4. とても重要	20.5	34.9	33.1	35.7	26.1	27.2	58.0	43.4	33.1

Q3 あなたは、以下の言葉をみたり、聞いたりしたことがありますか。

① 国際社会　　　　　　　　　　　　　　　(%)

	ブルネイ	カンボジア	インドネシア	ラオス	マレーシア	ミャンマー	フィリピン	タイ	ベトナム
1. 全くない	6.2	14.0	3.5	19.9	2.6	3.1	4.5	6.9	31.9
2. あまりない	13.1	33.8	13.2	24.8	8.8	14.9	30.5	34.8	32.9
3. ある	61.7	35.8	47.9	44.9	40.8	53.3	57.5	49.5	26.6
4. よくある	18.6	15.4	35.3	8.3	46.8	27.7	7.3	8.4	5.3

第 12 章　アセアン諸国における市民性教育調査の比較分析　311

② 社会正義や公正　(%)

	ブルネイ	カンボジア	インドネシア	ラオス	マレーシア	ミャンマー	フィリピン	タイ	ベトナム
1. 全くない	8.9	8.0	0.2	5.9	2.2	5.1	0.2	0.5	12.0
2. あまりない	23.5	23.4	5.0	10.4	8.0	20.5	9.8	7.3	20.9
3. ある	52.4	33.5	33.3	49.7	32.2	48.7	51.6	42.4	46.0
4. よくある	15.1	34.3	61.4	32.8	56.6	24.6	38.4	49.3	17.4

③ 平和　(%)

	ブルネイ	カンボジア	インドネシア	ラオス	マレーシア	ミャンマー	フィリピン	タイ	ベトナム
1. 全くない	1.1	0.5	0.3	1.4	0.7	2.6	0.2	0.2	2.3
2. あまりない	3.3	5.8	5.0	1.8	0.6	7.2	2.3	4.6	4.3
3. ある	32.2	17.7	31.1	31.8	15.2	43.6	22.5	34.1	25.1
4. よくある	63.1	75.0	63.4	63.4	82.6	45.6	75.0	60.6	65.6

④ 相互依存関係　(%)

	ブルネイ	カンボジア	インドネシア	ラオス	マレーシア	ミャンマー	フィリピン	タイ	ベトナム
1. 全くない	4.8	3.4	4.4	4.6	1.6	11.3	2.7	0.5	23.4
2. あまりない	13.8	11.0	30.1	14.8	4.9	24.6	27.3	9.1	29.1
3. ある	42.9	28.1	46.2	44.4	24.4	42.1	44.5	44.4	30.4
4. よくある	38.1	56.6	19.2	34.4	67.8	21.0	24.8	45.6	13.1

⑤ 持続的発展　(%)

	ブルネイ	カンボジア	インドネシア	ラオス	マレーシア	ミャンマー	フィリピン	タイ	ベトナム
1. 全くない	13.3	24.4	15.5	8.4	2.3	8.7	4.1	1.0	6.5
2. あまりない	25.5	35.9	40.5	22.1	7.6	34.4	21.4	14.9	12.0
3. ある	42.2	26.9	31.6	45.9	31.9	33.8	45.5	51.0	38.4
4. よくある	18.9	11.5	11.9	21.2	56.6	21.5	28.4	32.9	39.7

⑥ 環境

	ブルネイ	カンボジア	インドネシア	ラオス	マレーシア	ミャンマー	フィリピン	タイ	ベトナム
1. 全くない	0.3	0.4	0.3	0.6	0.1	1.0	0.2	0.0	0.8
2. あまりない	2.0	3.7	0.9	2.4	1.3	9.7	1.8	1.9	1.8
3. ある	22.2	11.7	17.1	22.5	9.8	41.5	21.1	23.0	24.4
4. よくある	75.5	83.9	81.3	73.1	87.9	47.2	76.8	74.8	70.1

⑦ 人権

	ブルネイ	カンボジア	インドネシア	ラオス	マレーシア	ミャンマー	フィリピン	タイ	ベトナム
1. 全くない	14.3	0.4	1.7	4.0	4.0	6.2	0.0	0.7	4.8
2. あまりない	24.1	5.1	6.1	11.1	6.8	12.8	2.3	6.6	14.1
3. ある	37.4	18.6	27.2	40.3	23.3	41.5	23.2	35.0	32.4
4. よくある	23.3	75.6	64.7	42.8	63.9	37.9	74.3	57.6	45.2

312　第Ⅲ部　総括

⑧　開発　(%)

	ブルネイ	カンボジア	インドネシア	ラオス	マレーシア	ミャンマー	フィリピン	タイ	ベトナム
1. 全くない	4.3	0.2	1.6	1.0	0.9	0.5	0.0	0.2	2.2
2. あまりない	7.9	7.6	11.8	3.0	4.5	13.3	3.2	3.7	6.8
3. ある	38.9	17.7	39.7	25.5	17.4	43.6	30.0	34.1	27.2
4. よくある	47.9	73.5	46.2	68.8	76.0	41.5	65.7	61.5	60.0

⑨　共生　(%)

	ブルネイ	カンボジア	インドネシア	ラオス	マレーシア	ミャンマー	フィリピン	タイ	ベトナム
1. 全くない	47.6	15.8	7.1	1.0	13.9	4.6	8.4	0.7	15.3
2. あまりない	31.2	29.9	35.8	1.8	19.3	17.9	32.7	5.6	21.4
3. ある	16.7	33.3	40.8	36.6	32.6	46.7	43.2	34.3	35.7
4. よくある	3.0	20.2	16.0	58.3	32.2	30.8	15.2	59.1	23.3

⑩　異文化理解　(%)

	ブルネイ	カンボジア	インドネシア	ラオス	マレーシア	ミャンマー	フィリピン	タイ	ベトナム
1. 全くない	10.5	14.7	3.6	7.5	2.6	12.3	4.3	2.7	11.1
2. あまりない	26.3	38.4	26.1	26.0	8.2	32.3	27.3	18.8	24.8
3. ある	44.5	33.3	44.3	48.1	29.9	39.5	48.4	55.2	39.9
4. よくある	18.2	12.9	25.7	16.2	58.0	15.4	19.5	23.0	19.3

⑪　民主主義　(%)

	ブルネイ	カンボジア	インドネシア	ラオス	マレーシア	ミャンマー	フィリピン	タイ	ベトナム
1. 全くない	15.6	3.0	1.6	1.4	6.6	2.6	0.5	1.0	4.0
2. あまりない	16.3	13.6	4.7	2.4	5.3	7.2	4.8	2.5	11.3
3. ある	38.4	28.7	22.4	21.8	18.2	36.4	21.6	16.2	31.1
4. よくある	29.1	54.3	71.3	73.1	67.5	53.8	73.2	80.1	50.0

Q4　社会問題（政治、環境、人権、紛争などに関する問題）に関して答えてください。

(1)　社会問題に関して自分で調べたり、学んだりすることがありますか？　(%)

	ブルネイ	カンボジア	インドネシア	ラオス	マレーシア	ミャンマー	フィリピン	タイ	ベトナム
1. 全くない	35.1	14.2	8.8	17.2	18.8	28.7	2.0	8.3	30.2
2. あまりない	29.2	45.8	45.1	33.6	22.8	43.1	25.7	39.5	23.3
3. ある	32.2	33.3	41.1	37.6	50.6	22.1	61.6	46.5	3.8
4. よくある	3.3	6.2	4.9	10.7	6.6	5.1	9.5	5.6	3.2

第 12 章　アセアン諸国における市民性教育調査の比較分析　313

(2) 社会問題について、自分の意見を持つことがありますか？ (%)

	ブルネイ	カンボジア	インドネシア	ラオス	マレーシア	ミャンマー	フィリピン	タイ	ベトナム
1. 全くない	19.7	20.7	9.1	12.1	6.2	14.9	0.7	5.9	31.7
2. あまりない	19.4	33.5	17.6	15.3	9.3	37.4	12.3	23.5	32.2
3. ある	46.3	34.2	64.4	55.4	61.8	37.9	60.2	53.0	26.4
4. よくある	14.4	10.3	8.9	16.1	21.7	8.7	25.5	17.2	5.8

(3) 社会問題について、世の中に対して、自分の意見を表明することがありますか？ (%)

	ブルネイ	カンボジア	インドネシア	ラオス	マレーシア	ミャンマー	フィリピン	タイ	ベトナム
1. 全くない	51.2	38.4	50.7	40.9	39.1	30.8	13.4	24.3	75.4
2. あまりない	25.8	31.3	30.6	32.6	17.1	43.6	46.6	38.7	13.1
3. ある	19.2	23.0	14.8	19.6	37.1	15.9	32.7	30.1	6.5
4. よくある	3.6	6.2	3.8	4.5	5.6	7.7	5.7	6.4	1.3

(4) 社会問題の解決に向けて、自分から行動することがありますか？ (%)

	ブルネイ	カンボジア	インドネシア	ラオス	マレーシア	ミャンマー	フィリピン	タイ	ベトナム
1. 全くない	62.9	21.9	25.0	24.7	46.4	40.0	10.0	15.7	57.3
2. あまりない	25.9	36.8	45.8	30.9	19.0	37.4	49.3	40.2	24.1
3. ある	9.5	29.2	25.3	30.9	31.9	15.4	32.5	37.0	11.6
4. よくある	1.5	11.2	3.8	10.8	1.7	4.6	6.6	6.9	2.5

Q5　あなたは、次のような人に対して、正しいことは正しい、間違いは間違いだと意見を述べることができますか。

(1) 友人に対して (%)

	ブルネイ	カンボジア	インドネシア	ラオス	マレーシア	ミャンマー	フィリピン	タイ	ベトナム
1. いえる	67.7	69.2	92.0	91.9	79.9	94.4	92.7	92.4	80.2
2. いえない	18.1	17.5	3.5	3.7	11.8	2.6	4.8	3.2	9.0
3. わからない	13.1	12.0	4.2	3.5	6.0	2.1	1.4	3.4	7.3

(2) 親に対して (%)

	ブルネイ	カンボジア	インドネシア	ラオス	マレーシア	ミャンマー	フィリピン	タイ	ベトナム
1. いえる	84.2	85.8	84.9	68.6	89.4	62.1	71.9	72.8	73.8
2. いえない	8.2	10.6	7.8	22.5	4.9	31.8	22.7	18.2	12.0
3. わからない	6.2	2.1	7.1	7.8	3.4	5.1	4.3	7.6	11.6

(3) 学校の先生に対して (%)

	ブルネイ	カンボジア	インドネシア	ラオス	マレーシア	ミャンマー	フィリピン	タイ	ベトナム
1. いえる	61.2	83.4	73.6	38.5	67.7	48.2	47.3	38.0	54.5
2. いえない	17.7	10.8	11.1	43.8	16.8	42.1	37.5	42.4	23.6
3. わからない	19.4	4.2	14.4	15.6	12.9	8.2	14.1	18.4	18.3

(4) 大人や年上の人に対して (%)

	ブルネイ	カンボジア	インドネシア	ラオス	マレーシア	ミャンマー	フィリピン	タイ	ベトナム
1. いえる	48.9	71.3	67.8	35.0	56.3	51.8	51.1	42.2	45.5
2. いえない	22.2	18.2	14.0	45.4	20.5	34.4	33.0	38.7	29.4
3. わからない	26.9	8.5	17.6	17.2	19.0	11.8	14.5	16.6	21.3

(5) 政治をする人に対して (%)

	ブルネイ	カンボジア	インドネシア	ラオス	マレーシア	ミャンマー	フィリピン	タイ	ベトナム
1. いえる	18.1	29.9	19.5	25.6	36.6	25.1	23.4	19.4	16.3
2. いえない	29.4	34.2	34.4	51.9	34.1	43.1	48.9	53.9	48.3
3. わからない	50.7	33.8	45.7	20.9	26.3	30.5	26.4	25.3	30.1

(6) 宗教指導者に対して (%)

	ブルネイ	カンボジア	インドネシア	ラオス	マレーシア	ミャンマー	フィリピン	タイ	ベトナム
1. いえる	63.2	39.1	41.8	25.6	76.0	28.7	29.6	17.2	20.1
2. いえない	12.5	29.4	28.1	48.1	8.8	34.9	47.7	57.1	44.4
3. わからない	22.7	29.0	29.5	24.8	12.4	34.9	21.6	24.5	29.9

Q6 あなたは、英語の学習は大切だと思いますか。 (%)

	ブルネイ	カンボジア	インドネシア	ラオス	マレーシア	ミャンマー	フィリピン	タイ	ベトナム
(1) とても大切である	75.5	66.0	74.4	78.2	55.3	86.2	76.8	67.6	67.9
(2) 大切である	21.5	30.6	22.3	13.9	42.4	12.3	14.5	26.4	26.7
(3) あまり大切でない	1.5	2.1	1.3	0.8	0.4	0.5	0.5	1.2	1.8
(4) 全く大切でない	1.0	0.4	0.2	7.2	1.1	0.5	8.2	0.3	0.5

第 12 章 アセアン諸国における市民性教育調査の比較分析

Q7 あなたの英語の能力について答えてください。

1. 英語で外国の人と会話ができる (%)

	ブルネイ	カンボジア	インドネシア	ラオス	マレーシア	ミャンマー	フィリピン	タイ	ベトナム
1. 全くできない	1.5	3.9	10.7	21.7	2.0	34.4	0.9	6.9	21.3
2. あまりできない	19.0	51.7	69.9	37.1	24.6	55.9	21.6	54.2	49.0
3. できる	47.5	32.0	17.4	36.8	55.7	8.7	58.0	34.0	23.1
4. 十分にできる	32.0	12.4	2.0	3.7	17.4	1.0	18.6	4.1	3.5

2. 英語で手紙やメールのやりとりをする (%)

	ブルネイ	カンボジア	インドネシア	ラオス	マレーシア	ミャンマー	フィリピン	タイ	ベトナム
1. 全くできない	1.6	9.4	7.5	30.1	1.9	31.8	1.2	12.5	39.0
2. あまりできない	15.3	29.9	41.9	33.6	15.8	47.7	6.6	51.7	38.4
3. できる	48.6	38.1	46.0	32.6	61.4	17.4	57.7	30.1	18.3
4. 十分にできる	34.5	22.3	4.6	2.9	20.7	2.6	34.5	4.9	2.3

3. 英語の雑誌・新聞・ウェブサイトを見る (%)

	ブルネイ	カンボジア	インドネシア	ラオス	マレーシア	ミャンマー	フィリピン	タイ	ベトナム
1. 全くできない	1.0	10.8	11.0	28.3	0.7	32.3	0.2	12.2	38.5
2. あまりできない	8.2	46.4	43.5	35.5	3.4	46.7	0.9	47.5	38.4
3. できる	39.7	34.3	40.0	29.6	58.2	20.0	43.6	36.8	18.3
4. 十分にできる	51.1	11.3	5.5	5.3	37.2	0.5	54.3	2.7	2.3

4. テレビ・ラジオで英語のニュースや番組を視聴する (%)

	ブルネイ	カンボジア	インドネシア	ラオス	マレーシア	ミャンマー	フィリピン	タイ	ベトナム
1. 全くできない	1.5	7.6	7.5	21.3	1.0	31.8	0.2	18.2	25.9
2. あまりできない	9.2	46.5	42.5	41.1	4.3	52.3	5.5	50.3	36.2
3. できる	39.7	34.3	41.9	30.4	58.2	14.9	38.2	27.2	28.1
4. 十分にできる	49.4	11.3	8.0	5.4	36.1	1.0	55.2	3.4	6.6

Q8 あなたは、将来、次のようなことができると思いますか。

(1) 自分で何かをするとき、人に頼らず一人で決めることができる (%)

	ブルネイ	カンボジア	インドネシア	ラオス	マレーシア	ミャンマー	フィリピン	タイ	ベトナム
1. 全くできない	9.9	5.5	0.9	7.0	2.0	1.0	1.2	0.0	7.3
2. ほとんどできない	14.6	24.1	16.0	23.4	10.6	18.5	16.8	12.3	16.1
3. できる	53.2	52.7	65.0	58.9	66.4	54.9	60.9	66.7	49.8
4. 十分できる	22.2	17.5	18.1	9.7	20.4	25.6	21.1	20.8	23.8

(2) 今よりも心身ともに豊かな生活を送ることができる (%)

	ブルネイ	カンボジア	インドネシア	ラオス	マレーシア	ミャンマー	フィリピン	タイ	ベトナム
1. 全くできない	1.5	6.4	0.3	1.3	1.0	0.0	0.7	0.0	2.5
2. ほとんどできない	9.2	20.9	7.7	17.7	4.9	17.9	10.7	6.9	8.8
3. できる	62.2	54.7	68.3	60.7	66.1	49.2	66.1	71.1	44.4
4. 十分できる	27.1	17.5	23.7	18.9	27.4	32.8	22.3	21.8	40.9

(3) 自国や外国の文化が理解できる (%)

	ブルネイ	カンボジア	インドネシア	ラオス	マレーシア	ミャンマー	フィリピン	タイ	ベトナム
1. 全くできない	1.8	1.6	0.6	1.6	0.9	5.1	0.9	0.7	11.8
2. ほとんどできない	13.5	33.3	25.6	23.2	7.6	32.3	20.9	13.3	46.7
3. できる	64.7	50.3	64.5	53.5	68.5	51.3	58.9	64.9	29.9
4. 十分できる	19.9	14.0	9.3	20.4	22.3	11.3	19.3	20.9	8.6

(4) 文化や民族が異なる人たちといっしょに生活できる (%)

	ブルネイ	カンボジア	インドネシア	ラオス	マレーシア	ミャンマー	フィリピン	タイ	ベトナム
1. 全くできない	10.3	14.5	3.8	2.7	4.2	17.2	2.5	1.5	21.8
2. ほとんどできない	22.2	29.6	21.0	14.8	10.9	33.8	31.8	18.9	29.9
3. できる	46.3	48.1	57.9	57.0	60.9	33.3	50.2	60.3	34.2
4. 十分できる	20.5	7.4	17.1	23.7	22.8	14.9	15.5	18.8	10.3

(5) 正しくないことや平等でないこと、差別に堂々と立ち向かっていける (%)

	ブルネイ	カンボジア	インドネシア	ラオス	マレーシア	ミャンマー	フィリピン	タイ	ベトナム
1. 全くできない	5.1	11.2	6.0	12.9	2.2	9.2	8.6	1.2	13.5
2. ほとんどできない	10.8	20.4	30.5	26.4	8.0	20.5	25.2	17.4	21.8
3. できる	53.0	51.0	49.3	47.0	63.8	41.0	50.9	60.3	40.7
4. 十分できる	30.7	17.2	14.3	11.6	25.0	28.7	14.8	19.9	19.8

(6) 村や町、国、アセアン、世界のいろんな問題を、協力しあって解決したり、行動したりできる (%)

	ブルネイ	カンボジア	インドネシア	ラオス	マレーシア	ミャンマー	フィリピン	タイ	ベトナム
1. 全くできない	14.1	15.9	7.7	9.4	5.7	12.8	3.4	4.1	19.3
2. ほとんどできない	30.9	26.9	32.0	24.5	25.4	38.5	23.2	20.3	25.7
3. できる	42.7	46.0	49.6	53.3	58.6	36.9	51.4	56.4	37.2
4. 十分できる	11.8	11.0	10.7	11.6	9.5	11.8	21.8	18.8	14.0

(7) ICT社会に対応できる (%)

	ブルネイ	カンボジア	インドネシア	ラオス	マレーシア	ミャンマー	フィリピン	タイ	ベトナム
1. 全くできない	3.6	4.6	11.1	8.3	2.4	5.6	3.6	1.5	6.8
2. ほとんどできない	19.4	27.6	34.4	23.9	6.3	25.6	19.3	12.8	18.4
3. できる	53.2	48.0	48.5	47.6	58.9	50.3	52.7	56.4	46.3
4. 十分できる	23.6	19.6	5.3	18.8	30.7	18.5	24.1	28.5	24.4

(8) 世界の平和のために役立つことができる (%)

	ブルネイ	カンボジア	インドネシア	ラオス	マレーシア	ミャンマー	フィリピン	タイ	ベトナム
1. 全くできない	11.3	7.1	8.6	6.8	4.2	9.7	0.7	1.9	6.0
2. ほとんどできない	25.8	21.8	49.6	19.9	15.5	28.2	8.2	10.8	17.4
3. できる	48.1	49.6	37.0	53.5	62.6	41.5	55.0	62.7	42.9
4. 十分できる	14.6	20.5	4.4	18.2	17.0	20.5	35.9	23.8	29.6

Q9　あなたは、毎日の生活の中で自らの宗教／信仰の教えを、どれくらい守り、実行していますか。

	ブルネイ	カンボジア	インドネシア	ラオス	マレーシア	ミャンマー	フィリピン	タイ	ベトナム
1. 十分守り、実行している	25.3	39.3	40.3	27.2	39.8	54.4	44.8	20.1	17.8
2. 守り、実行している	54.8	46.2	48.2	58.4	39.1	32.8	45.2	70.8	33.6
3. あまり守ったり、実行したりしていない	17.9	11.5	11.3	12.6	20.4	11.8	9.1	7.1	35.7
4. 全く守ったり実行したりしていない	0.5	0.7	0.2	0.5	0.1	1.0	0.2	0.2	3.7
5. 特定の宗教／信仰をもっていない	1.5	1.6	0.0	0.8	0.6	0.0	0.0	0.0	4.5

Q10　あなたは、○○（国名）人としての道徳や誇りをもっていますか。 (%)

	ブルネイ	カンボジア	インドネシア	ラオス	マレーシア	ミャンマー	フィリピン	タイ	ベトナム
1. 十分もっている	85.1	87.1	59.3	83.8	86.8	68.2	80.0	56.9	70.3
2. もっている	13.5	11.3	37.5	15.4	11.8	29.7	18.0	39.7	19.6
3. あまりもっていない	0.8	1.4	3.0	0.3	1.1	0.5	1.4	1.0	4.2
4. 全くもっていない	0.3	0.2	0.2	0.2	0.0	1.0	0.0	0.0	2.0

318　第Ⅲ部　総括

Q11　自分が生活する地域社会、国、アセアン地域、世界に関する質問です。以下の質問に答えてください。
省略（表12-3参照）

SQ11-1 それでは、上で選んだ4つのうち、どれが最も大切だと思いますか。その番号を答えてください。（%）

	ブルネイ	カンボジア	インドネシア	ラオス	マレーシア	ミャンマー	フィリピン	タイ	ベトナム
1	3.0	13.1	3.6	15.3	1.3	5.1	3.0	4.4	4.0
2	0.8	0.7	1.1	0.6	0.6	0.0	0.9	1.2	0.0
3	3.6	2.3	1.3	0.3	0.7	2.6	2.0	0.2	1.8
4	0	0.7	0.6	0.3	0.3	2.6	2.5	1.7	0.3
5	1.8	1.9	0.6	1.9	0.3	1.5	1.8	3.4	0.5
6	0.2	0.7	0.6	0.5	0.1	0.5	0.7	0.2	1.2
7	1.0	0.4	0.3	0.2	0.6	0.0	0.2	0.8	0.3
8	4.6	18.1	21.8	13.7	1.9	5.6	7.3	3.9	4.7
9	7.4	4.1	11.6	2.9	10.2	3.1	3.2	5.6	4.0
10	8.7	1.9	4.1	0.5	6.8	4.6	1.1	1.9	1.0
11	0	1.2	0.3	0.6	0.4	4.1	1.4	3.7	0.7
12	2.6	1.6	1.6	1.6	0.9	0.5	1.6	1.7	1.0
13	0.8	1.4	0.9	0.3	0.4	0.0	0.9	0.7	0.8
14	1.5	0	0.9	0.2	1.1	2.1	0.7	1.2	0.2
15	0.7	2.7	1.9	2.7	0.6	0.5	0.9	1.4	0.3
16	0.3	3.7	1.7	0.5	0.1	0.0	0.5	0.5	0.3
17	1.1	8.0	5.7	0.8	0.1	0.5	1.1	1.0	0.0
18	0.3	0.4	0.5	0.5	0.1	1.0	0.0	0.7	0.7
19	0.3	1.2	0.6	2.2	0.4	0.0	0.5	1.4	0.2
20	0.7	0.4	0.6	0.3	0.1	0.0	0.0	1.4	0.2
21	0.2	0.7	0.3	0.3	0.0	0.0	0.2	0.2	0.2
22	3.8	7.4	10.2	10.7	1.9	7.7	16.8	6.8	3.3
23	1.3	1.1	1.4	2.7	1.1	5.1	0.7	8.4	0.7
24	30.4	12.9	23.2	11.9	43.4	29.2	27.7	8.4	4.7
25	0.3	1.8	0.6	1.3	1.6	3.6	1.8	4.9	2.7
26	8.2	4.1	1.3	10.4	4.6	6.2	7.7	14.7	3.8
27	2.1	2.1	1.1	2.7	3.4	1.0	0.5	1.9	2.2
28	3.1	0.5	0.6	1.3	2.3	1.5	1.6	5.6	0.0

第 12 章　アセアン諸国における市民性教育調査の比較分析

Q12　現代社会では、どのようなことが必要だと思いますか。次の中から三つ選んでください。　(%)

	ブルネイ	カンボジア	インドネシア	ラオス	マレーシア	ミャンマー	フィリピン	タイ	ベトナム
(1) 自分の考えをしっかりもち、自分を信じること	33.0	28.7	26.7	35.4	41.1	49.2	25.5	22.8	30.6
(2) お互いの気持ちを大切にし、人と仲良く暮らすこと	57.6	29.6	37.7	29.6	67.0	22.6	35.9	43.2	40.9
(3) わがままを言わず、がまんし、目標をやり遂げること	15.4	28.3	34.7	45.2	21.8	23.1	39.3	32.3	37.2
(4) 落ちついて、冷静に判断すること	14.4	6.7	19.5	20.7	36.5	13.8	17.3	23.5	23.1
(5) ボランティア、助け合いなど、公共や人類にとって役立つことをすること	17.7	35.9	14.8	33.3	26.6	25.1	8.4	22.6	22.8
(6) 基本的な倫理（人としてまもるべき道）、道徳をもつこと	6.7	5.3	19.3	7.8	5.0	16.9	10.2	22.8	31.1
(7) 正しいことを正しいと言えること	20.7	20.7	26.1	15.6	10.1	44.6	16.8	19.9	11.0
(8) 社会をよりよくするための活動に参画すること	18.2	23.5	4.2	10.7	14.5	8.2	9.5	7.4	7.5
(9) 法律を大切にすること	25.6	7.6	23.1	17.7	11.4	19.5	9.3	31.2	18.4
(10) 国際的に協力しあって、問題解決を図ること	19.9	8.8	10.2	23.6	11.8	8.2	10.9	3.2	3.3
(11) 世界の経済や科学技術の革新に乗り遅れないこと	15.3	15.0	17.1	10.4	10.9	7.2	6.1	9.6	10.6
(12) 世界の文化（生活のし方や行動のし方、習慣）の違いを理解し、大切にすること	18.4	4.8	22.0	8.0	11.9	6.2	28.4	7.8	2.0
(13) 地球規模の問題（環境、貧困、紛争、平和、差別、人権、開発など）に関心を持ち、解決すること	25.8	36.3	14.8	18.5	12.4	17.9	35.7	28.7	13.3
(14) 意思決定し、行動すること	0.0	3.4	4.7	4.6	0.0	11.3	12.0	4.6	3.0
(15) 人権を尊重すること	0.0	38.1	25.0	8.1	0.0	23.6	31.1	14.2	14.0

Part 2　アセアンに関する質問

Q1　それぞれの国は地図の1から15のうちどれですか。番号を記入してください。
省略（表12-4参照）

Q2　アセアンの旗は何を意味していますか。（正解4）　　　　　　　　　　　　　　　　(%)

	ブルネイ	カンボジア	インドネシア	ラオス	マレーシア	ミャンマー	フィリピン	タイ	ベトナム
1. アセアンにおける自由と平等	10.0	25.5	5.0	19.1	10.2	28.2	21.6	10.0	8.8
2. アセアン地域	6.6	10.6	5.8	2.1	4.5	1.0	3.2	3.5	1.8
3. アセアンのすべての人	4.8	6.4	1.4	1.9	2.3	2.6	1.4	4.7	1.0
4. 安定した、平和で、統合されたダイナミックなアセアン	55.8	41.1	71.6	65.3	56.9	50.3	57.7	61.1	53.7
5. わからない	21.3	15.4	14.9	8.4	21.3	14.9	8.6	18.2	22.4

Q3　アセアンはいつ設立されましたか。（正解2）　　　　　　　　　　　　　　　　　　(%)

	ブルネイ	カンボジア	インドネシア	ラオス	マレーシア	ミャンマー	フィリピン	タイ	ベトナム
1. 1957年	7.9	8.8	11.8	7.0	4.7	7.7	9.3	4.4	2.8
2. 1967年	16.4	34.9	34.4	59.1	18.1	22.6	12.5	20.3	62.5
3. 1977年	3.8	3.0	4.7	2.1	2.3	5.6	5.9	4.6	0.2
4. 1987年	12.0	7.3	9.3	8.4	28.0	8.7	12.0	6.4	0.3
5. 1997年	7.2	10.1	3.9	5.6	4.3	15.9	4.8	6.1	3.3
6. わからない	51.6	34.5	35.0	13.7	39.7	34.4	48.6	54.2	25.7

Q4　ASEAN共同体の発足はいつ予定されていますか。（正解2）　　　　　　　　　　　　(%)

	ブルネイ	カンボジア	インドネシア	ラオス	マレーシア	ミャンマー	フィリピン	タイ	ベトナム
1. 2013年	7.7	9.0	7.2	7.8	3.4	6.7	9.8	5.6	3.3
2. 2015年	6.4	37.9	22.1	32.3	3.9	27.7	9.1	22.3	4.0
3. 2018年	1.5	2.7	2.5	3.0	1.9	12.8	5.9	2.9	0.2
4. 2020年	5.6	5.8	5.3	18.6	32.0	8.7	7.3	3.5	2.8
5. 2025年	6.2	2.3	1.7	3.0	5.9	5.1	8.9	3.0	0.8
6. わからない	68.1	40.4	59.2	30.4	48.1	35.4	51.6	58.1	77.9

第 12 章　アセアン諸国における市民性教育調査の比較分析　321

Q5　あなたはアセアン加盟国のことをどの程度知っていますか。（網掛けは自国）　(%)

ブルネイ	ブルネイ	カンボジア	インドネシア	ラオス	マレーシア	ミャンマー	フィリピン	タイ	ベトナム
全く知らない	1.0	34.9	15.5	22.8	10.8	36.4	15.7	23.6	5.1
あまり知らない	2.0	49.7	45.4	31.7	23.6	43.6	56.6	53.5	45.5
知っている	16.1	12.7	33.8	33.6	51.3	16.4	20.9	19.3	34.7
とてもよく知っている	79.8	1.8	3.9	7.1	12.5	3.1	4.1	1.7	14.1

カンボジア	ブルネイ	カンボジア	インドネシア	ラオス	マレーシア	ミャンマー	フィリピン	タイ	ベトナム
全く知らない	47.1	0.5	19.8	13.5	19.0	33.3	15.2	10.0	23.4
あまり知らない	43.3	6.9	54.3	22.9	35.2	44.6	55.9	38.3	35.7
知っている	6.2	22.1	22.4	38.2	40.4	17.9	23.4	44.4	30.1
とてもよく知っている	2.1	68.7	2.0	21.5	3.4	3.6	2.5	5.4	5.1

インドネシア	ブルネイ	カンボジア	インドネシア	ラオス	マレーシア	ミャンマー	フィリピン	タイ	ベトナム
全く知らない	8.2	22.8	0.3	16.1	5.3	27.7	5.2	16.0	29.9
あまり知らない	26.8	50.3	1.7	27.5	17.8	49.2	42.0	52.5	39.4
知っている	50.2	21.4	19.0	38.7	60.3	17.9	43.9	26.0	23.8
とてもよく知っている	13.5	3.4	78.0	12.7	14.9	3.6	6.1	3.5	2.2

ラオス	ブルネイ	カンボジア	インドネシア	ラオス	マレーシア	ミャンマー	フィリピン	タイ	ベトナム
全く知らない	48.3	21.8	20.7	2.1	22.4	27.7	20.5	9.8	24.6
あまり知らない	40.9	44.8	53.5	4.1	34.2	44.6	58.6	31.4	34.9
知っている	6.9	27.1	20.4	26.0	38.2	22.1	15.9	49.2	30.2
とてもよく知っている	2.8	5.0	4.2	64.5	3.4	3.6	2.0	7.4	4.8

マレーシア	ブルネイ	カンボジア	インドネシア	ラオス	マレーシア	ミャンマー	フィリピン	タイ	ベトナム
全く知らない	3.6	20.2	3.3	15.0	0.6	17.9	5.2	11.7	35.5
あまり知らない	19.5	46.0	22.6	23.7	3.3	36.4	33.6	47.6	40.4
知っている	58.3	25.5	57.6	42.7	45.7	35.9	48.6	33.8	16.6
とてもよく知っている	17.4	6.7	15.7	13.7	49.9	8.2	9.3	4.7	1.7

ミャンマー	ブルネイ	カンボジア	インドネシア	ラオス	マレーシア	ミャンマー	フィリピン	タイ	ベトナム
全く知らない	45.3	31.2	22.8	15.4	20.1	1.0	20.5	9.1	46.2
あまり知らない	42.9	49.2	53.8	29.3	34.1	4.6	57.0	33.4	36.0
知っている	8.5	14.2	18.5	36.3	38.8	26.2	15.9	48.1	10.6
とてもよく知っている	2.1	3.9	3.3	14.2	5.3	66.7	3.9	6.8	1.3

フィリピン	ブルネイ	カンボジア	インドネシア	ラオス	マレーシア	ミャンマー	フィリピン	タイ	ベトナム
全く知らない	23.8	31.0	15.4	18.6	13.2	28.2	0.7	16.9	31.7
あまり知らない	39.9	44.6	44.3	28.0	31.8	45.1	1.1	51.9	38.4
知っている	29.9	19.6	33.1	38.2	46.7	19.5	14.8	25.8	20.9
とてもよく知っている	4.9	2.7	5.8	10.4	6.6	4.6	80.7	3.0	3.5

シンガポール	ブルネイ	カンボジア	インドネシア	ラオス	マレーシア	ミャンマー	フィリピン	タイ	ベトナム
全く知らない	9.5	20.2	5.5	13.2	4.0	14.9	3.9	11.1	20.9
あまり知らない	23.5	38.8	26.8	21.7	14.5	28.2	25.2	40.7	33.2
知っている	51.9	27.1	50.5	37.6	61.5	47.2	51.4	38.2	32.4
とてもよく知っている	14.0	11.5	15.7	22.1	18.7	8.2	16.4	7.3	7.1

タイ	ブルネイ	カンボジア	インドネシア	ラオス	マレーシア	ミャンマー	フィリピン	タイ	ベトナム
全く知らない	25.0	2.3	10.4	5.3	8.5	15.4	5.2	1.7	16.1
あまり知らない	40.4	9.9	36.7	11.0	26.3	27.7	35.5	3.2	30.9
知っている	27.8	31.7	42.1	38.7	54.2	46.2	46.4	26.9	41.2
とてもよく知っている	5.4	36.8	9.6	40.6	9.5	9.7	9.8	66.2	5.8

ベトナム	ブルネイ	カンボジア	インドネシア	ラオス	マレーシア	ミャンマー	フィリピン	タイ	ベトナム
全く知らない	41.4	10.3	16.5	6.5	17.5	32.3	11.4	12.3	1.5
あまり知らない	44.0	33.8	49.5	11.3	34.6	45.1	47.0	45.1	2.5
知っている	10.5	34.9	28.4	37.1	40.9	17.4	33.2	34.8	19.1
とてもよく知っている	2.8	18.8	4.4	40.3	5.2	3.6	5.5	5.6	71.6

第 12 章　アセアン諸国における市民性教育調査の比較分析　323

Q6　あなたはどのようにしてアセアンについての情報を知りましたか。（いくつでも）　(%)

	ブルネイ	カンボジア	インドネシア	ラオス	マレーシア	ミャンマー	フィリピン	タイ	ベトナム
1. 広告	22.0	22.7	23.1	43.8	37.9	20.5	34.1	35.1	10.8
2. 本	31.7	61.4	87.4	47.1	33.3	50.8	72.5	56.1	38.5
3. テレビ	62.6	55.4	71.3	79.8	65.8	61.5	76.1	77.9	44.7
4. ラジオ	30.2	29.7	22.6	45.1	37.9	33.3	38.9	27.2	3.3
5. 新聞	50.7	34.7	30.3	58.3	61.1	65.6	65.7	57.3	30.1
6. インターネット	57.3	52.2	87.0	47.6	64.7	37.9	77.0	66.2	52.3
7. 映画	13.5	17.5	38.3	15.6	5.2	20.5	43.0	14.5	23.4
8. 音楽	10.0	8.0	9.9	18.2	4.5	5.6	18.9	10.6	6.6
9. スポーツ	15.9	11.0	17.0	42.5	8.9	28.7	33.0	19.3	16.1
10. 家族	21.5	20.5	29.4	18.9	14.8	18.5	32.0	34.0	9.1
11. 友達	15.9	13.1	36.6	25.3	9.8	20.5	30.0	29.2	13.6
12. 学校	36.3	46.2	80.2	46.5	47.8	51.8	71.1	74.5	55.5
13. 旅行	23.3	14.0	12.6	22.8	10.1	11.8	21.1	19.8	11.3
14. 仕事経験	2.6	8.8	0.6	11.6	1.0	6.7	8.2	5.2	1.5
15. その他	1.5	2.6	5.2	0.5	0.9	5.6	1.8	0.7	0.0
16. どれでもない	0.3	2.1	1.1	0.3	0.6	1.0	0.5	0.3	2.8

Q7　アセアンの国々について、もっと知りたいと思いますか。　(%)

	ブルネイ	カンボジア	インドネシア	ラオス	マレーシア	ミャンマー	フィリピン	タイ	ベトナム
1. とてもそう思う	37.1	37.5	61.1	58.8	25.1	41.0	41.4	27.2	35.4
2. そう思う	47.8	58.8	35.3	35.2	60.9	47.7	52.3	55.1	44.0
3. あまりそう思わない	13.0	2.3	2.4	3.5	10.2	8.2	3.0	14.7	13.3
4. 全くそう思わない	1.8	0.7	0.8	0.5	2.4	1.0	1.1	1.5	4.3

Q8　アセアンのメンバーであることは自分の国にとって有益である。　(%)

	ブルネイ	カンボジア	インドネシア	ラオス	マレーシア	ミャンマー	フィリピン	タイ	ベトナム
1. とてもそう思う	53.4	44.6	40.8	68.0	33.8	35.4	40.2	30.9	27.7
2. そう思う	42.0	51.5	54.5	27.1	61.5	55.4	50.7	61.0	53.3
3. あまりそう思わない	3.3	1.9	3.9	2.9	2.9	7.7	5.5	5.2	12.1
4. 全くそう思わない	0.7	0.9	0.5	0.0	0.4	0.5	1.1	1.4	4.0

Q9　自分の国がアセアンのメンバーであることは自分自身にとって有益である。　　　　　　　　(%)

	ブルネイ	カンボジア	インドネシア	ラオス	マレーシア	ミャンマー	フィリピン	タイ	ベトナム
1. とてもそう思う	26.8	15.0	16.6	28.2	23.0	27.2	21.1	21.8	15.4
2. そう思う	64.2	69.2	65.5	50.6	67.8	42.6	59.1	62.8	52.0
3. あまりそう思わない	7.4	11.7	15.5	15.9	6.8	24.6	15.2	12.2	22.3
4. 全くそう思わない	0.8	2.5	2.0	3.5	0.4	4.1	1.8	1.9	7.0

Q10　あなたは、アセアンの市民であることを自覚し、アセアンに愛着を持ち、アセアン市民であることに誇りを感じていますか。　　　　　　　　(%)

	ブルネイ	カンボジア	インドネシア	ラオス	マレーシア	ミャンマー	フィリピン	タイ	ベトナム
1. とてもそう思う	22.3	27.8	24.2	42.5	19.8	29.7	33.6	21.8	14.6
2. そう思う	61.7	63.2	53.5	52.5	67.0	52.3	51.1	65.7	50.0
3. あまりそう思わない	13.3	6.7	19.3	2.9	10.3	12.8	9.8	9.1	26.7
4. 全くそう思わない	2.0	1.2	2.7	0.2	1.1	3.6	3.0	1.9	5.5

Q11　あなたは、アセアンの目指す目標を達成していくために、アセアン諸国の人たちと共通のアイデンティティ（アセアンとしての帰属意識や考え方）を持っていると思いますか。　　　　　　　　(%)

	ブルネイ	カンボジア	インドネシア	ラオス	マレーシア	ミャンマー	フィリピン	タイ	ベトナム
1. とてもそう思う	17.2	16.6	10.2	23.4	13.5	24.1	22.3	19.9	19.3
2. そう思う	54.8	70.1	57.8	55.6	68.5	51.8	65.2	66.6	42.0
3. あまりそう思わない	24.8	10.1	26.4	16.2	13.9	20.0	8.6	10.5	31.4
4. 全くそう思わない	2.5	1.9	5.3	1.6	2.0	2.1	1.4	1.4	4.5

第13章
アセアン共同体の市民性教育

平田利文

1 アセアンネスのための教育に関する最終結論

　われわれは、アセアン諸国においてアセアンネスのための教育がどのように捉えられているかについて検討してきた。

　この考え方が最初に示されたものは、アセアン憲章(2007年11月20日採択)であった。憲章では、人的資源開発における協力強化、教育を通して、域内の人々のつながりや共通アイデンティティの構築をめざすとされ、第1条第10パラグラフには、「アセアンの人々及びアセアン共同体を強固なものにするために、学校教育と生涯学習、科学技術において、密接な協力関係をもつことで人的資源を開発することである。」と規定されている。

　さらに、アセアン憲章第35条に基づいて検討したところ、「アセアンは、アセアン共通のアイデンティティ及びアセアンの人々の帰属意識を促進するものとする。」とされている。

　われわれ研究プロジェクトチームの間で以下の定義を共有した。

1. アセアンネスとは、共有された運命、目標、価値観を達成するための共通のアセアン・アイデンティティであり帰属意識である。
   (ASEANness is a common ASEAN identity and a sense of belonging among its peoples for the purpose of achieving its shared destiny, goals and values.)
2. アセアンネスとは、アセアンの市民としての愛情と誇りを意味す

る。(ASEANness means an awareness in, love for, and pride in being a citizen of ASEAN.)

すなわち、アセアンネスのための教育とは、「アセアン市民としての共通のアイデンティティやアセアン諸国への帰属意識を共有するための教育であり、アセアンに対して愛情をもち、アセアン市民としての誇りをもつ教育」であるとした。

アセアン共同体創設後は、各加盟国はこうしたアセアン市民を教育するカリキュラムを準備し、学校現場で実践していくことになる。

2　カリキュラム・ソースブック (Curriculum Sourcebook) について

Education for ASEANness のカリキュラムとして、アセアン事務局が―U.S. Agency for International Development (USAID), U.S.Department of State-funded ASEAN-US Technical Assistatnce and Training Facility (TATF) にカリキュラム開発を委託し、2012年にカリキュラム・ソースブックが公表された。

本書では、このソースブックについて詳細に検討してこなかったが、アセアン各国はこのソースブックをもとにアセアンネスのための教育カリキュラムを開発することになっている。まだすべての加盟国で作成されてはいないが、先行的にタイ班の共同研究者であるチャンタナ・チャンバンチョンはタイのカリキュラム開発を試みている。他のアセアン各国も同様に、このソースブックを元に、自国の事情、固有の伝統・文化を考慮して、有効なカリキュラムを開発し、さらに、教育方法や教育評価法を開発していくことになっている。ちなみに、タイでは、2013年にこのソースブックに準拠した中等教育段階の教科書が既に発刊されている。

以下、ソースブックの内容である7つの教科領域と5つの市民性としての資質を紹介しておく。特に、5つのテーマは本研究の市民性そのものである。こららは、7つの教科領域において取り扱うようになっている。

① 7つの教科領域
　(1) 歴史と社会科
　(2) 理科と数学
　(3) 公民と道徳
　(4) 言語
　(5) 芸術
　(6) 保健体育
　(7) テクノロジー
② 5つのテーマ（トピック）、市民性としての資質。
　(1) アセアンを知ること
　(2) アイデンティティと多様性
　(3) グローバルとローカルの融合
　(4) 公平と正義
　(5) 持続可能な未来のための協働

今後、アセアン各国はこのソースブックを元に市民性教育カリキュラムを開発し、実施していくことになる。その実施状況の調査研究が必要である。

3　アセアン共同体（ASEAN Community）のゆくえ

2015年11月に首脳会議が開催され、アセアン共同体が創設されたのは既に述べたところである。このあと、アセアン共同体としての市民性教育がどのように進展するのであろうか。アセアンネスのための教育が今後どのように構築されていくかを見守らなければならない。われわれの継続的な研究課題である。

児童生徒への市民性に関する意識調査の結果によれば、アセアン全体としての傾向は、知識・理解の面ではある程度の達成が認められるものの、能力・技能面では課題が多いことが明らかとなっている。価値観・態度面では宗教に熱心で国民道徳・国民としての誇りは身につけていた。また、アセアン

共同体に関する知識とアセアン市民としての共通意識（アセアンネス）の形成には課題があることが明らかとなっている。しかし各国の回答傾向が多様であり、その要因や背景も様々なことから、さらに、より深い分析による考察が必要となっている。

4　10年後の市民性教育：デルファイ調査による未来予測

　本プロジェクトでは、未来を予測するデルファイ調査により、アセアン各国において、今後10年間で達成すべき重要な市民性としての資質（知識・理解、能力・技能、価値観・態度に関する資質）を明らかにすることができた。

　各国におけるデルファイ調査の詳細な結果分析は、各章の報告の通りである。今後10年間に市民性教育としてアセアン各国において取り組み、達成すべき市民性としての資質が明らかにされている。どの学校段階でどの資質を教育すべきかについても明らかになっている。各国はこれらの市民性としての資質をもとに市民性教育のカリキュラムを開発することになる。第12章では、児童生徒の意識調査結果とデルファイ調査結果（ミャンマー、シンガポールを除く8カ国）を掲載し、比較考察を行っている。これらの資質は、重要なものや達成すべき資質のランキングであり、各国はこれらの資質を政策の中に位置づけたり、カリキュラムを開発したりすることになる。本プロジェクトから各国政策・カリキュラム開発への提言である。

　この市民性資質のリストから、総括的に比較考察を試みた結果、アジア比較教育学会第9回中国大会（2014年5月）および日本比較教育学会第50回大会（2014年7月、於：名古屋大学）において、アセアンにおける市民性教育というのは、「多様性」と「共通性」という観点から考察できることを報告した。まず、「多様性」という点については、一応アセアンネスのための教育の共通枠組みがアセアン憲章に規定されているものの、アセアン各国は、それぞれ固有の市民性教育の焦点をもっているということである。重要だと考えている市民性、達成すべき市民性は、アセアンすべての国で異なっている、多様であるということである。一方、「共通性」という点に関しては、ほと

んどの国で、アセアン共通の問題に関する関心がほとんど見られないということもわかった。そして、アセアン共同体としてまとまり、共同体として統合が成功するためには、アセアンの市民性に関する共通の課題に対し、より関心を持つべきであるという調査結果を得ることができた。

おわりに：わが国における市民性教育の現状と課題

　平成14年度（2002年）から25年度（2013年）までのほぼ12年間にわたり、アセアン諸国における市民性教育の解明に従事してきた。この間、学会誌、国内外の学会発表において、研究成果を発表してきたが、わが国においては、市民性教育に関する理解がどれほど進んだのであろうかといつも自問してきた。最近、新聞紙上にも「シティズンシップ教育」に関する報道も目にするようになっている。少しずつではあるが、マスコミ関係にも取り上げられるようになり、一般国民にも「シティズンシップ教育」という用語は間違いなく届いている状況となっているのではないだろうか。

　それでは、教育界での認知度はどうであろうか。編者の平田は、本務校の大分大学において、毎年、小学校および中学校の現職教員を対象とする免許更新講習の講義を担当している。講習講義の中では必ず、市民性教育に関する内容について触れている。その際、市民性教育の認知度を現職教員に確認しているが、この数年で、「市民性教育・シティズンシップ教育について、聞いたことがあるか、話題にしたことがあるか」と聞いたところ、聞いたことがある、知っていると回答するものは、毎年10％に満たない状況である。すなわち、大分県だけの事情かどうかはわからないが、少なくとも大分県の学校現場の教員にとっては、市民性教育は依然として遠い存在であるということである。この教科が公式に教科として学習指導要領に位置づいていないということもあるが、多忙な学校現場では非公式な教科や教育活動に専念する余裕がないというのが実態となっている。このことは、いかに市民性教育を学校現場に普及拡大させるかが大きな課題となっていることを意味している。学校現場で手軽に取り扱え、実践できるカリキュラムの開発が必要であ

ることを物語っている。

　他方、中教審では、次期学習指導要領改訂に向けて、教育改革論議が活発に行われている。そこでは、頻繁に市民性教育・シティズンシップ教育について触れられ、この観点を盛り込む教育改革の必要性が述べられている。道徳の教科化に関する議論においても、市民性教育の考え方は多くの示唆を得ることができるとされている。わが国では、ここで、これまでの市民性教育の議論を一旦整理し、次期教育改革にむけて市民性教育の再構築を議論しなければならない状況になっていると言っても過言ではない。

　具体的な教科目の再編では、必修科目として「公共」が高校段階で位置づけられることになった。この科目はまさに市民性教育であるが、ようやく公教育において市民権を得たことになる。したがって、今後は、市民性教育の研究成果を、さらに積極的に発信、提言していき、完全に市民権を得るようにしていくことが求められているといえよう。本書の主な目的は、児童生徒や有識者の調査から得られたデータをもとに、10年後の市民性教育を予測・展望することであった。今後、アセアンにおいて、市民性教育理論、政策・カリキュラム・教科書などがどのように開発され、推進され、どのような結果がもたらされたかを評価検証する方法論の確立は、日本にとっても大いに参考となり、意義あることであると考えている。

あとがき

　4年間の共同研究を無事終え、本書を出版できることとなった。プロジェクトメンバーには、現地調査に従事し、無理と思えるようなことにも耐えながら目標を達成するために頑張っていただいた。あらためてお礼申し上げたい。予定していた調査計画をすべて終えたわけではなく、まだまだやり残しの宿題が多々ある。アセアンネスのための教育の現状と課題、アセアン各国におけるカリキュラム・ソースブックに対応したカリキュラム開発の現状と課題の実態調査など、新たな研究課題も出てきている。研究とは絶え間なく続くことを実感しているところである。その新たな課題の解決に向けて再出発である。

　本書が完成するまで、研究メンバーはもとより、家族、友人、知人、研究仲間、そしてその他多くの方からご理解とご協力をいただいた。再度すべての方々にお礼申し上げたい。ただ、残念ながら、研究調査期間中に、タイの共同研究者であるスモンティップ先生が急逝された。ここに研究メンバー全員、謹んで哀悼の意を表したい。第10章は、先生の遺稿となった。ご冥福をお祈りします。

　最後に、日本学術振興会の科学研究費助成事業による出版助成に感謝するとともに、本書の出版に際し、東信堂の下田勝司社長には、多方面にわたりアドバイスをいただいた。研究メンバーを代表して、深くお礼申し上げる次第である。

事項・人名索引

欧数字

CCE カリキュラム……………………23
D.L.Grossman……………………………7
ICT…………………………120, 151, 238
Kerry J. Kennedy……………………… v
Kto12〔K-12〕………………22, 173, 178
Kto12 教育制度改革……………176, 196
Kto12 年制………………… 174, 175, 177
MIB……………………………………48
PISA 調査……………………………23
PTA 会長……………………………… vi
SPN21……………………………28, 49
Vietnamese- アセアンネス………263, 264
W.O.Lee ……………………………… 7
10 年後に達成すべき市民性資質…………288
10 年後の市民性教育………………328, 330
21 世紀型スキル………………………157
2005 年教育法の 2009 年改正…………260
2005 年ベトナム教育法………………243

【ア行】

愛国心………………109, 129, 130, 204
愛国の精神……………………………159
アイデンティティ………16, 39, 48, 51, 183, 196,
199, 203, 209, 286, 325
アクティブ・シティズンシップ………20, 55, 139,
152, 249, 258
アクティブな市民性…………………239
アクティブ・ラーニング……………240
アセアン…………… 34, 37, 38, 48, 63, 211
アセアン・アイデンティティ 14, 52, 67, 75, 137,
139, 140, 152, 198, 325
アセアン・アウエアネス…………138, 139, 152
アセアン意識……………………59, 73
アセアン教育…………………………238
アセアン共同体……………… ii, 4, 16, 49,
52, 65, 106, 115, 138, 155, 157, 170,
183, 197, 238, 241, 325, 327
アセアン経済共同体（AEC）…………175
アセアン憲章…………………………325
アセアンサミット…………………4, 115
アセアン市民……………………39, 326
アセアン社会・文化共同体（ASCC）………198
アセアン諸国…………… i, 5, 6, 66, 95, 114, 270
アセアン諸国に関する知識…………279
アセアン統合………38, 51, 66, 75, 116, 118-120,
151, 173, 271
アセアン統合の目標年………………282
アセアンについての意識……………284
アセアンネス…………48, 141, 143, 145-147, 196,
198, 199, 239, 262, 286
アセアンネス意識………………25, 242
アセアンネスのための教育……… i, 5, 6, 51, 157,
262, 286, 306, 325, 326
アセアンの情報を知る手段・媒体………282
アセアンの設立年……………………279
アセアンの旗…………………………279
アセアンリテラシー…………24, 216, 217, 237
アラスカ・モデル……………………241
アンケート調査……67, 84, 94, 113, 138, 160,
170, 217
アンコール王朝………………………69
意見を率直に述べることができる相手………274
意識調査………… i-iv, 5, 160, 178, 182, 270, 327
意思決定能力…………………………11
インクルーシブ社会………………24, 211
インドネシア…………………………17
インドネシアの市民性教育…………82, 105

事項・人名索引　333

英語運用能力の向上 17
英語学習の重要性 36, 164, 274
英語能力 36, 94, 119, 164, 274
欧州連合（EU） 198
オン・テンチョン 205

【カ行】

価値観・態度 10, 12-15, 46, 48, 62, 86, 100, 123, 145, 165, 181, 185, 191, 195, 215, 219, 223, 232, 239, 257, 265, 275, 287, 296
価値判断能力 11
学校現場の教員 vi
学校長 vi
カリキュラム・ソースブック 326
カリキュラムの開発 48, 151, 329
環境と人間 129
カンボジア 16
カンボジア古典舞踊 69
カンボジア人労働者 58
カンボジアにおける市民性教育 16, 55
キー・コンピテンシー 134, 137, 174, 176, 215
基礎教育カリキュラム 214
基礎的コンピテンシー 15, 30, 48
教育アジェンダ 43, 44, 46
教育省報告書 204
教育の「社会化」 243-245
教育の民営化 25, 260
共通性 328
共有価値 208
共有価値に関する白書 207
キリスト教 183
近隣諸国の学習 168, 282
グローバル 4, 8, 10, 13, 15, 31, 49, 62, 112, 114, 134, 136, 137, 152, 166, 218, 238, 241, 258, 263, 278
グローバル化 7, 125
軍事政権 154
公共 iii, 330

行動力 11
公民 109, 129, 204
公民および市民性の教育 129-131, 134, 136, 137, 150
公民科 29
公民教育 29, 32, 83, 88, 90, 92, 105
公民・道徳教育
　（Civics and Moral Education: CME） 207
ゴー・ケンスイ 205
ゴー・チョクトン 207, 208
国際理解教育 151
国民教育（National Education: NE） 208
「国民」統合 243, 260
国民統合 234
国民統合政策 127
国民としての道徳や誇り 278
国立人材開発センター 157
小島文英 171
国家教育 30
国家教育法 213
国家主義精神 159
国家統合 246
国旗 111, 132, 204, 246
コンピテンシー 30, 31, 60, 74, 87, 105, 210

【サ行】

思考 33
質問紙調査 iii, 34
シティズンシップ 128, 263
シティズンシップ教育 i, iii, iv, 6, 329
指導主事 vi
児童中心主義 157, 159
市民 10, 53, 57, 134, 137, 160, 174
市民社会 10, 53, 74
市民性 10, 33, 59, 85, 105, 114, 128, 133, 152, 270
市民性意識 285
市民性キーワードの見聞経験 272
市民性教育 i-iv, 5, 6, 10, 14, 53, 54, 74, 83, 108, 125, 159, 173, 174

市民性教育の概念 ·· 9
市民性資質 ····· 15, 141, 146, 160, 181, 278, 287
市民性資質を学習する年齢 ························· 298
市民性の資質 ································· 11, 29, 40
社会科カリキュラム ······························· 159
社会科教育 ·· 18
社会主義 ········ 56, 109, 112, 125, 243, 260, 262, 264
社会問題 ···················· 15, 35, 55, 120, 170, 274
宗教教育 ··· 18, 204
宗教／信仰の教え ··································· 275
宗教知識（Religious Knowledge） ··············· 206
儒家倫理 ·· 206
塾 ·· 158
主権者教育 ··· iii
少数民族 ····································· 112, 243
人格・市民性教育（Character and Citizenship Education: CCE）··························· 23, 210
シンガポール ·· 23
シンガポール21委員会
（Singapore 21 Committee）····················· 209
シンガポール家族価値 ····························· 208
シンガポールの市民性教育 ······················ 203
進級試験 ··· 158
人権 ··· 62
人民行動党
（People's Action Party: PAP）···················· 203
スキル ·· 33, 66
スクールファミリー ····························· 156
生活教育 ··· 204
全国統一卒業試験 ·································· 158
ソーシャル・メディア ·················· 55, 67, 75

【タ行】

タイ ·· 24
タイの市民性教育 ···································· 238
多様性 ··· 328
多様性のなかの統一 ·························· 18, 105
足るを知る経済 ·································· 239
地域科 ··· 19, 129

地域統合 ··· v
地球市民意識 ·································· 24, 211
知識と理解 ··· 32
知識・理解 ············ 11-15, 43, 62, 86, 98, 117, 141, 161, 167, 179, 184, 186, 194, 215, 217, 220, 222, 224, 238, 255, 264, 271, 287, 289
チャアム・フアヒン宣言 ····························· 4
中教審 ·· iii, 330
チュラロンコン大学 ································ 216
デルファイ調査 ······· ii-iv, vi, 5, 8, 14, 40, 59, 84, 97, 115, 141, 183, 194, 217, 222, 286, 305, 328
伝統・文化学習の重要度 ·························· 272
島嶼部、大陸部東南アジア ························· 23
道徳教育報告書 ···································· 205
道徳心 ·· 123
東南アジア教育大臣機構教育開発・科学技術地域センター（SEAMEO INNOTECH）
 ·· 197

【ナ行】

ナショナル ······ 4, 8, 10, 12, 15, 31, 86, 111, 112, 134, 136, 137, 151, 152, 162, 166, 218, 238, 278, 285
ナショナル・アイデンティティ ········ 70, 234, 263
ナショナルカリキュラム ··················· 220, 238
二宮晧 ··· 7
ネーウイン ··· 155
能力・技能 ············· 11-14, 44, 62, 86, 98, 120, 143, 162, 179, 185, 188, 194, 215, 218, 223, 238, 256, 264, 274, 287, 294
望ましいとされる生き方や暮らし方 ············· 275

【ハ行】

パンチャシラ ································ 18, 105, 207
パンチャシラ・公民教育 ····················· 83, 85
パンチャシラ道徳教育 ································ 83
万民のための教育（EFA）························ 175
非社会主義セクター ································ 261

批判的思考	120
標準コンピテンシーおよび基本コンピテンシー	86, 88, 90, 92, 105
ビルマ基礎教育法	155
ビルマ式社会主義	155, 156
フィリピン	22
フィリピン革命	180
フィリピン教育省（DepEd）	176
フィリピンの市民性教育	173
フェルディナンド・マルコス	174
複合社会	127
仏教	111, 161, 165, 171, 274
仏教国	155
ブミプトラ政策	127
ブルネイ	15
ブルネイの市民性教育	15, 28
プレアハ・ヴィヒア寺院	72
文化・宗教の多様性	20, 133
米自治領政府	174
ベトナム	25
ベトナムにおける市民性教育	242
ヘン・サムリン	56
ポル・ポト	54-56, 74

【マ行】

マルクス・レーニン主義	109
マレー・イスラーム・王権（MIB）	15, 28, 29, 32, 33
マレーシア	19
マレーシアの市民性教育	129
嶺井明子	7

ミャンマー	20
ミャンマーの市民性教育	154
民主化	154
民主化運動	156, 157
民主主義	63
民族紛争問題	21, 171
問題解決学習	179, 180

【ヤ行】

ヤンゴン大学	154
ユニバーサル	11, 13, 15, 31, 86, 110, 114, 134, 137, 152, 166, 238, 241, 279
ユネスコ	174

【ラ行】

ラオス	18
ラオスの市民性教育	125
リー・クアンユー	204
リージョナル	4, 8, 10, 12, 15, 31, 86, 134, 136, 137, 152, 166, 218, 238, 241, 258, 278
リージョン	112
リージョンレベル	7, 258
歴史学習の重要度	272
ローカル	4, 8, 10, 12, 15, 31, 86, 110, 116, 134, 137, 166, 218, 238, 239, 241, 278
ロドリゴ・ドゥテルテ	199

【ワ行】

若者のアセアン意識	16, 72
「私たちの周りの世界」	109-113

執筆者一覧

平田利文（大分大学・教育学部・教授）
鴨川明子（山梨大学・大学院総合研究部・教育学域・准教授）
サリマ M.・サラー（ブルネイダルサラーム大学・サルタン・ハッサナル・ボリキア教育研究所・准教授）
ロスマウィジャ・ジャワウィ（ブルネイダルサラーム大学・サルタン・ハッサナル・ボリキア教育研究所・准教授）
羽谷沙織（立命館大学・国際教育推進機構・准教授）
中田有紀（東洋大学・アジア文化研究所・客員研究員）
アンディ・スウィルタ（インドネシア教育大学・社会科教育学部・上級講師）
服部美奈（名古屋大学・大学院教育発達科学研究科・教授）
乾美紀（兵庫県立大学・環境人間学部・准教授）
スパーニー・ファンケオ（ラオス公共事業・運輸省・コーディネーター）
手嶋將博（文教大学・教育学部・教授）
森下稔（東京海洋大学・学術研究院・教授）
長濱博文（目白大学・人間学部・准教授）
ジェリック・フェラー（フィリピン師範大学・講師）
アーサー・アブレンシア（フィリピン師範大学・講師）
池田充裕（山梨県立大学・人間福祉学部・教授）
チャンタナー・チャンバンチョン（タイ・ナレスアン大学・教育学部・准教授）
サムリー・トーンティウ（タイ・チュラロンコン大学・教育学部・准教授）
スモンティップ・ブーンソムバッティ（タイ・スコタイ・タマティラート大学・教育学部・准教授）
スネート・カンピラパーブ（名古屋大学・大学院国際開発研究科・講師）
鈴木康郎（高知県立大学・地域教育研究センター・准教授）
ワライポーン・サンナパボウォーン（タイ・スック・ゲオ・ゲオデーン財団・上級研究員）
石村雅雄（鳴門教育大学・大学院学校教育学研究科・准教授）

（全23名）

編著者紹介

平田利文（ひらた　としふみ）　大分大学教育学部教授

1954 年	奈良県生まれ
1976 〜 77 年	タイ国留学
1979 年	広島大学教育学部卒業
1981 年	広島大学大学院教育学研究科博士課程前期課程修了
1984 年	九州大学大学院教育学研究科博士課程後期課程単位取得後退学
1984 年	九州大学教育学部附属比較教育文化研究施設助手
1987 年	日本学術振興会特別研究員
1988 年	大分大学助手
1989 年	大分大学講師
1991 年	大分大学助教授
1999 年	大分大学教授を経て、現在に至る

主要著作

平田利文編著『市民性教育の研究—日本とタイの比較』東信堂、日本学術振興会出版助成、2007 年。「アジアの市民性教育論（1）—タイを中心として」「アジアの市民性教育論（2）—ムスリム（イスラーム教徒）の市民性教育論」（二宮皓編著『市民性形成論』放送大学教育振興会、2007 年）。「タイにおけるシティズンシップ教育」（望田研吾編『21 世紀の教育改革と教育交流』東信堂、2010 年）。「地域統合をめざす ASEAN 諸国における市民性教育」（日本比較教育学会編『比較教育学研究』第 46 号、東信堂、2013 年）。*Citizenship education in member countries of the Association of South East Asian Nations, and Citizenship education and education for "ASEANness" in ASEAN countries*, Kerry J Kennedy and Andreas Brunold, *Regional Contexts and Citizenship Education in Asia and Europe*, Routledge, 2016 など。

アセアン共同体の市民性教育

2017 年 2 月 28 日　初 版第 1 刷発行　〔検印省略〕

＊定価はカバーに表示してあります。

編著者 © 平田利文　発行者 下田勝司　　印刷・製本／中央精版印刷株式会社

東京都文京区向丘 1-20-6　郵便振替 00110-6-37828　発行所　株式会社 東信堂
〒 113-0023　TEL 03-3818-5521(代)　FAX 03-3818-5514

Published by TOSHINDO PUBLISHING CO., LTD.
1-20-6, Mukougaoka, Bunkyo-ku, Tokyo, 113-0023 Japan
E-Mail : tk203444@fsinet.or.jp　http://www.toshindo-pub.com

ISBN978-4-7989-1414-5　C3037　©Toshifumi Hirata

東信堂

アセアン共同体の市民性教育	平田利文編著	三七〇〇円
市民性教育の研究——日本とタイの比較	平田利文編著	四二〇〇円
世界のシティズンシップ教育——グローバル時代の国民／市民形成	嶺井明子編著	二八〇〇円
中央アジアの教育とグローバリズム	嶺井明子編著	三二〇〇円
ヨーロッパの学校における市民的社会性教育の発展	大友秀明編著 浅野浩典編著	三八〇〇円
社会を創る市民の教育——協働によるシティズンシップ教育の実践	武井敏明編著 藤井浩典編著	二五〇〇円
現代ドイツ政治・社会学習論——「事実教授」の展開過程の分析	大友秀明	五二〇〇円
アメリカにおける多文化的歴史カリキュラム	桐谷正信	三六〇〇円
アメリカ公民教育におけるサービス・ラーニング	唐木清志	四六〇〇円
社会形成力育成カリキュラムの研究	西村公孝	六五〇〇円
比較教育学事典	日本比較教育学会編	一二〇〇〇円
比較教育学の地平を拓く	森下稔編著 山田肖子編著	四六〇〇円
比較教育学——越境のレッスン	馬越徹	三六〇〇円
比較教育学——伝統・挑戦・新しいパラダイム「持続可能な社会」のための比較教育学の最前線	M・ブレイ編 馬越徹・大塚豊監訳	三八〇〇円
国際教育開発の研究射程	北村友人	二八〇〇円
国際教育開発の再検討——途上国の基礎教育普及に向けて	小川啓一 北村友人 西村幹子編著	二八〇〇円
発展途上国の保育と国際協力	浜野隆編著 三輪千明編著	三八〇〇円
トランスナショナル高等教育の国際比較——留学概念の転換	杉本均編著	三六〇〇円
東アジアにおける留学生移動のパラダイム転換	嶋内佐絵	三六〇〇円
大学国際化と「英語プログラム」の日韓比較	嶋内佐絵	二八〇〇円
文革後中国基礎教育における「主体性」の育成	李霞	三六〇〇円
オーストラリアのグローバル教育の理論と実践——開発教育研究の継承と新たな展開	木村裕	四七〇〇円
マレーシア青年期女性の進路形成	鴨川明子	二八〇〇円
統一ドイツ教育の多様性と質保証——日本への示唆	坂野慎二	四七〇〇円
ドイツ統一・EU統合とグローバリズム——教育の視点からみたその軌跡と課題	木戸裕	六〇〇〇円

〒113-0023 東京都文京区向丘1-20-6　TEL 03-3818-5521　FAX 03-3818-5514　振替 00110-6-37828
Email tk203444@fsinet.or.jp　URL:http://www.toshindo-pub.com/

※定価：表示価格（本体）＋税